AF241035

ORIGINES de la NORMANDIE

ET DU

DUCHÉ D'ALENÇON

DE L'AN 850 A L'AN 1085

PAR

LE VICOMTE DU MOTEY

Vice-Président de la Société Historique de l'Orne

Lauréat de l'Institut

Patria patribusque

PARIS

Auguste PICARD, Éditeur

82, Rue Bonaparte, 82

—

1920

(Tous droits réservés)

ORIGINES DE LA NORMANDIE
& DU DUCHÉ D'ALENÇON

OUVRAGES HISTORIQUES DU MÊME AUTEUR :

L'Esclavage à Rome ; le Servage au Moyen-Age ; la Domesticité dans les temps modernes. — Un vol. in-8º, 276 p., 1881. Douai, DURAMOU, imprimeur.

Une question de droit féodal normand : les Vavasseurs. — Une brochure in-8º, 1886. Paris, CHEVALIER-MARESCQ, éditeur.

La Représentation des mystères à Argentan au XVIe siècle. — Alençon, 1888.

La Ville, le Château et le Pays d'Exmes pendant l'occupation anglaise, de 1417 à 1449. — Alençon, 1889.

Une paroisse rurale au duché d'Alençon : Saint-Germain de Clairefeuille. — Un vol. grand in-8º, 200 p. 1893. Alençon, Renaut-De Broise, imprimeur.

Le Secret de la Maison d'Ozé, étude historique d'après des documents inédits, grand in-8º, 40 p., figures et fac-similé, 1903. Alençon, Imprimerie Alençonnaise.

Guillaume d'Orange et les origines des Antilles françaises, étude historique d'après les chroniques de l'époque et de nombreux documents inédits, accompagnée d'un exposé de la descendance de Guillaume d'Orange et de pièces justificatives. Un vol. grand in-8º (*couronné par l'Académie Française, prix Marcelin Guérin*). XI-471 p. 1908. Paris, A. Picard et Fils.

Un héros de la Grande-Armée : Jean-Gaspard Hulot de Collart, officier supérieur d'artillerie (1780-1854), d'après ses lettres de service, ses notes, sa correspondance, etc. Un vol. in-8º de 600 p. Paris, A. Picard, 1911.

EN PREPARATION :

Le Champion de la Normandie : Robert de Bellême, dit le Diable, conseiller de Robert Courte-Heuse, défenseur de Guillaume Cliton.

Les Comtes d'Alençon et de Ponthieu.

ORIGINES

DE LA

NORMANDIE ET DU DUCHÉ D'ALENÇON

HISTOIRE

des quatre premiers ducs de Normandie

ET DES

TALVAS

Princes de Bellême
Seigneurs
d'ALENÇON
de Sées, de Domfront, du Passais et du Saosnois

PRÉCÉDÉE D'UNE ETUDE SUR

le Diocèse de Sées au IXᵉ Siècle
— de l'An 850 à l'An 1085 —

PAR

LE VICOMTE DU MOTEY

VICE-PRÉSIDENT DE LA SOCIÉTÉ HISTORIQUE DE L'ORNE

LAURÉAT DE L'INSTITUT

PARIS

Auguste PICARD, Editeur
82, Rue Bonaparte, 82

1920

INTRODUCTION

Il y a dix ans, des recherches approfondies sur le secteur de la frontière normande faisant face au Maine et au Perche, et compris dans le duché d'Alençon, le diocèse de Sées et la majeure partie du département actuel de l'Orne, nous ont convaincu de l'insuffisance de l'histoire de cette région antérieure à la fin du treizième siècle.

Nos anciens auteurs, Courtin (1), Bry de la Clergerie (2), Bart des Boulais (3), Odolant Desnos (4), précurseurs pleins de zèle (5), sont dignes de tout éloge pour les précieux documents qu'ils ont recueillis, mais la science a fait des progrès depuis que, si utilement, ils ont écrit leurs œuvres : Le dixième siècle y est représenté par un vide. Les lacunes y abondent. Les légendes empiètent sur la vérité qu'elles obscurcissent. Les faits particuliers, non reliés aux événements généraux, perdent leur sens. La maison des comtes de Mortagne et du Perche s'y confond avec celle d'Alençon. Les sources narratives, base de nos annales, sont souvent en contradiction avec les chartes dont on n'a pas tiré un parti suffisant.

Ces sources, les textes de l'Histoire ecclésiastique d'Ordéric Vital, renforcés en apparence par certains chapitres de Guillaume de Jumièges, avec lesquels, nous le démontrerons, ils se confondent, sont ordinairement acceptées comme l'expression certaine de la vérité. Or, un commerce de dix ans avec son œuvre nous l'a appris, si Ordéric Vital a été un bon moine, qui a excellé à dépeindre les inspirations de la foi religieuse, d'une foi ardente, pure, telle qu'elle existait dans son propre

---

(1) René Courtin, conseiller et avocat du Roi au siège de Bellême, reprit et termina, après 1611, une *Histoire du Perche*, commencée par son père. Elle a été publiée de nos jours par M. le vicomte Olivier de Romanet.

(2) Gilles Bry, sieur de la Clergerie, a publié, en 1620, une *Histoire des pays et comté du Perche et d'Alençon*, Paris, chez Le Mur.

(3) Léonard Bart, sieur des Boulais, a écrit, avant 1613, un *Recueil des antiquités du Perche*, publié et annoté par M. Henri Tournoüer.

(4) Odolant Desnos a publié, en 1787, chez Malassis, à Alençon, deux volume in-8° de *Mémoires historiques sur Alençon et ses seigneurs*. La moitié de cet ouvrage a été réédité et annoté par Léon de la Sicotière, en 1858 et 1861.

(5) N'omettons pas un auteur du dix-neuvième siècle, l'abbé Fret, curé de Champs, qui a écrit *les Antiquités et chroniques percheronnes*.

cœur (1), s'il nous a donné sur son temps des renseignements uniques et infiniment précieux, si nous lui devons un hommage profond de reconnaissance, il a été impérieusement dominé par l'amour de l'Angleterre, son pays natal, et par celui de son abbaye, Saint-Evroult, sa seconde patrie.

Son empressement à prendre le titre d'Anglais (2) est louable, mais, M. Etienne Lamy l'a dit : « L'impartialité ne semble pas aux Anglais une vertu quand il s'agit d'eux-mêmes (3). » Ordéric Vital l'a prouvé en se montrant de la plus incontestable partialité pour l'Angleterre contre la Normandie, pour son souverain Henri Ier contre Robert Courte-Heuse (4) et contre la France.

L'impartialité n'a pas semblé davantage une vertu au moine de Saint-Evroult quand il s'est agi de son monastère. Il a été l'ami de ses amis, l'ennemi impitoyable de ses ennemis et des ennemis de ses amis.

Or, les princes de Bellême, seigneurs d'Alençon, et leurs descendants par la maison de Montgomery, gardiens de la frontière normande du côté du Maine, furent à la fois les champions de la Normandie et les adversaires de la famille qui restaura Saint-Evroult. Ils ont même été en état d'antagonisme direct avec ce monastère. Ils furent traités en conséquence avec autant de partialité qu'il est possible. Ordéric les détestait, dans le passé comme dans le présent, les jugeait détestables et voulait qu'on les détestât (5).

Ce n'est pas tout. Le moine de Saint-Evroult ignore les ressorts de la politique, est enclin à l'amour du merveilleux et se laisse parfois entraîner par l'imagination à confondre ce qui s'est fait avec ce qui s'est pu faire. C'est l'opinion de Léopold Delisle (6).

Force nous était bien de reconnaître que les origines du duché d'Alençon étaient à établir ou plutôt, ce qui est pire, à refaire. Un ardent désir de vérité nous a porté à entreprendre cette œuvre et nous a soutenu pendant de longues années, dans une tâche ininterrompue qui nécessitait de très vastes investigations.

Il nous fallait avant tout une base solide. Une étude préliminaire sur le diocèse de Sées, avant et pendant les invasions normandes,

---

(1) Ces termes sont empruntés à une lettre d'Auguste Le Prévost adressée à Léopold Delisle. Voyez la Notice de ce dernier sur Ordéric Vital, t. V de l'édition de *l'Histoire ecclésiastique* de M. Le Prévost. — Nous suivrons toujours cette excellente édition.

(2) « *Vitalis angligena.* » — Ord. Vit. ed. Le Prévost, II, 289, 438 ; III, 45, 287.

(3) Etienne Lamy, *Rudyard Kipling et la guerre sur mer.*

(4) Cette partialité va jusqu'à l'exaltation. Henri Ier est appelé : « *Sceptriger invictus, sapiens dux, inclitus heros..., divitiis et justitia, sensu, probitate. Strenuitas ejus manifesta refulsit ubique.* » — Ord. Vit. V, 53, 54.

(5) Ce fait a été vaguement entrevu par Bry de la Clergerie et Odolaut Desnos. Dom Paul Piolin, dans son *Histoire du diocèse du Mans*, indique nettement le parti pris d'Ordéric contre les Bellême, t. III, p. 36.

(6) Léopold Delisle, *Notice sur Ordéric Vital.*

s'imposait. Nous nous sommes bientôt aperçu qu'elle ne suffisait pas et que, sous peine d'échouer, il nous fallait élargir notre sujet et entrer dans la grande histoire, d'où nous ne sortirons guère, pour étudier complètement la formation de la Normandie.

Il était nécessaire dès lors, on verra plus loin pourquoi, de reconstituer, dans toute leur ampleur, et sans négliger les détails, les règnes si peu connus de Rollon, de Guillaume Longue-Epée et de Richard Ier. Si la tâche était rude, elle était très attachante. On appréciera, nous l'espérons, la nouveauté et l'intérêt de notre exposé.

Il convenait de plus, après avoir scruté les secrets de la formation de la Normandie, de mettre en pleine lumière l'administration de Richard II et son rôle dans l'organisation féodale du comté d'Exmes qui correspondait au diocèse de Sées. En ce qui concerne ce prince, nous n'avons fait qu'effleurer certains événements extérieurs de son règne, et, pour ne pas nous éloigner de notre sujet, nous n'avons rien dit du rôle, en Angleterre, de sa sœur Emma, épouse successive du roi saxon Ethelred et du roi danois Canut le Grand.

Les assises, qui constituent notre première partie, ainsi posées, nous avons abordé l'histoire des princes de Bellême, seigneurs d'Alençon, dont les possessions formèrent une sorte de petit Etat entre la Normandie et le Maine. Ils furent mêlés à tous les événements de leur temps à ce point que cette partie de notre travail est une suite de la première, avec cette différence que les Bellême et leurs œuvres sont surtout mis en relief.

Leurs figures sortiront une à une des ombres de la légende. Elles valaient, on s'en apercevra, la peine d'en être dégagées, car elles se révèlent singulièrement intéressantes et expressives.

Là aussi on trouvera beaucoup de nouveau, et on constatera combien l'étude approfondie des événements généraux éclaire les événements particuliers dont ils ne peuvent être séparés sans perdre leur sens et leur portée.

Nous n'en dirons pas plus long. Le lecteur jugera l'étendue de notre effort et ses résultats.

Nous devons cependant dire un mot de la méthode si sévèrement suivie que nous avons quatre fois recommencé notre œuvre, dans son ensemble, pour arriver à une exposition plus nette.

« Toute composition historique, a dit Augustin Thierry, est un travail d'art et d'érudition : le soin de la forme n'est pas moins nécessaire que la recherche et la critique des faits (1). » Nous nous sommes inspirés de ce conseil qui cadre bien avec celui de M. H. de Régnier : « La connaissance de l'histoire doit être établie sur une documentation

---

(1) Augustin Thierry, *Histoire de la conquête de l'Angleterre.*

irréprochable, et exposée avec logique, clairvoyance et clarté, car l'histoire n'est pas seulement une science, mais un art, et elle n'est complète que si elle satisfait à ces deux conditions (1). »

Nous avons donc soigneusement documenté notre travail, en plaçant, au bas des pages, le texte des preuves sur lesquelles nous nous appuyons. Le lecteur, s'il le juge à propos, pourra ainsi vérifier immédiatement la valeur de notre opinion. Cette forte documentation est une garantie strictement nécessaire de véracité et d'impartialité.

Nous nous sommes efforcé de donner, en même temps, que l'ordre et la clarté, une vision nette de l'époque. A côté des institutions civiles et religieuses, des renseignements sociaux, des faits de guerre, nous n'avons pas omis les petits détails si curieux qui révèlent les mœurs.

Nous avons arrêté notre travail à l'année 1085, moment où Robert II de Bellême, fils aîné de Roger II de Montgomery et de Mabile de Bellême, dernière représentante de sa maison éteinte en ligne masculine, prend le gouvernement des domaines de cette dernière dont il est l'héritier. Malgré son nom et sa substitution à sa famille maternelle, Robert II est un Montgomery. Nous ne pouvions, dès lors, nous engager dans la vie de ce personnage extraordinaire qui n'a jamais été écrite, et rayonne sur une partie très importante de l'histoire de la Normandie et de l'Angleterre.

Nous la raconterons bientôt sans doute, et nous raconterons aussi plus tard, nos recherches très avancées nous en donnent l'espérance, celles de ses descendants, les comtes d'Alençon et de Ponthieu.

Il nous reste à rendre hommage à la mémoire du regretté abbé Dumaine, vicaire général de Sées, et à remercier toutes les personnes qui, comme lui, ont bien voulu, en France, en Angleterre et en Suède, s'intéresser à notre œuvre, spécialement : MM. Henri Tournoüer, Robert Triger et le vicomte Olivier de Romanet, présidents des Sociétés historiques de l'Orne, du Maine et du Perche, Le Roy-White ; Fazy et Jouanne, qui nous ont successivement ouvert le trésor des archives de l'Orne ; Laurain, archiviste de la Mayenne ; M. le maire de Shrewsbury, le Révérend Prébendary Thomas Auden, l'historien du Shropshire, et miss Auden, M. David de Montgomery, de Djursholm.

Nous exprimons notre vive gratitude aux souscripteurs de ce volume qui nous ont donné un précieux témoignage de sympathie. S. E. le cardinal Dubois, archevêque de Rouen ; S. M. Gustave V, roi de Suède ; S. A. R. Mgr le Comte d'Eu ; les Universités de Cambridge, d'Upsal, de Lund et de Harvard, nous ont fait cet honneur.

---

(1) Discours de M. de Régnier à la réception à l'Académie française de M. Pierre de la Gorce.

*Puisse notre travail atteindre le but que nous nous sommes proposé :
faire mieux connaître l'histoire de notre pays, l'un des aliments du
patriotisme, et partant le faire plus aimer !*

Patriæ patribusque nunquam satis datum esse potest (1).

Alençon, ce 20 novembre 1919.

Vte HENRY **RENAULT** DU **MOTEY.**

(1) Alain Chartier.

ÉTUDE PRÉLIMINAIRE

LE DIOCÈSE DE SÉES

au Neuvième Siècle

avant et pendant

les Invasions normandes

CHAPITRE PREMIER

Le diocèse de Sées sous Charles le Chauve
Pays de Sées et Corbonnais

Les missi dominici. — Leurs attributions. — Enquête générale ordonnée en 853 par Charles le Chauve. — Etat déplorable de la France. — Le diocèse de Sées et le comté d'Hiémois. — Deux commissions de missi se partagent leur visite. — Dodon, évêque d'Angers, et les comtes Robert et Osbert inspectent le pays de Sées et le Corbonnais. — Ce qu'ils y virent. — Le gué de la Sarthe. — Les villages d'Alençon. — Le monastère de Saint-Cénery. — Aspect du pays. — Paroisses rurales. — La forêt d'Ecouves. — La ville épiscopale de Sées. — Planches. — Essai. — Le Mesle. — Le Corbonnais. — La forêt du Perché. — Monastère de Sainte-Céronne. — Corbon. — Mortagne. — La forêt de Bellême. — La fontaine de la Herse. — Saint-Martin-de-Bellême.

Pour faire sentir l'action du pouvoir central dans son vaste empire, Charlemagne avait créé de hauts fonctionnaires, appelés *missi dominici*. Ces envoyés du souverain, supérieurs aux ducs et aux comtes, dont ils étaient chargés de surveiller les actes, étaient répartis en commissions, formées de deux ou trois d'entre eux. Leur autorité, portant sur les affaires ecclésiastiques, l'organisation militaire, la justice, la perception des impôts, l'administration générale, s'étendait à une circonscription appelée *missaticum*, qui comprenait plusieurs évêchés et plusieurs comtés ou fractions de

comtés. Les *missi* parcouraient périodiquement la région qui leur était dévolue, y recevaient les doléances des habitants et jugeaient les affaires les plus importantes en dernier ressort. Ils avaient le droit d'être hébergés avec leur suite pendant leurs tournées (1).

En l'an 853, à la sollicitation des évêques réunis en concile à Soissons, le roi Charles le Chauve ordonna aux *missi* de procéder à une inspection extraordinaire de son royaume. Il les chargea de visiter les églises et les monastères, de faire restaurer les monuments religieux, de dresser un état des biens ecclésiastiques et des dégâts que les Normands y avaient causés, de faire tous leurs efforts pour réprimer les abus et de déférer les coupables à sa justice (2).

Le moment était l'un des plus tragiques de notre histoire. Les guerres intestines, qui avaient précédé l'effondrement de l'empire de Charlemagne, avaient arrêté le premier essor de la civilisation, détruit l'ordre social, et amené le débordement de tous les vices. L'ambition, la cupidité, les intrigues, la démoralisation régnaient partout.

En se déchirant entre eux, les princes carolingiens avaient avili la royauté. Ils l'avaient affaiblie en permettant à tout homme libre de choisir son seigneur, le roi ou un autre. Ils l'avaient ruinée en distribuant les bénéfices avec une incroyable prodigalité.

Le peuple, ne trouvant plus auprès du roi une protection efficace, l'avait demandée aux comtes et aux seigneurs, qui acquéraient sans cesse une plus grande indépendance, et dont les possessions et les fonctions, jusque-là viagères, allaient devenir héréditaires. Faute d'un pouvoir assez énergique pour grouper les efforts de la nation, des hordes féroces, et cependant à demi civilisées, pouvaient ravager impunément le royaume.

De la péninsule du Jutland, de la Scandinavie, des îles de la Baltique, sortaient, en effet, presque chaque printemps, des pirates païens, appelés Normands (3) en France, et Danois (4) en Angleterre. Commandés par des chefs élus, appelés rois de mer (5), ils s'embarquaient sur de légers bateaux, descendaient sur nos côtes, pénétraient dans l'intérieur du pays en remontant les fleuves et les rivières, et ravageaient tout sur leur passage. Ils reprenaient la mer à l'automne en emportant le fruit de leurs rapines.

De leur côté, depuis leur roi Nominoë, dont les successeurs,

---

(1) François de Roye : *De Missis Dominicis*, Angers, 1672.

(2) Dom Ceillier : *Histoire générale des auteurs sacrés et ecclésiastiques*, t. XXII, p. 639.

(3) En latin *Northmanni, Nortmanni, Normanni*, traduction de *North-menn*, hommes du Nord. Les Normands n'étaient pas des Germains, mais des Scandinaves : Norvégiens et Danois.

(4) En latin *Dani*.

(5) *See-King*.

Erispoë et Salomon, étaient aussi belliqueux que lui, les Bretons, affranchis de la domination franque, ne cessaient d'empiéter sur l'Anjou et le Maine.

En ce temps, le diocèse de Sées (1), dépendant de la métropole de Rouen et placé entre les diocèses de Bayeux, de Lisieux, d'Evreux, de Chartres et du Mans, faisait partie tout entier du comté d'Exmes (2) ou d'Hiémois (3), formé dès les premiers temps de la dynastie mérovingienne et dont les limites se confondaient avec les siennes. Malgré cette unité civile, correspondant à l'unité ecclésiastique, la situation de ce diocèse, à distance presque égale de la Seine et de la Loire, les routes d'eau des invasions normandes, l'avait fait scinder, au point de vue de l'inspection des *missi*, en deux parties, rattachées à des circonscriptions différentes.

Il importait, en effet, à la défense de l'Anjou, de la Touraine et du Maine, que le sud du diocèse de Sées, limitrophe du Maine, et formé des deux vicairies (4) du comté d'Exmes ayant Sées et Corbon (5) pour chefs-lieux, servit de glacis contre les invasions normandes venues du bassin de la Seine. Comme conséquence, le Séiois (6) et le Corbonnais entrèrent, en 853, dans le même *missaticum* que l'Anjou, la Touraine et le Maine (7). Par contre, tout le reste du diocèse de Sées, comprenant l'Hiémois proprement dit, le Houlme (8) et une partie du pays d'Ouche (9), resta attaché au *missaticum* du Lieuvin (10), du Bessin (11), du Cotentin (12) et de l'Avranchin (13).

Quand donc, en 854, eut lieu l'enquête prescrite par Charles le Chauve, l'évêque de Sées Hildebrand reçut deux commissions de *missi*. Comme le diocèse de Sées doit être le théâtre principal de l'histoire que nous entreprenons, nous accompagnerons les hauts

(1) Le siège de l'évêché a toujours été Sées, aujourd'hui chef-lieu de canton, arrondissement d'Alençon (Orne).

(2) Exmes, chef-lieu de canton, arrondissement d'Argentan (Orne).

(3) *Pagus Oximensis*. Dans la période normande, le comté d'Exmes eut de très importantes extensions dans les diocèses de Bayeux et de Lisieux.

(4) Les comtés étaient alors divisés en circonscriptions, appelées vicairies et centenies, qui correspondaient à nos arrondissements et à nos cantons. Sées, avant comme après 853, resta un chef-lieu de vicairie, car, en l'an 900, Macé, situé dans le pays de Sées, était compris dans le comté d'Exmes. Corbon, au contraire, fut la capitale d'un comté particulier, créé vers 860.

(5) Corbon, canton et arrondissement de Mortagne (Orne).

(6) *Sagisus*. Il correspondait à l'archidiaconé de Sées qui comprit les doyennés de Sées, d'Alençon, de Macé et de la Marche.

(7) Baluze, *capitulaires*, t. II, col. 69.

(8) *Pagus Ulmus*.

(9) *Pagus Uticensis*.

(10) *Pagus Lisuinus*, comté de Lisieux.

(11) *Pagus Bagisinus*, comté de Bayeux.

(12) *Pagus Constantinus*, comté de Coutances.

(13) *Pagus Abrincatus*, comté d'Avranches.

dignitaires royaux dans leur visite. Nous suivrons d'abord ceux de l'Anjou, qui étaient Dodon, évêque d'Angers, et les comtes Robert et Osbert (1). Le premier était le personnage le plus important alors après le roi. C'était le comte de la partie de d'Anjou, située outre Maine, auquel sa vaillance valut le nom de Robert le Fort. Chargé de défendre les bords de la Loire contre les Bretons et les Normands (2), il reçut en 864 le gouvernement du duché de France, formé entre Seine et Loire (3), et périt glorieusement, en 866, à Brissarthe (4), en combattant les pirates du Nord. C'est l'auteur de la race capétienne.

Les trois *missi* et leur suite, après avoir traversé la pittoresque et montueuse forêt de Perseigne (5), s'arrêtèrent au dernier village du Maine, dominant la vallée de la Sarthe et situé sur la rive gauche de cette rivière, ligne séparative des diocèses du Mans et de Sées. Là, au ive siècle, Liboire, évêque du Mans, avait bâti une église dédiée à saint Pierre, et l'avait dotée d'un domaine lui appartenant (6). Usurpée par des séculiers, cette propriété ecclésiastique avait été restituée par Charlemagne (7). Le village, dont nous venons de parler, s'appelait Alençon, comme un autre groupement paroissial, formé sur le bord opposé de la Sarthe, et auquel il devait être annexé dans la suite des temps (8), au point de vue civil (9), sous le nom particulier de Montsor (10).

A cette époque, les ponts étaient rares. On utilisait les gués et il s'en trouvait un en ce lieu. C'était le plus large et le plus accessible de la vallée dont la luxuriante ceinture est formée par les massifs forestiers de Perseigne au sud et d'Ecouves (11)

(1) « *Missi et pagi per missaticos qualiter fuerunt ordonati : Dodo episcopus, Hrolberius et Osberius, missi in Cenommanico, Andegacvnsi atque Turonico, Corboniso et Sagiso* ». — Baluze : *Capitulaires*, t. II, col. 69.

(2) Le comté de Paris fut donné en 861 à Robert : « *Tanquam viro forti contra Britonnes et Northmannos pugnaturo* ». — *Chronique d'Albéric de Trois-Fontaines.*

(3) « *Carolus rex... Roberto comiti ducatum inter Ligerim et Sequanam... commendavit* ». — *Annales de Metz.*

(4) Brissarthe, Maine-et-Loire, à six lieues d'Angers.

(5) La forêt de Perseigne, *Saltus Perticus*, qui a encore 5.085 hectares, ondule au Sud-Est de la Sarthe dans le canton de La Fresnaye (Sarthe).

(6) Mabillon, *Vetera Analecta*, III, 66. — Saint Liboire avait imposé à la nouvelle paroisse, au profit de la cathédrale du Mans, une redevance de cire et d'huile pour le luminaire qui fut acquittée par les curés de Saint-Pierre de Montsor jusqu'à la Révolution. — Le Courvairier : *Histoire des Evêques du Mans*, p. 96.

(7) « *Villas aliquas... id est Alencion* ». — Charlemagne confirma cette restitution le 17 décembre 796. — Mabillon : *Vetera Analecta*, III, 249, 250.

(8) Le village manceau de la rive gauche de la Sarthe devint un faubourg de l'Alençon de la rive droite, devenu ville.

(9) Bien qu'annexée à la ville d'Alençon, la paroisse Saint-Pierre appartint jusqu'à la révolution au diocèse du Mans.

(10) *Mons Saurus.*

(11) La forêt d'Ecouves, *Sylva Scoporum*, qui s'étage sur une colline ayant jusqu'à 417 mètres d'altitude, a encore 7.351 hectares. Dans son livre sur les forêts de la Gaule, M. Alfred Maury voit en elle, ainsi que dans la forêt de Perseigne, qui lui fait vis-à-vis dans le Maine, des restes de la *Sylva Pertica*. Voy. sur cette forêt, les études des abbés Letacq et Ménil.

au nord. Ce gué (1), auquel était peut-être due la construction des premières habitations élevées là sur les rives opposées de la Sarthe (2), était fréquenté anciennement, car les Celtes et les Gallo-Romains, pour fléchir les divinités des eaux, y avaient jeté en abondance anneaux de plomb et pièces de monnaie (3). L'ancienne voie romaine, allant du Mans à Rouen, par Sées et Exmes, ne l'empruntait pas cependant, car elle passait la rivière à une certaine distance en amont, à Cerisé (4).

La Sarthe, franchie au confluent de la Briante (5), qui s'y jetait par cinq ou six bras, les *missi* se trouvèrent sur le territoire de la paroisse sagienne (6) d'Alençon. Ce village de quelque importance était assis sur un sol bas, marécageux et peu salubre. L'ombre des bois, descendus de la colline d'Ecouves jusqu'au fond de la vallée, touchait presque ses chaumières à certaines heures. C'était en 711 un chef-lieu de centenie du comté d'Exmes, près duquel le leude Bertus possédait une villa à Damigny (7), et on ne peut douter qu'un centenier y fit encore sa résidence en 854.

Après s'être renseignés auprès de ce personnage, les *missi* longèrent la Sarthe, dans la direction du sud-est, jusqu'au point où la rivière, après avoir coulé paisiblement dans une plaine depuis sa source (8), vient se heurter avec fracas à des rochers, et s'enfonce, en pays manceau, dans les gorges sauvages de Vendœuvre (9), aujourd'hui Saint-Léonard-des-Bois (10). Là, sur une haute presqu'île rocailleuse, formée par le confluent de la Sarthe et du Sarthon, s'élevait un monastère d'hommes, construit en matériaux peu durables comme tous les bâtiments de ce temps (11). On y voyait l'ermitage de saint Cénery, son fondateur, cénobite italien fixé, vers 670, en ce lieu où il avait groupé de nombreux disciples. L'église, dédiée à saint Martin, gardait son tombeau (12). Plus de cent moines,

(1) Ce gué est celui du vieux pont de Sarthe ou du grand moulin, à Alençon.

(2) « Très probablement Alençon lui doit son existence ». — Letellier : *Le sol d'Alençon.*

(3) L. de La Sicotière : *Orne archéologique et pittoresque*, p. 275.

(4) Cerisé, canton d'Alençon (Orne). — Abbé Persignan : *Comptes-Rendus de la Société française d'archéologie*, année 1868.

(5) La Briante prend sa source dans la forêt d'Ecouves.

(6) L'adjectif « *sagien* » est formé du mot *Sagiensis*, tiré lui-même du mot *Sagium*, Séez.

(7) Damigny, canton d'Alençon (Orne). — En 711, le leude Bertus donna à Hugues, abbé du monastère de Fontenelle ou de Saint-Vandrille, fondé en 648, près de Caudebec, et où s'était retiré Raverein, évêque de Sées, une partie de sa villa de Damigny, sise dans la centenie d'Alençon : « *Portionem aliquam de villa Digmaniliaca quæ sita est in pago Oscimensi, in centena Alenconiensi* ». — *Chronique de Fontenelle*, C IX, apud d'Achery, t. II.

(8) A Soligny-la-Trappe, canton de Bazoches-sur-Hoëne (Orne).

(9) *Vandopera.* — Saint Léonard y fut abbé d'un monastère et y mourut vers 570.

(10) Saint-Léonard-des-Bois (Sarthe) comme Saint-Cénery, canton d'Alençon (Orne), présentent des sites superbes.

(11) C'est à cette circonstance qu'on doit la destruction totale et la disparition de ces monuments.

(12) « *Scopulorum montem anfractus Sartæ fluminis ex tribus partibus ambit, in quo Sanctus*

dont on retrouve les sarcophages de pierre autour du sanctuaire qui a remplacé cet édifice, y avaient, nuit et jour, chanté naguère leurs psalmodies, accompagnées par la grande voix des eaux (1).

Après avoir procédé à leur enquête, les *missi*, revenant sur leurs pas, gagnèrent l'ancienne voie romaine du Mans à Rouen et s'acheminèrent en plaine vers la ville épiscopale de Sées. Champs et prairies étaient fréquents dans la fertile vallée de la Sarthe et dans celle de l'Orne, qui lui fait suite ; mais leurs yeux se reposaient partout sur d'immenses forêts, presque encore impénétrables, qui couvraient toute la chaîne de coteaux et de montagnoles, quelques-unes élevées, traversant le diocèse de l'est à l'ouest. Elle forme la ligne de partage des eaux entre le bassin de la Loire, celui de l'Orne et celui de la Seine, et se rattache aux collines de Bretagne. Les bois, malgré les défrichements de l'époque gallo-romaine, empiétaient encore sur les plaines et sur les vallons où coulent de nombreux cours d'eau.

Dans les intervalles des massifs forestiers, dans les clairières, existaient un certain nombre de paroisses lentement formées, depuis le ve siècle, autour des possessions épiscopales, des villas des leudes, et des oratoires, construits au vi^e siècle, par des cénobites (2). Sauf quelques bourgades, les agglomérations de la population clairsemée étaient rares. L'église rurale, construite en clayonnage sur une base de pierre, où toute la décoration était réservée pour l'intérieur (3), apparaissait, avec son presbytère, isolée au sommet d'un coteau ou au fond d'un vallon.

Les habitations champêtres (4), bâties en bois ou en torchis, et couvertes en bardeaux, entourées d'écuries, d'étables et de granges, étaient séparées les unes des autres par des cours en herbe, des courtils, des vergers, des prairies, clos de haies vives. Le manse seigneurial (5), exploité par le propriétaire ou son représentant, et ordinairement protégé par des palissades (6), avait dans son voisinage les manses tributaires ou fermes, occupés par des tenanciers libres ou serfs (7).

Cerenicus, venerandus confessor, tempore Milehardi. Sagiorum pontificis, habitavit, Ibi monachis cœnobium fundavit... feliciter ad dominum migravit ». — Orderic Vital : *Histoire ecclésiastique*, édition Auguste Le Prevost, III, 298.

(1) « *Centum quadraginta, ut fertur... ibidem in vinea Domini Sabaoth laboraverunt, quorum lapidea sepulcra... inter basilicam et in circuitu ejus testimonio sunt* ». — Ibid. — Mabillon a publié une vie de Saint Cénery. *Acta* II, 572.

(2) Abbé A. Desvaux : *La paroisse dans le diocèse de Sées.*

(3) Nous suivons ici l'opinion de M. de Caumont.

(4) *Mansiones, cellæ.*

(5) *Mansus dominicus* ou *indominicatus.*

(6) *Tuninus, sepes, paxilli, fissi.*

(7) *Mansus ingenuilis, lidilis, servilis.* Voy. le *Polyptique d'Irminon*, publié par M. Guérard.

Les monts d'Ecouves se déchirent en pittoresques ravins au-dessus de la plaine où s'étend, à cinq lieues de la Sarthe, la cité épiscopale de Sées. Cité est le mot propre, car l'humble village gaulois, qui s'élevait là (1), et dont on ignore le nom, avait été préféré par les Romains, qui en avaient fait une petite ville, à Exmes, l'antique capitale des Sésuves (2). Sées, substituée à Exmes (3), et devenue à son tour, cité des Sésuves, avait pris le nom de ce peuple, suivant un usage presque général au IVe siècle. Son premier évêque (4) avait, selon l'habitude de l'Eglise de fixer son représentant auprès du chef civil, placé son siège dans la ville où résidait le gouverneur, et ce siège y demeura après l'évacuation du pays par les Romains. Exmes reprit alors sa prépondérance civile et devint la capitale du vaste comté d'Hiémois, dont Sées était, aux VIIIe et IXe siècles, à la fois, un chef-lieu de centenic (5), et un chef-lieu de vicairie (6).

Sous les Mérovingiens et les Carolingiens, on bâtit peu de monuments et on ne restaura guère ceux qui existaient. Sées était donc restée à peu près ce qu'elle était à l'époque gallo-romaine, avec les meurtrissures que les barbares, envahisseurs de l'empire, lui avaient infligées. Ses murs croulants (7), construits en pierre de petit appareil, avec des cordons de brique, présentaient de distance

(1) On a retrouvé autour de Sées de nombreux vestiges celtiques.

(2) César — *De bello gallico*, lib. II, ch. 34 — place les *Sesuvii* entre les *Aulerci Diablintes, Cenomanni* et *Eburovices*. Le nom des *Sesuvii* apparaît de nouveau, au cinquième siècle, dans *La Notice des Gaules*, corrompu en celui de *Saii, Sagii, Saisi*, sous la forme « *Civitas Sagiorum, Saiiorum, Saisorum* », suivant les divers manuscrits, et désignant Sées, leur capitale romaine.

L'Atlas Historique de la France de M. A. Longnon, en plaçant les Sésuves sur le territoire qui devint le diocèse de Sées a constaté un fait définitivement acquis à la science, après de nombreuses et vives discussions.

(3) Le moine Aimoin, de l'abbaye de Fleury-sur-Loire, né vers 950, donnant l'état de la Gaule à l'époque de César, énumère ainsi les villes de la Gaule celtique : « *Rhotomagus, Ebroas, Oximus, Cenomannis, Lixovium* ». — *Historia Francorum.*

Le moine Hugues, du même monastère, donnant l'état de la Gaule pendant l'occupation romaine, énumère ainsi les villes de la Seconde Lyonnaise : « *Rhotomagus, Ebroas, Oximus id est Sagiensis, Cenomannis, Lixovium* ». — *Chronicon Floriacense.*

Du rapprochement de ces textes résulte clairement que la capitale des Sésuves a été déplacée. Seule du reste la traditionnelle importance gauloise d'Exmes explique la formation du *pagus Oximensis.*

La Seconde Lyonnaise, ayant pour métropole Rouen, comprenait les cités des Baiocasses (Bayeux), des Abrincates (Avranches), des Ebroïciens (Evreux), des *Sesuvii* ou *Sagii* (Sées), des Lexoviens (Lisieux) et des Constantiens (Coutances).

(4) La tradition diocésaine et tous les écrivains locaux considèrent Saint Latuin comme le premier évêque de Sées et font remonter la fondation de son Eglise à la fin du premier siècle. Une autre opinion recule la mission de Saint Latuin à la fin du quatrième siècle. Voyez, sur cette importante question : Abbé Blin, *Vie des Saints du diocèse de Sées*, t. I, p. 7 et suiv.

(5) En 711, le leude Bertus donne à l'abbaye de Fontenelle sa propriété de Vande, située dans la centenie de Sées. — *Chronique de Fontenelle*, ch. IX, apud d'Achery, t. II.

(6) Nous le répétons, le *pagellus* de Sées ne constitua pas un comté particulier, car il résulte d'un diplôme de Charles le Simple (dom Martène, *amplissima collectio*, t. I, p. 225) que son territoire, qui comprenait Macé, dépendait toujours du comté d'Exmes en l'an 900. D'autre part, jamais aux dixième et onzième siècles, les seigneurs de Sées ne furent qualifiés comtes de Sées.

(7) Sées avait conservé son enceinte, car, à la fin du dixième siècle, l'évêque Adzon reconstruisit la cathédrale avec les pierres des murailles : « *Ex lapidibus dejecti muri* ». — Guillaume de Jumièges, *Gesta Normannorum ducum*. lib. VII, cap. 13.

en distance des tours régulièrement espacées. Ils formaient une étroite enceinte (1), renfermant la cathédrale (2), flanquée d'un côté de l'habitation de l'évêque et de l'autre du cloître (3) des chanoines. Quelques rues, jalonnées de maisons de bois, complétaient cet ensemble où l'élément ecclésiastique prédominait.

Construite à mi-côte d'une faible élévation, la cathédrale, dédiée aux saints Gervais et Protais (4), n'était autre qu'un monument romain, transformé et aménagé, au IVe siècle, moment du triomphe du christianisme, car, dans les substructions des édifices religieux qui lui ont succédé, on a retrouvé des fragments de colonnes cannelées d'une beauté remarquable, un chapiteau corinthien, des monnaies et des pavages romains, un buste de statuette et les conduits en brique d'un hypocauste (5).

Quelques hameaux, avec oratoires, entouraient la ville close et une chapelle, dédiée à la Sainte Vierge (6), se mirait dans la riviérette qu'est l'Orne presque à sa source (7). Sur l'emplacement de la paroisse Saint-Pierre actuelle, se dressait un édifice. On a rencontré en ce lieu, sous la motte féodale qui porta un donjon, de nombreuses antiquités gallo-romaines (8). C'était peut-être l'ancien prétoire (9), devenu le siège de la juridiction civile et judiciaire de la vicairie. Un monastère d'hommes se trouvait dans le voisinage (10). Il en reste deux chapiteaux mérovingiens (11). Des domaines ruraux, comme Sévilly (12), Boisville (13) et Gaubertville (14) étaient situés dans

(1) Après son rétablissement au Moyen-Age, on l'appela *Fortilia Grandinaria*.

(2) « *Ubi sedes episcopalis longo post tempore fuerat* ». — Guil. de Jum. ibid.

(3) Les chanoines vivaient en commun depuis Louis le Débonnaire.

(4) Saint Germain, évêque de Paris, de 555 à 576, passa dans cette basilique une nuit en prières et y rendit la vue à un aveugle. — Fortunat, *Vita Sancti Germani parisiensis episcopi*, n° 56, *Patr. lat.* t. XXXVIII, col. 74.

(5) Ces découvertes ont été faites en 1817, 1846, 1883, 1895. Les monnaies romaines sont de Trajan, d'Adrien, de Marc-Aurèle, de Faustine et de Vespasien. Sur l'emplacement du Petit Séminaire, on a trouvé de nombreux moules destinés à la fabrication des monnaies. — *Bulletin de la Soc. Hist. et Arch. de l'Orne*, t. XXXIII, p. 47 et suiv. ; Ruprich-Robert : *Bulletin mensuel de la Soc. Centrale des Architectes*, 1873 ; H. Marais et H. Beaudoin : *Essai historique sur la cathédrale et le chapitre de Sées*. — On sait qu'en 399, l'empereur Honorius avait prescrit d'attribuer aux églises les édifices et les possessions des temples païens.

(6) Cet oratoire, reconstruit au onzième siècle, devint Notre-Dame-du-Vivier.

(7) L'Orne prend sa source à Aunou-près-Sées.

(8) L. de La Sicotière : *Le département de l'Orne archéologique et pittoresque* ; *Bull. de la Soc. hist. et arch. de l'Orne*, t. XXXIII, p. 38.

(9) « Le prétoire des camps romains, a dit M. de Caumont, avait, dans les camps fixes et les villes murées, pris la forme d'une tour plus ou moins considérable. Elle devint la principale partie des châteaux du dixième siècle, le donjon ». — *Abécédaire archéologique*.

(10) « *Locum qui temporibus priscis sub monastica regula viguit* », dit, en 1060, la première charte de l'abbaye de Saint-Martin de Sées.

(11) Ces chapiteaux se trouvent dans l'encadrement d'une porte de l'église Notre-Dame de la Place.

(12) *Sagii villa.*

(13) *Bodevilla.* Ce lieu s'est appelé aussi le Buot.

(14) *Gausberti villa.* Ce lieu est appelé aujourd'hui Giberville.

la banlieue, et, dans un rayon rapproché, une série de maisons religieuses complétaient celles de la petite cité épiscopale, et lui formaient une couronne.

C'était d'abord l'antique église de Macé (1) qui gardait les tombeaux des saints Raven et Rasyphe ; c'était celle de Cléray (2) qui parlait de saint Latuin ; c'étaient ensuite les monastères et les ermitages fondés, au vie siècle, par saint Evremond, dans la forêt d'Ecouves ou sur sa lisière : Fontenay-les-Louvets où il se retira d'abord dans la solitude (3), Saint-Didier-sous-Ecouves (4), Montméré (5) où il mourut. Le monastère d'Almenèches, dont nous reparlerons, n'était pas loin.

Si les *missi* parcoururent l'est du pays de Sées, ils y trouvèrent d'anciennes paroisses comme Courtomer (6), Saint-Lhomer (7), Sainte-Scolasse, Gaprée (8) et Planches (9).

Ce dernier endroit avait été, à l'époque gallo-romaine, un centre important. La découverte de puits, de maisons, de tombeaux, d'une figurine de Vénus, de meules en pierre et en laves, de monnaies romaines l'atteste (10). Les invasions, qui précédèrent l'établissement de la dynastie mérovingienne, y avaient entassé les ruines.

De Sées, qui avait été le centre de leur enquête, et où ils avaient conféré avec l'évêque Hildebrand et les dignitaires de son clergé, archidiacres, doyens et chanoines (11), les *missi* descendirent vers le sud. Après avoir passé le village de Neauphe (12), et entrevu la butte de Boitron (13), ils s'engagèrent dans la forêt de Bourse (14), aperçurent Essai (15) dont les chaumières s'éparpillaient sur le penchant d'une colline et arrivèrent au Mesle (16). Le roi Charles le Chauve avait récemment, à la prière de l'évêque de Poitiers, donné l'église, dédiée à saint Julien, aux moines de Saint-Maur-de-Glanfeuil en Anjou (17).

---

(1) Macé, canton de Sées (Orne). — Cette paroisse était alors une propriété des chanoines de Saint-Evroult. — Dom Martène, *Amplissima Collectio*, t. I, p. 225.

(2) Cléray, canton de Sées (Orne). — Saint Latuin, premier apôtre du diocèse, s'y était momentanément retiré et y mourut.

(3) (4) Fontenay-les-Louvets, Saint-Didier-sous-Ecouves, canton de Carrouges (Orne).

(5) Montméré, canton de Mortrée (Orne). — Comme Almenèches, les trois dernières paroisses que nous venons de mentionner n'appartenaient pas à la vicairie de Sées.

(6) (7) (8) Courtomer, Saint-Lhomer, Gaprée, canton de Courtomer (Orne).

(9) Planches, canton du Merlerault (Orne).

(10) Les découvertes les plus récentes furent faites par le savant Abbé Thouroude, alors curé de Planches, vers 1850.

(11) Les archidiaconés et les doyennés remontent à l'époque mérovingienne.

(12) Neauphe-sous-Essai, canton de Sées (Orne).

(13) Boitron, canton du Mesle-sur-Sarthe.

(14) Les Ventes-de-Bourse, canton du Mesle-sur-Sarthe, rappellent cette forêt.

(15) Essai, canton du Mesle-sur-Sarthe (Orne).

(16) Le Mesle-sur-Sarthe, chef-lieu de canton.

(17) Odon, abbé de Glanfeuil. — *Actes de la translation des reliques de Saint Maur.*

Là, ils franchirent de nouveau la Sarthe qui, avant de séparer les comtés du Mans et d'Exmes, séparait, depuis sa source jusqu'au dessous du Mesle, les vicairies de Sées et de Corbon. Ils entrèrent alors dans le Corbonnais, couvert presque en entier par la superbe et légendaire forêt du Perche (1). Remontant un peu vers l'est, ils atteignirent un couvent de moniales, fondé au ve siècle par sainte Céronne. Il portait son nom (2).

Venue de Corneillan, près Béziers, la vierge Céronne avait bâti une cellule et un oratoire sur le plateau de Romigny, en face du mont Cacune, où existait un établissement gallo-romain, voisin de ceux dont le sol garde les restes près de Tourouvre (3). Des compagnes s'étaient réunies autour d'elles, et ainsi avait été formé le premier monastère du diocèse de Sées. Au sud se rencontrait le village de Mortagne (4) où une église était dédiée à saint Eloi.

Après avoir descendu les pentes de la vallée de l'Huisne, les *missi* arrivèrent au bourg de Corbon (5) où, dit-on, on battit monnaie (6). Il est impossible de dire ce qu'était alors cette localité (7), d'origine probablement mérovingienne, qui emprunta son nom au ruisseau de Corbion (8). Un village de trois maisons, groupées autour d'une petite église, profilant sa flèche à travers un bosquet de grands arbres, marque aujourd'hui la place de ce chef-lieu de vicairie, qui allait devenir le chef-lieu d'un comté particulier.

Bien que cette bourgade ait, au ixe siècle, prêté son nom à toute la région du diocèse de Sées, située au sud de la Sarthe, le Corbonnais proprement dit n'en comprenait que la partie sur laquelle Mortagne, après Corbon, exerça sa prépondérance politique (9). La partie la plus considérable appartenait de fait à une contrée dont le nom,

(1) La forêt du Perche est citée en 520. — *Recueil des Hist. de France*, III, p. 439. — Voyez, sur cette forêt, l'excellente *géographie du Perche* du Vicomte O. de Romanet.

(2) Sainte-Céronne-lès-Mortagne, canton de Bazoches-sur-Hoëne (Orne). — Sur Sainte-Céronne et le Mont-Cacune, voyez Bar des Boulais : *Antiquités du Perche*, édition Tournoüer, p. 54-55. L'évêque Saint Adelin a écrit la vie de Sainte Céronne.

(3) On a trouvé à Mezières, canton de Tourouvre, comme au Mont-Cacune, de très nombreuses antiquités gallo-romaines.

(4) Mortagne, chef-lieu d'arrondissement (Orne). — Mortagne est citée dans la légende de Sainte Céronne. Saint Eloi, évêque de Noyon, y passa en 654. Une chapelle lui fut dédiée au huitième siècle

(5) Corbon, arrondissement et canton de Mortagne.

(6) Lecointre-Dupont : *Lettre sur l'histoire monétaire du comté du Perche.*

(7) « Petit village, l'un des plus pauvres du quartier », écrivait Bar des Boulais, au dix-septième siècle.

(8) Ce nom évoque celui du monastère de Corbion, fondé par Saint Laumer dans le diocèse de Chartres, et dont l'emplacement, à Moutiers-au-Perche, appartient au canton de Rémalard (Orne).

(9) Il est probable qu'un premier archidiaconé de Corbonnais correspondit d'abord à toute la vicairie de ce nom. Il forma, au dixième siècle, deux archidiaconés, celui du Corbonnais proprement dit, n'ayant qu'un doyenné, et celui du Bellêmois qui eut les doyennés de Bellême et de la Perrière.

oblitéré par celui de Corbon, allait bientôt paraître. Nous voulons parler du Bellêmois (1).

Au sud, dans une partie de la forêt du Perche où le chêne est géant, se cache, au fond d'un petit vallon, formé par les ondulations d'un sol ferrugineux, une fontaine (2) que les Romains, une double inscription l'atteste, avaient consacrée à Vénus et aux dieux infernaux. Tout près se trouvait la paroisse de Saint-Martin de Bellême (3), appelée, dès le Xe siècle, Saint-Martin-du-Vieux-Bellême (4). Elle s'étendait dans une riante vallée bien arrosée, et dominée par une chaîne de collines. Ce lieu eut une notoriété historique incontestable, car, lorsqu'une partie des habitants eurent, à la suite de leur seigneur, escaladé le coteau escarpé, situé un peu en arrière, pour y camper leurs maisons à l'abri de son donjon, ils revendiquèrent sans cesse, et avec succès, pour la ville de Bellême, la prééminence sur Mortagne qui avait remplacé Corbon.

Cette revendication persévérante, qui dura jusqu'en 1789, est très significative. Elle paraît indiquer, qu'à l'époque gauloise, le Vieux-Bellême, à la paroisse duquel la chapelle castrale de Bellême resta rattachée (5), était la principale localité du pays.

En 854, le coteau escarpé, dont nous venons de parler, portait-il déjà un château primitif, formé d'une tour, entourée de palissades ? Le fait est vraisemblable. C'est, dans cette période, que les seigneurs commencèrent à élever des forteresses pour résister aux invasions normandes. Charles le Chauve se réserva, en 864, le droit d'en autoriser la construction (6). Elles étaient encore rares, mais le château primitif de Bellême est appelé le vieux château dès le commencement du XIe siècle (7). Lui attribuer, à cette époque, cent cinquante ans d'existence n'a donc rien d'exagéré. Quant à la famille qui le bâtit, et qui tiendra une place considérable dans notre étude, elle était assez puissante pour avoir fait, avant les invasions normandes, un don royal de huit villas, situées dans le

---

(1) Le *pagus Bellismensis* n'apparaît qu'au onzième siècle. M. Guérard le fait cependant figurer dans le tableau des *pagi* de la Gaule. — *Annuaire de la Soc. hist. de France*, année 1837.

(2) La fontaine de la Herse. Voy. sur cette fontaine, les *Mémoires de l'Académie des Inscriptions*, t. II, p. 151.

(3) Le Vieux-Bellême, canton de Bellême (Orne). — Ce nom de Bellême, communiqué à la forêt, ne viendrait-il pas de la déesse gauloise *Belisama*, dont a parlé M. d'Arbois de Jubainville. — *Revue archéologique*, 1873. — Son culte aurait été remplacé par celui des divinités romaines dont parle l'inscription de la fontaine de la Herse : « *Aphrodisium. — Diis inferis, Veneri, Marti et Mercurio sacrum.* » — Sur *Belisama*, voy. Arthur de la Borderie : *Hist. de Bretagne*, t. I, p. 175, 176, 186.

(4) « *Quæ nuncupatur a circummanentibus Vetus Belismo* ». — *Arch. de l'Orne*, H 2150. — Abbé Barret : *Cartulaire de Marmoutier pour le Perche*, n° 1.

(5) *Arch. de l'Orne*, H 2153. — Bellême, chef-lieu de canton (Orne).

(6) « *Castella, firmitates et haias* », dit l'édit de Pistes. — Sur la question du Vieux-Bellême, voyez : Maizony de Lauréal, *La forêt de Bellême*.

(7) « *Terram quæ adjacet veteri castro de Belismo* ». — *Arch. de l'Orne*, H 2150.

Maine, sur les confins de l'Avranchin, à la collégiale du Mont Saint-Michel (1). Nous pensons donc que les *missi* virent à Bellême l'auteur de cette Maison qui, dans le Maine où ils allaient rentrer, tenait une des premières places.

Lorsque, avant 860, fut créé le comté particulier de Corbonnais (2), le territoire, correspondant à la châtellenie de Bellême, en fut démembré. Un texte parfaitement clair du x⁰ siècle, dont la portée est restée incomprise, nous montre le Vieux-Bellême, et toute une série de paroisses dépendant du château de Bellême, faisant partie, non du nouveau comté, mais d'une vicairie de l'antique comté d'Exmes (3).

Voilà comment le Corbonnais et le Bellêmois, bien que limitrophes, formèrent deux bénéfices entièrement distincts, n'ayant pas plus de lien féodal que les familles de leurs possesseurs n'avaient d'origine commune.

Le Corbonnais, dorénavant séparé du comté d'Exmes, entra dans la composition du duché de France (4). Nous verrons plus tard ce qu'il advint du Bellêmois.

(1) « *In territorio cenomannico, in confinio Abricatensis regionis... terram*, dit Yves de Bellême en 997, *quam mei antecessores, pro salute animarum suarum, jam olim loco... Sancti Michaelis donaverant, sed, irruente Nordmannorum infestatione, locus ipse per mullorum curricula annorum amiserat* ». — Bertrand de Broussillon : *Cartulaire de l'Abbayette*, première charte.

(2) Un diplôme, donné en 860 par Charles le Chauve. (*Recueil des Hist. de France*, t. VIII, 565, A.) qualifie le Corbonnais de comté : « *Item in pago Oximense, et Epicense et Corbonisse... cum omnibus possessionibus in præscriptis comitatibus.* »

(3) « *Et in pago Oximense... ecclesia... in villa quæ nuncupatur... Vetus Belismo... Trado denique... in ipsa vicaria... ecclesiam Sancti Jovini...* » — *Arch. de l'Orne*, H 2150. — Abbé Barret : *Cartulaire de Marmoutier pour le Perche*, n⁰ 1 ; Bry de la Clergerie, *Hist. des comtés d'Alençon et du Perche*.

(4) Sur la consistance du duché de France, voy. Boulainvilliers : *Histoire de l'ancien gouvernement de France*, éd. de 1727, p. 159, 160, 163. — Une charte de 954 montre Hervé, comte de Mortagne, c'est-à-dire du Corbonnais, vassal de Hugues le Grand, duc de France. — *Cartulaire de Saint-Père de Chartres*, éd. Guérard, t. I.

CHAPITRE II

Le diocèse de Sées sous Charles le Chauve
Pays d'Exmes, du Houlme et d'Ouche

Hérard, évêque de Lisieux, l'abbé Thierry et les comtes Herluin et Harduin inspectent les pays d'Exmes, du Houlme et d'Ouche. — Exmes, capitale du comté d'Hiémois. — Ses comtes. — Aspect général du pays. — Bourgades et paroisses rurales. — Les moniales d'Almenèches. — Sépultures vénérées de Saint Godegrand et de Sainte Opportune. — Abbaye de Saint-Pierre d'Ouche. — L'église de la reine Faileube. — Appréciation sur l'état du diocèse de Sées.

Les missi, chargés de l'inspection du comté d'Exmes (1), à l'exception des pays de Sées et du Corbonnais, étaient Hérard, évêque de Lisieux, Thierry, abbé, et les comtes Herluin et Harduin (2). Après avoir visité l'évêque Hildebrand, ils se rendirent nécessairement à Exmes, capitale de l'Hiémois, résidence du comte, fonctionnaire royal, administrateur civil, militaire et judiciaire de tout le pays qu'il régissait avec le concours de ses lieutenants, vicaires et centeniers.

Avant même que le capitulaire de Kiersy-sur-Oise eût rendu les bénéfices et les fonctions publiques héréditaires, ils l'étaient en fait. Les comtes vieillissaient et mouraient à leur poste. Leurs fils leur succédaient. Il est donc probable que le comte d'Exmes appartenait encore, en 854, à l'illustre famille, alliée à la race mérovingienne, qui, un siècle plus tôt, était investie de cette dignité et donnait un évêque (3) au diocèse de Sées et deux abbesses (4) aux monastères d'Almenèches.

(1) Le comté d'Exmes ou d'Hiémois apparaît, dès 511, l'année même de la mort de Clovis avec la suscription, au concile d'Orléans, de Litarède, évêque de Sées, sous la forme *Litaredus Oximensis ecclesiæ episcopus, Litaredus episcopus de civitate Uxoma, Oxoma, vel Oxma,* suivant les variantes des manuscrits. Ce comté fut traversé, entre 554 et 576, par Germain, évêque de Paris. — Fortunat, *Vita Sancti Germani Parisiensis episcopi,* Patr. lat. vol. XXXVIII, col. 471. Saint Evroult s'y fixa et y mourut dans ce siècle.

(2) « *Missi et pagi per missaticos qualiter fuerunt ordinati* : « *Eirardus, episcopus, Teodoricus, abbas, Herloinus, Hardoinus, missi in Aprincato, Constantino, Bagisino, Coriliso, Ollingua Saxonia et Harduini, Oximiso et in Lisuino* ». — Baluze, *Capitulaires,* t. II, col. 69. — On a discuté à perte de vue sur l'identification du *Corilisus* et de l'*Ollingua Saxonia et Harduini.* La situation de ces pagelli demeure douteuse.

(3) Saint Godegrand, martyr, né à Exmes, et fils du comte, fut évêque de Sées en 765. Il entreprit le voyage de Rome et confia son diocèse au comte d'Exmes, Chrodebert, son parent. Pendant son absence, Chrodebert s'empara de son siège, et, à son retour, en 775, le fit assassiner à Nonant.

(4) Sainte Lanthilde, tante de saint Godegrand, fut abbesse du monastère d'Almenèches

Exmes (1), située à quatre lieues au nord de Sées et reliée à cette ville par la voie romaine du Mans à Rouen passant sur les ponts de Chailloué (2), a toujours occupé l'emplacement qu'elle tient aujourd'hui. Elle est bâtie sur un piton d'une colline abrupte, à 257 mètres d'altitude, dans une position des plus fortes, dominant la vallée de la Dives et les plaines où l'Orne prend naissance. De trois côtés, au nord, au sud et à l'ouest, la colline se termine brusquement par des escarpements à pic et la partie nord-est est de plus protégée par une gorge profonde. Des bois (3), se rattachant à la forêt de Gouffern, couvraient la ville dans presque tout son périmètre.

Là, comme à Sées, les souvenirs se lèvent nombreux du sol, mais les monuments qui pourraient nous parler des époques mérovingienne et carolingienne n'existent plus. Les ruines même ont disparu. La découverte de sarcophages de pierre, dans le voisinage de l'église Saint-André, où la terre garde la trace de nombreux incendies, permet cependant d'affirmer que cet édifice a succédé à l'église primitive (4). Autour d'elle, sur une étendue de trois cents pas, les maisons, formant une rue principale et quelques rues secondaires, se groupaient sous la protection d'ouvrages en terre, de murailles et de tours, courant le long de la crête de la colline.

Où demeurait le comte ? Au nord d'Exmes, et séparée de la petite cité par des fossés taillés dans un massif de calcaire, formant un escarpement de dix mètres, se trouve une plate-forme vaste et élevée qui s'avance en éperon. On y voit des débris informes d'une maçonnerie épaisse et résistante, restes du château féodal. Il nous paraît probable que la résidence du comte, construite en pierre et entourée de murailles, occupa cet emplacement (5). Autour d'Exmes, véritable acropole très resserrée, se trouvaient nécessairement, dans

---

— Sagiensi urbi vicinum — et sainte Opportune, sœur de saint Godegrand, fut abbesse d'un monastère tout voisin, *cœnobiolum*, au vieil Almenêches, qui devint la paroisse du château d'Almenêches. « *Parentes ejus*, dit l'évêque saint Adelin en parlant de sainte Opportune, *nobilitatis genere pollentes, et regalis prosapiæ apice florentes, inclyti Oximensis pagi super omnes qui ibidem morabantur* ». — *Vita sanctæ Opportunæ.*

(1) Exmes, *Uxoma vel Oxma* en 511, *Concilia antiqua Galliæ* ; *Oxma* en 690, Pardessus, *Diplomata : Oxmisus* en 853, capitulaire de Charles le Chauve et dans la chronique d'Aimoin ; *Oximii,* dans Ordéric Vital ; Hiesmes avant 1789 ; n'est plus qu'un chef-lieu de canton bien dépeuplé de l'arrondissement d'Argentan (Orne).

(2) Abbé Barret : *La chaussée et les ponts de Chailloué.*

(3) La Haie d'Exmes.

(4) Cette découverte est due au regretté M. Albert Chollet, qui a publié sur Exmes et sa région de fort intéressants travaux. Je salue, avec émotion, la mémoire de cet excellent ami.

(5) Voir, sur l'Exmes du moyen-âge et sur son château, notre étude, publiée dans le *Bulletin de la Société historique et Archéologique de l'Orne,* t. VIII, p. 189 et suiv.

Une chapelle, dédiée à saint Godegrand et à sainte Opportune, présumés nés sur l'emplacement du château féodal, y a été construite, au dix-neuvième siècle, par M. l'abbé Chichou, curé-doyen d'Exmes.

un rayon rapproché, des extensions rurales ayant des oratoires (1).
et d'anciens domaines ayant constitué des villas (2).

D'Exmes, la vue porte au loin : Au sud, l'horizon était fermé
par les chênes, les hêtres, les pins et les sapins du massif d'Ecouves,
courant sur une arête de vieux grès jusqu'à la forêt du Passais (3).
Presque sur la lisière d'Ecouves coule l'Orne, petite rivière placide
devant Argentan, qui devient, dans le Houlme, un gave sinueux,
tumultueux, tourbillonnant sur le roc.

A l'ouest, s'étendait à perte de vue, jusqu'à l'éperon rocheux du
mont Mirat, qui devait porter le château de Falaise (4),
la forêt de Gouffern. Elle couvrait bien la moitié de l'Hiémois (5).
Dans la forêt de Silly (6), qui en est un reste, se dresse une superbe
pierre druidique.

A l'est, au-delà de Gacé (7) et des coteaux d'où sort la Touques,
la sylve se prolongeait à l'infini avec la forêt d'Utique (8), où la
Rille se perd et se retrouve.

Au nord, des coteaux, couverts de bois épais, dominaient les
vallons où coulent la Vie et la Dives qui prend sa source près
d'Exmes (9), dans une gorge pittoresque.

Nous ne nous hasarderons pas à rechercher tous les groupements
paroissiaux existant, dès ce temps, dans la région. Certains
doivent cependant être indiqués. C'étaient, dans l'Hiémois
proprement dit (10): Nonant (11), Saint-Germain-de-Clairefeuille (12),
La Cochère (13), O (14), Bray (15), Trun (16), Chambois (17),
Bailleul (18), Falaise et Saint-Pierre-sur-Dives (19).

(1) Saint-Arnould, Argentelles, Chauffour-sous-Exmes, Sainte-Anastasie de la Briquetière,
qui sont devenues de petites paroisses, aujourd'hui disparues, semblent avoir été de ces
extensions. Des découvertes fort curieuses d'antiquités gallo-romaines ont été faites à la
Briquetière, par M. le docteur de Colleville. — *Mémoires des Antiquaires de Normandie*,
1re série, t. VI et IX ; 2e série, t. I.
(2) Villeneuve, Villebarges. Villebadin, — Ces deux dernières villas sont devenues des
paroisses dont la dernière existe encore.
(3) Le Passais, région du Maine.
(4) Falaise, chef-lieu d'arrondissement (Calvados).
(5) A. Sauvage : *L'abbaye de Saint-Martin de Troarn*, p. 28, note 4.
(6) Silly-en-Gouffern, canton d'Exmes.
(7) Gacé, chef-lieu de canton (Orne).
(8) *Sylva Uticensis*, « *Sylva densitate arborum horribilis* », dit Ord. Vital, III, 56, en parlant
du sixième siècle.
(9) A Malnoyer, paroisse réunie à Courmesnil.
(10) L'Hiémois formait un archidiaconé qui eut quatre doyennés : Exmes, Trun, Falaise,
Saint-Pierre-sur-Dives.
(11) Nonant, canton du Merlerault (Orne). — L'évêque saint Godegrand y fut mis à mort.
(12) *Clarum folium, clara frons*, canton du Merlerault (Orne).
(13) La Cochère, canton d'Exmes (Orne). — Saint Evroult y fonda, dit-on, un ermitage.
(14) O, canton de Mortrée (Orne). — Son nom viendrait du celte *Oth*.
(15) Bray, près Mortrée (Orne), appartenait au monastère de Saint-Pierre-en-Ouche. —
en l'an 900. — Dom Martène, *Amplissima Collectio*, t. I, p. 225.
(16) Trun, chef-lieu de canton (Orne).
(17) Chambois, canton de Trun (Orne).
(18) Bailleul, canton de Trun (Orne), dépendait, en l'an 900, de Saint-Evroult.
(19) Saint-Pierre-sur-Dives, chef-lieu de canton (Calvados). — Saint Wambert y mourut.

C'étaient, dans le Houlme (1) : Argentan (2), Ecouché (3), Ry (4), Briouze (5), Asnebec (6), Neuvy (7).

Nous citerons, dans le pays d'Ouche ou sur sa lisière : Gacé, Montfort (8), Cisai (9), Villers-en-Ouche (10), Neuville-sur-Touques (11), Heugon, Bocquencé (12), Echauffour (13).

Outre les monastères de Saint-Didier-sous-Ecouves et de Montmerré, fondés par saint Evremond, dont nous avons précédemment parlé, l'Hiémois comprenait deux abbayes particulièrement célèbres : Almenèches et Saint-Pierre-en-Ouche.

Almenèches (14), situé à deux lieues d'Exmes et à distance presque égale de Sées, était un couvent de moniales (15) dont l'église gardait les sépultures vénérées de saint Godegrand et de sa sœur sainte Opportune. L'évêque du Mans, saint Aldric, qui mourut en 856, possédait près de là un domaine, confié à un colon, et dont les troupeaux furent donnés au chapitre de son église cathédrale (16).

Cinq lieues séparaient Exmes de l'abbaye de Saint-Evroult, alors appelée Saint-Pierre-en-Ouche, bâtie à l'est de l'Hiémois, dans une petite vallée de la forêt d'Ouche, au bord de la Charentonne, sur la paroisse de Saint-Martin-l'Elégant (17). Là, vers 560, le moine Evroult, originaire du pays de Bayeux, séduit par l'aspect sauvage et désert de ce lieu, avait construit, pour lui et ses compagnons, un petit monastère et un loître, faits de branches d'arbres et couverts de feuillage. Un oratoire rustique (18), dédié à saint Pierre,

(1) L'archidiaconé du Houlme comprit les doyennés d'Argentan, Ecouché, Briouze et Asnebec.

(2) Argentan, chef-lieu d'arrondissement (Orne).

(3) Ecouché, chef-lieu de canton (Orne).

(4) La paroisse de Ry appartenait en l'an 900 à Saint-Evroult. — Dom Martène, *Amplissima Collectio*, t. I, p. 225.

(5) Briouze, chef-lieu de canton (Orne).

(6) Asnebec, aujourd'hui Saint-Georges-d'Asnebec, canton de Briouze (Orne). — Saint Wulfran fit un miracle, en l'an 800, à Asnebec, *in pago Hulmo*. Asnebec et Briouze nous paraissent avoir été les localités les plus anciennes du Houlme.

(7) Neuvy-au-Houlme, canton de Putanges. Cette paroisse dépendait en l'an 900 de Saint-Evroult.

(8) (9) Gacé, Cisai, Saint-Evroult-de-Montfort, canton de Gacé (Orne).

(10) Villers-en-Ouche, canton de La Ferté-Fresnel, dépendait de Saint-Evroult en 900.

(11) Neuville-sur-Touques, canton de Gacé (Orne), dépendait de Saint-Evroult.

(12) Bocquencé et Heugon, canton de La Ferté-Fresnel (Orne), dépendaient de Saint-Evroult en l'an 900.

(13) Echauffour, canton du Merlerault (Orne). — Parmi les paroisses dépendant de Saint-Evroult, en l'an 900, plusieurs ne peuvent être identifiées sûrement : deux paroisses appelées *le Pont*, sans doute Pont-Echanfré et Pontchardon, *Methro, Hortolil, le Mont, Acimac, Abrotin*. — Dom Martène, *Amplissima collectio*, t. I, p. 225.

(14) Almenèches, canton de Mortrée (Orne).

(15) « *Ubi olim Sancta Opportuna fuerat abbatissa* ». — *Chronique de Robert de Torigny*.

(16) Dom Paul Piolin : *Histoire de l'Eglise du Mans*, t. II, p. 220 et note 8.

(17) « *Basilica Sancti-Martini qui elegans dicitur.* » Ord. Vit., III, 72.

(18) « *Parva et rusticani operis* ». — Ibid, II, 79.

compléta son œuvre qui resta dans des proportions monumentales fort humbles. Evroult bâtit jusqu'à quinze monastères (1), et d'illustres personnages allèrent à lui.

La reine Faileube le visita et, près de son ermitage, édifia, sur la rive droite de la Charentonne, une église dédiée à la Vierge, ayant un autel en marbre (2). Une maison de moniales se fonda à l'ombre de cet édifice, et plus d'un leude voulut reposer dans son cimetière où se voyaient encore, au XIe siècle, leurs pierres tumulaires.

Le grand moine mourut en 596, sous l'épiscopat de l'évêque de Sées Robert. Ordéric Vital, l'historien de saint Evroult, laisse croire que ses disciples s'étaient perpétués dans son monastère (3). A la vérité, au IXe siècle, il n'y avait pas plus de moines dans l'abbaye de Saint-Pierre-d'Ouche que de religieuses autour de l'église de la reine Faileube.

Les bénédictins avaient été remplacés par des chanoines (4) qui gardaient les corps des saints Evroult, Evremond, Ansbert et bien d'autres reliques.

Ne nous le dissimulons pas. Dans le diocèse dont nous avons essayé de reconstituer l'état aussi exactement que la rareté des documents le permet, les *missi* virent beaucoup de terres incultes, beaucoup de domaines ecclésiastiques usurpés, beaucoup de misères matérielles et morales (5). Ils entendirent des doléances trop justifiées, des plaintes trop sincères. Ils constatèrent une anarchie grandissante qu'augmentait l'indicible épouvante que les Normands inspiraient. S'ils n'étaient pas encore venus là, ce qui est probable, ils allaient venir.

(1) Ord. Vit., III, 68.
(2) « *Altare marmoreum* ». — Ord. Vit. III, 70.
(3) Ibid, III, 91.
(4) « *Sacri canonici* ». — Dom Martène, *Amplissima collectio*, t. I, p. 225.
(5) Ord. Vit., II, 397.

CHAPITRE III

Les invasions normandes dans le diocèse de Sées

*Les pirates normands. — Leur haine du christianisme. — Leur barbarie. —
Les rénégats leurs complices. — Premières invasions dans la province
ecclésiastique de Rouen. — Normands de la Loire, Normands de la Seine.
— Sydrac et Björn dans le diocèse de Sées. — Energie d'Hildebrand,
évêque de Sées. — Les reliques de saint Maur au Mesle-sur-Sarthe, en 865.
— Les Normands dans l'Hiémois vers 869. — Martyr du chorévêque
Wambert. — Les corps de saint Godegrand et de sainte Opportune levés
de terre. — Exode de leurs reliques. — Hildebrand quitte son diocèse envahi.
— La ville de Sées dévastée, monastères détruits. — Retour d'Hildebrand,
sa mort entre 880 et 884. — Adelin, évêque de Sées, 886. — Il est emmené
en captivité par les Normands. — Massacres et incendies. — Période
d'accalmie. — Retour d'Adelin. — Un diplôme de Charles le Simple. —
Nouvelle invasion vers 903. — Destruction des monastères de Saint-Cénery
et de Saint-Pierre d'Ouche. — Adelin en exil. — Son diocèse dévasté et
dépeuplé. — Rollon traite en 911 avec Charles le Simple. — Les fables
des chroniqueurs normands. — Nécessité de reconstituer les origines de
la Normandie.*

Ce n'est pas sans motifs que les Normands étaient redoutés et que
les évêques avaient ajouté aux litanies des saints cette invocation:
« *A furore Nordmannorum, libera nos Domine !* »

Habiles navigateurs, grands guerriers, sensibles aux poésies
belliqueuses de leurs bardes et aux rêves du Walhalla où les
Valkiries souriaient aux victimes des combats et leur présentaient
la coupe d'hydromel, les farouches adorateurs d'Odin et de Thor
ne sont pas seulement guidés dans leurs expéditions par la soif du
pillage et du sang, ils le sont surtout par une haine implacable de
la religion chrétienne (1).

Les témoignages précis que les chroniques de Normandie, de
France et d'Angleterre nous ont conservés donnent une vision
parfaitement nette des horreurs commises par les pirates du Nord.
On peut suivre leurs traces, car leur route est jalonnée des cadavres
de leurs victimes (2).

---

(1) « *Christianæ fidei, divinique cultus ignari, super fidelem populum immaniter debaccati
sunt... Urbes et oppida vicosque concremaverunt, cœnobia multa ingenti religione pollentia destruxerunt, pluresque regiones innumeris cœdibus devastatæ sunt.* » — Ord. Vital, III, 97.

(2) « *Non erat via qua non jacerent mortui.* » — Chronique de l'abbaye de Saint-Vaast, près
Arras.

Ils emmènent les femmes en captivité, à moins que, sur leur refus de livrer l'argent qu'elles n'ont pas, ils les traînent par les cheveux et les livrent aux flammes (1). Pas de pitié pour les petits enfants, arrachés des bras de leurs mères, et percés de coups de lance (2).

Les hommes sont massacrés, et un immense gémissement monte des villes et des villages où règnent la mort, la dévastation et le deuil (3). Les barbares ont plaisir à surprendre les habitants des campagnes. Ils se font héberger par eux ; le meurtre et le pillage paient l'hospitalité reçue et mettent le comble à la jouissance des envahisseurs (4).

Leur fureur de destruction se porte particulièrement sur les églises et les monastères (5). Ils y chantent du matin à la nuit ce qu'ils appellent la messe des lances (6). Evêques, prêtres et moines sont mis à mort avec d'effroyables raffinements de cruauté infâme (7).

Des renégats se joignent aux Normands et participent à leurs crimes pour bénéficier de leur butin. Un important personnage, nommé Isembard, se fait notamment le conducteur et le complice des « rois païens (8) », et assiste, dans l'abbaye de Saint-Riquier (9), à une odieuse scène de profanation (10).

Des cités sont rasées et disparaissent pour toujours, tandis que leurs populations, réduites en esclavage, sont déportées en Danemark ou en Norvège (11).

La province ecclésiastique de Rouen paraît avoir été attaquée pour la première fois en 841 (12) par le roi de mer Oscar. Les Normands s'emparèrent de sa métropole, le 14 mai de cette année, et la

(1) « *Mulieres ducuntur captivæ* », dit Guillaume de Jumièges. « *Matronæ... dum thesauros quos non habebant coguntur prodere, capillis distractæ, ad ultimum flammis injectæ moriuntur.* » — *Anglia Sacra*, 2ᵉ pratie, p. 135.

(2) *Super omnia, in minorem ætatem crudelitas desœvit ; dum parvuli a matrum uberibus evulsi aut lanceis exciperentur.* » — *Anglia Sacra*, 2ᵉ partie, p. 135.

(3) « *Trucidatur populus, fit omnibus in commune luctus.* » — Guill. de Jumièges.
« *Erat tribulatio omnibus et dolor, videntes populum christianum ad internecionem devastari* ». — *Chronique de Saint-Vaast d'Arras.*

(4) « *Reddebant hospiti cædem, hospitio flammam* ». — Henri de Huntingdon, *Historia.*

(5) « *Cœnobia multa ingenti religione pollentia destruxerunt* ». — Ord. Vital, III, 83.
« *Destruxerunt comitatum Pontivi... cum omnibus ecclesiis* ». — *Chronique de Centule,* apud. d'Achery, *Spicilegium.*

(6) « *Attom odda messo...* » — *Lodbrog's quida ; Scriptores rerum danicarum,* t. I, p. 374. — Ibid, t. IV, p. 26.

(7) « *Clerici et monaci crudelius damnabantur* ». — *Scriptores rerum Normannicarum,* p. 10. — « *Nonnulli, quod dicere pudet, per verenda suspensi deficiunt* ». — *Anglia Sacra,* 2ᵉ partie, p. 135.

(8) « *Reges pagani infideles per regimen et conductum Isembardi negando Jesum christum...* » — *Chronique de Centule.*

(9) Abbaye, dont le nom primitif est Centule, fondée par Saint Riquier en 640. Le bourg de Saint-Riquier appartient à l'arrondissement d'Abbeville (Somme).

(10) « *Cum magno ululatu fregerunt caput et membra crucifixi* ». — *Chronique de Centule.*

(11) Récits du moine Paul de Saint-Père de Chartres. — *Vetus Agano.*

(12) Ord. Vital, II, 6 ; Vogel : *Die Normannen und das fränkische reich,* p. 84.

dévastèrent. Ils incendièrent le 24 la célèbre abbaye de Jumièges (1).
Celle de Fontenelle (2) se racheta pour dix marcs d'argent, et subit
un peu plus tard le même sort (3). Les religieuses de Fécamp, qui
s'étaient défigurées pour échapper au déshonneur, furent toutes
massacrées.

Rouen, de nouveau mise à sac en 851 (4) et 852 (5) fut à peu
près détruite par le feu. Bayeux fut prise en 858, et son évêque,
Beaufroi, fut mis à mort. Les Danois, solidement fortifiés sur la
Seine, dans l'île d'Oissel, près de Vernon, en firent la base de leurs
opérations en 857.

D'autres Normands s'établirent à l'embouchure de la Loire,
prirent Nantes en 853, arrivèrent devant Tours le 8 novembre de
cette année et attaquèrent Orléans vers la même époque (6). Le roi
de mer Hasting (7) se fit un champ de pillage du bassin de la Loire.
Des chefs aussi barbares se réservèrent celui de la Seine où, malgré
les légendes, Rollon n'apparaît historiquement qu'en 911.

Dans cette période, il n'y eut pas de cité, de bourgade, de village,
de monastère qui ne fut menacé. L'éloignement des rivières et des
centres, la profondeur des forêts, la pauvreté même ne protégèrent
pas leurs habitants. La parfaite concordance des chroniques contem-
poraines prouve que leurs auteurs n'exagérèrent pas, comme on l'a
prétendu, l'étendue des ravages et des massacres. Les preuves
abondent. Celle que va nous fournir d'abord le diocèse de Sées est
une des plus frappantes :

En 855, sous le commandement des rois de mer Sydrac et Björn,
surnommé Côte-de-fer, fils, dit-on, du farouche Ragnar Lodbrok,
qui avait commandé une expédition contre Paris en 845, une flotte
danoise remonta la Seine. Les pirates débarquèrent en deux bandes,
et le fer dépeupla le pays sur leur passage (8). Au moment où ils
venaient, après avoir atteint le diocèse de Sées, d'opérer leur jonction
dans la forêt du Perche, le roi Charles le Chauve, recouvrant quelque

---

(1) Jumièges, près Rouen (Seine-Inférieure). Son abbaye avait été fondée en 654 par saint Philibert.

(2) Fontenelle ou Saint-Vandrille, abbaye fondée, près de Caudebec, en 648, par saint Vandrille.

(3) *Chronique de Fontenelle*, apud dom Bouquet, t. VII.

(4) Vogel, loc. cit, p. 330. — « *Anno 851, venerunt Normanni in Sequanam.* » — *Annales de Saint-Evroult*, reproduisant les *Annales de Rouen*.

(5) « *Anno 852. Et iterum venerunt alii Normanni.* » — *An. de Saint-Evroult.*

(6) Vogel, loc. cit., p. 330. — Orléans ne fut prise qu'en 856. Beauvais succomba en 852, Noyon en 859, Poitiers en 863, Limoges en 864.

(7) C'est bien à tort que Dudon de Saint-Quentin, Guillaume de Jumièges et Ordéric Vital font sans cesse intervenir Hasting dans le bassin de la Seine où il ne mit pas le pied.

(8) *Anno 855, indictione III, maxima classis Danorum fluvium Sequanæ occupat, duce item Sydrac... Deinde, junctis viribus usque Perticum saltum plurimam stragem ac depopulationem fecerunt* », — *Chron. de Fontenelle*, ap. dom Bouquet, t. VII, p. 43.

énergie, les poursuivit et les battit avec l'aide de son vassal, le comte Gerhard (1).

Le danger renaissant à chaque expédition des Danois, l'évêque de Sées, Hildebrand, au retour d'un concile tenu à Savonnières, près de Toul (2), songea à défendre son diocèse, les armes à la main. C'était en 859. Il fit appel à son peuple et constitua une force armée suffisante pour tenir les Normands en respect (3).

Hildebrand était vieux. Il était ecclésiastique, et, comme tel, ignorant des choses de la guerre, incompatibles avec son caractère. Il dut donc nécessairement, tout en payant de sa personne, demander l'aide d'un soldat expérimenté. Or, aucune famille n'eut, dans le diocèse de Sées, le génie de la défense militaire poussée à un plus haut degré que celle des seigneurs de Bellême. Il n'est donc pas téméraire de supposer que cette famille offrit ses services et qu'en retour de son aide, l'évêque lui cédât, sur la ville de Sées et sur son territoire, d'importantes prérogatives qui auraient été la première origine des droits dont nous la verrons jouir, dès avant la période normande. Ce n'est là évidemment qu'une hypothèse, mais les faits ultérieurs corroboreront sa vraisemblance.

Très précaire, la sécurité parut cependant alors assez grande, au diocèse de Sées, pour que des moines angevins songeassent à y chercher un asile dans les circonstances suivantes : Peu avant 865, les Normands de la Loire, auxquels le roi de Bretagne Salomon, conquérant comme l'avaient été ses prédécesseurs Nominoé (4) et Erispoé (5), avait bien imprudemment associé sa fortune, entreprirent de nouvelles incursions. En 865, Le Mans fut attaqué, pris et mis à sac (6).

C'est, en ce temps, qu'Odon, abbé de Saint-Maur-de-Glanfeuil (7), arriva avec ses religieux, fuyant devant les barbares. Ils portaient les reliques de saint Maur, disciple de saint Benoît, leur fondateur, et les déposèrent dans l'église du Mesle-sur-Sarthe (8) qui leur appartenait. Au moment où la châsse y parvint, nous raconte Odon (9), l'évêque Hildebrand, occupé d'une expédition contre les

<hr>

(1) Ibid.

(2) On s'occupa dans ce concile du rétablissement des hôpitaux et des secours aux pauvres.

(3) Dom Mabillon, *Acta Sanctorum*, O. S. B., t. I, p. 275.

(4) En 844, Nominoé se jeta sur les terres de France jusqu'au Mans.

(5) En 851, Charles le Chauve traita avec Erispoé et lui laissa, dans le Maine et l'Anjou, tout ce que son père Nominoé avait conquis.

(6) « *Interea Normanni, residentes in Ligeri, commixti cum Britonibus, Cenomannis civitatem petunt, et impune depredantes eam, ad suas naves revertuntur* ». — *Annales de Saint-Berlin*, ap. dom. Bouquet, t. VII, p. 92.

(7) Saint-Maur de Glanfeuil ou Saint-Maur-sur-Loire (Maine-et-Loire).

(8) Le Mesle-sur-Sarthe, chef-lieu de canton (Orne).

(9) *Translation des reliques de saint Maur*, Dom Mabillon, *Acta Sanctorum*, O. S. B., t. I, p. 275.

Normands, ne put la recevoir lui-même et délégua un archidiacre pour le représenter (1).

Le corps de saint Maur resta un an au Mesle. Un personnage du pays, nommé Otgier, tourmenté par une fièvre violente qui lui donnait le délire, fut conduit par son parent, le comte Cadilon, auprès du dépôt sacré et y retrouva la santé (2). C'était en 866, l'année où la mort de Robert le Fort, tué à la bataille de Brissarthe en combattant contre les Normands et les Bretons, vint enlever aux Angevins et aux Manceaux tout espoir de résistance (3). Continuant leur odyssée, les moines de Glanfeuil quittèrent Le Mesle avec leurs reliques et s'éloignèrent.

Trois ans après, vers 869, les grandes épreuves commencèrent pour le clergé de Sées. Des Normands, probablement débarqués à l'embouchure de la Dives, suivirent la vallée et pénétrèrent dans l'Hiémois. Courageusement, le chorévêque Wambert se porta au-devant d'eux pour les fléchir et fut impitoyablement massacré à Saint-Pierre-sur-Dives (4). Un culte fut rendu à ce martyr dans le monastère construit en ce lieu au XIe siècle (5).

Hildebrand comprit alors que la résistance devenait impossible et que le moment était venu de mettre à l'abri les reliques des saints. Les corps de saint Godegrand et de sainte Opportune reposaient toujours dans leurs tombeaux de l'église abbatiale d'Almenèches où, un siècle avant, ils avaient été déposés. Il résolut de les lever de terre et de les mettre à l'abri dans sa cathédrale. Il procéda à cette cérémonie avec ses chanoines. Comme le religieux cortège qui emportait les châsses vers Sées, nous raconte Hérard, archevêque de Tours (6), était encore en vue d'Almenèches, les pirates firent irruption dans le bourg et dans le monastère. La vue de l'escorte armée, qui accompagnait le clergé, les tint en respect, car ils se contentèrent, sans aller plus loin pour le moment, de se livrer à leur œuvre de destruction et de célébrer « la messe des lances » dans l'église profanée.

Cependant, la ville de Sées cessant bientôt d'être un abri sûr, le corps de saint Godegrand fut emporté par des chanoines au

---

(1) Ce détail prouve l'antiquité des archidiaconés.

(2) *Trans. des reliques de saint Maur.*

(3) En 867, Charles le Chauve conclut un traité avec Solomon, roi de Bretagne, dont l'autorité s'étendait sur la Haute-Bretagne, le pays de Retz, une partie de l'Anjou, du Maine et du Perche jusqu'à la Sarthe. Il lui donna les comtés d'Avranches et de Coutances, qui furent appelés « terre des Bretons ». Le pouvoir de Salomon sur le Maine et une partie du Perche fut très passager. — Voy. dom Piolin : *Hist. du diocèse du Mans*, t. II, p. 431.

(4) Saint-Pierre-sur-Dives, chef-lieu de canton (Calvados).

(5) Chanoine Blin : *Ordinal de Saint-Pierre-sur-Dives*, p. 117, et *Vie des Saints du diocèse de Sées.*

(6) Hérard, archevêque de Tours, *Vita Sancti Chrodograndi*, Bollandistes ad diem III Septembris.

monastère fondé par saint Cénery, au confluent de la Sarthe et du Sarthon ; puis, le troisième jour des nones d'avril 870, aux Pannicières (1) ; enfin, après un long exode, à Beaumont-lès-Randan, en Auvergne (2).

L'hiver était venu quand d'autres chanoines, constitués gardiens des reliques de sainte Opportune, se dirigèrent vers Paris. Ils poursuivirent leur route jusqu'à un village du diocèse de Meaux, appelé Moussy-le-Neuf (3), où ils s'arrêtèrent. Une église y fut bientôt élevée pour recevoir les reliques de la sainte (4).

L'évêque Hildebrand était bravement resté à son poste, et il y demeura, malgré les dangers grandissants, jusqu'après la mort de Charles le Chauve, survenue le 6 octobre 877. Il était donc encore dans son diocèse lors de la grande expédition des Danois dans le bassin de la Seine, en décembre 876 (5). Devant le flot des barbares qui s'étendait irrésistiblement, il dut cependant s'éloigner avec son clergé et chercher un asile auprès du roi Louis le Bègue (6).

Le vieil évêque put apercevoir, en se retirant, la fumée des incendies qui dévoraient églises, villages et abbayes. Alors périrent, pour ne jamais se relever, les monastères de Sainte-Céronne, de Fontenay-les-Louvets, de Montméré, de Saint-Didier-sous-Ecouves (7), alors fut rasée la petite ville de Corbon (8).

L'enceinte de Sées fut forcée. Les lieux saints y virent de hideuses scènes de profanation, puis la cathédrale, les maisons de l'évêque et des chanoines, le monastère, saccagés, furent livrés aux flammes (9). Les habitants, les prêtres et les moines, qui avaient échappé aux massacres, se cachèrent dans les bois (10) ou, s'enfuyant éperdus, cherchèrent au loin un refuge (11).

---

(1) Dom Piolin, dans son *Histoire du diocèse du Mans*, place les Pannicières près du Mans ; M. le chanoine Blin les place dans le diocèse de Chartres, près du monastère percheron de Corbion.

(2) *Vita Sancti Chrodograndi*.

(3) Moussy-le-Neuf, canton de Dammartin (Seine-et-Marne).

(4) Saint Adelin, *Vita Sanctæ Opportunæ*, Dom Mabillon, *Acta Sanctorum* O. S. B., t. IV.

(5) « *XV Kalendas Decembris* », disent les *Annales de Saint-Evroult* ; Ordéric Vital, I, 160.

(6) *Gallia Christiana*, t. XI, col. 678, 679.

(7) *Gallia Christiana*, ibid.

(8) Il n'est pas impossible que la ruine de Sainte-Céronne et de Corbon ait été un peu plus tardive, et doive être fixée à 886.

Hildebrand avait fait transférer les reliques de saint Latuin à Anet, celles de saint Loyer à Tholey, celles des saints Raven et Rasyphe à Saint-Vaast.

(9) *Gallia Christiana*, ibid.

(10) « *In tanta desolatione inermes monachi, quid facerent nescii, sæpe contremuerunt ; in miseriis afflicti, sedulo ploratu dolori suo satisfecerunt, finemque suum in latebris gementes præstolati sunt* ». — Ord. Vital, III, 83.

(11) « *Quidam vero intolerabilem barbarorum immanitatem metuentes, ad extera regna fugerunt.* » — Ibid.

Les abbayes de Saint-Pierre-d'Ouche et de Saint-Cénery (1), protégées par leur situation isolée au milieu des bois, furent indemnes des ravages qui semblent avoir porté plus particulièrement sur Sées et sur sa région qu'ils débordèrent cependant.

Chargés de butin, poussant devant eux le troupeau de leurs captifs, les pirates s'éloignèrent, et, la raffale passée, beaucoup de fugitifs revinrent à leurs foyers désolés. Hildebrand, qui avait reçu de Louis le Bègue, pour sa subsistance et celle de ses clercs, le domaine de Moussy, dans le diocèse de Meaux, l'église de Notre-Dame-des-Bois (2), près de Paris, et des prés voisins de Montmartre en 877 (3), ne tarda pas à les rejoindre et reprit possession de sa cathédrale incendiée. Le Pape Jean VIII lui écrivit en effet, en 878, pour lui recommander de prendre sous sa protection les biens que l'église de Saint-Maurice de Tours possédait dans son diocèse et d'obliger ceux qui les avaient usurpés à les restituer (4).

Charles le Chauve, il faut le dire, avait donné, dans certains cas, l'exemple des empiètements de ce genre, car, après le massacre à Beauvais, en 859, de l'évêque Hermanfried, par les Normands, et la destruction de nombreuses abbayes, le souverain avait cédé leurs biens territoriaux à des seigneurs laïques comme récompense de leurs services (5).

Hildebrand mourut entre les années 880 et 884 (6). Le roi Charles le Gros, élevé au trône à cette dernière date, voulut témoigner son attachement à l'abbaye de Saint-Calais (7) en désignant Adalhelme, un de ses moines, « illustre par ses lumières (8) », pour occuper le siège de Sées. Cette désignation se heurta à une opposition très vive de compétiteurs qui mirent tout en œuvre pour empêcher l'élu d'être sacré et de prendre possession de sa ville épiscopale (9).

Adelin, ainsi appelle-t-on vulgairement Adalhelme, ne triompha de ces difficultés qu'en 886. Il venait de recevoir l'onction pontificale quand une invasion (10) particulièrement terrible des Danois vint de nouveau porter la désolation dans les évêchés de la province

---

(1) Ordéric Vital place la destruction de l'abbaye de Saint-Cénery sous le règne de Charles le Simple. — III, 298. — Il paraît d'autre part certain que l'abbaye, fondée par saint Evroult existait encore en l'an 900. — Dom Martène, *Amplissima collectio*, t. I, p. 225.

(2) Hildebrand donna à cette église quelques reliques de sainte Opportune et un chapitre y fut créé qui subsista jusqu'à la Révolution.

(3) *Gallia Christiana*, t. XI, col. 678, 679.

(4) Labbe et *Patr. latine*, t. CXXVI, col. 881.

(5) Chanoine Corblet, *Hagiographie du diocèse d'Amiens*, t. III, p. 283.

(6) Voy Blin, *Vie des Saints du diocèse de Sées*, t. II ; Arthur du Monstier, *Neustria Pia*.

(7) Saint-Calais (Sarthe). Son monastère avait été fondé, au sixième siècle, par saint Carilef,

(8) Dom Piolin, *Histoire du diocèse du Mans*. t, II, p. 375.

(9) Saint Adelin, *Vita Sanctæ Opportunæ* ; dom Mabillon, *Acta Sanct.*, O. S. B., t. IV.

(10) Ordéric Vital n'a pas manqué de faire commander cette expédition par Rollon qui n'apparaît historiquement, nous le répétons, qu'en 911. — Ord. Vit., II, 7.

ecclésiastique de Rouen. Conduits par Siegfried (1), les pirates, après l'échec d'une tentative sur Paris, s'emparèrent d'Evreux, dont l'évêque, Sébar, parvint à s'enfuir (2), incendièrent la ville, firent subir le même sort à Bayeux (3), et, de nouveau, ravagèrent sauvagement l'Hiémois (4). Leur fureur porta, pour la seconde fois, sur Sées, où tout ce que Hildebrand avait essayé de rétablir fut détruit. Fait prisonnier par les barbares, l'évêque Adelin fut le témoin désolé d'horreurs sans nom qu'il a lui-même racontées en ces termes :

« Le peuple de Sées a été accablé, à cause de ses péchés, de lamentables afflictions par la race très cruelle des Normands. En multipliant sans trêve les incendies, en massacrant les hommes, les femmes, les orphelins, les veuves, les enfants, les vieillards, ces barbares féroces ont fait du diocèse un désert (5). » Le 16 février 886, les Normands assiégeaient Chartres.

Adelin, chargé de lourdes chaînes, fut réuni à un convoi de captifs et emmené au-delà des mers. Là, il fut vendu comme esclave et indignement maltraité (6). Racheté, après plusieurs années de souffrance, il s'embarqua, supporta le froid, la faim et la soif, et finit, après avoir couru des dangers de toute sorte, par aborder à Saint-Valery-sur-Somme (7).

Il séjourna quelque temps à Moussy, en attendant que les événements lui permissent de rentrer dans son diocèse, et revint à Sées où, en exécution d'un vœu, il écrivit la vie de sainte Opportune à l'intercession de laquelle il attribuait sa délivrance. C'est un ouvrage très remarquable, d'un style clair et agréable, quoique un peu diffus (8). Il découvrit les reliques de sainte Céronne et fit construire un oratoire sur son tombeau (9).

Il y eut, dans cette période, un moment d'accalmie, car le roi

<hr>

(1) Le souvenir du danois Siegfried était resté, car Bart des Boulais mentionne ce personnage dans ses *Antiquités du Perche*, p. 11, édition H. Tournoüer.

(2) Les *Annales de Saint-Evroult* placent cet événement en 893 : « *Hoc tempore capta est civitas Ebroicensis ; sed episcopus Sebar, Deo auctore evasit.* »

(3) Ordéric Vital, après Dudon et Guill. de Jumièges, fait alors épouser à Rollon Pope, fille du comte de Bayeux, massacré par lui. — II, 7.

(4) Sur l'expédition de Siegfried, voyez Vogel : *Die Normannen und das Frankische Reich bis zur Grundung der Normandie*, p. 330. Vogel ne parle que d'Evreux et de Bayeux.

(5) « *Plebs Sagiensis ecclesiæ, propter peccata sua, a crudelissima Normannorum gente miserandum in modum affligebatur ; immanes illi barbari omnem regionem perpetuis incendiis, virorum et mulierum, pupillorum, viduarum, infantium, senum, cruentis cædibus vastabant.* » — *Vita Sanctæ Opportunæ.*

(6) « *Eo ipso anno quo consecratus sum episcopus, incidi in manus sævissimorum Normannorum qui me captum et vinculis constrictum seu vile mancipium in transmarinas regiones vendiderunt.* » — *Ibid.*

(7) *Ibid.*

(8) Dom Rivet, *Hist. littéraire de la France*, t. X ; dom Piolin, *Hist. du diocèse du Mans*, t. IV, p. 221.

(9) C'est du moins ce que disent l'abbé de Courteilles, dans son *Eloge de Sainte Céronne*, et Bart des Boulais, dans son *Recueil des Antiquités du Perche*, éd. Tournoüer, p. 56.

Charles le Simple, après sa prise effective de possession du pouvoir en 898, put séjourner quelque temps dans un château du Maine, situé près de la Sarthe, à proximité de l'abbaye de Saint-Cénery (1).

A ce moment, il y avait encore un comte d'Hiémois, appelé Etfried, et qualifié d'illustre, car, avec le comte du Mans, Hugues, cousin du roi, il s'adressa à la reine Adélaïde, veuve de Louis le Bègue, pour recommander à la bienveillance du souverain les chanoines de l'église monastique de Saint-Pierre-d'Ouche où reposait le corps de saint Evroult. Il désirait obtenir que les biens, autrefois donnés à ces ecclésiastiques, dans les comtés d'Exmes et du Mans, fussent sauvegardés. Si le monastère, protégé par la forêt d'Ouche, avait échappé jusque-là à la destruction, ses possessions éparses n'avaient évidemment pas été épargnées, et les chanoines craignaient des usurpations.

Un diplôme de Charles le Simple, donné à Saint-Benoît-sur-Loire, le 31 octobre 900, et signé du notaire Herluin, suppléant le chancelier Anséric, leur accorda cette faveur (2).

Une nouvelle tourmente se préparait cependant qui allait détruire, dans le diocèse de Sées, ce que les précédentes avaient laissé debout. Les Normands de la Seine ne désarmaient pas plus que les Normands de la Loire. Sentant venir la tempête, les moines de Saint-Cénery se décidèrent à quitter leur monastère. Ils prirent les reliques de leur fondateur et les déposèrent à Château-Thierry (3) après un long voyage.

Les chanoines de Saint-Pierre d'Ouche se résignèrent aussi à prendre le chemin de l'exil. Ils suivirent en pleurant les reliques de saint Evroult, de saint Evremond et de saint Ansbert qui, après un arrêt à Champs (4), dans la forêt du Perche, furent, avec les

---

(1) *Vie de Saint Cénery*, publiée par Mabillon, *Acta O. S. B.*, t. II, p. 572-578.

(2) « *Genitrix nostra Adeleidis, et dilectus comes Hugo consanguineus et illustris comes Etfridus humiliter petierunt ut sacris canonicis in monasterio Sancti Petri in quo Ebrulfus Sanctus corpore quiescit...* » — *Recueil des Hist. de France*, t. IX, p. 489 ; Mabillon, *Analecta*, III, 694 ; dom Martène, *Amplissima collectio*, I, 255. — Du texte de ce diplôme, il résulte nettement que le comte Hugues, cousin du roi, donateur à Saint-Evroult du village de Numagus situé dans le Maine, vicairie de Gesvres, était comte du Maine. Etfried était donc comte d'Exmes.
Ce diplôme, soustrait de l'abbaye d'Ouche, et transporté à Orléans, y fut retrouvé au onzième siècle, et placé de nouveau dans les archives de Saint-Evroult. Ordéric Vital ne put pas ne pas le connaître. Il n'en a cependant pas fait usage. Serait-ce parce que l'expression « *sacri canonici* », appliquée, en l'an 900, aux occupants de l'abbaye d'Ouche, le choquait en faisant présumer que ces chanoines n'étaient plus des moines et ne suivaient pas la règle de saint Benoît ?
Il résulte nettement de ce diplôme que l'Hiémois était alors administré par un comte, représentant direct du roi de France. On voit donc que toute la Basse-Normandie ne partageait pas, depuis 867, le sort de la Bretagne comme l'a dit M. Henri Prentout dans son *Etude critique sur Dudon de Saint-Quentin*, p. 205.

(3) « *Denique Carolo Simplice regnante, dum Hastingus danus, cum gentilium phalange Neustriam depopulatus est, sanctum corpus [sancti Cerenici] a fidelibus castrum Theodorici translatum* ». — Ord. Vit. III, 298. — Nous ne répétons pas ici ce que nous avons dit plus haut à propos d'Hasting.

(4) Champs, canton de Tourouvre, arrondissement de Mortagne (Orne).

archives du monastère, emportées vers Orléans où elles furent reçues avec vénération (1).

A peine les religieux étaient-ils dispersés que les Danois se ruèrent sur le pays qu'ils venaient de quitter. Les rares habitants, qui y étaient restés, furent massacrés, obligés de fuir au loin ou réduits à se cacher. L'abbaye de Saint-Cénery, incendiée, fut complètement détruite (2). Celle de Saint-Evroult, les annales du monastère l'attestent (3) et son historien Ordéric Vital le dit deux fois (4), subit le même sort. La vérité n'a rien à voir avec le récit pittoresque, mais fantaisiste dans lequel ce chroniqueur, n'hésitant pas à se contredire, raconte le sac par les soldats de Hugues le Grand, duc de France, en 944, du monastère préservé par l'épaisseur des bois de la fureur des Normands (5).

L'évêque Adelin fut surpris par les pirates et de nouveau conduit en exil (6). Les circonstances ne lui permirent pas de rentrer dans son diocèse (7). Après avoir écrit, pendant sa captivité, un recueil de prières liturgiques (8), sur l'ordre du « très glorieux Francon (9) », élu archevêque de Rouen vers 909 (10), il mourut vraisemblablement, nous dit dom Piolin (11), au milieu des malheurs qui marquèrent le commencement du xe siècle.

Cette opinion est strictement conforme aux faits : Si saint Adelin,

(1) Nous plaçons, un peu après l'an 900, ce qu'Ordéric a reporté faussement à 944.

(2) « *Et dispersis monachis, monasterium destructum est.* » — Ord. Vit., III, 208.

(3) « *Anno 1050, Restaurata fuit abbatia Sancti Ebrulfi quæ a Danis fuerat destructa.* » — *Annales de Saint-Evroult.*

(4) Dans ses interpolations de Guillaume de Jumièges, qu'il écrivit avant son *Histoire Ecclésiastique*, et sur lesquelles nous aurons plus tard beaucoup à insister, Ordéric Vital met, un peu avant 1050, dans la bouche de Guillaume Giroie, qui exhorte ses neveux à la restauration de Saint-Evroult, ces paroles : « *Hastingus... plura quoque destruxit cœnobia sanctorum patrum, scilicet.... Ebrulfi apud Uticum.* » — Guill. de Jum., lib. VII, ch. 23. — Ordéric Vital, dans son *Histoire Ecclésiastique*, II, 17, fait redire à Guillaume Giroie : « *Illius (Sancti Ebrulfi) cœnobium restaurate quod destructum est a paganis.* »

(5) « *Nos, suffragante Deo*, fait dire Ordéric Vital à un prieur de Saint-Evroult qui aurait vécu à la fin du règne du duc de Normandie Richard Ier, *in sylvestri sterilique rure latuimus, et debacchantium gladios... sospites evasimus.* » — III, 106.

(6) « Adalelme, dit dom Piolin, ne jouit pas longtemps de son évêché. Il fut de nouveau surpris par les pirates et conduit en exil ». — *Histoire du diocèse du Mans*, t. II, p. 375. — « *Exilium secundo passus videtur Adalelmus, teste Mabillione* ». — *Gallia Christiana*, t. XI, p. 679.

(7) Sans l'ombre d'une preuve, certains historiens ont fait mourir Adelin à Sées, les uns en 915, les autres en 920. Après le traité de Saint-Clair-sur-Epte, il y aurait retrouvé le paix, sous le gouvernement de Rollon, le pacificateur !

(8) Il s'agit d'un *Bénédictionnaire*, formulaire de bénédictions que les évêques donnaient alors, chaque dimanche, avant la communion. Ce recueil, dont le manuscrit se trouve à la Bibliothèque Nationale, fonds latin, 2224-5071, destiné à l'usage de Sées et de Rouen, fut adopté à Paris. — Voyez chanoine Blin : *Vie des Saints du diocèse de Sées*, t. II, et l'*Ordinal de Saint-Pierre-sur-Dive* du même auteur, in-fine. — « *Adalelmus captivus episcopus studuit componere* ». — *Gallia Christiana*, t. XI, p. 679.

(9) « *Gloriosissimo Franconc* ». — Ceci prouve, d'une façon irréfutable, que Francon était bien alors archevêque de Rouen. On en a douté à tort.

(10) C'est à tort que les *Annales de Saint-Evroult* portent à l'année 875 cette mention : « *Obiit Willo, cui successit Franco* ». — Witton ne devint archevêque de Rouen qu'en 892 et mourut vers 909.

(11) *Histoire du diocèse du Mans*, t. II, p. 375.

nous pouvons ainsi désigner le prélat auquel l'Eglise, après sa mort, conféra le titre qu'elle réserve à ses héros, fût revenu dans son diocèse et y eût fini, dans le calme, son existence si cruellement mouvementée, il aurait eu un successeur. Il n'en eut pas.

Les listes épiscopales sont muettes pour Sées (1), pendant près d'un siècle, comme elles le sont pour Lisieux (2), pour Avranches (3), et à peu près pour Bayeux et Evreux.

Prêtres et religieux étaient tués ou dispersés. Cathédrales, églises, monastères étaient détruits. Avec le temps, leurs ruines s'écroulèrent sur les autels profanés. Les herbes et la mousse parèrent les pierres noircies des sanctuaires (4), et des arbres vigoureux s'y développèrent à l'aise avant que leur restauration s'opérât (5). Prenant leur revanche des anciens défrichements, les forêts s'étendirent sur les champs, sur les prairies, sur les villages où les paysans qui y revinrent peu à peu durent conquérir la place sur les bêtes sauvages (6) et se défendre contre des brigands païens, ou revenus au paganisme (7). Timidement, exposés à tous les dangers, quelques habitants rentrèrent dans les bourgades où ils construisirent de misérables huttes.

Ordéric Vital nous montre une horde de bandits, installés à demeure dans les ruines du monastère de Saint-Cénery et, sûrs de l'impunité, portant autour d'eux la terreur, l'incendie et la mort (8). Dans maint endroit de l'ancienne Neustrie, comme dans le Cotentin, le christianisme disparut (9). Dans d'autres, comme dans le pays d'Ouche, les habitants perdirent le souvenir du diocèse auquel leur région avait appartenu (10). Dans la seconde moitié du Xe siècle, le Bessin ne présentait pas de sécurité aux chrétiens (11).

---

(1) « *Quis Adalhelmo successit nos latet* ». — *Gallia Christiana*, t. XI.

(2) « *En altera rentum et amplius annorum intercapedo, quibus aut nulli fuere, aut ignorantur Lexovienses episcopi, propter Normannorum incursus, qui tunc in illis partibus grassabantur.* » — Ibid.

(3) « *Aliquot adhuc præsulum Abrincensium nomenclatura seculo toto deficit* ». — Ibid. — Nous verrons plus tard pour quelle cause la liste des évêques de Coutances, dont pas un, pendant le dixième siècle, ne prit possession de son siège, n'est pas interrompue pendant cette période. — M. H. Prentout, dans son *Etude critique sur Dudon*, écrit : « Il semble qu'en certains diocèses toute vie régulière ait été suspendue. » Le fait est certain.

(4) « *Maceriæ siquidem coopertæ erant, nisi retibus hederæ* ». — Ord. Vit. III, 111.

(5) « *Condensa sylva crevit intus et extra* ». — Ibid.

(6) « *In oratoriis et domibus ingens sylva crevit, et habitatio ferarum multo tempore ibidem exstitit* ». — Ibid, III, 309. — « *Post devastatione Danorum raro cultore Uticensis pagus incolebatur* ». — Ibid, III, 61. — « *Terra... a cultro et vomere torpebat inculta* ». — Guill. de Jum., lib. II, cap. 11.

(7) Ord. Vit., III, 298.

(8) « *Succedenti vero tempore, incolarum facta est mutatio. Sanguinarii prædones ibi speluncam latronum condiderunt ubi sub regimine Sancti Cerenici contemptores mundi modeste conversati sunt...* ». — Ibid.

(9) « *...Sancta Constantiensis ecclesia... funditus evertitur, clero et populo, prædiis simul et privilegiis privatur, reliquiis et sanctorum corporibus viduatur, continuisque 74 annis... fœditate idolatriæ et paganis furibus conculcatur... Constantiensis pagus christicolis vacuus erat et paganismo vacabat* ». — *Ex libro nigro capituli*. — *Instrumenta ecclesiæ Constantiensis, Gallia Christiana*, t. XI, p. 218.

(10) « *Se nullius episcopatus esse* ». — Ord. Vital, II, 26.

(11) Voyez Jules Lair : *Etudes sur les origines de l'évêché de Bayeux.*

Cependant, en 911, après une mémorable invasion justement regardée comme l'une des plus désastreuses, les Normands de la Seine, qui avaient échoué le dimanche 20 juillet devant Chartres, s'étaient trouvés, bien qu'affaiblis par cet échec, assez puissants pour constituer un danger permanent. Charles le Simple, par l'intermédiaire de Francon, archevêque de Rouen, s'était résigné à entrer en pourparlers avec eux, et vers la fin de cette année 911, un pacte avait été conclu à Saint-Clair-sur-Epte. Il avait donné en fief au roi de mer Rollon, et à ses compagnons, un vaste territoire, à condition qu'ils se feraient chrétiens. Ces faits, réduits à ces termes, sont strictement vrais.

D'après les plus vieux historiens normands, dont aucun d'eux n'est, il est vrai, contemporain des origines de la Normandie qu'ils racontent (1), et leurs anciens commentateurs, Rollon aurait reçu tous les pays qui devaient former le duché de Normandie, plus la suzeraineté de la Bretagne, avec la main de Gisèle, fille de Charles le Simple.

Après son baptême et celui de ses compagnons, l'ancien roi de mer aurait rendu les biens ecclésiastiques à leur destination, restauré les églises et les monastères qu'il aurait comblés de bienfaits, repeuplé le pays qu'il avait partagé au cordeau entre ses hommes (2). Devenu aussi pacifique qu'il avait été guerrier, aussi sage qu'il avait été barbare, il se serait appliqué à faire régner l'ordre le plus admirable dans le pays, devenu sien, dont il aurait été le législateur (3). Sa justice aurait été si parfaite et si redoutée qu'un bracelet pouvait rester suspendu à un arbre sans que personne osât y toucher.

Son fils, Guillaume Longue-Epée, aurait été une sorte de saint

(1) Ces plus vieux historiens de la Normandie sont *Dudon de Saint-Quentin* et *Guillaume de Jumièges* : Dudon, doyen de Saint-Quentin, « qui écrivit à dessein d'offrir une preuve de son dévouement au duc Richard Ier et une marque de reconnaissance pour les bienfaits qu'il en avait reçus », commença son œuvre vers 1010. Il a laissé une *Histoire des ducs de Normandie* depuis Rollon jusqu'à la mort de Richard Ier. La fable y cotoie sans cesse la vérité.

Guillaume, moine bénédictin de l'abbaye de Jumièges, mort vers 1090, a écrit *Les gestes des ducs de Normandie* qui s'arrêtent à la mort de Guillaume le Conquérant, et qui ont été continués et largement interpolés par plusieurs. Son récit original commence avec le règne de Richard II. Pour les origines, il a reproduit les fables de Dudon de Saint-Quentin qu'il a abrégées ou copiées.

M. Jules Lair a donné une édition critique de Dudon ; M. Jean Marx en a donné une de Guillaume de Jumièges.

Après ces chroniqueurs, vient *Guillaume de Poitiers*, panégyriste de Guillaume le Conquérant, et *Ordéric Vital*. Ce dernier, né en 1075, à Atcham, comté de Shrewsbury (Angleterre), entra en 1085 dans l'abbaye de Saint-Evroult-en-Ouche où il est mort vers 1150. Il a laissé une *Histoire ecclésiastique* en treize livres, qui va de la naissance de Jésus-Christ à l'an 1141. C'est une source très précieuse pour l'histoire des onzième et douzième siècles, mais qui, pour les origines, reproduit les fables de Dudon de Saint-Quentin et de Guillaume de Jumièges. La meilleure édition d'Ordéric Vital, celle que nous suivrons, est due à Auguste Le Prévost et à Léopold Delisle.

(2) « *Ecclesias funditus fusas statuit, templa frequentia paganorum destructa restauravit. Muros civitatum et propugnacula refecit* ». — « *Illam terram suis fidelibus funiculo divisit, universamque diu desertam reædificavit* ». — Guill. de Jum. lib. II, ch. 19.

(3) « *Jura et leges sempiternas voluntate principum sancitas et decretas plebi indixit atque pacifica conversatione morari cœgit simul* ». — Ibid.

qu'on aurait eu toutes les peines du monde à empêcher de se faire moine.

Tel est le tableau que Dudon de Saint-Quentin (1) et Guillaume de Jumièges (2) font des origines de la Normandie. Les histoires générales et locales ont copié à l'envie ces récits des panégyristes de la race de Rollon. Elles vantent les bienfaits du roi de mer et font remonter partout à lui les origines normandes des lieux dont elles retracent les annales.

Comment s'expliquent dès lors les innombrables constatations diamétralement opposées à l'état de calme et de prospérité, à l'âge d'or dont parlent les premiers chroniqueurs : diocèses restés sans évêques, églises et monastères, objets des prétendues faveurs de Rollon (3), demeurés en ruines, régions accusant un dépeuplement manifeste, mœurs prouvant une dureté voisine de la barbarie, et cela de nombreuses années après la conversion des Normands ?

Un érudit écrivait en 1831 : « Notre histoire de Normandie est encore à faire... L'époque des premiers ducs est à peu près inconnue et couverte d'un véritable nuage. Notre plus ancien historien, Dudon de Saint-Quentin, n'a pas peu contribué à l'épaissir par des fables et des erreurs, volontaires ou non, dont il a semé son récit. Guillaume de Jumièges copia servilement son devancier. Il fut copié à son tour par les chroniqueurs des xiie et xiiie siècles. Ceux-ci par leurs successeurs. Les modernes ne se sont pas montrés plus difficiles (4). »

Près de cent ans se sont écoulés depuis que M. A. Deville traçait ces lignes si vraies, et, malgré de très nombreux et remarquables travaux (5), le nuage dont il se plaignait n'est pas complètement dissipé. Il faut pourtant savoir ce que devint le diocèse de Sées

<hr>

(1) « L'ouvrage de Dudon, a écrit M. Auguste Le Prévost, *De moribus et actis primorum Normanniæ ducum*, est beaucoup moins de l'histoire proprement dite qu'un panégyrique verbeux, emphatique et le plus souvent mensonger des trois premiers chefs normands. L'auteur, qui était pourtant si heureusement placé pour recueillir et décrire avec vérité les événements, puisqu'il avait vécu à la cour de Richard Ier et de Richard II, les a presque toujours négligés, altérés ou dissimulés pour les remplacer, tantôt par les exagérations de la plus impudente flatterie, tantôt par des souvenirs pris au hasard dans la vie de personnages antérieurs, ou par des traditions purement fabuleuses. Il en résulte que c'est moins la lumière que des ténèbres visibles qu'il a projetées sur le premier livre de nos annales ». — T. II, p. 2, de l'édition d'Ordéric Vital par Le Prévost.

(2) « Guillaume de Jumièges, dit Auguste Le Prévost, bien supérieur à Dudon, a pourtant eu le tort de reproduire et d'adopter presque toutes les fables, plus ou moins monstrueuses, émises par son devancier, et le malheur d'être défiguré par un continuateur dont les interpolations et les additions indiscrètes, fâcheux alliage, ont singulièrement altéré ses récits. »

(3) Guillaume de Jumièges, comme Dudon, nous montre Rollon faisant des donations à Sainte-Marie de Rouen, Sainte-Marie de Bayeux, Sainte-Marie d'Evreux, au Mont Saint-Michel, à Saint-Pierre de Jumièges. Ces églises et monastères n'existaient plus et la plupart ne furent rétablis que très longtemps après Rollon. Augustin Thierry — *Conquête de l'Angleterre par les Normands*, t. I — a admis sans réserves les récits de Guillaume de Jumièges et de Dudon.

(4) A. Deville, *Mémoires des Antiquaires de Normandie*, année 1831, p. 49.

(5) Nous faisons allusion ici aux études de MM. A. Deville, Licquet, Léopold Delisle, Auguste Le Prévost, Jules Lair, Ph. Lauer, Henri Prentout, Sauvage, Jean Marx, et à bien d'autres.

au xe siècle et, dans quelles circonstances Yves Ier de Bellême, auteur des Talvas, fut appelé à jouer un rôle considérable dont l'importance politique reste à établir.

Nous devons, pour porter la lumière dans de véritables ténèbres, reconstituer, dans toute leur ampleur, en ne négligeant pas les détails, les règnes des quatre premiers ducs normands

Nos historiens ont magnifié ces princes (1). Ils ont tû ce qui leur déplaisait et ont admis sans contrôle des fables enfantines. Nous confronterons en conséquence leurs récits avec ceux de deux chroniqueurs français, contemporains des événements qu'ils relatent. Nous voulons parler de Frodoard (2), chanoine de Reims, garde des archives de la cathédrale, digne, par son habituelle exactitude, d'une grande confiance, et de Richer (3), moine de Saint-Remy de Reims, dont le témoignage secondaire ne doit pas être négligé.

Le terrain, sur lequel nous nous engageons, est si nouveau, malgré les défrichements partiels qu'il a subis, qu'il ménagera plus d'une surprise à ceux qui voudront bien nous y suivre.

(1) Auguste Le Prévost l'a parfaitement démontré.

(2) Frodoard ou Flodoard, né en 894 à Epernay, mort le 8 mars 866, entra dans les ordres, devint dignitaire de l'église de Reims, puis garde des archives de la cathédrale. Il y reçut un canonicat et fut élu évêque de Noyon. Outre une *Histoire de l'église de Reims* très estimée, il a laissé une chronique d'un haut intérêt. Elle a été publiée par dom Bouquet et par Duchesne, puis par la *Société Historique de Reims*. Elle s'étend jusqu'à 966.

(3) Richer, fils d'un conseiller du roi Louis d'Outremer, est mort vers 1010. Il a laissé une chronique qui va de 882 à 998. Découverte par Pertz, en 1833, dans la bibliothèque de Bamberg, elle a été publiée, en 1845, par Guadet. Elle renferme de nombreux renseignements sur les derniers carolingiens.

PREMIÈRE PARTIE

ORIGINES DE LA NORMANDIE

Les quatre premiers Ducs

CHAPITRE PREMIER

Rollon, comte des Normands (911-928)

La vérité sur le pacte conclu, en 911, à Saint-Clair-sur-Epte. — Etat du pays cédé à Rollon sur la rive droite de la Seine. — Il le partage avec ses compagnons. — Baptême de Rollon et d'une partie de ses pirates. — Prescriptions des Papes pour l'instruction religieuse des Normands. — Les Normands païens de Bayeux restent indépendants. — Rollon organise sa conquête. — Charles le Simple, dépossédé du trône en 922, lui fait appel. — Rollon exige une nouvelle cession territoriale sur la rive gauche de la Seine, mais n'agit pas. — Bataille de Soissons. — Raoul de Bourgogne, roi de France, 923. — Rollon dévaste le Beauvaisis. — Raoul envahit le pays cédé en 911. — Un traité de 924 abandonne à Rollon le pays de Bayeux et le Maine. — Ce que comprenait cet abandon. — Rollon viole le traité, 925. — Pillage du Beauvaisis et de la Picardie. — Les Normands païens de Bayeux font irruption sur le territoire des Normands de Rouen. — Energie du roi Raoul. — Siège d'Eu, 925, prise et sac de cette ville. — Dernières années de Rollon.

Lors des promesses solennelles, échangées en 911 sur les bords de l'Epte entre le roi Charles le Simple et Rollon, probablement d'origine norvégienne, agissant comme chef au nom de ses compagnons les Normands de la Seine, ces derniers s'engagèrent par leur représentant à recevoir le baptême et à garder la paix. Ils obtinrent, dit Frodoard, « quelques contrées maritimes, avec la ville de Rouen qu'ils avaient presque détruite et ses dépendances (1). » La contrée cédée, précise Dudon de Saint-Quentin, auquel la vérité, qu'il ne tardera pas à contredire, échappe, « était comprise entre la rivière d'Epte et la mer (2). » Nous savons, par un texte de Frodoard, que la ville d'Eu (3) y était renfermée (4).

La limite du territoire abandonné en fief à Rollon avait donc, comme point de départ, le confluent de la rivière d'Epte (5) avec la Seine, près de Giverny. Elle remontait l'Epte jusqu'à sa source, près de Forges, empruntait le cours de la Bresle (6), qui a toujours séparé la Normandie de la Picardie, jusqu'au-dessous d'Eu, au Tréport (7). Elle suivait ensuite le rivage de la mer, en descendant jusqu'à l'embouchure de la Seine dont elle remontait le cours pour rejoindre l'Epte.

Le traité de Saint-Clair-sur-Epte a donné aux Normands la partie de la Haute-Normandie, située sur la rive droite de la Seine, qui correspond exactement au département de la Seine-Inférieure et à la portion de celui de l'Eure, comprise entre la Seine et l'Epte. Rien de plus, rien de moins (8). On remarquera que tous les faits

(1) « *Concessis sibi maritimis quibusdam pagis, cum Rothomagensi quam pene deleverant urbe, et aliis eidem subjectis* ». — Frodoard, *Histoire de l'église de Reims*, dans le *Recueil des Historiens de France*, de dom Bouquet, t. VIII, p. 163.

(2) « *Dedit... itaque terram determinatam in alodo et in fundo, a flumine Eptæ usque ad mare.* » — Nous ne nous attarderons pas à démontrer que Rollon ne reçut ni la Bretagne, pays alors indépendant de la couronne de France, livré en 921 au pillage des Normands de la Loire, ni la main de Gisèle, personnage imaginaire dont parlent seuls les chroniqueurs normands. Ces deux fables ont été depuis longtemps réfutées par MM. Deville, Licquet et Auguste Le Prévost. — Voyez *Mém. des Antiq. de Normandie*, année 1827-1828, p. 258 ; Licquet, *Histoire de Normandie*, t. I, p. 69 et 70, l'édition d'Ordéric Vital d'Auguste Le Prévost et Arthur de la Borderie, *Hist. de Bretagne*, t. II, p. 498.

(3) Eu, chef-lieu de canton (Seine-Inférieure).

(4) « *Idem vero castrum, secus mare situm, vocabatur Auga* ». — *Chronique de Frodoard.*

(5) L'Epte prend sa source à 3 kil. nord de Forges (Seine-Inférieure), passe à Gournay, Gisors, Saint-Clair, Bray et se perd dans la Seine à 4 kil. au-dessous de Vernon.

(6) La Bresle prend sa source à Formery et se perd dans la Manche au Tréport.

(7) Le Tréport, *Ulterior portus*, ville et port du département de la Seine-Inférieure, à l'embouchure de la Bresle.

(8) MM. Deville et Licquet — *Dissertation sur le territoire cédé à Rollon en 911* et *Histoire de Normandie* — qui avaient fort bien déterminé les possessions de Rollon sur la rive droite de la Seine, ont avoué, et pour cause, que celles de la rive gauche sont beaucoup plus difficiles à fixer. Ils n'en ont pas moins cherché ce qui était impossible à trouver.
Leur seul argument spécieux, qui vaille une réfutation, est le suivant : « Charles le Simple, dit M. Licquet, a donné, en 918, à l'abbaye de Saint-Germain-des-Prés, l'abbaye de la Croix-Saint-Ouen, dite de Saint-Leuffroi-sur-Eure, en en exceptant ce qui avait été donné aux Normands de la Seine : « *Abbatiam quæ nuncupatur Crux Sancti Audœni... super flumen Auturæ.. præter partem ipsius abbatiæ quam annuimus Nortmannis sequanensibus, videlicet Rolloni suisque comitibus* ». — *Hist. de l'abbaye de Saint-Germain-des-Prés*, pièces justif, p. 21.
« Or l'abbaye était à cheval sur l'Eure. La portion réservée et donnée à Rollon devait être celle située sur la rive gauche de l'Eure.. Donc l'Eure formait frontière entre la France et la Normandie jusqu'à son confluent avec l'Avre. » C'est ce qu'admet également M. Henri Prentout qui fait de la Dives la limite vraisemblable des possessions de Rollon.— *Étude critique sur Dudon*, p. 201.
Ce raisonnement de M. Licquet tombe de lui-même. Les abbayes avaient des possessions souvent fort éloignées de leur centre. Charles le Simple donna à Saint-Germain-des-Prés l'abbaye de la Croix-Saint-Ouen en en exceptant les possessions, situées sur la rive droite de la Seine, dans le territoire concédé à Rollon.
Les autres arguments mis en avant sont basés sur des faits postérieurs au traité de 924, et par conséquent inopérants.
« Le territoire cédé aux Normands de la Seine (en 911), a écrit très justement M. Arthur

historiques, intéressant le territoire des Normands de la Seine, de 911 à 924, se sont passés sur la rive droite du fleuve. Pas un n'a pour théâtre la rive gauche (1).

Soixante-dix ans de guerres et de dévastations avaient mis le pays cédé dans un état lamentable. La ville de Rouen ne présentait presque que des ruines (2). La région était dépeuplée, sans culture, sans bestiaux, sans troupeaux (3). Les habitants qui avaient échappé aux massacres s'étaient expatriés pour la plupart. Ceux qui restaient ou qui eurent le courage de revenir ne furent point expulsés, car les hommes manquaient plutôt à la terre que la terre à l'homme (4). Ce n'étaient que de pauvres paysans qui devinrent les serfs, et quelques-uns peut-être les tenanciers libres des nouveaux possesseurs.

Domaines royaux, domaines des églises détruites et des monastères disparus (5), propriétés abandonnées par les fugitifs, terres restées sans maîtres depuis la mort de leurs occupants, furent partagées au cordeau, comme butin de guerre, selon l'usage scandinave, entre Rollon, l'ancien roi de mer, et ses compagnons (6).

Les pirates de la veille considérèrent nécessairement qu'ils avaient reçu leur lot au même titre que leur chef. A part le commandement par eux conféré, il était leur égal. Cette conception, qui faisait des hommes de Rollon des fidèles et non des vassaux, fut, dans la suite, la cause de bien des soulèvements. Elle était incompatible avec la stabilité d'un Etat ; aussi, la féodalité, selon les coutumes françaises, ne tarda pas à s'établir parmi les Normands. Ils paraissent s'y être facilement pliés (7).

Leur comte, le titre de duc n'était pas encore usité, prit et unit à son lot particulier le domaine éminent, c'est-à-dire la seigneurie de toutes les terres attribuées à ses compagnons d'armes dont la jouis-

---

de la Borderie, embrassait tout au plus le diocèse de Rouen ». — *Histoire de Bretagne*, t. II, p. 498.

(1) La plupart des historiens ont fini par exclure du traité de 911 les diocèses de Bayeux et de Sées, aussi bien que ceux de Coutances et d'Avranches, mais ils y comprennent les diocèses d'Evreux et de Lisieux comme M. A. Longnon, dans son *Atlas historique de la France*. M. Lot — *Fidèles ou vassaux*, p. 178, note 1 — écrit : « *Il apparaît* que la Normandie primitive ne comprenait que le Roumois, le Caux, le Talou, l'Evrecin et le Lieuvin. » M. Jean Marx, dans son édition critique de Guillaume de Jumièges — p. 28, note 1 — se range à cet avis. MM. Deville et Licquet au contraire ajoutaient aux pays de la rive droite de la Seine les évêchés d'Evreux, de Lisieux et de Sées.

Odolant-Desnos — *Mémoires Historiques sur Alençon et ses seigneurs* — tergiverse sur la date de l'annexion à la Normandie de l'Alençonnais, mais penche pour 911. La plupart de ses successeurs n'hésitent pas et ne sortent pas du traité de Saint-Clair-sur-Epte qui reste pour eux une date fatidique.

(2) « *...Cum Rothomagensi quam pene deleverant urbe* ». — Frodoard.

(3) « *Terra inculta est vomere, pecudum et pecorum grege omnino privata, hominumque præsentia frustrata* ». — Dudon.

(4) Léopold Delisle, *Etude sur la condition de la classe agricole en Normandie*, p. 29 et 30.

(5) Nous verrons le fils de Rollon, voulant rétablir l'abbaye de Jumièges, obligé d'en racheter le domaine aux Normands qui en avaient reçu des parties dans leur lot.

(6) « *Illam terram suis fidelibus funiculo divisit* ». — Dudon.

(7) Léopold Delisle, *Etude sur la condition de la classe agricole en Normandie*, p. 29.

sance, le domaine utile, leur était laissé. Ces terres devinrent des fiefs dont il fut le suzerain (1).

Rollon tint sa promesse d'embrasser la foi chrétienne. Il se fit baptiser, eut pour parrain, Robert, duc de France, fils de Robert le Fort, et reçut le prénom de Robert (2). Les conditions dans lesquelles sa conversion s'était opérée ne permettent pas de penser qu'il ait été un chrétien bien fervent (3), malgré tout le zèle que l'archevêque Francon avait dû mettre à l'instruire. Ses restitutions religieuses, si pompeusement célébrées par les chroniqueurs normands, se réduisent à quelques donations à l'abbaye de Saint-Denis en France et à Saint-Ouen de Rouen (4).

Ses compagnons reçurent également le baptême (5). La foi du Christ, c'était la première condition du traité, devait être embrassée par tous les Normands qui s'étaient engagés à garder la paix (6), et avaient reçu le territoire de la Basse-Seine.

Le Pape Sergius III avait nommé Hérivée, archevêque de Reims, légat apostolique pour la conversion des Normands. Le Pape Jean IX avait confirmé au prélat cette mission délicate et lui avait donné des instructions détaillées. A la demande de Francon, archevêque de Rouen, Hérivée avait dressé treize articles pour l'instruction et la pénitence des païens (7). Malgré les précautions prises, les barbares, admis au baptême, se montrèrent longtemps réfractaires à la loi de paix et d'amour qu'on leur avait enseignée. Plus d'une fois, certains retournèrent à l'idolatrie et cherchèrent, par la violence, à ramener leurs frères à Odin et à Thor.

Augustin Thierry, souvent moins heureux, a eu raison de penser qu'un certain nombre de compagnons de Rollon se refusèrent à recevoir le baptême et restèrent farouchement attachés à l'idolâtrie, à tous les usages et à la langue de leurs pères (8). Ces dissidents, devenus par le fait même les ennemis de l'ancien roi de mer dont ils refusèrent de reconnaître plus longtemps l'autorité, allèrent rejoindre d'autres pirates dont certains s'étaient établis à Evreux (9) et aux environs, mais qui occupaient surtout les côtes du Bessin (10).

(1) C'est en particulier pour cet établissement régulier de la féodalité, qui constituait un progrès incontestable, que la législation normande fut admirée.

(2) Guill. de Jum., livre II, ch. 18.

(3) Nous partageons l'opinion d'Auguste Le Prévost.

(4) Rollon donna Brenneval à Saint-Denis ou plutôt confirma cette abbaye dans sa possession.

(5) « *Videntes autem pagani ducem suum christianum esse, relictis idolis, nomen Christi suscipiunt, ac unanimes ad baptismum convolant, et exinde gens Northmannorum, christo credens, fidei subacta est* ». — Guill. de Jum.

(6) « *Fidem christi suscipere acceperunt* ». — *Chronique de Frodoard.*

(7) Frodoard, *Histoire de l'Eglise de Reims.*

(8) Augustin Thierry, *Conquête de l'Angleterre*, t. I, p. 201.

(9) On verra plus tard la puissance des Normands païens à Evreux.

(10) On a supposé que l'attirance des Danois vers le Bessin tenait à ce que des Saxons s'y

Là, des plages sans falaises rendaient aux barques danoises l'accostage facile et leur permettaient de recevoir des renforts de leurs frères d'outre-mer que leur paganisme excluait dorénavant du territoire de Rollon. Bayeux (1) qu'ils tirèrent de ses ruines, et dont ils relevèrent les murailles, fut leur centre. Cette ville, opposée à Rouen, devint leur principale citadelle.

Les Danois dissidents tenaient de fait le Bessin. L'Hiémois, le Lieuvin et l'Evrecin étaient de plus leur champ habituel de pillage. Ils y entretenaient la terreur et empêchaient toute tentative de restauration chrétienne. Ce vaste territoire, exploité par eux, fut communément appelé le pays de Bayeux comme les territoires plus restreints de la Basse-Seine furent appelés le pays de Rouen.

Les Normands chrétiens de Rouen ou Séquanais (2), qui avaient l'avantage d'avoir un chef unique, poursuivirent inlassablement la soumission des Normands païens de Bayeux et l'annexion des régions qu'ils avaient asservies. La tâche, nous le constaterons, fut singulièrement ardue.

Le silence absolu des chroniqueurs normands sur des faits qu'il leur plaisait de couvrir de l'ombre la plus épaisse a trompé les historiens modernes. Bien que l'état de choses que nous venons d'exposer soit prouvé, ainsi qu'on le verra, de la façon la plus claire, par le rapprochement attentif des événements, ils l'ont à peine entrevu.

Revenons à Rollon, qui dépassa de beaucoup l'année 917, longtemps fixée comme terme à son existence (3). Il organisait la contrée qu'il avait reçue, et s'efforçait évidemment d'y restaurer ce que ses hommes avaient détruit. Il y mettait de l'ordre et y attirait, par l'espoir de la sécurité, des artisans et des laboureurs qui repeuplèrent les villes et rendirent la vie aux campagnes dont les églises commencèrent à se rebâtir. On ne saurait douter cependant que le servage y fût très rigoureux (4).

Tout en vaquant à ses devoirs de chef féodal avec une sagesse présumée qui était une garantie de son intérêt, l'ancien roi de mer, qui était loin d'avoir dépouillé le vieil homme, suivait attentivement les événements extérieurs, bien décidé à en profiter. La rive gauche

étaient établis, lors des invasions du quatrième siècle et y avaient fait souche. — Grégoire de Tours, liv. V, ch. 17. La situation maritime du Bessin suffit à expliquer la prédilection des Normands païens pour cette région.

(1) Bayeux, chef-lieu d'arrondissement (Calvados), avait été la capitale d'un comté mérovingien et carolingien. Son dernier évêque Erchambert vivait en 876.

(2) Frodoard appelle les compagnons de Rollon *Normanni Sequanenses* et *Normanni de Rodomo* par opposition aux *Baiocenses* et aux *Normanni de Ligeri*.

(3) Tous les historiens normands, jusqu'au dix-neuxième siècle, ont donné l'année 917 comme la date de la mort de Rollon.

(4) Léopold Delisle ; *De la condition de la classe agricole en Normandie*, p. 16.

de la Seine, dont ses compatriotes païens étaient les maîtres, était trop tentante pour qu'il n'eût pas les yeux fixés sur elle.

Les Normands de la Loire, sous les ordres de Raghenold, continuaient leurs ravages. En 921, le duc de France Robert fut obligé de mener contre eux une rude campagne de cinq mois. Il reçut d'eux des otages et leur abandonna, s'ils consentaient à recevoir le baptême, le pays de Nantes et la Bretagne qu'ils avaient ravagée (1). Nous aurons l'occasion de revenir bientôt sur cette question.

L'année suivante, 922, le roi Charles le Simple, qui avait abandonné le pouvoir à son favori Haganon, homme d'obscure naissance, dont le despotisme était insupportable aux grands vassaux, fut déposé, et le duc de France, élu à la place du souverain déchu, fut sacré le 2 juillet (2).

Charles recouvra alors quelque énergie et fit appel à Rollon. Ce dernier saisit l'occasion et, comme prix de son aide, exigea la cession d'un territoire très étendu sur la rive gauche de la Seine. Pressé par les circonstances, le roi déchu, qui avait grand besoin de partisans, accorda tout ce qui lui était demandé (3).

Cependant, réflexion faite, le comte des Normands ne pressa pas ses préparatifs de guerre. Il espérait sans doute tirer plus d'avantages de l'anarchie qui suivrait la chute définitive de son suzerain que du triomphe de ce dernier. Il n'était pas là quand les deux partis se livrèrent une furieuse bataille, près de Soissons, en 923 (4).

Le nouveau roi Robert y perdit la vie, mais son fils Hugues, qui fut surnommé le Grand, et Héribert, comte de Vermandois, continuèrent le combat et battirent complètement Charles le Simple qui fut fait prisonnier et enfermé dans le château de Péronne. Dédaignant de se faire roi, Hugues, devenu duc de France par la mort de son père, donna la couronne à Raoul de Bourgogne, fils de Richard, originaire d'Auvergne, mari de sa sœur (5).

Alors seulement Rollon se mit en mouvement, s'empara de Beauvais, mit cette ville à sac (6) et ravagea la France au-delà de l'Oise. Prévenu par Hugues, le roi Raoul, qui était en Bourgogne, se rendit à la résidence royale de Compiègne, unit ses forces à celles

---

(1) (2) (3) *Chronique de Frodoard,* années 921, 922, 924.

(4) (5) *Chronique de Frodoard,* année 923.

(6) Quelques documents des archives de l'Oise permettent d'apprécier ce qu'avaient été avant les incursions de Rollon, les ravages des Normands dans cette contrée.

« L'abbaye de Saint-Germer, au diocèse de Beauvais, fut brûlée et ruinée. La plupart des religieux furent occis par grande troupe d'infidèles ; tous les joyaux et ornements, chartes, titres, cartulaires et autres furent ars et perdus, excepté la fierté de Monsieur Saint-Germer qui fut portée à Beauvais. » — *Arch. de l'Oise,* H 1313.

L'abbaye de Saint-Corneille de Compiègne, fondée en 877, par Charles le Chauve dans son château, fut détruite. Reconstruite par Charles le Simple, elle fut incendiée, et de nouveau reconstruite ; elle fut encore incendiée avant 918. — *Ibid,* H 2143.

de Hugues et de Héribert, et, accompagné de l'archevêque de Reims Séulphe, il franchit l'Epte (1).

« Pénétrant, dit Frodoard, dans le pays des Normands qui avaient embrassé la foi du Christ, il ravagea par le fer et par le feu une partie de cette terre parce qu'ils avaient enfreint les promesses de paix faites au roi Charles, qui leur avait cédé l'étendue de cette région » en 911.

La rapide expédition ne produisit pas l'effet qu'on en attendait. Le roi Raoul étant retourné en Bourgogne, après avoir confirmé à son beau-frère Hugues la suzeraineté du comté du Mans, les Normands de la Seine, au début de l'année 924, recommencèrent leurs ravages. Ceux de la Loire, qui ne se contentaient pas de la Bretagne, se ruaient, pendant ce temps, sur le duché de France.

Un impôt fut levé dont le produit fut donné en pure perte aux pirates pour les apaiser. Il fallut aviser. Hugues, Héribert, comte de Vermandois, et Séulphe, archevêque de Reims, en l'absence du roi Raoul, entrèrent en pourparlers avec Rollon. Ce dernier consentit à faire la paix et à se soumettre au nouveau souverain, à condition que les exorbitantes concessions territoriales qu'il avait obtenues, en 922, de Charles le Simple (2), comme prix de son aide militaire, lui seraient intégralement confirmées (3). C'étaient toute la partie du diocèse d'Evreux non comprise entre l'Epte et la Seine et les diocèses de Lisieux, de Bayeux et de Sées. Frodoard, pour les causes que nous avons exposées, désigne laconiquement cette région sous le nom de contrée de Bayeux. Rollon voulait de plus le Maine.

Pour le désarmer, on lui promit ce qu'il exigeait impérieusement, et des serments furent échangés. Le roi Raoul ratifia ce nouveau pacte (4).

Rollon n'était pas encore satisfait, car, dès 925, rompant le traité conclu l'année précédente (5), il réunissait une armée sur la Seine. A cette nouvelle, le roi Raoul prit énergiquement l'offensive. Il attaqua le camp normand avec son infanterie, mais le retard des bateaux qu'il attendait de Paris l'obligea à différer l'assaut général.

---

(1) « *Illa (Epta), fluvio transito, ingressus est (rex) terram, quæ dudum Nordmannis fuerat data* ». — Chronique de Frodoard, année 923. — En cette année, les Normands de la Loire, profitant des événements, avaient ravagé l'Aquitaine et l'Auvergne.

(2) « *Propter promissiones Karoli qui eis latitudinem terræ pollicitus erat infregere* ». — Frodoard, Chronique.

(3) « *Si tamen eis terra daretur quam petebant ultra Sequanam* ». — Ibid.

(4) « *Anno 924. Nordmanni cum Francis pacem ineunt sacramentis per Hugonem et Heribertum comites, Sculfum quoque archiepiscopum, absente rege Rodulfo, ejus tamen concessu, terra illis aucta Cinomannis et Baiocæ* ». — Ibid.
« *Nordmanni cum Francis pacem ineunt, data pacto pacis terra Cenomannensi et Baiocensi.* » — Chronique de Verdun, Recueil des Hist. de France, t. VIII, p. 280.

(5) « *Nordmanni de Rodomo fœdus quod olim pepigerant irrumpentes.* » — Frodoard, Chronique.

Les Danois en profitèrent pour évacuer secrètement leurs retranchements et, s'engageant dans une forêt qui masqua leur retraite, ils s'échappèrent (1).

Pendant ce temps, les bandes de Raghenold, le chef des Normands de la Loire, se jetaient sur la Bourgogne. Tandis que le roi Raoul marchait à leur rencontre, Rollon passait l'Epte, envahissait le Beauvaisis, prenait Beauvais qu'il pillait, pénétrait dans l'Amiénois, incendiait Amiens et poussait jusqu'à Noyon où il se heurtait à la résistance désespérée de la garnison du château et de la population de la banlieue (2).

Les Normands indépendants de la rive gauche de la Seine, les guerriers païens de Bayeux, ne voulaient à aucun prix subir la domination de leurs congénères de Rouen qui, depuis le dernier traité, s'étaient empressés d'établir quelques postes outre Seine. Ils profitèrent de l'absence de Rollon pour ruiner les nouveaux établissements (3).

D'autre part, les Parisiens, avec des vassaux du duc de France et les garnisons de quelques châteaux, entrèrent dans le pays d'en deçà de la Seine, le Rouennais, brûlèrent des villages, tuèrent quelques habitants et contraignirent Rollon à quitter les régions qu'il dévastait pour rentrer en toute hâte dans sa capitale.

Peu de temps après, en cette même année 925, le roi Raoul étant revenu de Bourgogne, Héribert, comte de Vermandois, à la tête de soldats des régions maritimes et des milices de l'église de Reims dont il était l'avoué, accompagné d'Arnoul, comte de Flandre et de ses troupes, franchit la frontière Nord du fief de Rollon. Il mit le siège devant la forteresse d'Eu où le comte des Normands envoya un renfort de mille hommes.

Les opérations furent activement menées. Les défenses extérieures forcées, le château fut pris d'assaut et incendié. Ses occupants furent passés au fil de l'épée. Quelques-uns cependant s'enfuirent dans une île voisine et, traqués, se jetèrent à la nage. Certains furent tués en arrivant à la rive, d'autres périrent, criblés de flèches (4).

Une paix particulière, conclue par Rollon avec le duc de France,

---

(1) (2) Ibid.

(3) « *Baïocenses interim terram Nordmannorum ultra Sequanam deprædantur.* » — Ibid. — C'est bien à tort que M. Licquet, dans son *Histoire de Normandie*, et M. Eckel — *A criticism of the life of Rollo*, p. 77, n. 4 — ont voulu corriger *Baïocenses* par *Belvacenses*. M. Henri Prentout — *Etude critique sur Dudon*, p. 375 — a bien vu, comme M. Deville, qu'il s'agissait des gens de Bayeux qui ne voulaient pas reconnaître la domination des Normands de Rouen. Il a même entrevu que ces Bajocasses « étaient des Normands établis à Bayeux. »

(4) *Chronique de Frodoard.* — Le moine Richer avait cru que Rollon avait été tué à Eu : « *Oppidoque potiti, Rollonem, oculis effusis, suggillant* », mais, constatant son erreur, il a barré ces mots sur son manuscrit.

semble avoir atténué pour les Normands les conséquences de cette grave défaite. On peut se demander si l'une de ses conditions n'était pas que le Maine, cédé par le traité de 924, resterait sous la domination de Hugues, car il n'en sortit pas (1).

En 926, l'état de guerre persiste. Raoul de Bourgogne attaque, près d'Arras, des pirates normands de la Seine, les défait et en tue onze cents. Rollon prit alors l'initiative d'une restauration de Charles le Simple dont il escomptait probablement la faiblesse. Héribert de Vermandois tira en effet le souverain déchu de la prison dans laquelle il le détenait au château de Péronne, le conduisit à Saint-Quentin et demanda, en son nom, une entrevue au comte des Normands (2) en 927.

Le lieu choisi fut Eu. Rollon se fit représenter par son fils Guillaume qui traita avec Charles aux conditions évidemment les plus avantageuses, lui jura fidélité et conclut un pacte d'alliance avec Héribert (3). Rollon exigea cependant de ce dernier, dans lequel il n'avait qu'une confiance modérée, qu'il lui remit son fils Eudes comme otage.

Pour détrôner le roi Raoul, Héribert, qui savait la valeur, au point de vue dynastique, du massif de l'Aisne, se mit en devoir de l'enlever, et s'empara, en 927, de la ville de Laon, la citadelle fameuse si chère aux descendants de Charlemagne. Il eut ensuite une entrevue avec son neveu, le duc de France (4), qui semble, on ne sait pour quel motif, avoir eu la velléité d'abandonner la cause de son beau-frère Raoul, et avec Rollon, comte des Normands.

Ils se lièrent tous trois par des serments d'amitié, mais Rollon, c'est la dernière mention historique qui soit faite de lui, refusa obstinément de rendre son otage Eudes jusqu'à ce que le comte de Vermandois se fut soumis à Charles le Simple et eût obtenu la même soumission des grands vassaux de la couronne et des évêques (5). Ce refus brutal brouilla tout. Héribert « se redonna

---

(1) Sous ce titre, *Les Normands et le Maine*, un savant, M. de l'Etang, a publié, en 1855, dans le *Bulletin de la Société d'Agriculture, Sciences et Arts de la Sarthe*, un important mémoire dont voici les conclusions : « 1° Jusqu'en 924, on ne rencontre aucun indice d'une prise de possession du Maine par les Normands ; 2° le traité de 924 ne doit être considéré que comme une simple promesse éphémère qui ne fut jamais exécutée ; 3° pas un document digne de foi n'autorise à penser que postérieurement le Maine soit sorti de la haute juridiction des ducs de France. » — « Personnellement, nous écrivait, le 11 mai 1914, M. Robert Triger, le docte président de la Société Historique du Maine, je ne puis que me rallier à ces conclusions. »

(2) (3) « *Karolus igitur cum Heriberto colloquium petit Nordmannorum ad castrum quod Auga vocatur, ibique se filius Rollonis Karolo committit, et amicitiam firmat cum Heriberto.* » — Frodoard, *Chronique*.

(4) Hugues, duc de France, fils du roi Robert, avait pour mère Béatrice, fille d'Héribert Ier, comte de Vermandois, et sœur d'Héribert II dont il s'agit ici.

(5) « *Heribertus comes Lauduno potitur et exinde placitum cum Nordmannis habuit ; ipseque et Hugo, filius Rotberti, amicitiam cum eis pepigerant. Filius tamen Heriberti, Odo quem Rollo habebat obsidem, non redditur illi donec se committit karolo pater cum aliis quibusdam Franciæ comitibus et episcopis.* » — Frodoard, *Chronique*.

au roi Raoul » et enferma de nouveau le malheureux Charles dans le château de Péronne où il mourut le 7 octobre 929.

Avant de mentionner cette mort, le cartulaire des moines de Sithiu (1) donne le récit suivant qu'aucun historien n'a mentionné : « En ces jours, les Normands, ayant réuni à Rouen une grande quantité de navires, dévastaient les contrées maritimes de leur voisinage. Le roi Raoul averti rassembla une armée et marcha contre eux dans le pays de Thérouanne (2). A cette nouvelle, les Normands massacrèrent tous les captifs dont ils s'étaient emparés en divers lieux. Le roi Raoul les atteignit sur une montagne appelée Falcoberg, leur livra bataille, les défit et les mit en fuite non sans avoir subi des pertes considérables (3). » Les Normands avaient évidemment cherché à venger, sur le pays de Thérouanne, le terrible échec subi, dans un bois, près d'Arras, en 926.

Adhémar de Chabannes, qui écrivait au xie siècle en Poitou, raconte qu'après avoir été battu à Limoges, en 930, par Raoul de Bourgogne, Rollon se fit chrétien, mais qu'au moment de mourir, tombé en démence et revenu au paganisme, il fit mettre à mort cent captifs en l'honneur des idoles et fit une offrande de cent livres d'or à Dieu dont il avait reçu le baptême (4).

Raoul de Bourgogne battit, en 930, à Limoges, les Normands de la Loire qui n'ont rien à voir avec Rollon (5), mais Adhémar de Chabannes, malgré cette grave confusion, a dû entendre parler d'une défaite des Normands de Rollon par Raoul, d'un massacre de captifs et d'un retour de l'ancien roi de mer au paganisme.

On retrouve, dans le cartulaire de Sithiu, deux éléments de son récit : la défaite et le massacre. Un troisième se trouve dans un document fort important du milieu du xe siècle, représentant Rollon comme mourant « infidèle » (6). »

Le silence prudent gardé par Dudon de Saint-Quentin sur les événements qui ont précédé la fin du comte des Normands, dont la

<hr />

(1) Sithiu, ancien nom de Saint-Omer (Pas-de-Calais). Il s'agit ici du cartulaire de l'abbaye de Saint-Bertin, à Saint-Omer.

(2) « *His diebus, Northmanni, a Rotomago collecta multitudine navium, circumjacentia maris littora devastabant. Quod audiens Rodulfus rex congregato Francorum exercitu, contra eos in pago Taruanense pugnaturus accessit.* » — Guérard, *Cartulaire de Saint-Bertin. Carthularium Sithiense*, p. 138. — Thérouanne, ancien siège d'évêché transporté à Saint-Omer en 1560. Cette ville, ruinée par Charles-Quint, n'est plus qu'un simple bourg du Pas-de-Calais.

(3) « *Cognito hoc, Normanni captivos, quos de diversis locis sumpserant, jugularunt. Rodulfus autem rex in monte qui dicitur Falcoberg insecutus eos, prælium commisit, fugatisque eis, victoriam est adeptus, licet cum suorum maximo dispendio.* » — Guérard, *Cart. de Saint-Bertin*, p. 138.

(4) Adémar de Chabannes, *Historiarum libri III*.

(5) Lauer, *Robert Ier et Raoul de Bourgogne*, p. 230.

(6) *La complainte de la mort de Guillaume Longue-Epée*, retrouvée par Léopold Delisle et Gaston Paris, et publiée par M. Lair, dit, à propos de Guillaume fils de Rollon : « *Moriente infidele patre suo.* »

date précise, très rapprochée sans doute de l'année 928, est inconnue, permet de penser que cette affirmation contemporaine est vraie (1).

Rollon mort, sinon païen, du moins semi-païen, reçut pourtant la sépulture dans la cathédrale de Rouen. Il avait fait reconnaître son fils Guillaume pour son successeur, mais ne lui avait pas abandonné le pouvoir, comme le dit Dudon. Le détail relatif à son otage Eudes de Vermandois le démontre assez.

(1) M. H. Prentout a raison : « Cette conversion [des Normands] fut au reste précaire. Rollon lui-même, encore que Dudon se garde bien de le dire, mourut sans doute en païen. » — *Etude critique sur Dudon*, p. 433.

CHAPITRE II

Guillaume Longue-Épée, comte des Normands
(928-942)

Guillaume Longue-Epée succède à son père. — Son origine, son portrait, son caractère. — Il poursuit la conquête des territoires cédés à son père en 924. — Fabuleuse expédition en Bretagne. — Les Normands païens du Cotentin secourent ceux de Bayeux. — Luttes dans le Bessin. — Guillaume, vainqueur, s'empare du Cotentin. — Il offre son hommage au roi Raoul qui confirme les traités de 911 et de 924 et lui donne le Cotentin, « terre des Bretons », 933. — Insurrection de Rioul d'Evreux, sa répression, 934. — Naissance de Richard, fils de Guillaume et de Sprote. — Guillaume se rapproche des princes français. — Avènement de Louis d'Outremer, 936. — Guillaume ménage les païens et accueille le roi de mer Aigrold. — Il fait reconnaître son fils Richard pour son successeur. — Restauration de l'abbaye de Jumièges. — L'archevêque Hugues. — Guillaume soutient Hugues le Grand. — Il aide Herluin à reprendre Montreuil sur Arnoul de Flandre. — Il se réconcilie avec le roi Louis. — Arnoul, comte de Flandre, le fait assassiner, 942.

Guillaume, surnommé par l'histoire Longue-Epée, qui, par la mort de son père Rollon, devint comte des Normands, était né outre-mer. Sa mère Popa était une captive chrétienne, peut-être écossaise, dont Dudon a jugé opportun de faire une fille de Bérenger, comte de Bayeux, qui aurait été massacré par les Danois, lors de la prise de cette ville. Popa avait fait baptiser son fils qu'avant la conversion de Rollon, elle avait sans doute élevé en chrétien dans sa petite enfance (1).

D'après Dudon et Guillaume de Jumièges, Guillaume était un bel homme, aux regards étincelants, doux aux bien intentionnés, terrible comme un lion pour ses ennemis et fort, comme un géant, dans les combats (2). Richer le représente comme un chef très féroce de pirates (3). S'il fut violent, on doit lui reconnaître l'intelligence et le courage, car il mena à bien une tâche très difficile.

(1) « *Hic in orbe transmarino natus patre*
In errore paganorum permanente
Matre quoque consignata alma fide
Sacra fuit lotus unda. »
Complainte de la mort de Guillaume Longue-Epée.

(2) Dudon, liv. III ; Guill. de Jum, liv. III, ch. I.

(3) « *Nordmannorum dux ferocissimus.* »

Quand il prit le pouvoir, son père était en pleine rébellion contre le roi Ra.ul auquel il refusa lui-même de se soumettre pendant plusieurs années. C'est, dans ces conditions, qu'il résolut de poursuivre, malgré les Français, la conquête des territoires cédés aux Normands de la Seine par le traité de 924 que la révolte de Rollon et la sienne rendaient caduc comme celui de 911.

Son père, nous l'avons dit, avait certainement commencé l'occupation de la rive gauche de la Seine, malgré la résistance prouvée des païens de Bayeux, et nous ne pouvons douter qu'il ait mis la main sur Evreux où il avait établi un commandant nommé Rioul (1). Guillaume tenait avant tout aux côtes du Lieuvin et du Bessin, et c'est, vers ces régions, qu'il orienta ses efforts.

Cette entreprise (2) ne pouvait être réalisée sans qu'une lutte violente s'engageât entre les Normands de la Seine et les Normands païens de Bayeux. A l'époque où écrivait Dudon, l'unité de la Normandie était réalisée et il sembla au panégyriste de sa dynastie qu'il était dangereux de rappeler l'énergie avec laquelle les Danois dissidents avaient défendu leur indépendance. Il masqua donc, sans hésitation, cette guerre entre pirates sous une prétendue campagne victorieuse contre les Bretons. Faisant d'une pierre deux coups, il prétendait asseoir sur cet audacieux mensonge la suzeraineté illusoire de la Normandie sur la Bretagne.

A la vérité, les Bretons n'étaient jamais entrés en contact avec les Normands de la Seine. Leurs institutions nationales avaient fonctionné régulièrement jusqu'en 914 et, à cette époque, une flotte danoise, commandée par les rois de mer Ohtor et Hroald, avait infesté leurs rivages (3). C'était le prélude de la terrible invasion des Normands de la Loire qui, sous les ordres de Raghenold (4), dévastèrent et écrasèrent la péninsule armoricaine (5). Alors la plupart des comtes, des machtierns, chefs de plous (6), les prêtres, les moines cherchèrent un refuge en France, en Bourgogne, en Aquitaine (7). Matuédoi, comte de Poher, et par sa femme, héritière du roi des Bretons Alain le Grand (8), de Nantes et de Bro-Werec, s'exila en

---

(1) C'est pour ce motif, croyons-nous, qu'Ordéric Vital, bien renseigné sur l'Evrecin, appelle Rioul « *Ebroicensis.* »

(2) « *Terminos sui ducatus per circuitum dilatare non desistens.* » — Dudon.

(3) Arthur de la Borderie, *Hist. de Bretagne*, t. II, p. 498.

(4) « *Ragenoldus princeps Nordmannorum qui in fluvio Ligeri versabantur.* » — Chron. de Frodoard.

(5) « *Anno 919, Nordmanni omnem Britanniam, in cornu Galliæ, in ora scilicet maritima sitam, depopulantur, proterunt atque delent, abductis, venditis, cœterisque cunctis ejectis Britonibus.* » — Ibid.

(6) On appelait machtierns les chefs héréditaires de plous ou paroisses.

(7) Aurélien de Courson, *Cartulaire de Redon*, prolégomènes, p. XIV.

(8) Alain, roi des Bretons de 888 à 907.

Angleterre avec son fils Alain, surnommé plus tard Barbe-Torte (1).

En 921, les Français, nous l'avons vu, abandonnèrent à Raghenold et à ses hommes le comté de Nantes et toute la Bretagne dont les populations avaient été massacrées, chassées ou réduites en servitude (2). Le peu qui en restait se souleva le 29 septembre 931 à l'appel du comte de Rennes Juhel Bérenger, et massacra les Normands de la Loire qui demeuraient parmi eux et leur chef Félekan (3). mais le triomphe de ces vaillants fut de courte durée. Incon, chef des Normands de la Loire, envahit la Bretagne, écrasa ses derniers défenseurs et expulsa ceux que le glaive avait épargnés (4). Jusqu'en 936, époque où, sous l'action énergique d'Alain Barbe-Torte, revenu d'Angleterre pour délivrer son pays dont il fut le duc et dont il rendit un hommage direct au roi de France (5), il n'y eut plus de Bretons en Bretagne. Les Normands de la Loire, établis dans des stations maritimes et des camps retranchés, y règnent sur un désert (6).

Dudon ne s'embarrasse pas pour si peu. Passé maître dans l'art de raconter des fables et de « dénaturer la physionomie de certains faits (7) », il substitue audacieusement les Normands de la Seine aux Normands de la Loire dont il ne dit pas un mot, crée en 932 une Bretagne chimérique et raconte ce qui suit :

Les chefs de la Bretagne, Alain et Bérenger (8), ayant refusé de remplir leur devoir de vassalité vis-à-vis de Guillaume Longue-Epée, ce dernier passe le Couesnon avec une armée en 932, occupe tout le pays rebelle, détruit quelques forteresses, puis se retire (9). Les Bretons qui, terrifiés, s'étaient tenus jusque-là cachés derrière les murailles de leurs villes, s'élancent imprudemment sur ses traces, pénètrent en Normandie et s'avancent, en ravageant le pays, jusqu'à Bayeux (10). Par un habile mouvement tournant (11), Guillaume

(1) « *Fugit autem tunc temporis Mathuedoi, comes de Poher... ducens secum filium suum cognomine Alanum qui postea cognominatus est Barbatorta.* » — *Chron. de Nantes*, édit. Merlet, p. 82-83.

(2) « *Britanniam quam vastaverant.* » — *Chron. de Frodoard.*

(3) « *Cæso primo duce nomine Felcan.* » — Ibid. — On ne peut supposer un instant avec M. Prentout que Félekan ait été un lieutenant de Guillaume Longue-Epée.

(4) « *Anno 931, Incon Nordmannus qui morabatur in Ligeri... regione potitur.* » — Ibid.

(5) *Richerii Historia*, lib. II, cap. 28.

(6) Voy. Arthur de la Borderie, *Hist. de Bretagne*, t. II, p. 378, 380 et suiv., 496 et suiv.

(7) Ferdinand Lot, *Les derniers Carolingiens*, p. 346, 347.

(8) C'est à Frodoard que Dudon a emprunté les deux seuls noms bretons qu'il connaisse, et comme Frodoard ne dit pas leurs qualités de comtes de Nantes et de Rennes, Dudon n'en sait rien. — Arthur de la Borderie, *Hist. de Bretagne*, t. II, p. 500.

(9) « *Tunc Willelmus occupavit exercitu suo omnem terram Britannorum, et subvertit plurima loca munitionum.* » — **Dudon.**

(10) « *Brito es... devastantes pagum Bajocasensem.* » — Ibid.

(11) « *Igitur Willelmus, revocato exercitu, præoccupavit regressum illorum... obtinuit de inimicis triumphum.* » — **Ibid.**

leur coupe la retraite, leur livre une grande bataille où il les défait, les poursuit l'épée dans les reins et subjugue la Bretagne qu'il dévaste. Les chefs se soumettent. Bérenger, titré duc de Bretagne par la grâce de Dudon, est magnanimement pardonné (1), mais Alain, exilé, se retire en Angleterre jusqu'au jour où, en 936, avec la permission du comte des Normands, il rentre dans son pays d'origine (2). C'est exactement le contraire de ce que rapporte le véridique Frodoard.

Dans ce roman, il n'y a pas un mot de vrai, mais, par cette fiction, sont soigneusement dénaturés certains faits réels qu'il importe de reconstituer :

Poursuivant le but que nous avons précisé d'étendre sur la rive gauche de la Seine la limite de ses Etats, Guillaume Longue-Epée prit pour objectif Bayeux et la côte du Bessin. Un détail très intéressant va nous révéler l'état de cette région :

Quand, en 920, les prêtres et les moines bretons, fuyant l'invasion des Normands de la Loire, sortirent de la fraîche vallée de la Rance où se cachait dans les grands arbres l'abbaye de Lehon et s'avancèrent vers la France portant les reliques vénérées de leurs saints, ils rencontrèrent un autre cortège ayant à sa tête des dignitaires du clergé de Dol et de l'évêché de Bayeux. Ces fugitifs emmenaient les corps de saint Samson, fondateur du siège de Dol, de saint Sénieur ou Sénateur, évêque de Bayeux, de saint Pair et de saint Scubillon, patrons d'Avranches (3). Il résulte de là que le clergé de Bayeux, réfugié à Dol, et chassé de son asile par l'approche des barbares, ne pouvant rentrer dans son diocèse d'origine occupé par les païens, en était réduit à une odyssée douloureuse dont on ignore l'issue.

Les Normands de Bayeux, effroi des clercs, n'étaient pas hommes à s'incliner devant le fils de Rollon et ses soldats qu'ils considéraient, malgré leurs mœurs persévérantes de bons pirates, comme des renégats de la Scandinavie. Ils appelèrent à leur aide leurs frères cantonnés dans le Cotentin, et une grande bataille s'engagea dans le pays de Bayeux. Guillaume Longue-Epée en sortit vainqueur et poursuivit les auxiliaires des païens du Bessin dans les évêchés dévastés et anéantis de Coutances et d'Avranches, appelés les terres bretonnes depuis qu'à titre bénéficiaire, Charles le Chauve les avait cédés à la Bretagne.

<hr>

(1) « *Berengerum, ducem Britannorum, gratuita pietate recepit.* » — **Ibid.**

(2) « *Alannum vero, qui hujus rixæ et jurgii auctor et incentor fuit, Britannica regione cum suis extrusit.* » — **Ibid.**

(3) « *Jam metas excesserant patriæ [id est Britanniæ] cum Dolensis necnon et Baiocensis ministri se illorum hæserunt comitatui, ferentes secum sancti patriarchæ Samsonis, necnon et gloriosi episcopi Senatoris, sanctorumque pontificum Paterni et Scubilionis venerabiles artus, una diu multumque per externa et incognita loca peregrinaturi.* » — *Translatio S. Maglorii et aliorum Parisios*, dans Mabillon, An. O. S. B. ; Boll. Oct. X, p. 791.

Ayant ainsi beaucoup augmenté sa puissance, le fils de Rollon jugea qu'il était en état de se faire payer très cher son hommage au roi Raoul. Il l'offrit donc à condition que les concessions faites aux Normands de la Seine, lors des accords de 911 et de 924, seraient renouvelées par une confirmation expresse et qu'elles seraient augmentées des comtés d'Avranches et de Coutances. Bien à contre-cœur, le souverain consentit et un traité fut conclu sur ces bases en 933 (1). Il est possible que le Maine et l'Hiémois en aient été exclus, car nous voyons le successeur de Raoul y exercer l'autorité (2).

Le Cotentin n'avait pas toujours été heureux depuis que, le 1er août 867, Pascwiten, comte de Bro-Werec, gendre et ambassadeur de Salomon, roi des Bretons, était venu à Compiègne le recevoir de Charles le Chauve avec les abbayes et les domaines royaux, mais sous réserve de la nomination aux évêchés (3). En 890, des Normands, les mêmes probablement qui, après avoir échoué devant Paris, avaient pris Evreux, Sées et Bayeux en 886, l'avaient ravagé et avaient assiégé Saint-Lô.

Animés par la présence de l'évêque de Coutances, les habitants, dont les murailles étaient solides et qui attendaient des secours du roi des Bretons Alain le Grand, se défendirent vaillamment. Les pirates découvrirent malheureusement la source qui fournissait l'eau potable aux assiégés qui capitulèrent sous promesse d'avoir la vie sauve. Ils furent tous impitoyablement massacrés, l'évêque le premier, et la ville fut rasée (4).

Depuis ce moment jusqu'à la mort en 907 d'Alain le Grand, qui avait vaincu les Normands en Bretagne, le Cotentin retrouva quelque tranquillité. La disparition du prince, redouté des pirates, fut le signal des plus grands malheurs (5). Un retour offensif des barbares anéantit complètement le christianisme dans la région et,

---

(1) « *Anno 933, Willelmus, princeps Nordmannorum, eidem regi se committit. Cui etiam rex dat terram Britonum in ora maritima sitam.* » — *Chronique de Frodoard.*

(2) *Recueil des Hist. de France,* t. IX, p. 594, et *Arch. de l'Orne,* H 2150.

(3) « *Karolus Pascwiten, vicario scilicet Salomonis, comitatum Constantinum cum omnibus fiscis et villis regiis et abbatiis in eodem comitatu consistentibus ac rebus ubicumque ad se pertinentibus, excepto episcopatu, donat.* » — *Annal. Bertin,* dans dom Bouquet, t. VII, p. 96. L'Avranchin faisait partie de cette cession, car, en 872, il appartenait à Salomon qui en avait distribué les principaux domaines aux seigneurs de sa nation. — Mabillon, *An. SS. Ord. S. B.* Sæc. IV, part. 2, p. 246.

(4) « *Nortmanni, alveum (Sequanæ) repetentes, Britanniæ finibus classem trajiciunt : quoddam castellum in Constantiensi territorio, quod ad Sanctum Loth dicebatur, obsident, et accessum ad fontem aquæ ex toto prohibentes, oppidanis siti arescentibus, fit deditio eo pacto ut, vita tantum concessa, cætera tollerent. Illis a munitione progressis, gens perfida omnes jugulat, inter quos Constantiensis episcopum ecclesiæ.* » — Dom Bouquet, t. VIII, p. 71. — « *Ipsumque castrum terræ funditus coæquatum.* » — *An. de Saint-Vaast,* D. Bouquet, t. VIII, p. 88.

(5) Après la mort d'Alain le Grand : « *Cœpit ebullire rabies Normannorum talis qualis unquam steterat.* » — *Chron. de Nantes,* dans D. Bouquet, t. VIII, p. 275-276. — Voy. Aurélien de Courson, *Cart. de Redon,* prolégomènes, p. XIV.

en 912, l'évêque de Coutances Théodéric, auquel il ne manquait que des fidèles, avait dû chercher un asile à Rouen auprès de l'archevêque Francon. (1).

En fait, les côtes du Cotentin, comme celles du Bessin, avaient été abandonnées aux pirates (2). La face septentrionale du Cotentin présentait aux Danois, au fond d'un golfe très évasé, un port sûr, malgré la dureté des vents et de la mer, qui par eux fut appelé Chicrisburg (3). La presqu'île de la Hague, isolée du continent par le retranchement de la Hague-Dike (4), leur offrit d'autre part un asile inexpugnable.

Telle était la région qu'avec une partie de l'Evrecin et du Bessin, Guillaume Longue-Epée eut l'illusion d'avoir conquise et que, comme les pays de Bayeux et d'Evreux, il essaya immédiatement d'organiser alors qu'il pouvait tout au plus exercer sur eux une vague suzeraineté. Il choisit, comme instrument, Rioul, commandant d'Evreux (5), qui feignait pour sa cause le plus grand dévouement, et en fit un gouverneur de ses possessions d'outre-Seine. Wace nous le présente comme comte du Cotentin (6).

Ce personnage qui, peut-être n'avait pas accepté sa mission sans arrière-pensée, constata quelles colères avait soulevées de nouveau chez les païens la nouvelle du traité qui faisait d'eux des vassaux de Guillaume Longue-Epée. Ils détestaient le comte des Normands parce qu'après leur avoir infligé une défaite, il prétendait les gouverner, parce que lui et ses hommes, devenus chrétiens, adoptaient peu à peu les usages et même la langue des Français. En face des Normands de la Seine, qui leur semblaient des renégats « domestiqués », ils entendaient rester des Scandinaves libres, fidèles pleinement à Thor, à Odin et à la barbarie sanglante. Un chef qu'ils n'avaient pas élu n'était pas supportable (7).

(1) « *Quia ergo Constantiensis pagus christicolis vacuus erat et paganismo vacabat.* » — *Ex libro nigro capituli.* — *Instrumenta ecclesiæ Constantiensis, Gallia Christiana,* t. XI, p. 218. — Les évêques de Coutances résidèrent à Rouen jusqu'en 1048.

(2) « Le Cotentin, écrivait Fauchet en 1611, fut abandonné par les Carliens aux Normands pour être cette terre, comme une île, séparée de la terre ferme. » — Gerville : *Sur la Hague-Dike.*

(3) Cherbourg, chef-lieu d'arrondissement (Manche).

(4) Nom de Scandinavie pure, dit justement Elysée Reclus.

(5) « *Rithulfus Ebroicensis* », l'appelle Ordéric Vital, comme nous l'avons dit.

(6) « Quens fu de Costentin entre Vire et la mer. » — *Roman de Rou.*

M. Prentout — *Etude critique sur Dudon,* p. 294 — s'est demandé si on ne pourrait pas identifier Rioul avec un certain « Rioul du Mans » dont parle une chanson de geste, *Fierabras.* Eric ou Héric ou Ragenold ou Riolt, qui aurait pris le Mans en 903, est un très vague personnage appartenant sans doute aux Normands de la Loire.

On ne rencontre, nous le répétons, aucun indice d'une prise de possession du Maine, au dixième siècle, par les Normands. En 941, Louis d'Outremer concède, dans le Maine, des terres à l'abbaye de Tournus : « *Concedimus... Buxiolum in pago Cenomanico.* » — *Rec. des Hist. de France,* t. IX, p. 594. — Un peu plus tard, il est appelé à ratifier, par l'apposition de son sceau, une donation d'églises situées dans le Maine et en Hiémois. — *Arch. de l'Orne,* H 2150. — Le mouvement insurrectionnel de Rioul, essentiellement normand, que nous allons raconter, n'a donc pas pu prendre naissance dans ces régions restées françaises.

(7) « *Diabolo agitante, iniquorum quamplures, iterum intestina adversus eum* [Willelmum] *insurgunt molimina.* » — Dudon, lib. III ; Guill. de Jum., lib. III, cap. 2.

Rioul n'eut pas de peine à comprendre le parti qu'il pourrait tirer de semblables dispositions. Au lieu de servir Guillaume, il résolut de le supplanter (1) et se mit résolument à la tête de ceux que les chroniqueurs normands, dissimulant la cause de ce soulèvement, appellent des « méchants agités par le diable (2). » Il entra dans leurs vues, leur promit, s'ils lui obéissaient, de chasser Guillaume Longue-Epée et, jetant le masque, il somma le comte des Normands de sortir de ses Etats.

Sur le refus de ce dernier, Rioul, à la tête d'une véritable armée, passa la Seine et mit le siège devant Rouen dont il bloqua les faubourgs. Son intention était de forcer le fils de Rollon à la fuite ou de le prendre et de le mettre à mort (3).

La surprise et l'effroi de Guillaume furent tels qu'un moment le lion oublia qu'il avait des griffes. Il restait indécis, ne sachant quel parti prendre. Il voulut fuir vers l'Epte et chercher un refuge sur les terres du roi de France. Un de ses officiers lui signifia brutalement que ses soldats l'escorteraient seulement jusqu'à la frontière et n'iraient pas plus loin (4). Un autre l'insulta en lui reprochant sa lâcheté.

Le comte des Normands se redressa sous l'outrage et, à la tête de ses hommes d'armes, couverts de cuirasses, il tomba à l'improviste sur les ennemis, en tua un grand nombre et mit les autres en fuite (5). Les vaincus se dispersèrent et se cachèrent dans les forêts, en attendant un moyen de repasser la Seine (6). Rioul et son fils Anschetil furent du nombre, mais ils ne tardèrent pas à être découverts et payèrent de leur vie leur témérité (7). Tous leurs partisans qu'on pût atteindre eurent le même sort. La répression fut assez terrible pour donner à Guillaume l'illusion d'avoir mis ses farouches adversaires hors d'état de nuire.

---

(1) M. Jean Marx a entrevu la vérité quand il écrit, dans son édition de Guillaume de Jumièges, p. 32, note 2 : « Rioul paraît ici avoir pris la tête d'un mouvement de révolte des païens et des Normands restés fidèles aux vieilles traditions. » — « Peut-être, dit M. Prentout — *Etude critique sur Dudon*, p. 300 — cet épisode symbolise-t-il la lutte de l'élément païen contre le Normand christianisé. »

(2) On peut rapprocher du *diabolo agitante* la qualification de « *viri diabolici* » appliquée par la *Chronique de Nantes* — édition Merlet, p. 81 — aux Normands de la Loire.

(3) « *Nam quidam Rihulfus, perfidiæ succensus furiis, plurimis veneno discordiæ infectis, arma arripiens, a regno adorsus eum funditus excudere adeo ut, undequaque collecta virorum multitudine, circa Rothomagensis civitatis suburbana, transmeato Sequanæ alveo, obsidionem componeret, quatinus ducem ab ea propelleret, aut captum nequiter perimeret, Normannia sibi vindicata.* » — Dudon, lib. III ; Guill. de Jum., lib. III, cap. 2.

(4) « *Usque ad Eptæ fluviolum properabimus, verum Franciam non penetrabimus.* » — Dudon, lib. III ; Guill. de Jum., lib. III, cap. 2.

(5) Ibid. — « *Anno 934*, dit Robert de Torigny, abrégeant ses devanciers, *factum est prælium apud Rothomagum inter Willelmum ducem et Riculfum fraudulentum cæterosque infideles Willelmi comitis, in loco qui dicitur Pratum de Bello.* »

(6) Dudon et Guill. de Jum., ibid.

(7) La mort de Rioul et de son fils nous est révélée par *La Petite chronique de Tours*. Dudon et Guill. de Jum. n'en disent rien.

Lors de l'expédition dans le Cotentin, le prince avait épousé, selon la mode danoise (1), une bretonne très belle nommée Sprote, captive enlevée sans doute à sa famille déclarée illustre par les chroniqueurs normands (2). Cette union, la mode danoise l'indique assez, n'avait reçu aucune consécration de l'Eglise.

Comme Guillaume revenait du combat livré contre Rioul en un lieu appelé depuis le Pré de la Bataille, le guerrier normand, qui commandait pour lui à Fécamp, vint à sa rencontre. Il apprit à son seigneur, qui en fut fort réjoui (3), que Sprote venait de lui donner un fils.

Cet enfant fut baptisé à Fécamp (4), sous le nom de Richard, par Henri, évêque de Bayeux (5), assisté de Hugues, évêque d'Evreux. L'archevêque de Rouen, Gunthard (6), successeur de Francon, avait sans doute récemment tenté par des nominations épiscopales à ces anciens sièges, devenus des centres païens, d'opérer, avec l'appui du fils de Rollon, un mouvement de restauration chrétienne. On peut se demander si la résidence de ces prélats, choisis dans le clergé de Rouen, y fut même momentanément possible. Entourés d'idolâtres, sans prêtres, sans églises, exposés à tous les dangers, que pouvaient-ils faire ? La vie religieuse ne se rétablit là normalement que de longues années plus tard (7). Guillaume Longue-Epée, pour ménager les Normands païens, fut amené, nous le verrons, à prendre, dans un but politique, des mesures qui, loin de favoriser le christianisme, devaient entraver son action.

Pour mettre un terme à son isolement, le comte des Normands sentit le besoin de se rapprocher des princes français. Il fit donc des avances à Hugues le Grand, duc de France, le plus puissant seigneur du royaume, à Héribert, comte de Vermandois et à Guillaume, duc d'Aquitaine, comte de Poitiers. Il les invita à sa cour, et reçut leur visite au cours d'une chasse dans la forêt de Lyons, en 935. Il les combla d'attentions et se lia avec Hugues au point de lui demander de négocier son mariage avec Leutgarde de Vermandois,

---

(1) « *More danico.* »

(2) Sprote épousa, après la mort de Guillaume Longue-Epée un riche meunier du Vaudreuil appelé Asperleng.

(3) « *Qui lœtus valde effectus...* » — Guill. de Jum., III, 2.

(4) Dudon le dit. Voy. l'édition de ce chroniqueur due à Jules Lair, p. 191. Guill. de Jum a mal copié Dudon en donnant Bayeux comme lieu du baptême, qui fut célébré seulement, d'après Robert de Torigny, en 938.

(5) Le dernier prédécesseur d'Henri était Archambault, élu en 859, vivant en 876. Son plus proche successeur fut Richard, vivant en 990.

(6) Archevêque de Rouen de 919 à 941 ou 942.

(7) Voyez : *Etudes sur les origines de l'évêché de Bayeux* de Jules Lair, et la *Chronique de Centule*, à propos des reliques de saint Vigor, dont nous aurons l'occasion de parler.

Le diocèse d'Evreux fut mieux partagé. Son évêque Hugues eut pour successeur Guichard, en 954. On verra cependant l'influence païenne à Evreux.

fille de Héribert, et celui de sa sœur Gerloch, avec le comte de Poitiers.

Le duc se prêta à ce double désir. Il avait ses vues. Sa cousine Leutgarde, descendante directe de Charlemagne, devint comtesse des Normands, union peu enviable avec un fils de pirate, encore à peine civilisé, dont le cœur était certainement resté à Sprote. Aucun enfant ne devait naître de ce mariage dont l'effet fut d'associer étroitement le comte Guillaume à la politique de Hugues (1). Aussi, lorsqu'après la mort du roi Raoul en 936, il plut au petit-fils de Robert le Fort de députer en Angleterre, au roi Athelstan, Guillaume, archevêque de Sens, avec mission de ramener le prince Louis, dit d'Outremer, fils de Charles le Simple, réfugié avec sa mère Odgive (2) près de ce souverain, le comte des Normands acquiesça à cette démarche. Il acquiesça de même à la proclamation de Louis comme roi de France, et lui rendit hommage (3).

Cependant, malgré sa victoire sur Rioul et ses alliances avec les princes français, Guillaume Longue-Epée restait à bon droit préoccupé des Normands païens de Bayeux et du Cotentin toujours frémissants. Il crut pouvoir se les attacher par des concessions, quelques-unes énormes, et incompatibles avec les promesses de 911.

C'est ainsi que, vers 940, il accueillit un puissant chef païen, appelé Aigrold, que les chroniqueurs normands ont transformé en Harald, roi de Danemark (4) et l'établit avec ses hommes dans le Cotentin dont il lui donna le commandement (5). C'est ainsi encore qu'il reçut le pirate Turmod, qui fit semblant, il est vrai, de se convertir au christianisme avec sa famille, et le roi de mer Seitric (6).

Vers 941, le comte des Normands, pour assurer sa succession à son fils Richard, élevé jusque-là par sa mère, la bretonne Sprote, à Fécamp, le fit conduire secrètement à Quévilly près de Rouen.

(1) M. Prentout estime que ce mariage fut une sorte de « remise d'otage pour garantir une alliance. »

(2) Odgive était sœur du roi d'Angleterre Athelstan et fille du roi Edouard. Elle épousa, en secondes noces, malgré son fils le roi Louis, le comte de Meaux.

(3) Les historiens normands n'ont pas manqué de présenter la restauration de Louis d'Outremer comme l'œuvre personnelle de Guillaume Longue-Epée. La *Chronique de Frodoard* met à néant cette invention : « Hugues avertit Louis, fils de Charles le Simple, de prendre la couronne », et l'envoya chercher par l'archevêque de Sens.

(4) « *Interea*, dit Guill. de Jumièges, après Dudon, *Aigroldus, rex Danorum, a filio suo de regno expulsus, cum sexaginta navibus armato milite plenis Normanniam duplex adiit. Quem potens et liberalis dux cum honore congruo recipiens, Constantinensem comitatum, ei ad præsidium concessit...* ». — A la vérité, Harald, roi de Danemark, fut détrôné et tué par son fils Suénon en 985, c'est-à-dire quarante-cinq ans après l'installation d'Aigrold en Normandie.

Les *Chroniques* de Frodoard et du moine Richer — *Hagroldus qui Bajocis præerat* — établissent de la façon la plus nette qu'Aigrold était un simple chef normand, constitué par Guillaume Longue-Epée commandant du Cotentin et du Bessin. M. Auguste Le Prévost a très bien mis ce fait en lumière. « Harold, dit M. Charles Marx, chef danois qui s'établit en Cotentin et en Bessin. »

(5) *Chronique de Frodoard*, année 943.

(6) Ibid et *Chronique de Richer*.

Là, il le présenta à trois de ses principaux officiers, Bernard, Bothon et Anslech, amis très sûrs qui promirent de faire reconnaître un jour l'enfant comme comte des Normands. C'était l'adoption des chrétiens, celle des païens était nécessaire.

Accompagné des trois personnages dont nous venons de parler, Guillaume, pour l'obtenir, mena son fils à Bayeux où il réunit sept des chefs normands les plus marquants de la région, et leur fit jurer fidélité à Richard. Cette formalité avait un double but : assurer le pouvoir au fils de Sprote et garantir sa sécurité pendant son séjour à Bayeux.

Guillaume avait en effet décidé de laisser l'enfant dans cette ville, sous la garde de l'armée d'occupation, commandée par Bothon, pour qu'il fût initié, dans un milieu purement scandinave, à la langue danoise qu'on parlait là plus purement qu'à Rouen (1), et aux usages des ancêtres. C'était un moyen d'éviter à son successeur la haine de ceux qui étaient restés de farouches pirates.

Dans ce temps, le comte conçut le projet de restaurer le monastère de Jumièges dont, lors d'une partie de chasse, les ruines, près desquelles deux anciens religieux défrichaient les terres incultes, l'avaient frappé. Peut-être avait-il entendu parler de l'action civilisatrice des ordres religieux, disparus de ses possessions. Sa sœur Gerloch trouva dans l'abbaye de Saint-Cyprien de Poitiers, un abbé et douze moines assez courageux « pour venir s'établir au milieu de brigands tels qu'étaient encore les Normands même chrétiens (2). »

Pour ces religieux, le domaine de Jumièges, divisé en 912 entre des compagnons de Rollon, fut racheté (3) et la vie religieuse s'y rétablit peu à peu. Vers la même époque, sur les côtes du Cotentin qu'occupaient les païens d'Aigrold, Guillaume établit au Mont Saint-Michel des chanoines qu'il dota (4). On ignore où il les prit et comment ils purent y vivre, mais on sait que, bientôt dépouillés d'une partie des biens qu'ils avaient reçus, ils en gardèrent assez pour mener une vie qui n'avait rien d'ecclésiastique. Entourés d'idolâtres, ils en avaient pris les mœurs (5).

Le comte avait incontestablement de bonnes intentions, mais n'était pas toujours heureux dans ses initiatives. C'est ainsi qu'à la

---

(1) « *Rotomagensis civitas*, dit Guill. de Jum., *potius romana quam danisca utitur eloquentia et Baiocensis fruitur frequentius danisca lingua quam romana.* » — Voy. sur les faits que nous venons d'exposer Dudon et Guill. de Jum., liv. III.

(2) L'expression est de M. Le Prévost, dans son édition d'Ordéric Vital, II, 361, note 2.

« *Hic Willermus dux reædificavit ecclesiam Gemeticensem, ad quod opus... soror sua Gerloch, Pictavensis comitissa, XII monachos cum abbate suo nomine Martino a S. Cypriani cœnobio sublatos, fratri destinavit.* » — Robert de Torigny, *Chronique*, éd. L. Delisle, p. 51. — La restauration de Jumièges commença en 939.

(3) « *Quam ab alodariis auro redemit.* » — Guill. de Jum., liv. III, ch. 6.

(4) Charte de Richard II, *Cartulaire du Mont-Saint-Michel*, foi. 20.

(5) Richard Ier expulsa difficilement ces prétendus chanoines.

mort de l'archevêque de Rouen Gunthard (1), il lui fit donner comme successeur un moine de grande naissance, appartenant à l'abbaye de Saint-Denis en France, et semblant présenter comme tel toutes les garanties de régularité, de piété et de zèle.

Ce personnage, Hugues de Calvacamp, loin d'exercer une heureuse influence sur la société encore semi-païenne dans laquelle il était appelé à vivre, fut corrompu par elle. Il lui donna les pires exemples. Les auteurs ecclésiastiques n'ont pas assez de sévérités pour ce prélat dont, disent-ils, « tous les actes furent ignobles (2). » Son frère Raoul, apanagé du domaine de Toëny, près Conches (3), appartenant à l'Eglise de Rouen, épousa la descendante d'un oncle de Rollon (4) et devint porte-étendard héréditaire de Normandie. Nous rencontrerons plus d'une fois sa famille.

Le milieu où vivait Guillaume Longue-Epée n'avait donc certainement rien de monastique. Dudon n'hésite pas cependant à nous montrer ce prince pris d'un zèle ardent pour la vie religieuse, et Martin, abbé de Jumièges, obligé d'user de toute son influence pour l'empêcher de se cloîtrer. A la vérité, le fils de Rollon, beaucoup plus chrétien que son père, il est vrai, est fort loin de pratiquer la mansuétude évangélique. Il a d'autres soucis :

Depuis 937, moment où Louis d'Outremer s'est émancipé de la tutelle du duc de France, il y a en présence deux partis qui se disputent le pouvoir et recherchent l'appui d'Otton, roi de Germanie (5), dont Hugues le Grand (6) épouse la sœur en 938. Guillaume suit ordinairement le parti du duc.

En 939, le roi, revenant de Bourgogne, marche contre les princes révoltés. Le comte des Normands est du nombre. Il vient d'être excommunié par les évêques pour avoir dévasté et pillé les domaines d'Arnoul, comte de Flandre (7). Ce dernier, il est vrai, s'est emparé par trahison de la ville de Montreuil (8) appartenant au comte Herluin (9) dont la femme et les fils, emmenés en captivité, ont

(1) Mort en 941 ou 942.

(2) « *Hic*, dit le *Gallia Christiana*, *fuit prosapia clarus, sed ignobilis cunctis operibus.* »

(3) Conches, chef-lieu de canton (Eure).

(4) « *De stirpe Malahulcii* ou peut-être *de stirpe mala Hulcii.* » — Guill. de Jum. — Raoul fut père de Roger de Toëni, dit l'Espagnol, fondateur de l'abbaye de Conches.

(5) Otton le Grand, roi de Germanie, avait succédé en 936 à son père Henri Ier l'Oiseleur et devait s'efforcer de rétablir l'empire de Charlemagne.

(6) Hugues le Grand, « *dux Francorum, cunctis proceribus sublimior* », dit Ordéric Vital, épousa, en troisièmes noces, Hedwige de Saxe, fille d'Henri l'Oiseleur et de Mathilde de Ringelheim.

(7) « *Ludovicus pergit contra Hugonem, filium Rotberti, et Willelmum Nordmannorum principem. Qui quoniam villas nuper Arnulfi comitis quasdam prædiis incendiisque vastaverat, excommunicatur ab episcopis qui erant cum rege.* » — Frodoard, *Chronique*.

(8) Montreuil-sur-Mer, (Pas-de-Calais).

(9) Herluin, comte de Montreuil, fils d'Helgaud et père de Roger, était issu d'Angilbert, marié à Berthe, fille de Charlemagne. Il fut la tige des comtes de Ponthieu.

été envoyés en Angleterre au roi Athelstan (1). Opportunément secouru par des troupes normandes, Herluin a pu reprendre la ville (2). A la fin de cette année 939, Hugues, Héribert, Arnoul et Guillaume, tournés vers Otton, sont tous contre le roi Louis.

Les choses changent en 940. Le comte des Normands se rend à Amiens et se soumet au fils de Charles le Simple qui, venu au-devant de lui, lui confirme la donation territoriale de son père aux Normands de la Seine. Le duc de France, qui s'enferme dans son opposition au souverain, ne tarde pas à ramener à son parti Guillaume qui, avec Hugues et Héribert, assiège la ville de Reims. Ils attaquent Laon en 941 et persévèrent dans leur alliance avec Otton (3).

En 942, Louis envoie un officier de sa maison, le comte Roger, en mission à Rouen. Ce dernier meurt près de Guillaume après avoir accompli son œuvre pacificatrice. Le roi de France est reçu en grande pompe dans la capitale de la Normandie (4), où Guillaume, comte de Poitiers, duc d'Aquitaine, et Alain Barbe-Torte, duc de Bretagne, viennent lui rendre hommage (5).

Le duc de France et Héribert de Vermandois s'obstinent dans leur révolte. Le roi de Germanie s'interpose et, en novembre 942, à Visé, diocèse de Liège (6), Otton, Louis, Hugues et Arnoul entrent en conférence. Le comte des Normands, que Dudon prétend, contre toute vraisemblance, avoir pris l'initiative de la réunion, a été laissé, soit intentionnellement, soit par hasard, à la porte de la salle où a lieu le colloque. Il la force et, apercevant Otton assis à la place d'honneur, il l'oblige à se lever et à céder son siège au roi de France. Otton furieux reste debout, appuyé sur un bâton, hâte la fin de la discussion et sort (7).

Cependant le comte des Normands restait en guerre avec Arnoul de Flandre qui, de Corbie près Amiens où il se trouvait alors, envoya un messager lui demander un armistice et une entrevue pour traiter de la paix. Sous prétexte de la goutte dont il souffrait, il proposait, sur son territoire, un lieu qui fut accepté,

Il s'entendit alors « avec des nobles que Guillaume avait accablés

---

(1) Frodoard, *Chronique.*

(2) « *Auxilium annuit [Willelmus] ac militum copiam ei committit.* » — Richer, édition Waitz, p. 46.

(3) Frodoard, *Chronique.* — Ne serait-ce pas, dans ce temps, à l'occasion du siège de Reims par l'armée normande, que l'auteur de la famille Hulot, illustrée par ses services militaires, qu'une vieille tradition dit avoir été un compagnon de Rollon, s'établit en Champagne ?

(4) Frodoard, *Chronique.*

(5) « *Willelmus... Alanus regiam rem curare comperientes, regem adeunt, atque fide pacti militiam jurant.* » — Richer, liv. II, ch. 28.

(6) Lauer, *Louis IV d'Outremer,* p. 83, n. 5.

(7) Richer, éd. Waitz, pp. 54-55.

de maux et qui avaient résolu sa perte (1). » Rien n'est plus clair, il s'agit de partisans de Rioul, réfugiés en Flandre, depuis l'insur-rection de 934. Ils veulent venger, la *Petite Chronique de Tours* le dit expressément, l'exécution de Rioul et de son fils Anquetil (2). Ils serviront la vindicte d'Arnoul, en même temps que celle du parti normand païen, qui cherche une occasion de s'emparer du pouvoir.

Sans défiance, le fils de Rollon se rendit, avec une faible escorte de douze chevaliers, à Picquigny, près Amiens (3), où, dans une île de la Somme, devait avoir lieu l'entrevue, fixée au 16 décembre 942 (4).

Comme Guillaume Longue-Épée, après s'être entretenu longue-ment avec le comte de Flandre et l'avoir réconcilié avec le comte Herluin, s'éloignait en barque avec ses compagnons, il fut rappelé sous un faux prétexte. L'esquif accosta, et comme le comte des Normands en sortait, il fut assailli et entouré par quatre traîtres : Balzon, Heiric, Robert et Rioul, qui le mirent à mort (5).

Balzon était un officier d'Arnoul (6). Les noms de ses complices disent assez qu'ils étaient des Normands. Ce n'est pas tout à fait à tort que Dudon représente Guillaume Longue-Epée comme un martyr. Sa foi chrétienne entra pour quelque chose dans la haine qui arma ses meurtriers.

(1) Dans Dudon, les délégués d'Arnoul rejettent l'assassinat de Guillaume sur ces nobles normands.

(2) « *Propter mortem Riulphi et filii sui Anschetilli.* »

(3) Picquigny, chef-lieu de canton (Somme), à 14 kilomètres d'Amiens.

(4) Cette date est nettement établie par la *Chronique de Frodoard.* C'est à tort qu'Auguste Le Prévost a voulu y substituer celle du 16 décembre 943. — Ord. Vit., III, p. 87 note. — Voy Lair, dans son édition de Dudon, p. 86. Voyez aussi, du même auteur, une *Dissertation sur le meurtre de Guill. Longue-Epée*, Bibliothèque de l'école des chartes, 1870 et *La vie et la mort de Guillaume Longue-Epée*, ainsi que *Le Règne de Louis IV d'Outremer* de Ph. Lauer. M. Prentout dit le 17 ou le 20 décembre.

(5) « *Heiricus, Balzo, Robertus et Rithulphus.* » — Dudon et Guill. de Jum., lib. III, cap. 12. — La complainte de la mort de Guillaume Longue-Epée ne parle que de deux assassins.

(6) Frodoard, *Chronique*, année 943.

CHAPITRE III

La Normandie en péril (943-945)

*Le roi Louis donne l'investiture de la Normandie au jeune Richard. —
Insurrection des Normands païens ou revenus au paganisme, 943. —
Répression de la sédition à Evreux par Hugues le Grand, duc de France ;
dans le Rouennais par le roi Louis. — Les chefs païens Turmod et Seitric
sont tués. — Richard de Normandie est emmené à Laon, 944. — Protestations
virulentes des Normands. — Partage de la Normandie entre le roi et Hugues
le Grand. — Louis entre à Rouen, sans coup férir, après un combat à
Arques. — Hugues assiège Bayeux. — Le roi le somme de retirer ses troupes.
— Le duc de France bat en retraite. — Fables d'Ordéric Vital relatives
à Exmes et à Saint-Evroult. — En ce temps, le comté d'Exmes n'était pas
encore normand. — Bernard et Raoul, tuteurs de Richard, s'entendent
avec Hugues et Aigrold, chef païen indépendant du Cotentin. — Le duc
de France et Bernard, comte de Senlis, attaquent le roi, 945. — Débarquement d'Aigrold à Dives. — Il prend le commandement du Bessin. —
Il propose une entrevue au roi accouru à Rouen. — Le prince accepte.*

Les seigneurs, qui avaient accompagné à Picquigny le malheureux
comte des Normands, portèrent à Rouen la nouvelle de son assassinat.
Ses fidèles amis, Bernard, Bothon et Anslech, qui lui avaient
solennellement juré de faire reconnaître son fils Richard pour son
successeur, se hâtèrent de mettre en sûreté l'enfant, encore à
Bayeux, à Rouen. Ils lui firent jurer fidélité et informèrent le roi
Louis des événements (1).

Ce dernier se montra extrêmement irrité du meurtre de son vassal,
vint immédiatement à Rouen et donna à Richard, qui fut placé
sous la tutelle de Bernard (2), l'investiture du fief de son père (3).

A peine le prince, après un très court séjour au milieu des Normands, était-il rentré à Laon que les événements prirent la tournure
la plus grave. Il en fut de suite informé, et se mit en route avec des
troupes réunies à celles du duc de France (4). Il était temps d'intervenir avec énergie :

Le chef Turmod, « revenu aux usages des gentils et à l'idolâtrie »,

---

(1) Guill. de Jum., liv. III, ch. 12.
(2) On a douté, à cause de son nom, que Bernard le Danois fut Normand.
(3) *Chronique de Frodoard.*

voulait contraindre le jeune fils de Guillaume Longue-Epée et son
entourage à suivre son exemple (1). Le roi de mer Seitric agissait de
même. Les païens armés s'étaient réunis en grand nombre aux
environs d'Evreux et s'étaient rendus maîtres de la ville, malgré
les Normands chrétiens qui y résidaient.

La situation paraissait si désespérée que, dans leur détresse,
certains des seigneurs, restés fidèles au fils de Guillaume Longue-Epée,
se donnèrent les uns au roi et les autres au duc de France, se plaçant
eux et leurs biens sous leur suzeraineté, et implorant leur protection (2).

Le danger pressait. Hugues le Grand prit vigoureusement l'offensive dans l'Evrecin. « Les Normands païens et ceux qui, après avoir
été baptisés, étaient revenus au paganisme (3) », lui livrèrent
de violents combats dans lesquels son infanterie subit des pertes
très dures (4). Il parvint cependant à mettre l'ennemi en déroute,
pénétra dans Evreux et se rendit maître de la ville, grâce aux
chrétiens qui y habitaient. Beaucoup de païens avaient perdu la vie
dans cette lutte acharnée, les autres avaient pris la fuite et s'étaient
dispersés (5).

Le roi agissait de son côté dans la Basse-Seine. Comme il revenait
à Rouen, il faillit tomber dans une embuscade, préparée habilement
par Turmod et Seitric (6). Un violent combat s'engagea. Louis,
directement menacé, tua de sa main Turmod le renégat. Seitric
périt aussi dans cette rencontre qui coûta neuf mille hommes à son
parti, d'après Richer. On voit que les insurgés du Roumois étaient
prêts à donner la main à ceux de l'Evrecin. Aigrold, le chef idolâtre
du Cotentin, observait les événements et n'était pas sorti de la neu-
tralité. Son indépendance était complète.

En rentrant à Rouen, au commencement de 944, le roi y trouva
Hugues qui l'attendait avec les fils d'Héribert. Le duc de France
remit Evreux au souverain qui prit les mesures que comportait la
situation de la Normandie. Il laissa la régence à Raoul, à Anslech
et à Bernard, tuteur du jeune Richard, mais il donna le commandement militaire à Herluin, comte de Montreuil qui, ayant épousé
une fille d'Héribert de Vermandois, était le beau-frère du dernier

(1) « ...*Turmodum Nordmannum qui ad idolatrium gentilemque ritum reversus, ad hæc
etiam filium Willelmi aliosque cogebat.* » — Frodoard, *Chronique.*

(2) « *Et quidam principes ipsius se regi committunt, quidam vero Hugoni duci.* » — Ibid.

(3) (4) (5) « *Hugo, dux Francorum, crebras agit cum Nordmannis, qui pagani advenerant,
vel ad paganitatem revertebantur, congressiones ; a quibus perditum ipsius christianorum
multitudo interemitur. At ipse nonnullis quoque Nordmannorum interfectis cæterisque actis in
fugam, urbem Ebroicas, faventibus sibi qui tenebant illam Nordmannorum christianis, obtinet.* »
— Frodoard, *Chronique, Rec. des Hist. de France*, t. VIII, p. 433.

(6) « ...*Regique insidiabatur* ». — « *Simul cum Setrico, rege pagano, congressus, cum eis
interemit.* » — Ibid.

comte des Normands (1). Il préposa, d'autre part, à l'administration de la Normandie, un certain Raoul, surnommé la Tourte.

Le roi crut devoir faire plus. Malgré les véhémentes protestations des régents et des Normands chrétiens qui finirent par s'ameuter, le souverain, invoquant son droit de garde, emmena le jeune Richard de Normandie qu'accompagnait son écuyer et précepteur Osmond, d'abord à Evreux, ensuite à Laon (2).

Louis ne semble pas avoir eu, dans ce moment, d'autre intention que de soustraire le fils de Guillaume Longue-Epée à un milieu dont les tendances païennes l'inquiétaient. Il voulait le faire élever, comme ses propres enfants, dans une parfaite orthodoxie et dans une civilisation plus avancée (3).

Le roi parti, Herluin, sans perdre de temps, déclara la guerre à Arnoul, comte de Flandre, marcha contre lui à la tête des Normands, le battit complètement, fit prisonnier son chambellan Balzon, le principal assassin de Guillaume Longue-Epée, lui fit couper les mains et envoya à Rouen ce sanglant trophée (4).

Dans l'automne qui suivit, Hugues le Grand tint sur les fonts du baptême une fille de Louis d'Outremer et, à cette occasion, fut confirmé dans la possession héréditaire du duché de France et de la Bourgogne. Il réconcilia, on ne sait pour quelle cause, Arnoul de Flandre avec le souverain. A peu près dans le même temps, il se liait d'une étroite amitié avec les seigneurs qui avaient la régence de la Normandie (5).

Arnoul ne tarda pas à reprendre sur le roi un grand ascendant. Il lui représenta que Rollon avait forcé Charles le Simple à souscrire le traité de Saint-Clair-sur-Epte (6), que ce traité avait été maintes fois violé par les bénéficiaires pour étendre leur territoire, et par l'admission au milieu d'eux de Normands païens. Il lui montra les troubles qui étaient résultés de cet état de choses, la facilité avec laquelle les Normands baptisés revenaient à l'idolâtrie, et n'eut pas de peine à lui suggérer l'idée de faire rentrer dans le domaine royal, réduit à quelques villes et châteaux, tout le territoire concédé aux pirates en 911 ou extorqué en 924 et 933. Des pactes, arrachés par la violence, ne sauraient obliger.

Sur ces entrefaites, le comte de Flandre, ayant appris l'étroite liaison de Hugues le Grand avec les Normands, pensa que le duc

(1) *Chronique de Frodoard.*
(2) Guill. de Jum., liv. IV, ch. 3.
(3) Auguste Le Prévost, dans son édition d'Ordéric Vital, III, p. 87, note.
(4) *Chronique de Frodoard.*
(5) Ibid.
(6) Guill. de Jum., liv. IV, ch. 5.

de France, en les défendant, pourrait mettre un sérieux obstacle au plan qu'il avait conçu. Modifiant donc ses intentions premières, il conseilla au souverain de partager la Normandie avec Hugues. Le roi s'attribuerait toute la partie peuplée, relativement civilisée et christianisée, située sur la rive droite de la Seine. Il abandonnerait au duc la partie de la rive gauche (1).

On doit observer qu'en déterminant ce second lot, Frodoard, contemporain des faits, se borne à mentionner les villes d'Evreux et de Bayeux, comprenant évidemment, sous cette formule, les vastes territoires qui en dépendaient (2). D'autre part, Dudon, le plus vieux chroniqueur normand, ne désigne également que ces deux comtés, et il enveloppe le reste du territoire cédé dans cette périphrase : « Au surplus, le pays s'étendant de la Seine à la mer (3). »

Cette manière de s'exprimer correspond exactement à la réalité des faits : Sur la rive gauche normande de la Seine, Evreux et Bayeux étaient encore, en 944, les seules villes à peu près sorties de leurs ruines, et ayant une organisation rudimentaire. Les anciens diocèses et comtés de Lisieux, de Coutances et d'Avranches étaient dans un déplorable état. Lisieux ravagée comptait dans le territoire de Bayeux. Quant au Cotentin, il appartenait tout entier à Aigrold, le roi de mer indépendant, que nous verrons bientôt étendre son autorité sur le Bessin. Reste le diocèse de Sées ou comté d'Hiémois, ouvert, par sa situation, aux incursions des païens du littoral. Nous établirons plus tard que, pas plus que le Maine, il n'était, en 944, incorporé à la Normandie.

Le duc de France accepta l'offre qui lui était faite. Il n'avait pas jugé opportun d'engager un conflit, bien que le souverain se fût attribué la part la plus petite, il est vrai, mais la meilleure. Comme gage de sa loyauté, Hugues se prêta même à donner des otages pris parmi les habitants d'Evreux. Ces derniers, délivrés par lui de la tyrannie païenne et reconnaissants de ce bienfait, s'étaient empressés de lui ouvrir leurs portes.

L'armée de Louis d'Outremer pénétra en Normandie par le nord, en suivant le littoral. L'avant-garde, commandée par le comte de Flandre, rencontra à Arques (4) une sérieuse résistance. Elle fut

---

(1) Ibid. Guill. de Jum. donne ici le texte de Dudon que nous allons citer.

(2) « *Bajocas... quam rex ei [Hugoni] dederat...* » — « *Ebroicenses qui Hugoni subditi erant...* » — *Chroniq.* de Frodoard, année 944.

(3) « *Concedam,* fait dire Dudon à Louis d'Outremer. *Ebroicasensem et Bajocasensem comitatum quin Etiam a Sequana usque ad mare.* »
Cent trente ans plus tard, interprétant ce texte, Ordéric Vital qui voulait amener Hugues le Grand dans l'Hiémois pour les besoins d'une légende qu'il créait, s'exprimait ainsi : « *Oximos et Bajocas, cum toto Constantiensi pago usque ad montem Sancti Michaelis in periculo maris eidem donavit.* » — Ord. Vit., III, 91. — Le chroniqueur avait parlé auparavant d'Evreux.

(4) Arques (Seine-Inférieure), à 6 kilomètres de Dieppe.

vaincue après un violent combat. La voie ainsi frayée, le roi, accompagné d'Herluin et de quelques évêques, parvint à Rouen sans coup férir. Il fut reçu avec honneur dans cette ville par Bernard et d'autres seigneurs normands, résignés, en apparence du moins, à subir l'inévitable. Quelques-uns, qui ne voulurent pas se soumettre, avaient pris la mer, et le pouvoir du roi parut parfaitement établi dans la capitale de la Normandie (1).

Pendant ce temps, se fiant à la parole du roi, qui lui avait donné Evreux et Bayeux, à condition qu'il l'aiderait à soumettre les Normands, Hugues le Grand passait la Seine à la tête d'une armée, recrutée dans son duché de France et en Bourgogne, et mettait le siège devant Bayeux. Il était sur le point de s'emparer de cette ville quand un messager du souverain vint le sommer de se retirer avec ses troupes. Louis, voyant avec quelle facilité il avait pris possession de Rouen, s'était repenti de l'arrangement fait avec son puissant vassal et s'était cru assez fort pour le violer (2).

Hugues se retira d'autant plus furieux que le roi refusait de lui rendre les otages d'Evreux qu'il lui avait remis (3), mais il défendit formellement à ses soldats de dévaster, dans leur retraite, le territoire normand (4).

Ordéric Vital, qui a jugé opportun de substituer Exmes à Bayeux (5), a trouvé bon de faire piller l'abbaye de Saint-Evroult, détruite avant 911, et dont il ne restait que des ruines dans un pays dépeuplé et désolé, par les soldats du duc de France, obéissant aux ordres d'un prêtre, Herluin, abbé de Saint-Pierre-du-Pont, à Orléans, et de Hugues de Drachy, l'un chancelier, l'autre trésorier du prince. Cette histoire, très joliment contée, où interviennent pittoresquement le prieur Asselin et les moines, suivant en pleurant les reliques de leur fondateur, n'est qu'une fable en contradiction avec les *Annales du monastère* (6), avec Ordéric Vital lui-même (7), et, dans

(1) Frodoard, *Chronique*, année 944 ; Guill. de Jum., liv. IV, ch. 6.

(2) « *Hugo dux cum suis et quibusdam Burgundiæ proceribus, trans Sequanam faciens iter, Baiocas usque pervenit, et civitatem obsedit quam rex ei dederat, si eum ad subjiciendum sibi hanc Nordmannorum gentem adjuvaret. Receptus autem rex a Nordmannis mandat duci ut a præfatæ civitatis obsidione discedat. Quo discedente, rex in eam ingreditur.* » — *Chronique de Frodoard*. — Dudon et Guill. de Jum. relatent les mêmes faits.

(3) « *Unde et discordiæ fomes inter regem concitatur et ducem. Sed et pro eo quod rex obsides ab Ebroicensibus qui Hugoni dediti erant, accepit, quos eidem duci reddere noluit.* » — Ibid.

(4) Guill. de Jum., liv. IV, ch. 6. « *Milites cohibens a Normannica devastatione.* »

(5) « Il est bien vrai, dit Auguste Le Prévost, dans son édition d'Ordéric Vital — III, 102, note — qu'on trouve dans le récit d'Ordéric Vital plusieurs faussetés palpables, telles que la substitution maladroite d'Exmes à Bayeux. Nous pensons qu'après avoir fait justice de ces inventions, il y a plus de difficulté à nier le fond même des faits qu'à l'admettre *sous bénéfice d'inventaire*. » C'est après avoir fait scrupuleusement l'inventaire, que, comme M. Stapleton nous sommes obligés de répudier le fond même des faits.

(6) « *Anno 1050. Restaurata fuit abbatia Santi-Ebrulfi quæ a Danis fuerat destructa.* » — *Annales de Saint-Evroult*.

(7) Ord. Vit. II, 17.

les détails qui en découlent, avec la raison (1). Nous ne nous y attarderons pas davantage.

Après s'être substitué au duc de France devant Bayeux et avoir pris cette ville, Louis d'Outremer fit un séjour de quelque durée à Rouen, puis, au commencement de 945, alla régler des affaires d'Etat à Laon (2).

Bernard et les seigneurs normands les plus influents, ainsi livrés à eux-mêmes, profitèrent de l'occasion pour renouer des relations secrètes avec le duc de France et pour entrer en pourparlers avec Aigrold, le chef normand indépendant qui résidait à Cherbourg. Ce dernier avait, pour son compte, saccagé, l'année précédente, la ville bretonne de Dol où, dans la panique, l'évêque avait été étouffé par la foule. Ils lui envoyèrent des délégués (3).

Une entente complète se fit. Il fut convenu qu'Aigrold ferait immédiatement des préparatifs de guerre, et s'embarquerait ensuite avec toutes les forces païennes du Cotentin. Il débarquerait à l'embouchure de la Dives, prendrait le commandement du Bessin et joindrait les guerriers de cette région aux siens (4). Ceux qui mobilisaient ainsi les païens, comptaient sans doute sur Hugues pour les empêcher de devenir de nouveau un danger.

Ce dernier, à la suite du manque de bonne foi de Louis d'Outremer qui lui avait fait perdre le bénéfice de sa campagne de Bayeux, avait ouvert les hostilités contre le prince. A son instigation, Bernard, comte de Senlis et de Valois, cousin germain maternel du duc de France (5), s'empara du château de Montigny, qui appartenait au roi, captura ses piqueurs, sa meute et ses chevaux, et s'empara de sa résidence de Compiègne (6). De son côté, Louis, avec une armée

---

(1) Le prieur Ascelin, qui aurait vécu en 944, aurait quitté, on ne sait trop pourquoi, le monastère de Saint-Evroult à la fin du règne de Richard Ier, en y laissant son neveu qui l'aurait déserté, à son tour, vers l'an 1000. Avant de partir, Ascelin, devant des enfants de chœur qui auraient raconté la chose à Ordéric, aurait scellé dans le mur de l'église, les dernières reliques. — *Ab ipsis nimirum post multos annos hæc audivi*, III, 108. — Or il n'est pas possible que ces enfants aient pu connaître Ordéric Vital, entré à onze ans, en 1086, à Saint-Evroult.

Il n'est pas possible davantage qu'en trente ans, de l'an 1000 à 1030, le monastère abandonné soit tombé en ruines complètes, qu'une grande forêt ait poussé dans les bâtiments ruinés et sur leur emplacement : *In oratoriis et domibus ingens sylva crevit*. Il faut s'en tenir aux *Annales de Saint-Evroult* qui expliquent très bien comment le souvenir de l'emplacement du monastère, détruit avant 911, avait pu se perdre.

(2) *Chronique de Frodoard*.

(3) « *Nordmannorum optimates*, dit Dudon, *miserunt ad Aigroldum... ut Richardo... succurrere festinaret. Aigroldus vero legatos honorifice accepit.* »

« *Interea Bernardus Danus metuens ne in regressu Ludovicus rex... Normannos pressuris gravioribus opprimeret, Haigroldo... ad huc Chicrisburch degenti legatos mittit.* » — Guill. de Jum., liv. IV, ch. 7.

(4) « *Bernardus... mandans ut sociatis sibi Constantiniensibus Bajocassinis militibus expeditione terrestri, ipse cum hostica classe direptionibus Normanniam concurreret.* » — Ibid.

(5) Bernard, comte de Senlis et de Valois, était fils de Pépin, comte de Senlis, frère d'Héribert Ier de Vermandois. On sait que Béatrice de Vermandois, mère de Hugues le Grand, était fille de ce dernier.

(6) Compiègne (Oise). Ce château avait été beaucoup agrandi, vers 870, par Charles le Chauve.

de Normands de la Seine à son service, ravagea le Vermandois (1) et entra sur les terres de Hugues qui le battit et lui infligea de graves pertes. Vers le 24 juin 945, une conférence de paix fut ouverte, mais rien de définitif n'y fut réglé. Une suspension d'armes fut seulement arrêtée jusqu'au mois d'août (2).

Les choses en étaient là quand le roi partit précipitamment pour Rouen avec Herluin et une partie de ses officiers (3). Un messager de Bernard le Danois venait d'informer le monarque qu'un débarquement de grandes forces armées s'effectuait à l'embouchure de la Dives, non loin de la saline de Corbon (4).

C'est près de Corbon (5), au confluent de la Vie et de la Dives, à cinq lieues de la mer (6), qu'Aigrold, maître du Cotentin et commandant du Bessin, (7) établit son camp, et c'est de là qu'au commencement de juillet 945, il envoya un courrier à Rouen, demandant au roi de France de venir conférer avec lui (8).

Le prince accepta. L'extraordinaire condescendance du monarque, vis-à-vis d'un chef païen, prouve combien il tenait à ménager un personnage dont les régents de la Normandie lui avaient évidemment dissimulé la véritable personnalité et exagéré la puissance.

Louis redoutait l'éventualité d'une nouvelle invasion normande. Heureux d'un message d'apparence pacifique, il cherchait à en tirer parti.

---

(1) Le Vermandois, pays de la Haute-Picardie, ayant pour ville principale Saint-Quentin et Ham, constituait un comté donné par Charlemagne à son fils Pépin, roi d'Italie, auteur de la maison de Vermandois.

(2) *Chronique de Frodoard.*

(3) Ibid.

(4) « *Aigroldus, constructis navibus, hisque cibariis et militibus repletis, ad littora Salinæ Corbon, qua Diva mari se infundit, citius quam potuit venit*, dit Dudon. ·

« *Cujus monitis, rex [Aigroldus] celerrime favens, propulsis ad mare navibus ad Corbonis salinæ littora appulit.* » — Guill. de Jum., liv. IV, ch. 7.

Ordéric Vital a trouvé plus pompeux de faire venir Aigrold, prétendu roi de Danemark, directement de son royaume : « *Rex, cum magna classe, in Normanniam properavit.* » — Ord. Vit. II, 363. — Nous savons à quoi nous en tenir sur la qualité royale d'Aigrold.

(5) Corbon, canton de Cambremer.

(6) Corbon pouvait être alors plus éloigné de la mer, car on connaît l'effet des vents d'Ouest sur la côte Bas-Normande. Leur violence détermine l'érosion continue des falaises.

(7) (8) *Chronique de Frodoard.*

CHAPITRE IV

Yves de Bellême sauve Richard Ier et la Normandie
Luttes violentes contre les Français et les Germains
(945-953)

*Richard de Normandie à Laon. — Il est traité en prisonnier. — Rumeurs
inquiétantes. — Yves de Bellême, grand maître des balistes de France,
veut délivrer l'enfant. — Il s'entend avec Bernard, comte de Senlis. —
Sur le conseil d'Yves, Richard feint une maladie. — Son précepteur Osmond
le fait sortir de Laon, 945. — La vallée de l'Ailette et le château de Coucy.
— Richard à Senlis. — Yves de Bellême gouverneur de Creil. — Massacre
des Français par les païens d'Aigrold, 945. — Louis d'Outremer, prisonnier
des Normands, est livré au duc de France. — Il recouvre la liberté. —
Richard fiancé à la fille d'Hugues. — Le duc de France suzerain de la
Normandie. — Le roi Louis s'entend avec Otton, roi de Germanie. —
Invasion allemande en Normandie, 946. — Echec d'Otton. — Nouvelle
invasion allemande, 948-949. — Paix entre le roi Louis et le duc de
France, 953.*

Le jeune Richard de Normandie, fils de Guillaume Longue-Epée,
était toujours au château de Laon, avec son écuyer-précepteur
Osmond. Il avait d'abord joui d'une liberté relative. Sortant de
l'ombre du donjon que le vandalisme moderne a abattu, il se prome-
nait et chassait dans les forêts voisines (1), sans que l'escorte, qui
avait pour mission de le surveiller, fût une trop grande gêne.

Les choses avaient changé depuis que l'incident de Bayeux
avait rouvert les hostilités entre Hugues le Grand et le roi Louis,
depuis qu'audacieusement Bernard, comte de Senlis, dont les possessions touchaient au Laonnais, s'était emparé des châteaux de
Montigny et de Compiègne, depuis surtout le débarquement très
inquiétant signalé sur les côtes de Normandie.

L'enfant de onze ans ne franchissait plus l'enceinte de la forteresse, et cette mesure qui n'avait pas passé inaperçue, jointe à
certains propos violents et injurieux tenus par le roi sur le fils de
Sprote, était l'objet d'interprétations inquiétantes. On se demandait
ce que Louis d'Outremer avait l'intention de faire du petit-fils de
Rollon. Certains prétendaient que, pour le rendre inapte à toute
fonction guerrière, il aurait la cruauté de lui faire brûler les nerfs
des jarrets (2).

(1) (2) Guill. de Jum., liv. IV, ch. 4.

Quoiqu'il en soit de ces bruits, accueillis avec empressement ou inventés par les chroniqueurs normands (1), le sort de Richard, obstacle aux intentions de Louis d'Outremer, devait être considéré comme bien précaire. Quelle existence malheureuse était réservée à l'enfant dont l'héritage, sur le conseil d'Arnoul de Flandre, avait été soustrait à son tuteur et au conseil de régence ? Le délivrer, ce serait faire acte de pitié et de justice.

Parmi les principaux seigneurs, officiers du roi, se trouvait un jeune, mais important personnage, nommé Yves, possesseur depuis 940 (2), dans le diocèse de Sées, du château de Bellême (3) qu'il tenait de ses pères, et seigneur de nombreux autres fiefs. Sa famille était illustre (4). Yves qu'on a appelé un homme extraordinaire (5) était puissant et sage (6). C'était un savant ingénieur qui excellait dans l'art de construire, de défendre et d'attaquer les places fortes.

Ses aptitudes, dans cette spécialité si importante de la stratégie, l'avaient fait investir d'une charge militaire de premier ordre. Il était grand maître des balistes de France, machines de guerre, qui constituaient l'artillerie de l'époque (7).

Cet officier qui fut la tige des comtes d'Alençon, et dont nous raconterons plus loin l'histoire avant celle de ses descendants, s'apitoya sur le sort de l'enfant captif, et, pour le secourir, il n'hésita pas devant le risque de perdre sa situation.

Dès qu'il conçut l'idée d'être l'auteur et le principal instrument de sa délivrance (8), dont les conséquences politiques devaient être incalculables, il entra nécessairement dans le parti de Hugues le Grand dont il avait besoin pour assurer le succès de son acte et qui, devant en bénéficier, ne pourrait lui refuser son concours.

Il ne s'agissait pas seulement en effet, ce qui était relativement facile, de se concerter avec Osmond sur les moyens de préparer la fuite du jeune prisonnier, il fallait encore lui ménager un sûr asile.

(1) Les chroniqueurs français contemporains ont soigneusement gardé le silence sur l'enlèvement de Richard de Normandie.

(2) *Art de vérifier les dates*, t. XII, p. 142.

(3) Bellême, chef-lieu de canton, arrondissement de Mortagne (Orne).

(4) *Gestes des évêques du Mans* ; Bry de la clergerie, *Histoire des comtes d'Alençon et du Perche*. Paris, Pierre le Mur, 1620, liv. II, ch. IV, p. 32. — Dom Piolin, *Eglise du Mans*, t. III, p. 1.

(5) Abbé Barret : *Normandie Monumentale*, vol. de l'Orne, p. 282.

(6) « *Ivo autem de Bellismo... fuit vir potens et sapiens.* ». — Guill. de Jum., liv. VIII, ch. 35.

(7) « *Ivonem... regis balistarium.* » — Ord. Vit. III, 88. — La baliste, *balista*, servait à lancer contre l'ennemi des traits et des projectiles de toute nature, et à battre en brèche les murailles d'une forteresse : sa forme était celle d'une énorme arbalète que l'on tendait au moyen d'un moulinet. La baliste était aussi appelée *arcus tractilis*, parce qu'elle était portée sur un chariot. C'est de là que serait venu notre mot artillerie.

(8) « Yves de Bellême, a écrit très justement dom Piolin, fut le principal instrument de la délivrance de Richard Ier. » — *Hist. du diocèse du Mans*, t. III, p. 3.

La poursuite serait ardente, on pouvait y compter. Les campagnes ne seraient pas sûres et les châteaux bien rares, qu'on pourrait considérer comme amis dans cette région, ne s'ouvriraient pas tout seuls.

Yves s'aboucha secrètement avec Bernard, comte de Senlis et de Valois qui, sans être à aucun degré parent de Richard dont Ordéric Vital l'a fait l'oncle (1), s'empressa d'entrer dans ses vues. Il ne pouvait qu'être ravi de contribuer à soustraire au roi, contre lequel Hugues le Grand et lui défendaient les intérêts normands, l'héritier de la Normandie.

Bernard possédait, à sept lieues de Laon, à titre précaire, comme avoué de l'église de Reims, le château très fort de Coucy (2), construit par les archevêques, que son cousin Heribert de Vermandois, mort récemment (3) avait tenu de même avant lui (4). C'est là qu'on conduirait d'abord l'enfant, après son évasion.

Le moment était favorable. Louis d'Outremer était, nous le savons, en Normandie où il s'apprêtait à avoir une entrevue avec Aigrold (5). Sur le conseil d'Yves, Richard feignit une maladie (6), qui avait pour but de relâcher la surveillance dont il était l'objet, et un soir, à la tombée de la nuit, Osmond tenant devant lui, sur son cheval, l'enfant revêtu d'une casaque rousse (7), franchit l'enceinte du château de Laon (8). A francs étriers, il gagna la sombre forêt où, deux cents ans plus tard, Norbert fonda l'abbaye de Prémontré. Il la connaissait bien pour y avoir chassé.

(1) Richard de Normandie n'était pas, nous le rappelons, le fils de Guillaume Longue-Epée et de Leutgarde de Vermandois. Il était issu du comte des Normands et de Sprote épousée « à la mode danoise », en d'autres termes sa concubine.

(2) Coucy-le-Château, chef-lieu de canton (Aisne).

(3) Héribert II était mort en 943.

4) Voy. Ch^{er} de Courcelles : *Pairs de France*, t. IX, p. 209, et comte de Caix de Saint-Aymour : *La Maison de Caix, rameau mâle des Boves-Coucy*, p. 6.

(5) « L'évasion de Richard, dit très justement Auguste Le Prévost, dans son édition d'Ordéric Vital, — t. III, p. 87, note — a dû se produire non point — comme le disent les chroniqueurs normands — pendant que Louis d'Outremer soupait près de là, au château de Laon, mais au moment où ce prince était engagé dans son voyage vers Aigrold... Si l'évasion de Richard s'était produite avant ces événements, le roi ne se serait pas livré aux Normands avec tant de confiance. » Les chroniqueurs normands ont eu soin de placer Louis au château de Laon, au moment de l'évasion, pour en accentuer les difficultés et les circonstances dramatiques.

(6) « *Etenim Osmundus, inito consilio cum Ivone, patre Willelmi de Bellismo...* » — Guill. de Jum., liv. IV, ch. 4. — Le texte primitif de Guillaume de Jumièges portait seulement : « *Etenim Osmundus, inito consilio.* » C'est son interpolateur Ordéric Vital, adversaire acharné des Bellême, mais parfaitement renseigné par leurs anciens vassaux, les Giroie, sur leurs origines, qui a ajouté : « *Cum Ivone, patre Willelmi de Bellismo.* » Nous devons lui savoir gré de cette précision, confirmée dans les termes qui suivent par son *Histoire Ecclésiastique* :

« *Hoc itaque ut Osmundus, pueri pedagogus, per Ivonem... regis balistarium agnovit, ex industria ei ut infirmum se simularet persuasit...* » — Ord. Vit. III, 88, 89.

« *Ivo... cujus concilio primus Ricardus dum adhuc puer teneretur in custodia regis Francorum ereptus est, agente Osmundo, armigero ipsius pueri...* » a écrit Robert de Torigny, continuateur de Guill. de Jum., liv. VIII, ch. 35. — Voyez l'édition critique de Guill. de Jum. de M. Marx.

(7) Ce détail est donné par Dudon : « *Byrrho indutus.* » — Guill. de Jum. fait enlever l'enfant caché dans une botte de foin. C'est une variante fantaisiste.

(8) « *Occubente vero sole, [Osmundus] ipsum (puerum] secum caute sustulit.* » — Ord. Vit. III, 89. — Guill. de Jum., liv. IV, ch. 4. — Il ne faut pas oublier qu'on était alors en juillet.

Il entra dans la vallée où l'Ailette, malgré son nom, traîne ses eaux dans des marécages, et il aperçut bientôt, au sommet d'une colline de difficile accès, la masse du château de Coucy, œuvre de l'archevêque Hérivée, celui qui avait reçu la mission de convertir les Normands. Les guetteurs étaient prévenus, le pont-levis s'abaissa, les portes s'ouvrirent. Yves de Bellême, avec l'aide d'Osmond, avait sauvé Richard de Normandie, et la Normandie elle-même (1).

Quelques jours plus tard, Bernard faisait conduire à Senlis (2) le fils de Guillaume Longue-Epée et le prenait sous sa garde (3).

Le retentissement de ces événements, dont le principal auteur ne tarderait pas à être découvert, prouva au maître des balistes de France qu'il n'était pas prudent de rester exposé à la vindicte des officiers du roi. Les portes de la citadelle de Laon pouvaient un jour se refermer sur lui pour ne plus se rouvrir. Il se retira donc auprès de Bernard (4), qui, provisoirement, lui donna la garde d'une petite cité, appelée Creil (5), dépendant de son comté, dont le château nouvellement construit s'élevait dans une île de l'Oise.

Ainsi s'explique de la façon la plus simple comment Yves de Bellême est appelé Yves de Creil par Ordéric Vital (6), et comment la chapelle du château de Creil reçut, dans ce temps même, des reliques de saint Evremond, abbé au diocèse de Sées (7).

Revenons en Normandie : Nous y avons laissé Louis d'Outremer au moment où, avec une condescendance extraordinaire et une confiance absolue, il acceptait de se rendre à l'entrevue demandée et fixée par Aigrold. Accompagné d'Herluin, comte de Montreuil, de Lambert, frère de ce dernier, et d'une faible escorte de seigneurs, il arriva, le 13 juillet 945, à un gué de la Dives, entre Corbon et Croissanville. Presque en même temps survint le maître du Cotentin, suivi d'une foule de Normands armés. Il attaqua immédiatement la suite du roi et la massacra presque entièrement. Tel est le récit français dans lequel, on le voit, rien n'atténue l'odieuse brutalité du guet-apens (8).

(1) « *Et egressus urbem [Osmundus] Codiciacum pervenit.* » — Ord. Vit. III, 89. — C'est sur l'emplacement du château primitif de Coucy, construit par Herivée, que fut commencée, en 1052, la forteresse célèbre des sires de Coucy dont on connaît les destinées. — *Les chroniques de Saint-Denis* et le *Compendium supra Francorum gestis* relatent les détails de l'évasion de Richard.

(2) Senlis, chef-lieu d'arrondissement (Oise).

(3) *Sub tutela Bernardi Silvanectensis.* » — Ord. Vit. III, 89.

(4) ~~Il est possible qu'Yves~~ ait quitté Laon au moment où la capture du roi par les Normands, à laquelle nous allons assister, lui fit craindre des représailles.

(5) Creil, chef-lieu de canton (Oise).

(6) « *Yvo de Credolio, regis balistarius.* » — Ord. Vit., ibid.

(7) Les habitants de Creil étaient en possession, depuis le milieu du dixième siècle, de reliques de saint Evremond qu'ils disaient avoir été apportées directement de Sées, données à Bernard, comte de Senlis, et déposées dans la chapelle du nouveau château-fort. — *Breviarium Belvacense* ; Louvet, *Breve Monimentum : Neustria Pia.*

(8) *Chronique de Frodoard.*

La version normande en diffère sensiblement : une conférence paisible se serait engagée entre le souverain et Aigrold, mais, pendant le colloque, un des guerriers de ce dernier qui aurait participé, sous Guillaume Longue-Epée, à la reprise de Montreuil sur le comte de Flandre, aurait reconnu Herluin dans la suite du roi. Furieux de voir ce comte dans les rangs de ceux qui voulaient asservir la Normandie, il lui aurait fendu la tête d'un coup de hache, et ce meurtre aurait été la cause d'un combat inégal dans lequel périrent, outre Herluin et son frère Lambert, seize comtes français (1).

Le roi s'enfuit seul, échappa à la poursuite d'un Normand attaché à sa cour qui l'avait accompagné à Rouen, mais fut capturé par d'autres Normands qu'il croyait ses fidèles, livré par eux à Bernard le Danois et enfermé au château de Rouen (2).

Le duc de France, dans un but politique, s'interposa, et demanda la libération du prisonnier. Bernard ne l'accorda qu'après s'être fait remettre comme otages le plus jeune fils du roi et Guy, évêque de Soissons, qui demanda lui-même à se dévouer (3).

Louis d'Outremer n'échangea sa captivité que contre une autre. Des mains des Normands, il passa à celles de Hugues qui le confia à la garde de Thibault, comte de Chartres, un de ses fidèles (4). Le roi engagea alors des pourparlers pour obtenir sa mise en liberté définitive qu'il paya de l'abandon au duc de la ville de Laon, à la possession de laquelle on attachait alors tant d'importance, et de sa renonciation à ses prétentions sur la Normandie. Richard serait restauré dans sa dignité et dans ses droits. Ce dernier avait douze ans, et Hugues, qui lui fiança sa fille Emma, âgée de huit ans (5), devint alors le vrai suzerain de la terre des Normands (6).

A l'automne de l'année 945, ceux-ci, qui avaient envoyé un message au comte de Senlis, allèrent en grand nombre chercher le fils de Guillaume Longue-Epée qu'ils ramenèrent triomphalement. Peu de temps après, le roi et Hugues le Grand, accompagnés d'évêques et d'une escorte de seigneurs, se rendirent sur les bords de l'Epte. Richard se présenta sur l'autre rive, suivi des principaux personnages de la Normandie. Louis d'Outremer lui réitera solennellement l'investiture et la paix fut conclue (7).

---

(1) « *Herluinus, cum Lamberto fratre suo aliisque XVI comitibus Galliæ... occisus est.* » — Ord. Vit. II, 363.

(2) *Chronique de Frodoard.*

(3) (4) *Chronique de Frodoard.*

(5) *Chronique de Frodoard* ; Guill. de Jum., liv. IV, ch. 9.

(6) M. Lot, *Fidèles ou vassaux*, p. 187, croit même que le roi renonça à faire valoir sa suzeraineté directe sur la Normandie. — M. Prentout — *Etude critique sur Dudon*, p. 367 — corrobore ce fait, on ne peut mieux, et l'appuie sur des faits incontestables.

(7) Guill. de Jum., liv. IV, ch. 9.

Quand, après ces terribles secousses, Louis d'Outremer fut rentré dans le calme, il réfléchit sur sa situation qui était lamentable : Hugues était maître de Laon, et qui possédait Laon devenait roi. Hugues, puissant duc de France et maître de la Bourgogne, était le souverain effectif de la Normandie. Pour ne pas être détrôné comme il le craignait (1), il recourut à une intervention étrangère.

Soit par sa femme, la reine Gerberge, sœur d'Otton, soit par Arnoul, comte de Flandre, il fit appel au roi de Germanie (2). Lui offrit-il, comme prix de son secours, l'abandon de la Lotharingie (3)? C'est invraisemblable, les historiens allemands le reconnaissent.

Le royaume de Lorraine ou Lotharingie, formé en 855 au profit de Lothaire II (4), possédé depuis 911 par Charles le Simple, avait été pris en 923 par Henri l'Oiseleur, reconquis en 939 par Louis d'Outremer, et repris en 940 par Otton.

La nombreuse armée allemande, formée de fantassins portant des chapeaux de paille, opéra, à la fin d'août 946, sa jonction dans le Laonnais avec les troupes de Louis d'Outremer, vis-à-vis duquel Otton, se posant en protecteur, fut à peine courtois.

Hugues le Grand, se rendant compte que la défensive était la seule tactique efficace à opposer au flot des envahisseurs, avait donné le mot d'ordre à ses soldats, à ses vassaux et aux Normands de ne pas livrer bataille en rase campagne et d'attendre l'ennemi derrière les murs des forteresses (5).

Un échec devant Laon, la prise de Reims vers la mi-septembre, un échec devant Senlis et une marche sur la Normandie par les vallées de la Seine et d'Andelle constituèrent les premières opérations des coalisés. Ils attaquèrent Rouen du côté de la porte Beauvoisine et furent battus par les défenseurs de la ville. Les Allemands se consolèrent en dévastant les campagnes et en pillant les villages et les bourgs. Un hiver hâtif et très rigoureux les força à la retraite (6). Ils rentrèrent chez eux, sinon sans butin, du moins

---

(1) « *Ludovicus siquidem, ut hos magnarum virium duces [Hugonem scilicet et Ricardum] amoris vinculo connexos esse didicit, timens ne eorum conatu deponeretur a culmine regni...* » — Guill. de Jum., liv. IV, ch. 10.

(2) « *Rex Ludovicus deprecatur rex Othonem ut subsidium sibi ferat contra Hugonem et cæteros inimicos suos.* » — *Chronique de Frodoard.*

(3) « *Misit Arnulphum Flandrensem ad Othonem Transrhenarum regem : mandans quoniam si Hugonem magnum contereret, et Normanniam terram suo dominio subigeret, procul dubio Lothariense regnum illi contraderet.* » — Guill. de Jum., ibid.

(4) Fils de Lothaire Iᵉʳ, empereur d'Occident, petit-fils de Louis le Débonnaire.

(5) *Chronique de Frodoard.* « Le pays fut ravagé, dit justement M. Marx, mais les villes furent sauves. »

(6) Les chroniques françaises de Frodoard et de Richer ne font aucune allusion au siège de Rouen que racontent avec des détails fantaisistes, dont nous faisons justice en les taisant, Dudon et Guillaume de Jumièges. Le fait du siège de Rouen nous paraît certain cependant. Il est admis du reste par l'historien allemand Karl Lamprecht. — *Deutsche Geschichte*, t. II, p. 146.

sans gloire. Leur historien, Widukind, dissimule mal leur désastre (1).

Deux ans après, le 7 juin 948, les évêques allemands, réunis en concile sur la rive gauche du Rhin, à Ingelheim, près de Mayence, où se trouvait un palais construit par Charlemagne, et saisis d'une plainte de Louis d'Outremer qui n'eut pas de mal à faire valoir et à démontrer ses griefs contre Hugues, excommunièrent ce dernier.

Otton, toujours coalisé avec Louis et avec le comte de Flandre, se chargea de l'exécution de la sentence. Il ne réussit qu'à se faire battre deux fois dans le Soissonnais, en 948 et 949, par Hugues et par l'armée normande qui était sienne (2). Un mariage avec la veuve de Lothaire, roi des Lombards, allait donner un autre tour à ses ambitions et lui faire ceindre la couronne impériale d'Allemagne (3).

Une paix définitive fut conclue en 953 entre le roi et le duc de France (4).

(1) « *Sed difficultate locorum asperiorique hieme ingruente, plaga eos quidem magna percussit incolumi exercitu, infecto negotio.* »

(2) *Chronique de Frodoard.*

(3) Né en 912, roi de Germanie en 936, Otton, après s'être emparé de la Lotharingie, prit l'Alsace en 956, soumit l'Italie, en fut proclamé roi en 961, fut couronné empereur en 961, et mourut en 973.

(4) *Chronique de Frodoard.*

CHAPITRE V

Annexion d'une partie du diocèse de Sées à la Normandie
Coalition contre la Normandie (961-965)

Une charte d'Yves de Bellême. — Ce que démontre ce document. — Possessions d'Yves : Bellémois, pays de Sées, Saosnois, Passais. — Mort de Louis d'Outremer, 954. — Lothaire, roi de France. — Annexion à la Normandie du diocèse de Sées, moins le Bellémois et le Corbonnais, et d'une partie du Passais. — Formation de la marche normande faisant face au Maine. — Mort de Hugues le Grand, 956. — Thibault le Tricheur, comte de Chartres, forme une redoutable coalition contre la Normandie, 961. — Causes réelles de cette coalition. — Prise d'Evreux, 962. — Siège de Rouen. — Incendie de Chartres, 962. — Appel aux Normands païens. — Paix de Gisors, 965.

Le comté d'Exmes, comprenant tout le diocèse de Sées, moins le Corbonnais, n'était pas encore normand en 944, avons-nous dit, mais, ajouterons-nous, il le devint, abstraction faite de la partie située au sud de la Sarthe, avant la mort de Hugues le Grand en 956.

Nous allons administrer la preuve de ces deux faits : Une charte d'Yves de Bellême, le sauveur de la dynastie normande, charte dont l'historien percheron Gilles Bry, sieur de la Clergerie, avait vu au xviiᵉ siècle l'original à l'abbaye de Marmoutier (1), et dont les Archives de l'Orne possèdent une double copie du xiᵉ siècle (2), va nous démontrer le premier.

Yves, ayant hérité du château de Bellême vers 940 (3), y fit construire ou reconstruire une chapelle, dédiée à la Sainte Vierge, et la dota richement.

Il donna, dans le comté du Mans, vicairie du Saosnois, l'église de

---

(1) Gilles Bry de la Clergerie, dans son *Histoire des comtes d'Alençon et du Perche*, a donné cette charte *in-extenso*, liv. II, ch. IV, p. 45.

L'abbaye de Marmoutier, située à 2 kil. de Tours, où il en prit copie, avait été fondée en 371 par saint Martin, évêque de Tours. Il en reste les murs d'enceinte et le portail. Ce monastère étant entré, au onzième siècle, en possession de la chapelle Notre-Dame du château de Bellême en gardait, à ce titre, la charte de fondation.

(2) *Arch. de l'Orne*, liasse H 2150. — La charte d'Yves de Bellême est la première du *Cartulaire de Marmoutier pour le Perche*, publié par l'abbé Ph. Barret. Il s'est borné à ajouter au nom d'Yves cette note : « Premier seigneur connu de Bellême, depuis environ l'an 940 à l'an 997. » Nous constaterons que cette dernière date est erronée. — Les variantes entre le texte donné par Bry de la Clergerie et celui des archives de l'Orne sont insignifiantes.

(3) Nous ne doutons pas un instant que la date de 940, donnée par les auteurs de *l'Art de vérifier les dates*, comme celle de la prise de possession de Bellême par Yves, ne repose sur la charte même que nous allons analyser. Les Bénédictins la dataient environ de ce temps, car une main du xviiiᵉ siècle a porté au dos de l'un des exemplaires des archives de l'Orne : « 943 ».

Saint-Martin, située dans un lieu qui, de lui, avait pris le nom d'Yves. Il donna, dans le comté d'Exmes, et sous réserve des droits viagers des prêtres qui les desservaient, six églises, situées dans une même vicairie de ce comté, et toutes comprises dans son fief de Bellême, à savoir : Saint-Martin-du-Vieux-Bellême, Saint-Jean-de-la-Forêt, Saint-Martin de Berd'huis, Dancé, Courthioult et Corubert, avec leurs dépendances, terres, prés et forêts (1).

Ayant assuré par ses libéralités l'existence des ecclésiastiques chargés de desservir sa « basilique » et de prier à perpétuité pour le repos de son âme et de celles de son épouse Godehilde, de ses descendants et ascendants, Yves s'exprime ainsi :

« Pour que notre volonté soit respectée et qu'on y ajoute foi, nous nous sommes fait remettre l'acte qui en établit la preuve et nous avons voulu qu'il soit revêtu des signes nécessaires d'authenticité par les prudes hommes qui ont assisté à la consécration de la basilique. Nous souhaitons de plus que l'empreinte du sceau de notre roi soit placée au bas. »

Ce souhait est une formule insolite qui appelle l'attention. Il a pour but de suppléer à la confirmation royale que le sire de Bellême ne peut obtenir. Pourquoi ? C'est qu'au moment où la charte est dressée, Yves est au plus mal avec son suzerain. Il a fait évader Richard de Normandie du château de Laon et il a suivi la fortune de Hugues le Grand en état de révolte.

L'acte de dotation de la chapelle de Bellême se place donc entre 945, date de l'évasion de Richard, et 953, date de la réconciliation de Hugues avec le roi, plus près sans doute de la seconde que de la première date. Yves, en effet, n'est plus alors de première

(1) Voici les parties essentielles de cette charte si importante :

« Quam ob rem, ego Ivo, in Dei nomine labentis evi decepliones considerans... in castro meo Belismo, in honore sancte Dei genitricis Marie et sancti Petri atque aliorum Apostolorum et omnium sanctorum veneratione, basilicam a novo construxi, et pro anime mee, conjugisque mee Godehildis, sive filiis meis vel genitoribus meis remedio, secundum canonicæ auctoritatis institutionem, prefatam basilicam per nostram auctoritatem de beneficio et de alodo dotaremus, hoc est : In pago Cenomannico, in vicaria Sagonensi, ecclesia in honore sancti Martini, sita in villa que dicitur Yvo ; et in pago Oximense, post obitum hodie tenentium, ecclesia nobiliter edificata in villa que nuncupatur a circummanentibus Vetus-Belismo ; itemque ecclesia alia in honore sancti Johannis Baptiste, in silva que vocatur Bodolensis, nuper ædificata ob amorem mei desiderii ; similiter etiam in villa que dicitur Berzilis ecclesia in honore sancti Martini supra fluvium qui vocatur Edra, simili tenore. Trado denique ad prefatum locum jam nominatum, post heredum possidentium, in ipsa vicaria, supra fluviolum supra nominatum, in villa Danciaco, ecclesiam in honore S. Jovini dedicatam. Cedo etiam tibi, O sancta Ecclesia, jure perpetuitatis, villam que dicitur Curtiolt, et aliam que vocatur Curte Perpedum, cum appenditiis eorum, id est, terris, pratis, silvis, exitibus et regressibus, cum omnibus ad id pertinentibus. Omnia nominata prefate ecclesie perpetualiter trado, ad opus clericorum ibi Domino militantium, ut jugiter pro me exorare illis delectet et pro uxore vel filiis meis ; nemoque ex illis, pro his omnibus a me datis, aliquod servitium, exigat, nisi quod canonum sanctorum patrum sanxit auctoritas.

« Ut autem hoc nostre auctoritatis testamentum per omnia tempore inviolabiliter ab omnibus conservetur, veriusque credatur, in manus nostras, annuente Deo, accepimus, manibusque bonorum virorum, in consecratione hujus ecclesie adfirmare curavimus; et impressione anuli regis nostri subter insigniri desideramus...

« Actum Belismo Castro. » — Arch. de l'Orne, H 2150.

Les six églises, données par Yves, dans le comté d'Exmes, et relevant du fief de Bellême, appartiennent aujourd'hui au canton de Nocé, arrondissement de Mortagne, Orne.

jeunesse. Il considère avec mélancolie les désillusions de la vie. Né vers 915, car on ne peut raisonnablement lui donner moins de trente ans quand il remplissait sa haute fonction de maître des balistes, il approchait, vers 953, de la quarantaine.

La charte, dont nous venons de préciser l'époque, nous présente la châtellenie de Bellême comme dépendant d'une vicairie du comté d'Hiémois (1), ce qui implique nécessairement que ce comté est demeuré français. Il est de toute évidence en effet que si le comté avait été normand, les églises du Bellêmois, resté toujours français (2), n'auraient pas pu appartenir à une de ses vicairies. Yves souhaite que la fondation de sa collégiale soit confirmée par l'apposition du sceau du roi de France. Ce prince, seul mentionné, est donc le seul suzerain du Bellêmois comme du comté d'Hiémois dont il dépend. Rien n'est plus clair.

Le document que nous venons d'analyser nous fait entrevoir l'œuvre de restauration entreprise par Yves de Bellême. Il reconstruit les églises de son fief. L'une, celle de Saint-Jean-de-la-Forêt, est à peine terminée. Il est fier du noble aspect de celle du Vieux-Bellême. Ces églises ont un clergé évidemment venu du diocèse du Mans où Yves est très puissant. L'évêque du Mans, Mainard, probablement consécrateur de la chapelle castrale de Bellême, se sera, dans son zèle apostolique, prêté de son mieux à aider le seigneur qui prélude activement aux réparations qui marqueront la fin du xe siècle.

L'intérêt d'Yves avait été de ne pas négliger ses autres possessions, notamment le pays de Sées. Soit que son grand-père, par une aide militaire donnée à l'évêque Hildebrand, y eût acquis des droits seigneuriaux, dès l'époque des premières invasions normandes, soit que son père et lui-même soient intervenus pour mettre un terme, dans cette région, à l'anarchie qui avait suivi la mort du dernier évêque Adelin, ils en étaient devenus les seigneurs, avec l'agrément du roi de France. Le cartulaire du chapitre de Sées, nous le constaterons dans un instant, prouve ce fait d'une façon indéniable (3).

Ils avaient eu à protéger de leur mieux les rares populations contre les attaques du dedans et du dehors. Il avait fallu d'une part détruire la redoutable horde de brigands qui avait établi son repaire dans les ruines de l'abbaye de Saint-Cénery, presque inexpugnables

---

(1) La charte dit « du pays d'Hiémois », mais qui dit « vicairie » dit comté, la vicairie étant une subdivision du comté.

(2) Sept chartes de l'abbaye de Marmoutier, relatives à ses possessions du Bellêmois, une de l'abbaye de Jumières et une de l'abbaye de Saint-Père de Chartres attestent ce fait. — Dans sa *Géographie du Perche*, M. le Vicomte de Romanet l'étend, avec raison, à tout le Perche.

(3) *Cart. du chap. de Sées*, fol. 29, Bibl. d'Alençon.

par leur situation (1). Il avait fallu, plus d'une fois, mettre un terme aux incursions des Normands païens qui, du Bessin, s'infiltraient dans l'Hiémois proprement dit, par les vastes forêts qui couvraient la majeure partie de cette région.

Là, bien que le comté royal d'Exmes conservât son existence nominale, tout était dans un état chaotique. Nous verrons, dans la partie du pays d'Ouche, voisine de l'antique capitale, les églises sortir de leurs ruines à l'extrême fin du xe siècle, et même au commencement du xie (2).

A ce point de vue, la situation n'était guère meilleure à Sées où il n'y avait plus de clergé. Par une sorte d'accession, les biens ecclésiastiques ayant appartenu à l'évêque, au chapitre, à l'abbaye du lieu, avaient passé, comme des épaves sans maîtres, aux mains du seigneur temporel qui les avait réunis à son domaine. Il est bien probable cependant que, dès ce temps, Yves de Bellême avait tenté là aussi, avec l'aide de l'évêque du Mans, quelques restaurations religieuses dont les incursions des païens du Bessin et les guerres dont nous aurons à parler anéantirent les résultats et abolirent le souvenir.

Nous verrons son fils aîné réparer de tout son pouvoir par des restitutions territoriales et des dons en argent, prélevés sur sa fortune familiale, les préjudices que, par la possession des biens ecclésiastiques, ses ascendants et lui-même avaient causés à l'Eglise de Sées (3).

Au sud du pays de Sées, juxtaposée parallèlement à sa châtellenie du Bellêmois, Yves de Bellême possédait, dans le comté du Maine, entre la Sarthe et Le Mans, la vaste vicairie du Saosnois (4), dont la capitale primitive Saosnes (5) avait été ruinée, peut-être lors des invasions normandes. Cette région, qui présentait de nombreuses

(1) Ord. Vit. III, 298.

(2) Ord. Vit. III, 111.

(3) « *Reminiscens plurimarum injuriarum quas ego et prœdecessores mei Salariensi intuleramus ecclesiæ, decrevi, bona compensatione, mali acta delere.* » — *Cart. du chapitre de Sées*, fol. 29, Biblioth. d'Alençon.

(4) Le Saosnois ou Sonnois, *Seunensis, Sagonensis pagus, Saxonia patria* dans une charte de Louis le Débonnaire, était une *condita* du *Pagus Cenomannicus* à l'époque des Mérovingiens, puis devint, sous les Carolingiens, une vicairie du comté du Mans. Saint Rigomer en fut l'apôtre au sixième siècle.

D'après l'opinion de Léon de La Sicotière, émise dans son édition d'Odolant Desnos — *Mémoires Historiques sur Alençon et ses seigneurs* — le Saosnois comprenait les cantons de Mamers, de Marolles, de La Fresnaye et de Saint-Paterne (Sarthe), en entier, les communes de ceux de Fresnai et de Beaumont-sur-Sarthe, situées sur la rive gauche de la Sarthe, quelques communes des cantons de Bonnétable et de Ballon (Sarthe) et d'Alençon-Ouest (Orne). A la vérité, l'étendue du Saosnois varia suivant les époques et nous verrons, dès le temps d'Yves de Bellême, les comtes du Mans s'efforcer d'y faire des conquêtes. Ballon, qui domine les plaines fertiles du Mans, comprise alors dans le Saosnois, jouait au Sud le rôle d'une place frontière.

(5) Saosnes, canton de Mamers (Sarthe), conserva cependant une importance stratégique — Les lieux principaux du Saosnois étaient Mamers, Saint-Rémy-du-Plain, Saint-Paul-sur Sarthe et Péray.

localités, avait eu, sous Louis le Débonnaire, pour gouverneur un comte, ce qui prouve l'importance qu'on y attachait (1).

Dans le Maine, à l'ouest du pays de Sées, et sur le même plan, Yves de Bellême possédait (2) une partie du Passais (3), région montueuse, rocheuse, entièrement forestière et pittoresquement sauvage, qui s'enfonçait comme un coin entre le diocèse de Sées et l'Avranchin. Ses collines escarpées, qui forment le prolongement du massif d'Ecouves, courent dans la direction du Mont Saint-Michel. Des cénobites, sortis pour la plupart de la grande abbaye orléanaise de Mici, y avaient créé aux VIe et VIIe siècles, de nombreux ermitages (4), origines de monastères et de paroisses que les invasions normandes y avaient détruits comme les métairies établies au IXe siècle par Aldric, évêque du Mans (5).

Yves de Bellême, ce qu'aucun historien n'a dit, donna, dans cette région le domaine de Magny-le-Désert à l'abbaye de Fleury-sur-Loire, près Orléans (6).

Le détail des possessions juxtaposées d'Yves de Bellême était indispensable à connaître pour faire bien comprendre ce qui se passa, lors de l'incorporation de la majeure partie du diocèse de Sées à la Normandie que tout prouve avoir été l'œuvre pacifique de Hugues le Grand.

Nous avons vu ce prince devenir le suzerain de la Normandie. Nous l'avons vu faire la paix en 953 avec Louis d'Outremer qui mourut, en 954, d'une chute de cheval. A la suite de cette mort, la reine Gerberge mit son fils Lothaire, le nouveau roi de France, associé à la couronne deux ans auparavant, sous la protection et la tutelle du duc de France (7).

On comprend que ce dernier ait profité de la circonstance pour

(1) Ce comte, d'après les *Gestes de Saint Aldric*, portait le nom de *Banlezbus* et les qualités de *comes, Saxoniæ patriæ marchio*. — Baluze, *Miscelannées*, t. III, p. 104, dom Piolin, *Hist. du diocèse du Mans*, et G. Fleury, *Recherches sur les fortifications de l'arrondissement de Mamers aux Xe et XIe siècles*.

(2) « *De nostris hœreditariis beneficiis, quæ ibidem habentur plurima* », dit le fils aîné d'Yves, en fondant, dans le Passais, au début du onzième siècle, l'abbaye de Lonlay. — *Arch. de l'Orne*, H 462. — Il avait donc là des fiefs venant de ses ancêtres.

(3) On appelle Passais, *Passeium*, la partie de l'ancien diocèse du Mans, comprise entre les collines de Normandie, la Mayenne, la Colmont et les collines du Mortainais. Le Passais, à la suite des événements que nous racontons, se divisa en deux parties : le Passais normand, compris aujourd'hui dans le département de l'Orne, arrondissement de Domfront, et le Passais manceau qui appartient au département de la Mayenne.

(4) Parmi ces cénobites, citons saint Front, saint Bômer, saint Auvieu, saint Fraimbault, saint Ernée, saint Brice.

(5) Notamment à Couterne et à Ceaucé. — Mainard, évêque du Mans, donna en 960 au chapitre du Mans les terres que l'évêché avait conservées à Sept-Forges. — Voy. dom Piolin, *Hist. du diocèse du Mans*.

(6) « ...*Ivo Belesmensis... hujus dilecti Dei* (*abbatis Floriacensis Gauzelini*) *haudquaquam immemor extitit, Magniacum cedendo illi.* ». — *Vie de Gauzlin*, abbé de Fleury et archevêque de Bourges, publiée par Léopold Delisle, n° 9. — Magny-le-Désert, canton de La Ferté-Macé (Orne).

(7) *Chronique de Frodoard.*

servir les intérêts de Richard de Normandie, fiancé de sa fille Emma. Il ne pouvait douter que, tôt ou tard, la dynastie carolingienne reprendrait contre le petit-fils de Rollon la politique de Louis d'Outremer. Il fallait donc le mettre à l'abri des attaques prévues.

La Normandie était dangereusement ouverte au sud. Il était indispensable de créer là une frontière solide, en poussant, jusqu'à la ligne de la Sarthe, la réalisation des promesses éphémères faites à Rollon en 924. C'est ce que fit Hugues.

Il laissa, en dehors de la Normandie, la partie du diocèse de Sées, située au sud de la Sarthe. Elle comprenait le Bellêmois qui releva directement de la couronne de France, dont il n'avait pas un instant, nous l'avons vu, cessé de dépendre (1), et le Corbonnais, faisant partie du duché de France (2). Le comte du Corbonnais s'appelait alors Hervé.

Le reste du diocèse de Sées devint normand. Le nouvel état de choses ne mettait en péril aucun intérêt dans l'Hiémois proprement dit où l'ancienne organisation n'était plus qu'un souvenir. Dans le pays de Sées au contraire, il y avait à ménager les droits d'Yves de Bellême. Il était non seulement juste, mais très utile de les lui conserver. Le sauveur de la dynastie normande était tout désigné pour être le gardien de la frontière. Il en serait même la sentinelle avancée dans le Maine, car ses fiefs manceaux du Saosnois serviraient au besoin de glacis (3). Des conditions de vassalité atténuée (4) seraient la reconnaissance du dévouement d'Yves de Bellême à la Normandie et feraient de celles de ses possessions, devenues normandes, une sorte d'Etat-Tampon entre la Normandie et le Maine.

Il fallait plus : Nous avons vu que la partie du Passais manceau que détenait l'ancien grand maître des balistes s'enfonçait comme un coin entre le diocèse de Sées et l'Avranchin. C'était un danger. Cette poche devait disparaître pour que les collines d'une si grande importance stratégique, formant le prolongement du massif d'Ecouves, servissent à la nouvelle frontière. Suzerain du Maine,

---

(1) C'est à cause de leurs mouvances originelles différentes que le Bellêmois et le comté de Corbonnais ou de Mortagne, même réunis dans la même main au douzième siècle, sont restés séparés en droit. Le Bellêmois, nous l'avons vu, a fait d'abord partie de la même vicairie du comté d'Exmes que le Corbonnais, mais en a été distrait au moment où le Corbonnais est devenu comté. Il a alors constitué une vicairie particulière.

Jamais Yves de Bellême, contrairement à l'opinion de Bry de la Clergerie et d'Odolant Desnos, n'a été comte du Corbonnais. De son temps, le comte s'appelait Hervé et n'était pas son parent.

(2) Deux chartes nous montrent Hugues exerçant ses droits de suzeraineté sur le Corbonnais. L'une porte : « *Miles Giruardus in Corboniensi territorio quemdam alodum emisse ab Anoberto dicitur, unde charta facta est a duce Hugone atquae a comite praefati territorii Corbonensis corroborata.* » La charte qui suit est signée, le 25 juin 954, par le duc Hugues, ses fils et Hervé, comte du Corbonnais. — Guérard, *Cartulaire de Saint-Père-de-Chartres*, p. 197.

(3) Dom Paul Piolin, dans son *Histoire du diocèse du Mans*, t. II, p. 518, s'est rendu compte de cette situation.

(4) Nous étudierons plus tard tous ces points avec les développements qu'ils comportent.

Hugues put facilement en détacher cette région pour couvrir la Normandie (1). Il la laissa à Yves.

Ainsi fut formée la marche normande faisant face au Maine (2). Ce secteur n'avait pas moins de vingt lieues de long. L'avenir devait prouver son exceptionnelle importance. En le créant, d'accord avec Richard, le duc de France semble avoir prévu aussi la lutte acharnée qui s'engagerait un jour entre la race de Foulques le Bon, alors comte d'Anjou, et la race de Rollon (3).

Malheureusement, Hugues touchait à la fin de sa carrière. Il mourut le 16 juin 956, laissant ses fils Hugues Capet et Otton sous la protection de Richard de Normandie (4) qui épousa sa fille Emma en 960 (5). L'année suivante, Hugues Capet fut confirmé dans la possession du duché de France et son frère dans celle de la Bourgogne (6). Ces jeunes gens vinrent alors à la cour, car Otton passa les fêtes de Pâques de l'an 961 à Laon « avec beaucoup de grands de France et de Bourgogne (7). » Il est probable qu'on cherchait à les détourner de leur beau-frère. Une coalition redoutable se préparait contre la Normandie.

Dudon et Guillaume de Jumièges l'attribuent à la haine jalouse de Thibault le Tricheur, comte de Chartres, excité par sa femme Leutgarde de Vermandois, veuve de Guillaume Longue-Epée (8), contre Richard Ier, beau-fils de cette dernière. Les critiques les plus récents l'attribuent surtout à une tentative d'intervention en Bretagne qui aurait été pratiquée par Richard avant 958 (9). Nous allons l'examiner :

Nous rappelons qu'Alain Barbetorte, revenu de son exil d'Angleterre en 936, avait, après une lutte très vive, chassé les Normands de la Loire de la Bretagne, en 936 et 937. Il en était devenu le duc

(1) Nous rappelons que Hugues le Grand avait reçu le Maine en 924.

(2) Depuis Odolant Desnos, qui écrivit ses *Mémoires sur Alençon et ses seigneurs*, à la fin du dix-huitième siècle, tous les historiens ont admis comme une vérité incontestable, et sans contrôle, qu'en 945, Richard Ier, duc de Normandie, alors âgé de dix ans, avait donné à Yves de Bellême, comme récompense du service qui lui avait été rendu à Laon, le comté d'Alençon ou du moins les territoires ayant formé plus tard le comté d'Alençon. C'était une simple hypothèse dont les documents que nous avons exposés démontrent l'inanité. Les ascendants d'Yves de Bellême possédaient Sées qui n'était pas encore normand en 944. Lors de l'incorporation de cette partie du diocèse de Sées et du Passais à la Normandie, Yves conserva toutes ses possessions, et reçut de Richard Ier des prérogatives qui furent encore étendues par Richard II.

(3) Voy. l'*Histoire du diocèse du Mans* de dom Piolin, loc. cit. — Foulques II le Bon, comte d'Anjou, qui mourut en 958, était le fils de Foulques Ier le Roux, mort en 938.

(4) Guill. de Jum. liv. IV, ch. 12. — Sur cette tutelle de Richard Ier, voy. F. Lot : *Les derniers Carolingiens*.

(5) *Chronique de Frodoard*.

(6) *Ibid*. Hugues Capet reçut de plus l'Aquitaine.

(7) *Ibid*.

(8) « *Novercalibus furiis*. »

(9) Voy. René Merlet, *Origines du Monastère de Saint-Magloire de Paris*, dans Bibliothèque de l'Ecole des Chartes, t. LVI, p. 261-263 ; Lot, *Les derniers Carolingiens*, p. 247 ; H. Prentout, *Etude critique sur Dudon*, p. 379 et suiv.

et avait rendu hommage au roi de France, en 942. En 944, le comté de Rennes, Juhel Bérenger, qui s'était signalé lui-même par son zèle contre les envahisseurs, fit la guerre à Alain et attaqua Nantes. Aigrold, le chef indépendant des Normands du Cotentin, agissant pour son compte, en profita pour débarquer près de Dol et s'emparer de cette ville où, dans la panique, l'évêque fut étouffé par la foule. Après des alternatives de succès et de revers, il en fut chassé (1).

Alain Barbetorte, qui avait épousé une sœur de Thibault le Tricheur, mourut en 952, laissant un fils mineur appelé Drogon. Sa veuve se remaria à Foulques le Bon, comte d'Anjou, qui, devenu tuteur de Drogon, est accusé par la chronique de Nantes d'avoir assassiné son pupille. Les fils bâtards d'Alain, Hoël et Gurech, revendiquèrent leurs droits sur Thibault le Tricheur et Foulques, usurpateurs, qui s'étaient partagé la Bretagne. De nouveau, les Normands profitèrent de la situation pour débarquer et s'emparer de Nantes. C'étaient des païens, car ils outragèrent l'évêque Foucher (2), et nous voyons en eux, soit des soldats d'Aigrold, soit des pirates normands venus d'outre-mer. Le duc Richard, qui avait la Normandie à organiser et n'avait pas vingt-quatre ans, avait autre chose à faire que de tenter de s'emparer de la Bretagne.

Si Thibault le Tricheur, dont le rôle dans ce pays avait été celui d'un brigand, rendit responsable le fils de Guillaume Longue-Epée et, près de trois ans après ces événements, se servit de ce moyen pour exciter la colère de la reine Gerberge, mère de Lothaire, il faut avouer qu'elle était prédisposée à se laisser influencer.

Pour nous, quel que soit le motif invoqué auprès de la reine Gerberge, la vraie cause de l'hostilité acharnée de Thibault le Tricheur contre Richard fut la récente avance de la frontière normande jusqu'à la Sarthe et jusqu'à l'Avre, extrême limite méridionale du diocèse d'Evreux qui avait été jusque-là peu ou point occupée. Si le comte de Chartres trouva un allié dans Geoffroy Grisegonelle, comte d'Anjou, fils de Foulques le Bon, c'est que ce dernier, prétendant à la suzeraineté du Maine, avait vu, avec colère, une partie du Passais devenir normand. Thibault et Geoffroy considéraient la nouvelle frontière comme un danger. Dudon a soigneusement gardé le silence sur ce point, parce qu'il s'est efforcé de faire croire que la Normandie avait été en bloc constituée dès 911.

La reine Gerberge, ayant tenu conseil avec son frère Brunon, archevêque de Cologne, s'accorda avec Thibault, Geoffroy et Arnoul,

---

(1) Arthur de la Borderie, *Histoire de Bretagne*, t. II, p. 413. — « *Anno 944... ipsique Nordmanni qui nuper a transmarinis advenerant regionibus, eorum terram invadunt* ». — Frodoard, *Chronique*.

(2) *Chronique de Nantes*, édition Merlet, p. 112 ; A. de la Borderie, *Histoire de Bret*, t. II, p. 420 et 421.

comte de Flandre, l'ennemi particulier des Normands. Richard, prévenu à temps de ce qui se passait, évita une entrevue à laquelle il était convié, et prenant témérairement les devants, il essaya, en 961, par un raid hardi qui échoua, d'empêcher le roi Lothaire de tenir une conférence à Soissons (1).

Ce prince marcha contre lui avec les confédérés (2) et rencontra l'avant-garde de l'armée normande au-dessous de l'Eaulne, vers Arques. Elle recula jusqu'aux gués de la Dieppe qu'elle défendit énergiquement. Richard sauva, dans le combat, son veneur Gautier (3), qu'il aimait beaucoup, et rentra à Rouen sans être poursuivi.

Thibault conseilla au roi d'attaquer Evreux qui, assiégée en 962, fut livrée par un traître, Gilbert Mainel (4). Lothaire donna alors l'Evrecin au comte de Chartres qui n'aurait plus ainsi à redouter le voisinage de la frontière de l'Avre. Le fils de Guillaume Longue-Epée répliqua par un appel général à ses vassaux et, franchissant l'Avre, sa puissante armée ravagea et incendia le pays chartrain et le Dunois. Elle fut licenciée trop tôt, et son imprudente dispersion permit à Thibault, qui tenait toujours Evreux, de prendre vigoureusement l'offensive.

Il attaqua Rouen par la rive gauche de la Seine. Ce n'était pas une opération facile. Passant le fleuve, les Normands lui tuèrent à Hermentruville, aujourd'hui Saint-Sever, six cent quarante hommes sur un effectif de trois mille, et mirent le reste en pleine déroute (5). Ils prirent Chartres et incendièrent le 5 août la ville et la cathédrale.

Richard cependant, se sentant menacé par la coalition de ses ennemis, n'hésita pas à déchaîner une nouvelle invasion des barbares. Il fit appel aux païens du Cotentin et du Bessin qu'Aigrold, toujours affublé par Guillaume de Jumièges et Ordéric Vital de la dignité de roi de Danemark, commandait peut-être encore (6) et leur adjoignit de fortes bandes de pirates ou prédominaient les Norvégiens et les Danois d'Irlande.

<hr>

(1) Frodoard, *Chronique.*

(2) « *Ascitis ducis inimicis, Balduino scilicet Flandrensi atque Goiffredo andegavensi, necnon Tetbaldo carnotensi.* » — Guil. de Jum., liv. IV, ch. 14. — Le comte de Flandre n'était pas Baudouin, mais Arnould I⁰ʳ, mort en 965.

(3) Gautier le Veneur « qui avait instruit Richard de jeunesse au déduit des chiens et des oiseaux », dit une ancienne chronique, est l'auteur des Le Veneur de Tillières et de Carrouges qu'on a appelés les Montmorency de la Normandie.

(4) C'est Guillaume de Jumièges qui nous révèle ce nom.

(5) « *Anno 962. Tetbaldus quidem cum Nordmannis confligens, victus est ab eis et fuga delapsus evasit.* » — Frodoard, *Chronique.*

(6) « *Heraldo, Danorum regi, legatos dirigit, mandans ut illi ocius succurrat, paganorumque multitudine Francorum rabiem solo tenus comprimat.* » — Guillaume de Jumièges, liv. IV, ch. 16. — M. A. Le Prévost ne voit justement dans les deux Aigrold ou Harold de 945 et de 962 qu'un même homme. Rien n'empêche qu'Aigrold ait encore vécu en 962.

La ruée fut épouvantable et dura longtemps. Les châteaux, les bourgs et les villages du pays chartrain, du Dunois et du Vexin français furent pillés et incendiés (1). Un lugubre silence régna dans les campagnes (2). Partout, les hommes et les femmes avaient été arrachés à leurs foyers, chargés de chaînes et emmenés en captivité (3).

Les détails, donnés au XIIᵉ siècle, par le trouvère Benoist, dans sa chronique rimée des ducs de Normandie, et par Wace, dans son *Roman de Rou* (4), appellent des réserves.

On ne peut douter cependant que, comme ils le disent, le Passais normand et le diocèse de Sées aient été attaqués par Geoffroy Grisegonelle, comte d'Anjou, par Hugues II, comte du Maine, et par le comte du Corbonnais. Comme représailles, le Maine et le Corbonnais subirent sans doute leur part de l'invasion païenne.

Il est probable qu'au commencement de l'année 965, les hostilités s'étaient ralenties. Les détails extrêmement intéressants et inconnus qui suivent le prouvent :

Guillaume de Bellême, le jeune fils aîné d'Yves, le libérateur de Richard Iᵉʳ, avait, comme son père, pris une part très active à la défense de la Normandie. Emporté par la griserie de la jeunesse et des combats, il avait commis des actes qui engageaient sa conscience et peut-être participé à l'incendie de Chartres, la ville de la Sainte Vierge. Pris de remords (5), dès qu'il le put, il partit pour Rome. Il y arriva à temps pour se confesser au pape Léon VIII (6) qui lui donna, comme pénitence, d'édifier, quand les circonstances le lui permettraient, une église placée sous la juridiction directe du Saint-Siège (7). Léon VIII mourut entre le 20 février et le 18 avril 965 (8).

Dans cette partie de l'année, les évêques, réunis en synode à Laon pour mettre un terme à une guerre qui n'avait que trop duré, députèrent vers Richard l'évêque de Chartres Lutfald. Comme condition première de la cessation des hostilités, le comte des-

---

(1) « *In solitudinem redigitur terra.* » — Guil. de Jum., ibid.

(2) « *Fit luctus omnium in commune per Tetbaldi comitatum, nullo cane latrante.* » — Ibid.

(3) « *Dehinc distrahuntur viri cum mulieribus concatenati.* » — Ibid.

(4) Benoist, *Chron. des ducs de Normandie*, t. II, p. 243 ; Wace, *Roman de Rou*, éd. Pluquet, t. I, p. 249. Dans ces textes, la rime n'est pas toujours d'accord avec la vérité.

(5) « *Reminiscens mearum iniquitatum fluctus et scelera* », dit Guillaume de Bellême, *Arch. de l'Orne*, H 2151. — Il est certain que la cathédrale de Chartres avait été incendiée en même temps que la ville. Le Nécrologe de Notre-Dame de Chartres porte : « *Nonis augusti anno dominice incarnationis 962, urbs Carnotensis et ecclesia Sancte Marie succensa est.* » — Merlet et Lépinois, *Cartulaire de Notre-Dame de Chartres*, t. III, p. 150.

(6) Léon VIII, élu le 4 décembre 963, est compté parmi les antipapes.

(7) « *Placuit ergo mihi*, dit Guillaume de Bellême, *Romam ire. Quo deveniens, confessus sum peccata mea beate memorie pape Leoni... Injunxit mihi ut in penitentiam ecclesiam quamdam construerem, soli romane ecclesie subjectam...* » — Arch. de l'Orne, H 2151.

(8) Il serait mort le 17 mars d'après Henrion. — *Hist. gén. de l'Eglise*, t. IV, p. 183.

Normands imposa la reddition d'Evreux que Thibault tenait encore. Des préliminaires de paix furent arrêtés le 15 mai 965 (1) dans le Vexin français, à Jeufosse (2), que l'armée normande occupait. Ils furent ratifiés sur l'Epte, à Gisors, à la fin de juin ou au commencement de juillet, par le roi Lothaire.

Le traité de Gisors est une date mémorable dans l'histoire de la Normandie définitivement constituée, et consolidée par l'énergie de Richard « Sans-Peur ». Près de quatre-vingt-dix ans de paix avec la France allaient permettre à son duc, nous pouvons maintenant donner ce titre au fils de Guillaume Longue-Epée (3), et à ses successeurs de l'organiser.

(1) On a placé la paix entre le roi Lothaire et Richard en 964, en 968, en 966. M. Lot, *Les derniers Carolingiens*, a adopté cette dernière année, mais M. Prentout — *Etude critique sur Dudon*, p. 447 et suiv. — fixe, preuves à l'appui, 965. Cette date est fortement corroborée par le voyage à Rome de Guillaume de Bellême vers Léon VIII.

(2) Jeufosse, *Gilvoldi fossa*, canton de Bonnières, arrondissement de Mantes (Seine-et-Oise).

(3) A la vérité, Guillaume le Conquérant, le premier, prit le titre de duc de Normandie après 1066.

CHAPITRE VI

Richard Ier, duc de Normandie, gouverne en paix
(965-996)

Mesures contre le paganisme. — Singuliers procédés ; les Normands païens en Espagne. — Renaissance chrétienne. — Restauration d'abbayes et d'églises. — Le Mont Saint-Michel, Saint-Vandrille, Fécamp. — Résistances païennes ; Avitien, clerc de Bayeux, et les reliques de Saint Vigor. — Rétablissement de l'évêché de Sées. — Les autres sièges épiscopaux normands. — Difficulté de recrutement du clergé. — Grands services rendus par les moines. — Une aventure de Richard Ier détermine son second mariage avec Gonnor. — Les Gonnorrides. — Avènement de Hugues Capet, 987. — Richard est son ami fidèle. — Le système féodal en Normandie. — Le domaine ducal. — Postes militaires et châteaux de l'Hiémois. — Fondation d'un prieuré de Jumièges à Vimoutiers.

L'une des conditions du traité de Gisors avait été certainement la conversion des Normands païens et l'expulsion de ceux qui persévèreraient dans l'idolâtrie. Rollon avait pris ce solennel engagement en 911, et son petit-fils, qui n'avait pas hésité à faire appel à des barbares impossibles à gouverner, devait sentir la nécessité de sa stricte exécution.

Il savait trop la mémorable histoire du soulèvement de Rioul et de l'insurrection des rois de mer, Turmod et Seitric, pour en négliger l'enseignement. Il fallait donc agir. L'opération était singulièrement délicate vis-à-vis de pirates, encore agités par la lutte, auxquels il devait la victoire, mais qui n'avaient certainement pas respecté la Normandie avec la discipline vantée par Guillaume de Jumièges (1).

Il fallait user d'abord de la persuasion pour les décider à embrasser la foi du Christ et leur offrir au besoin, bien que le moyen fût déplorable, des concessions de terres, en retour de l'abandon de l'idolâtrie. Beaucoup se prêtèrent à ce qui leur était demandé, et il est bien probable que, pour les païens anciennement établis dans le Bessin et le Cotentin, Richard usa de patience. Il compta sur l'effet du temps et sur l'exemple des chrétiens pour agir sur des esprits encore réfractaires à la civilisation.

Quant aux pirates nouvellement venus, qui se montraient

---

(1) « *Sane libera a paganorum rapinis tellus Normannica* ». — Guill. de Jum., liv. IV, ch. 16.

décidés à persévérer dans le culte de Thor et d'Odin, et dans les traditions sanguinaires de leur race, leurs goûts pour les expéditions maritimes et, il faut bien le dire, pour les pillages donnèrent le moyen de les éloigner. Richard les fit embarquer, au printemps de l'année 966, et conduire dans la péninsule ibérique (1), dont les habitants, désagréablement surpris par cette terrible visite, ne durent pas bénir son nom. Les païens y détruisirent dix-huit villes (2). Cette expédition a laissé d'ineffaçables souvenirs dans les annales de l'Espagne (3).

Il faut avouer que, pour éviter un danger à la Normandie, le duc avait des subterfuges qui sentaient encore beaucoup la barbarie.

La guerre si épouvantable, qui avait sévi cinq longues années de 961 à 965, fut suivie d'un mouvement religieux très accentué.

On se rappelle que Guillaume Longue-Epée aurait rétabli des chanoines réguliers au Mont Saint-Michel. Leur vie, au milieu des païens, n'avait été ni douce, ni édifiante. Dépouillés d'une partie de leurs biens (4), ils n'en avaient pas moins donné des exemples déplorables. Le duc Richard eut de la peine à les expulser, et, voulant restituer au sanctuaire de l'archange sa splendeur morale d'autrefois, il chargea Mainard, moine de Gand, disciple de Gérard de Broigne, qui avait ébauché en 961 la restauration de Saint-Vandrille (5), d'établir au Mont la vie monastique. Une charte du roi Lothaire et une bulle du Pape Jean XIII confirmèrent, en 966, la nouvelle fondation (6).

Richard de s'en tint pas là. Il commença la reconstruction de la cathédrale de Rouen et la restauration de l'abbaye de Saint-Ouen de cette ville. Il établit des chanoines réguliers sur l'emplacement de l'ancien couvent de femmes de Fécamp (7). Un magnifique

(1) On peut se demander comment, après de tels faits, les historiens n'ont pas vu clair dans la prétendue intervention d'un roi de Danemark en faveur de Richard. Comment si des guerriers avaient été, sur la demande du duc, envoyés par ce prince en Normandie, n'auraient-ils pas, après la paix, repris la route des pays scandinaves ? Comment Richard aurait-il pu en retenir un bon nombre, en les convertissant, et se débarrasser, avec désinvolture, des autres, en les faisant conduire en Espagne ?

(2) « *His itaque dux salubriter expletis, paganorum plurimos ad Christi fidem sacris monitis convertit, alios in paganismo permanere disponentes ad Hispaniam transmisit ubi plurima bella perpetrantur, decem et octo diruerunt urbes.* » — Guill. de Jum., liv. IV, ch. 17.

(3) Voyez sur ces faits : Dozy, *Recherches sur l'histoire et la littérature de l'Espagne*, t. II, p. 286, 300. — Al-Hakem II, successeur d'Abdérame III, était alors calife de Cordoue et régnait sur presque toute l'Espagne dont les arabes musulmans étaient en possession. Il est probable que cette considération leva tous les scrupules de Richard. En orientant les Normands païens contre les Arabes, il lançait, et ce fut sans doute sa pensée, des barbares contre d'autres barbares. Il y avait aussi, il est vrai, en Espagne, un royaume chrétien de Navarre.

(4) *Cart. du Mont Saint-Michel*, fol. 20.

(5) *Monasticon Anglicanum*, t. II, p. 1004.

(6) « *Richardus... posuit monachos in ecclesia Sancti Michaelis, anno Domini 966* ». — Guill. de Jum. — La charte du roi Lothaire prouve que le Mont Saint-Michel dépendait alors de l'évêché de Rouen. L'évêché d'Avranches n'était pas encore rétabli en effet.

(7) Ce couvent de femmes avait été fondé en 658, et détruit par les Normands. La nouvelle

+ 89 +

monastère fut construit là, mais le duc qui avait fait appel à Mayeul, abbé de Cluny, pour y établir la vie bénédictine, ne put y parvenir.

Dans certaines régions, le christianisme avait encore à redouter beaucoup des habitants demeurés païens, malgré les mesures prises par le duc. Un fait va nous le prouver :

En 981, raconte Hariulfe dans la *Chronique de Centule*, un clerc nommé Avitien, sacristain d'une chapelle aménagée dans les ruines de la cathédrale de Bayeux où les reliques de saint Vigor (1), ancien évêque de cette ville, étaient restées, craignit, pour le dépôt sacré dont il avait la garde, les profanations des Scandinaves. Considérant les malheurs de son église comme irrémédiables, il enleva furtivement les restes du prélat pour les transporter au pays des Morins dont il était originaire. Arrivé dans l'abbaye de Saint-Riquier, il déposa en secret la relique dans un coin de l'église où une éclatante lumière s'en dégageant la signala à l'abbé Ingélard. Ce dernier garda le corps de saint Vigor et donna une récompense au clerc (2).

Les historiens de Bayeux, arguant de ce qu'en 981 il n'y avait plus d'invasions, ont accusé bien à tort Avitien de vol sacrilège et de simonie. Le pauvre ecclésiastique obéissait à une crainte que l'état du pays légitimait pleinement (3).

Les diocèses de Bayeux et d'Evreux avaient cependant des évêques dont l'action finit par avoir raison des résistances idolâtriques, et, bien que l'archevêque de Rouen, Hugues de Cavalcamp, qui gouverna la province ecclésiastique de 942 à 989, fut l'homme le moins évangélique du monde, les sièges, depuis si longtemps vacants, de Sées, de Lisieux et d'Avranches furent pourvus entre 985 et 990 (4). Un chapitre de cinq membres fut reconstitué à Coutances. Ce diocèse était dans un état lamentable et l'évêque resta à Rouen jusqu'au milieu du XIe siècle (5).

église collégiale fut dédiée le 16 mai 990. L'évêque de Sées Azon assista à cette dédicace. — *Gallia Christiana*, t. XI, col. 679.

(1) Saint Vigor, évêque de Bayeux, mourut le 1er novembre 537 ou 538. Le propré du diocèse dit que ses reliques, transportées du mont Phœnus, appelé depuis Chrismat, où elles avaient été enterrées d'abord, furent déposées dans la cathédrale de Bayeux

(2) *Hagiographie du diocèse d'Amiens*, par l'abbé J. Corblet, t. IV, p. 657. — L'abbaye de Centule, autrement dit de Saint-Riquier, appartenait au diocèse d'Amiens.

(3) « Il n'est pas douteux, a écrit M. Lair — *Etudes sur les origines de l'évêché de Bayeux* — que la peinture de l'état du diocèse (signalée par la chronique de Centule), ne soit exact. Le Cotentin et le Bessin avaient été occupés par les Normands. Même après le baptême de Rollon, la plupart restèrent païens... (En 981), les temps de réparation et de reconstruction n'étaient pas encore venus. Pour l'église Saint-Vigor, il fallut attendre encore près d'un siècle.. »

(4) *Gallia Christiana*, t. XI. — L'évêque Adzon apparaît à Sées en 986, Roger à Lisieux en 990, Norgot à Avranches à la même date. — Les auteurs de l'*Essai sur le chapitre et la cathédrale de Sées* ont cru voir, vers 965, un prédécesseur d'Adzon dans un évêque de Sées, Hugues, qui figure dans une charte souscrite par Gonnor, seconde femme de Richard Ier, en faveur du Mont Saint-Michel. Cette charte, du *Cartulaire du Mont Saint-Michel*, fol° 24 recto, qui a été plusieurs fois publiée, notamment par Léopold Delisle, est de 1015 environ, ainsi que ce savant l'a établi.

(5) Quand l'évêque Geoffroy de Monbray se fixa à Coutances, en 1048 : « *Rudis erat et imbecillis ecclesia* », dit le *Livre noir* du chapitre. — *Gallia Christiana*, t. XI, p. 872.

On peut juger quelle peine eurent les nouveaux prélats à recruter un clergé parmi les hommes grossiers, illettrés, peu moraux et belliqueux de ce temps. Ordéric Vital nous montre, à cette époque, les prêtres de race normande, détenant les paroisses comme des fiefs laïcs (1). A peine si Guillaume de Saint-Bénigne trouvait parmi eux un clerc capable de chanter convenablement l'office (2). Longtemps, la loi du célibat ecclésiastique fut méconnue.

Le développement progressif des monastères et des prieurés, qui fut largement favorisé par le duc Richard Ier et par ses successeurs, fut un grand bienfait. Le moine exerça la plus heureuse influence en restaurant la chasteté, l'esprit religieux et sacerdotal, en donnant l'exemple, non seulement de la prière et de l'étude des lettres et des sciences, mais de la charité et du travail matériel, vivifié par l'esprit. Il défrichait les forêts et les terres incultes, maniait la pelle et la pioche, conduisait la charrue, montrait par la pratique les meilleures méthodes de culture. Il se livrait à l'élevage du bétail, établissait, près du cloître, une forge et des ateliers. et, comme à l'ombre bienfaisante de l'église abbatiale, se groupaient des paysans, se formaient des villages, les malades étaient soignés et les pauvres secourus.

A la violence si générale, le disciple de saint Benoît opposait la mansuétude évangélique. A la souffrance il prêchait la résignation et montrait la récompense dans une vie meilleure. Aux puissants, abusant de leur autorité, il rappelait la justice de Dieu qui les frapperait un jour.

Les abbayes ne tardèrent pas à fournir des ecclésiastiques hautement recommandables par leur vertu et leur science. Ils auraient vite redonné au clergé séculier une vie conforme à son caractère, si le choix plus politique que religieux des archevêques de Rouen, imposés par les ducs, n'avait eu des conséquences déplorables.

Né hors mariage d'un père né dans les mêmes conditions, et issu d'ancêtres qui pratiquaient la polygamie, Richard ne brilla certainement pas par la moralité.

Sa femme Emma, fille de Hugues le Grand, duc de France, était morte sans enfants à la fleur de l'âge. Vers 963, les hasards d'une partie de chasse le conduisirent à Sauqueville, près d'Arques, sous le toit d'un forestier, dont la femme Sainfrie était remarquablement belle. Sans autre forme de procès, comme aurait fait un roi de mer du temps des expéditions scandinaves, il intima au brave homme l'ordre de la lui abandonner.

(1) Ord. Vit. II, 297.
(2) Mabillon, *Analecta*, ed., in-8°, t. II, 437.

Désolé et fort embarrassé, le forestier fit part à Sainfric de cette peu édifiante injonction. La jeune femme s'en tira par une ruse. Elle substitua à elle-même sa sœur Gonnor dont la beauté surpassait la sienne. Richard, dit ingénuement le continuateur de Guillaume de Jumièges, auquel nous devons ce caractéristique fabliau (1), fut fort heureux d'avoir évité un adultère, s'attacha à Gonnor, et de cette union très danoise naquirent huit enfants. Le second, Robert, fut destiné à succéder comme archevêque de Rouen à Hugues de Cavalcamp, mais les lois de l'Eglise ne permettent pas de conférer la prêtrise à un bâtard. Une légitimation était nécessaire.

Richard épousa alors, vers 989, Gonnor, dont toute la famille, et particulièrement son frère Herfast (2) et ses sœurs : Duveline, épouse de Turold de Pont-Audemer, fils de Torf, et Wévie, mariée à Osbern de Bolbec, furent comblées de biens et d'honneurs. Les Gonnorrides, ainsi appela-t-on leurs nombreux descendants, jouèrent un rôle très considérable, nous aurons l'occasion de le constater.

On a peine à comprendre l'hésitation de Richard à épouser Gonnor quand on sait que sa propre mère Sprote s'était unie, après la mort de Guillaume Longue-Epée, à Esperleng, riche fermier des moulins de Pitres au Vaudreuil (3). Il craignait sans doute qu'un tel mariage, en blessant son beau-frère, Hugues Capet, duc de France, n'eut pour conséquence d'altérer leurs excellentes relations Rien ne permet cependant d'affirmer qu'en 978, il ait joint ses forces aux siennes pour repousser l'agression de l'empereur d'Allemagne (4).

On sait que, cette année-là, Otton II, que ses cruautés avaient fait appeler le Sanguinaire, envahit la France et fut battu par le fils aîné de Hugues le Grand devant Paris (5) et sur l'Aisne. A Paris, un Yves, peut-être notre Yves de Bellême (6), s'était signalé dans un combat singulier contre les Teutons.

Le rôle glorieux de Hugues Capet détermina, en 987, lors de la mort de Louis, fils de Lothaire, son accession au trône de France. Le duc de Normandie y aida (7). En cela, Richard n'obéit pas seulement à la reconnaissance et à ses amitiés, il se montra fidèle à la politique de son père. Il s'y montra fidèle aussi dans l'œuvre d'organisation de son duché, entreprise dans la Basse-Seine sous

---

(1) Guill. de Jum., liv. VIII, ch. 36. — Ce récit est une interpolation de Robert de Torigny.

(2) Herfast fut le père d'Osbern de Crépon, père de Guillaume Fitz-Osbern qui remplit les plus hautes charges sous Guillaume le Bâtard.

(3) Le Vaudreuil (Eure).

(4) Otton II, empereur d'Allemagne, de 975 à 983.

(5) *Balderici chronicon*, Historiens de France, t. VIII. p, 283.

(6) *La Chronique de Richer* dit tout simplement *Ivo*.

(7) Guill. de Jum. liv. IV, ch. 19 : « *Adminiculante et duce Ricardo* ». — M. Lot — *Etudes sur le règne de Hugues Capet*, p. 2, note 1 —, a tort de douter de cette affirmation qu'il appelle « une vantardise de Normand ».

Rollon, ébauchée dans l'Evrecin et le Bessin par Guillaume Longue-Epée, arrêtée par la mort tragique de ce dernier et par la guerre jusqu'en 966. Il importe que nous approfondissions cette importante question :

Après le traité de Saint-Clair-sur-Epte, les terres situées sur la rive droite de la Seine, cédées par Charles le Simple à Rollon et à ses compagnons, avaient été, comme butin de guerre, réparties, selon l'usage scandinave, entre le roi de mer et ses compagnons. Il n'en fut pas de même des annexions territoriales dont la Normandie bénéficia dans la suite. Ces acquisitions entrèrent dans le domaine ducal qui fut d'abord immense, puis se restreignit peu à peu. Les occupants, devenus vassaux du prince, conservèrent ordinairement leurs domaines à des titres divers.

Voici ce qui se passa : Comme premier acte de prise de possession d'un comté carolingien, les anciennes villes ou leurs ruines furent occupées et des forteresses, simples tours de bois, entourées de palissades et de fossés, furent élevées sur des hauteurs ou des élévations artificielles, appelées mottes, pour tenir le pays en respect. Ces châteaux-forts primitifs furent donnés en garde à des guerriers qui y placèrent des garnisons (1).

Le duc conserva la jouissance personnelle d'une partie du comté, formée des forteresses, des forêts, des rivières, des terres ayant appartenu au domaine royal, aux abbayes, aux églises détruites pendant les invasions, aux propriétaires tués, disparus ou en fuite. Ces terres, dès que les circonstances le permirent, furent exploitées pour le prince et affermées à son profit. Cet ensemble constitua le domaine ducal non inféodé.

L'autre partie du comté, formée des domaines ayant des propriétaires, envahisseurs comme les Normands païens, ou indigènes, fut maintenue, nous l'avons dit, à leurs possesseurs, mais le duc en retint la seigneurie. Ces domaines particuliers furent laissés soit aux Danois en fief (2), à charge de service militaire, soit aux hommes dits francs, en vavassorerie, à charge de services mixtes, militaires et agricoles, soit aux paysans libres (3), à charge de cens, de rentes, de corvées et de redevances diverses. Les serfs, attachés à la glèbe, et restés sur ces terres, conservèrent leur condition qui paraît s'être

---

(1) C'est exactement le système que suivit Guillaume le Conquérant, lors de la conquête de l'Angleterre : « Dans chaque comté anglais, son autorité fut renforcée par un corps de troupes. Il avait érigé des forteresses ». — John Lingard, *Hist. d'Angleterre*, trad. Baxton, p. 182. — Ce n'est qu'après ces premières mesures de précaution que les fiefs normands furent constitués outre mer.

(2) Nous constatons par Guillaume de Jumiéges que, dès le temps de Guillaume Longue-Epée, les possessions des Normands païens du Bessin et du Cotentin devinrent des fiefs. — Liv. III, ch. 9.

(3) Les paysans se divisaient en hôtes, en paysans proprement dits, et en bordiers.

aggravée (1). On ne peut douter qu'au milieu des guerres des IXe et Xe siècles, plus d'un seigneur ruiné ne soit devenu un simple paysan libre et plus d'un homme libre un serf, attaché au sol dont il était naguère possesseur.

Les terres, cédées en fief, en vavassorerie et en roture, formèrent le domaine ducal inféodé qui sans cesse augmenta d'étendue, par suite de concessions territoriales prélevées sur le domaine non inféodé (2).

Sous Richard Ier, les comtés normands, qui correspondaient exactement aux anciens comtés carolingiens, paraissent être tous restés sous l'autorité directe du prince qui était représenté, dans chacun d'eux, par un officier, appelé vicomte, exerçant en son nom tous les pouvoirs politiques, militaires, judiciaires et financiers.

Pendant les trente années qui s'écoulèrent entre le traité de 966 et la mort du duc en 996, la paix fut profonde en Normandie. L'unification du pays fit de grands progrès par l'extinction, sinon de toutes les tendances païennes, du moins du paganisme lui-même, par l'extension de la langue romane, de la législation et des usages français et par la consolidation du pouvoir. Le régime féodal se constitua de plus en plus régulièrement et le pays commença à se repeupler, non seulement par la multiplication des familles indigènes, mais par des apports extérieurs. Il restait cependant beaucoup à faire encore, notamment dans le Lieuvin, dans le sud de l'Evrecin et dans l'Hiémois si récemment annexé.

Richard Ier avait établi, dans l'Hiémois, des postes militaires, édifié quelques châteaux. Il avait créé, dans la verdoyante vallée de la Vie, un magnifique domaine agricole qu'il donna en 994 à l'abbaye de Jumièges. Ce fut l'origine du prieuré de Vimoutiers (3) qu'un seigneur normand, Osmond Gelth, apanagé dans ce lieu, contribua à enrichir (4). Le duc donna aussi à Saint-Ouen de Rouen le domaine de Saint-Martin en Hiémois (5).

Les villes d'Exmes et d'Argentan sortaient de leurs ruines et, sur les grés durs du Mont Mirat, s'élevaient quelques fortifications, origines du château de Falaise (6), quand, tombé malade à Bayeux, et transporté à Fécamp, Richard y mourut très religieusement en 996.

---

(1) L. Delisle, *Condition de la classe agricole en Normandie*, p. 17.

(2) Ibid, p. 30.

(3) Vimoutiers, chef-lieu de canton, arrondissement d'Argentan (Orne). — Son prieuré fut créé « *Ex dono ducis Ricardi, filii Willelmi, filii Rollonis.* » Il comprenait « *Vimonasterium cum ecclesia et omnibus appenditiis* », et s'étendait sur Coulonces, Crouttes et les Authieux-en-Auge. — *Neustria Pia.*

(4) « *Dedit quoque Vimonasterium Osmundus Gelth.* » — Il existait à Vimoutiers un manoir ducal qui fut donné, avec la forêt, par Richard II en 1024.

(5) Dom Pomerque, *Hist. de l'abbaye de Saint-Ouen*, p. 404.

(6) Nous ne doutons pas qu'un château n'ait été construit à Chambois par Richard Ier. Nous verrons Richard II en disposer en 1024. — Chambois, canton de Trun (Orne).

CHAPITRE VII

Richard II duc de Normandie (996-1026)
Ses inféodations dans le comté d'Exmes et aux environs

Avènement de Richard II, 996. — Insurrection des serfs normands. — Répression cruelle par Raoul, comte d'Ivry. — Suppression du servage. — La Normandie terre de liberté. — Générosité de Richard. — Ses restaurations religieuses, les abbayes, le cathédrales. — L'architecture normande. — Richard apanage ses frères. — Guillaume, comte d'Exmes, lui refuse l'hommage. — Il est fait prisonnier, 998, et obtient son pardon. — Caractère pacifique de Richard II. — Ses mariages. — Réunion du comté d'Exmes au domaine ducal. — Roger Ier de Montgomery, dit le Grand, vicomte d'Exmes. — Son origine, son alliance avec la maison ducale, ses enfants, son château, ses possessions. — Organisation du fief de Montgomery. — Etrangers possessionnés dans le comté d'Exmes. — Constitution des principaux fiefs des châtellenies d'Exmes, d'Argentan et de Falaise, leurs seigneurs. — Fiefs des pays de Gacé et d'Ouche, leurs seigneurs. — La Marche, frontière normande faisant face au Corbonnais. — Fiefs de la Marche, leurs seigneurs.

Au moment où Richard II, fils aîné de Richard Ier, devint duc de Normandie, les classes rurales mécontentes de leur sort, voulurent profiter du changement de règne pour se soulever.

Les serfs, traités trop durement, souffraient beaucoup. Les paysans n'avaient aucune garantie contre l'omnipotence des représentants ducaux et des seigneurs particuliers. Une sourde agitation se manifesta. Des conciliabules secrets se tinrent en divers lieux (1) et des groupements se formèrent qui déléguèrent deux de leurs membres à une assemblée générale (2). Là, le jour et les moyens de l'insurrection devaient être fixés.

Prévenu du complot, Richard II chargea de la répression son oncle Raoul, un fils de Sprote et d'Esperleng, le meunier du Vaudreuil, qu'il ne tarda pas à faire comte de Bayeux et d'Ivry (3). Ce personnage d'une force herculéenne, resté célèbre pour avoir tué, dans la forêt d'Ivry, un ours monstrueux, qui pourrait bien être symbolique, s'y prit si habilement qu'en un seul jour, il surprit et arrêta

---

(1) « *Per diversos totius Normanniæ comitatus plurima agentes conventicula.* » — Guill. de Jum., liv. V, ch. 2.

(2) « *Ab unoquoque cœtu duo legati ad mediterraneum conventum* ». — Ibid.

(3) Ivry (Eure). — Ce fut un comté, comme plus tard Brionne, Eu, Arques et divers autres, qui dut son existence à la qualité comtale de ses possesseurs.

tous les chefs de l'affiliation. Ils furent impitoyablement mis à mort, ou, mutilés cruellement, ils furent promenés pour l'exemple dans les campagnes. Les mœurs de ce temps n'étaient pas douces, nous aurons plus d'une fois l'occasion de nous en apercevoir.

Les paysans et les artisans terrifiés retournèrent à leurs charrues et à leurs travaux, et ne tinrent plus d'assemblées clandestines (1). Il semble donc que leur cause était perdue, elle était gagnée cependant. Les Normands, effrayés d'un soulèvement qui aurait pu avoir de graves conséquences, réfléchirent à ses causes, et, influencés par les idées chrétiennes qui commençaient à agir sur eux, firent de leur terre un sol de liberté. Dès le xie siècle, le servage y a complètement disparu, et les rapports des seigneurs et de leurs vassaux ne sont plus entachés de violence et d'arbitraire. Les obligations, tant réelles que personnelles, sont régies dans les campagnes comme dans les villes, par les chartes et les coutumes (2) qui, à bien des égards, ressemblent aux chartes communales (3).

La généralisation de ce mouvement prouve qu'il était dû à une initiative ducale. L'emprise religieuse était considérable sur Richard II et tempérait en lui la rudesse danoise. Aux chanoines de Fécamp, il substitua des moines dont le premier et illustre abbé fut le bienheureux Guillaume de Dijon (4). Il acheva la restauration de l'abbaye de Saint-Ouen de Rouen qu'il confia à l'abbé Hildebert (5). Il rendit la prospérité, en 1006, à celle de Saint-Vandrille qui végétait depuis une tentative de restauration en 961. Il poursuivit la reconstruction de la cathédrale de Rouen, des basiliques du Mont Saint-Michel et de Saint-Taurin d'Evreux. Il fit sortir de leurs ruines de nombreuses églises rurales et incita les seigneurs à imiter son exemple.

Une légende symbolise sa générosité : Richard aimait à assister

---

(1) « *Concionibus subito omissis, ad aratra reversi sunt* ». — Guill. de Jum., liv. V, ch. 2.

(2) Léopold Delisle a magistralement exposé la situation dans son *Etude sur la condition de la classe agricole en Normandie*, préface, p. XXXVII : « Les rapports des seigneurs avec leurs hommes ne sont point entachés de ce caractère de violence et d'arbitraire avec lequel on se plaît trop souvent à les décrire. De bonne heure, les paysans sont rendus à la liberté ; dès le xie siècle, le servage a disparu de nos campagnes ; à partir de cette époque, il subsiste bien encore quelques redevances et quelques services personnels ; mais le plus grand nombre est attaché à la jouissance de la terre. Dans tous les cas, les obligations tant réelles que personnelles, sont nettement définies par les chartes et les coutumes. Le paysan les acquitte sans répugnance ; il sait qu'elles sont le prix de la terre qui nourrit sa famille ; il sait aussi qu'il peut compter sur l'aide et la protection de son seigneur. Sans doute, son travail est dur, ses fatigues incessantes, sa nourriture grossière, mais aussi l'avenir ne lui inspire guère d'inquiétudes ; modeste dans ses désirs, il ignore les douleurs de la déception et du désespoir ». — Cette belle page résume parfaitement l'impression qui résulte de l'étude approfondie des chartes.

(3) C'est l'expression dont se sert Léopold Delisle, dans sa *Notice sur Ordéric Vital*. Il ajoute que si « la Normandie ne vit pas ces luttes sanglantes, qui, au commencement du xiie siècle, amenèrent, dans plusieurs provinces, l'affranchissement des communes », c'est à ces causes qu'elle le doit.

(4) Cette substitution date de 1001.

(5) En 1001.

aux offices dans l'abbaye de Jumièges. Un jour, comme il priait à l'église, un moine lui tendit le plat destiné à recevoir les offrandes. A la stupéfaction générale, au lieu d'y déposer, suivant son habitude, une pièce d'or ou d'argent, il y mit un petit morceau d'écorce. Avant de sortir, le prince déclara que, par cette buchette, il investissait l'abbaye de sa forêt et de son manoir de Vimoutiers pour compléter les dons de son père (1).

C'est sous son règne que prit naissance l'architecture religieuse normande. L'arche romane en plein cintre commença à s'appuyer sur une colonne ou sur un faisceau de colonnettes ; des moulures s'arrondirent autour des fenêtres et la rosace s'ouvrit simple encore comme la rose des buissons. Après lui, ces caractères accentuèrent leur élégance, et, peu à peu, le style normand, qui avait gardé la robustesse du roman, y ajouta une certaine richesse d'ornementation qui faisait prévoir le style gothique. Ces œuvres étaient le fruit de la paix, et cependant Richard qui, tout courageux qu'il fût, se modelait sur le roi Robert le Pieux, fils de Hugues Capet, et n'était pas belliqueux, subit la guerre plus d'une fois.

Dès qu'il avait succédé à son père, il avait cru sage de répartir la plupart de ses comtés entre les membres de sa famille, pensant donner ainsi plus de force à son action. A son oncle Raoul, l'homme à poigne que nous connaissons, il avait donné le gouvernement de Bayeux, le plus difficile à cause de la turbulence des seigneurs à peine convertis, et avait peut-être adjoint à ce commandement celui du Cotentin où il avait placé, comme vicomte, un guerrier plein de vigueur, Néel de Saint-Sauveur (2). La duchesse Gonnor possédait là de grands domaines qu'elle abandonna au Mont Saint-Michel (3).

A son frère Robert, archevêque de Rouen, Richard avait concédé le comté d'Evreux. Il était loin certes de se douter que le fastueux prélat prétendrait dès lors faire deux parts de sa personne, et pontife dans sa cathédrale, vivrait, comme un seigneur laïque, à Evreux où il se marierait au mépris des lois les plus formelles de l'Eglise et ferait souche de princes (4).

A son frère Geoffroy Richard donna le grand fief de Brionne (5) et son autre frère Mauger fut probablement apanagé du comté de Mortain (6) qui passa à sa descendance (7), mais ayant épousé

(1) Guill. de Jum,

(2) Voy. L. Delisle, *Hist. du château et des sires de Saint-Sauveur-le-Vicomte.*

(3) *Cart. du Mont Saint-Michel*, fol° 24 recto.

(4) Guill. de Jum. nous fait connaître la femme, Herlève, dont il eut trois fils. L'aîné, Robert, fut comte d'Evreux ; le second, Raoul, fut seigneur de Gacé.

(5) Brionne, arrondissement de Bernay (Eure).

(6) Mortain, chef-lieu d'arrondissement (Manche).

(7) Le fils ou petit-fils de Mauger, Guillaume Werlenc, fut comte de Mortain.

Germaine, fille d'Albert, comte de Corbeil, dans l'île de France, il alla s'y fixer.

Robert, Godefroy et Mauger étaient, comme Richard II, les fils de Richard Ier et de Gonnor. Leurs sœurs avaient épousé, la première, Emma, Ethelred, roi d'Angleterre, fils d'Edgar (1) ; la seconde, Havoise, Geoffroy, comte de Rennes et duc de Bretagne (2), fils de Conan le Tort ; la troisième, Mathilde, Eudes II, comte de Chartres, fils d'Eudes Ier.

A son demi-frère Guillaume, issu d'une union danoise de son père, Richard, qui l'aimait beaucoup, avait donné l'Hiémois (3). Ce comté, depuis son annexion à la Normandie, avait subi de profondes modifications. Le pays de Gacé et la partie du pays d'Ouche qui en avaient dépendu avaient été rattachés au comté d'Evreux. Quant aux marches, c'est-à-dire aux régions frontières faisant face au Maine et au Perche, elles avaient été placées et maintenues, à cause de leur importance militaire et des conditions particulières faites à la maison de Bellême, sous l'autorité directe du duc. Le comté d'Exmes eut donc été réduit à l'Hiémois proprement dit et au Houlme, s'il n'eut reçu, dans le diocèse de Bayeux, une extension très considérable allant jusqu'à la mer qui y forma un archidiaconé d' « Hiesmes (4). » Les Normands païens de Bayeux s'étaient infiltrés dans cette région, s'y étaient installés et Richard Ier avait transformé leurs possessions en fiefs. Tout convertis qu'ils fussent, ils constituaient des éléments de fermentation, car ils n'aimaient pas l'autorité ducale.

Guillaume, le nouveau comte, rencontra donc, dans son entourage, des flatteurs qui, spéculant sur son orgueil, l'incitèrent à refuser l'hommage à son frère. Ils trouvèrent un écho dans sa petite cour et parmi les seigneurs qu'il avait amenés à Exmes, et auxquels il s'était empressé de tailler des fiefs dans le domaine non inféodé du comté.

Le fils de Richard Ier, qui avait hérité du courage de son père, était jeune et ambitieux. Il se confiait dans la situation inexpugnable de sa capitale, dans la force de ses châteaux, dans la vaillance de ses partisans. Il se laissa facilement convaincre et rompit ouvertement

(1) Veuve, elle épousa le roi danois Canut II, envahisseur de l'Angleterre.

(2) Elle eut deux fils : Alain, comte de Bretagne et Eudes, vicomte de Porhoët.

(3) Sur les concessions féodales de Richard II à sa famille, voy. Guillaume de Jum., liv. V, ch. I, III. — Deux chartes du cartulaire de l'abbaye de Saint-Pierre-d'Uzerche en Limousin, l'une de 1006, prouvent qu'une fille de Richard Ier, Béatrice, épousa Ebles, vicomte de Comborn, de Turenne et de Ventadour, dont elle eut Guillaume, auteur des vicomtes de Turenne. — Voyez, d'autre part, ce que nous disons plus loin de Mathilde, femme de Guillaume Ier de Bellême.

(4) Il y eut donc, dès lors, dans le comté d'Exmes, deux archidiaconés, l'un de Sées, l'autre de Bayeux.

avec le duc. Ce dernier lui envoya des messagers, lui fit et lui réitéra d'amicales objurgations. Il n'obtint rien, et, lassé, le somma de se désister de ses prétentions à l'indépendance.

Sur son refus catégorique, Raoul, comte de Bayeux et d'Ivry, envahit l'Hiémois avec une armée. La résistance fut énergique, mais, après plusieurs combats, le comte Guillaume, forcé de se retirer dans le château d'Exmes, y fut assiégé et fait prisonnier. Ses partisans ne furent soumis qu'après de sanglants engagements. Quelques-uns furent mis à mort, car le comte de Bayeux ne pardonnait guère ; d'autres furent « exilés de leur pays. »

Conduit à Rouen, le comte d'Exmes fut enfermé, en 998, dans une grosse tour, construite par Richard Ier, dont la Seine baignait le pied. Il y resta cinq ans jusqu'au jour où, en 1003, il put s'évader (1). Il erra à travers le pays, marchant la nuit, se cachant le jour, et le hasard de ces courses vagabondes lui fit rencontrer le duc de Normandie dans la forêt de Vernei, à deux lieues de Bayeux, où le souverain chassait.

Ce dernier, ému de la détresse de son frère, lui pardonna, et lui fit épouser Lesceline, fille très belle et très vertueuse de son ancien gouverneur Turquétil et d'Anceline de Montfort-sur-Rille. Ne voulant pas cependant par prudence renvoyer Guillaume dans l'Hiémois, où il garda des possessions, notamment le château de Saint-Pierre-sur-Dives qu'il avait construit, il lui donna le comté d'Eu (2). Il y mourut prématurément avant 1012.

Devenue veuve très jeune, Lesceline passa sa vie dans les œuvres de religion et n'oublia pas l'Hiémois où elle fonda, dans le château de Saint-Pierre-sur-Dives, une abbaye de femmes qui ne dura que trente ans, puis, en 1046, un monastère d'hommes. Son premier abbé, venu de la Sainte-Trinité de Rouen, fut le vénérable Ainard, né en Germanie, à Wurtsbourg (3).

Pendant que le comte d'Exmes était détenu dans la grosse tour de Rouen, Richard II avait eu, vers l'an 1000, à se défendre contre une agression de son beau-frère, le roi d'Angleterre Ethelred. Les troupes de ce dernier, débarquées près du Val de Saire, dans le Cotentin, furent repoussées par le vicomte Néel (4). Le duc eut, en 1013, à mettre à la raison son autre beau-frère Eudes, comte

---

(1) Sur ces événements, voy. Guill. de Jum., liv. VI ch. 3, et Wace, *Ramon de Rou*, édition Pluquet, p. 313 et suiv.

(2) Guill. de Jum., liv. V, ch. 3. — Guillaume, comte d'Exmes, puis d'Eu, laissa trois enfants : Robert, comte d'Eu ; Guillaume, qui devint par mariage comte de Soissons, après avoir été expulsé de Normandie en 1049 par Guillaume le Bâtard ; Hugues, évêque de Lisieux.

(3) Lesceline mourut en odeur de sainteté le 31 janvier 1058. — Sur l'abbaye de Saint-Pierre-sur-Dives, voyez : Abbé Blin, *Ordinal de Saint-Pierre-sur-Dives.*

(4) Guill. de Jum., liv. V, ch. 4.

de Chartres, de Champagne et de Blois. Après la mort sans enfants de sa femme, Mathilde de Normandie, ce puissant seigneur se refusait à rendre, suivant l'usage, la dot territoriale qu'il avait reçue. Le roi Olaf Ier de Norvège, qui se convertit à Rouen, fut, dans la circonstance, l'auxiliaire des Normands (1).

A part ces guerres purement défensives et quelques expéditions extérieures (2), auxquelles il fut contraint par son devoir familial et par les excellentes relations qu'en ami et vassal fidèle, il entretenait avec le roi de France, Robert le Pieux, Richard II fit jouir son peuple d'une tranquillité profonde qu'il utilisa de son mieux.

Il épousa, en premières noces, Judith, fille de Conan le Tort, comte de Rennes, puis duc de Bretagne, signalée par sa piété. Il lui avait donné de vastes possessions, notamment dans les pays de Bayeux, de Lisieux et de Bernay (3). Devenu veuf, après dix ans d'une heureuse union, il se remaria à une personne de condition inférieure, appelée Pavie, qui lui avait inspiré une violente passion (4). On dit que souvent les folies de son second fils, Robert, dit à bon droit le Diable, troublèrent la vie du prince puissant qui tint la Normandie d'une main ferme et fit rayonner son influence sur la Bretagne et l'Angleterre. Nous envisagerons surtout son œuvre dans l'Hiémois :

Après l'insurrection de son frère, Richard II avait réuni le comté d'Exmes au domaine de la couronne ducale. Il y remplaça les seigneurs particuliers disparus par la mort ou l'exil, et y créa de nouveaux fiefs, grands et petits. Il mit leurs possesseurs sous l'autorité militaire des capitaines de ses trois châteaux d'Exmes, d'Argentan et de Falaise, et préposa à la haute administration de tout le comté le vicomte Roger, qui y tenait déjà héréditairement les immenses seigneuries de Montgomery (5) dont il prit le nom, de Trun (6), de Vignats (7), et une partie de la vaste forêt de Gouffern (8).

---

(1) Ibid, liv. V, ch. X.

(2) Richard II dut intervenir en Bourgogne pour secourir son gendre Renault et pour permettre au roi de France de prendre possession de ce pays. — Guill. de Jum., liv. V, ch. 15 et 16. — Guillaume de Jumièges prétend par erreur qu'il intervint aussi en faveur de Bouchard, comte de Melun. Ce fait se passa en 991 et doit être par conséquent attribué à Richard Ier.

(3) Judith fut la fondatrice du monastère de Bernay.

(4) Richard II laissa de sa première femme Judith de Bretagne, cinq enfants: Richard III ; Robert le Diable ou le Magnifique ; Guillaume, moine de Fécamp, mort en 1025 ; Adélise, mariée à Renault, comte de Bourgogne, fils d'Otte-Guillaume ; Eléonore, mariée à Beaudoin IV, comte de Flandre.

De Pavie, il eut deux fils : Mauger, qui fut archevêque de Rouen après son oncle Robert, comte d'Evreux, Guillaume de Talou qui fut comte d'Arques, et une fille Pavie, mariée au seigneur de Saint-Valery.

(5) Le chef-lieu du fief de Montgomery se trouvait sur les paroisses de Saint-Germain et de Sainte-Foy de Montgomery, situées aujourd'hui dans le Calvados. Son domaine s'étendait sur les paroisses de la Brévière, la Chapelle-Haute-Grue, Bailleul, Survie, Saint-Pierre-la-Rivière, Ecorches, le Renouard, etc.

(6) Trun, chef-lieu de canton, arrondissement d'Argentan (Orne).

(7) Vignats (Calvados).

(8) Voy. A. Sauvage, *L'Abbaye de Saint-Martin de Troarn*, p. 28, note 4.

Ce personnage (1), dont la descendance jouera dans notre récit un rôle très important, était de race danoise pure, car son fils Roger II prendra soin de s'intituler fièrement : « Normand d'origine normande (2). »

Richard II fit épouser au vicomte sa propre cousine germaine Josceline de Bolbec, fille d'Osbern de Bolbec et de Wévie, cette dernière sœur de la duchesse Gonnor (3). Josceline apporta à son mari des biens territoriaux considérables situés dans diverses parties de la Normandie (4). D'autre part, Thierry, moine de Jumièges, gardien du monastère de Bernay, fondé par la duchesse Judith, céda à Roger, son proche parent, la moitié de la ville de Bernay (5). Les moines de Fécamp vendirent au même Troarn (6), son église et les ruines de l'ancienne abbaye des moniales d'Almenêches (7), avec l'église de ce lieu et ses dépendances, qu'ils avaient reçus de la munificence de Richard Ier (8). Roger établit, en 1022, des chanoines à Troarn. Il était réservé à sa descendance de restaurer Almenèches.

Le château où résidait ordinairement le vicomte d'Exmes, et où naquirent ses cinq fils : Hugues, Robert, Roger, Guillaume et Gilbert, était situé à peu de distance de Vimoutiers (9), dans la paroisse de Saint-Germain de Montgomery (10). Il formait une enceinte

---

(1) Roger Ier de Montgomery, dit le Grand, est cité dans la charte de Guillaume Ier de Bellême portant dotation de l'évêché de Sées, entre 1015 et 1020 : « *Rogerio vicecomite* ». — *Cart. du chapitre de Sées*, Bibl. d'Alençon, fol. 29, et dans la troisième charte du *Cartulaire de Saint-Martin de Troarn*. — *Bibl. Nat.*, collection Baluze, vol. 46, fol° 554 v° — publiée par M. A. Sauvage, l'*Abbaye de Saint-Martin de Troarn*, p. 352.

(2) Roger II s'intitule, dans la troisième charte de Troarn : « *Ego Rogerius, ex Northmannis Northmannus, magni autem Rogerii filius* ». — C'est donc à tort qu'on a voulu faire de Roger Ier de Montgomery un descendant des anciens comtes d'Exmes. Il est probable qu'il était fils d'un Hugues que Guillaume de Jumièges — liv. VIII, ch. 35 — a fait par erreur le père de Roger II, erreur bien souvent reproduite.

(3) Guill. de Jumièges dit en parlant de Roger II de Montgomery : « *Ipse autem Rogerius natus est ex quadam neptium Gunnoris comitissæ, scilicet ex Joscelina filia Weviæ* — liv. VIII, ch. 35. — Dans le chapitre suivant, le même auteur s'exprime ainsi : « *Tertia autem sororum Gunnoris comitissæ, scilicet Wevia, nupsit Osberno de Bolbec.* »

La parenté entre les Montgomery et les ducs de Normandie, est attestée par une lettre d'Yves, évêque de Chartres, au roi d'Angleterre Henri Ier, relative à une question matrimoniale — Migne, *Patrologie latine*, t. CLXII, p. 261 — et par la Chronique de Saint-Martin de Sées, publiée par la Roque dans son *Histoire de la maison d'Harcourt*.

(4) « *Unde et ipse ingentes possessiones habuit in diversis regionibus Normanniæ* ». — Guill. de Jum., liv. VIII, ch. 35. — C'est probablement par son mariage avec Josceline que Roger Ier de Montgomery acquit de grands fiefs vers Caen et la mer, et d'autres dans le Cotentin. Nous voulons parler des châtellenies de Saint-Sylvin et de Thuit — canton de Bretteville-sur-Laize (Calvados) — et de celle de Montaigu-la-Brisette, près Valogne.

(5) « *Judith comitissa, uxor secundi Ricardi, fecit monasterium Bernaii. Hujus custodes fuerunt Rodulfus, abbas Sancti Michaelis, et post ipsum Theodericus Gemeticensis... Theodericus vero medietatem burgi Bernaii patri Rogerii de Monte-Gomerici, qui erat propinquus ejus, ut inde se procuraret quando Bernaium venisset dedit.* » — *Chronique de Robert de Torigny*, édition L. Delisle, p. 194.

(6) Troarn, chef-lieu de canton (Calvados).

(7) Almenèches, canton de Mortrée (Orne).

(8) « *Masnile quod dicitur Almaniscus, cum ecclesia et omnibus ejus pertinentiis* », porte la charte de Richard II. — *Neustria Pia*, p. 215-218.

(9) Vimoutiers, chef-lieu de canton, arrondissement d'Argentan (Orne).

(10) Saint-Germain-de-Montgomery (Calvados).

circulaire, entourée de fossés très profonds dont on avait rejeté les terres vers le centre pour constituer une motte artificielle. Sur la plate-forme, qui domine de vingt mètres une vallée verdoyante, de tout temps renommée pour la fertilité de son sol, s'élevaient le donjon et les bâtiments originairement construits en bois. C'est un type parfait de la forteresse normande primitive (1).

On nous permettra de prendre le grand fief de Montgomery (2), dépendant du comté d'Exmes, sous la châtellenie ducale d'Argentan, et formant une châtellenie (3) particulière, comme exemple du fief noble ou de haubert (4).

Son seigneur, agissant dans son domaine de la même façon que le duc dans le sien, avait gardé la jouissance personnelle d'une partie (5) et avait donné l'autre en fief, en vavassorerie ou à cens à des compagnons d'armes, à des hommes francs ou à des payans. Ses vassaux étaient tenus vis-à-vis de lui des obligations que lui-même devait au duc et que leurs propres vassaux devaient à eux-mêmes. Comme on le voit, la société ainsi formée était hiérarchisée du haut en bas, les classes étaient étroitement reliées par une série de devoirs et de droits qui réfléchissaient de l'une sur l'autre. L'individu n'était plus isolé ; s'il avait un seigneur, il avait un appui, car le seigneur devait à tous ses vassaux aide et protection. C'était un progrès considérable sur l'anarchie qui avait accompagné la dissolution du monde carolingien.

Le seigneur de Montgomery devait au duc et ses vassaux devaient à lui-même la foi, l'hommage, le service militaire et le service de cour (6).

Le propriétaire d'un fief noble avait le droit d'y rendre la justice, mais il ne la rendait qu'avec l'assistance de ses hommes qui jugeaient avec lui et avec les membres de sa famille. C'était le service de cour. Dans le principe, le duc n'avait le droit de justice que dans les domaines dont il avait la jouissance personnelle, mais il s'était, en règle générale, réservé le

<hr>

(1) **Les restes de ce château sont encore très bien conservés, voy. de Caumont, *Cours d'antiquité monumentale*, t. V, p. 107.**

(2) **Nous adoptons l'orthographe ancienne et conforme à l'étymologie : *Mons Gomerici*. C'est à tort qu'on écrit ordinairement Montgommery.**

(3) **Les châtellenies, *castellaria*, étaient soit les circonscriptions, divisions d'un comté resté dans les mains du duc, ayant comme chef-lieu un château ducal, soit les grands fiefs particuliers ayant comme chef-lieu une forteresse.**

(4) **Le haubert était la cotte de maille dont se revêtait le guerrier pour effectuer le service militaire qui était, en règle générale, de quarante jours par plein fief de haubert. On appelait fief de haubert tout fief noble depuis le comté jusqu'à la huitième partie d'un simple fief noble.**

(5) **C'était le domaine non inféodé.**

(6) ***Curia*. Les femmes même siégeaient à l'occasion dans la cour de justice. On voit Albarède de Moulins-la-Marche, seule héritière de son père, présider cette cour : « *Giraldus... convictus in curia de Molinis castri, coram domna ipsius castri Albereda.* » — *Cart. de Saint-Père de Chartres*, éd. Guérard, t. II, p. 607.**

plaid de l'épée (1), c'est-à-dire la connaissance des affaires crimi-
nelles les plus graves, pouvant entraîner la mutilation ou la
mort.

Le domaine inféodé de Montgomery, dont l'étendue dépassa beaucoup deux mille acres, comprenait, dès ce temps, un grand nombre
de fiefs nobles, de vavassoreries et de terres données à cens ou à
rente. Son seigneur n'était pas seulement un guerrier fameux, c'était
un intrépide chasseur. Le soin qu'il prit de déterminer méticuleuse-
ment la fonction de ses vassaux dans ses chasses, et de ne rien oublier
de ce qui touchait à ses piqueurs et à ses chiens le prouve. Il égale la
sollicitude avec laquelle il organisa la garde et le guet de son château
à l'abri duquel ne tarda pas à s'élever un bourg (2).

Il importe maintenant que nous passions en revue quelques-uns
des seigneurs auxquels de grands domaines, prélevés sur le domaine
ducal, furent concédés dans le comté d'Exmes. Nous commencerons
par les personnages étrangers à la race normande.

Le duc Richard II fut entraîné, en 1024, dans une expédition lointaine. Une de ses filles, Adélise, avait épousé Renault, comte de Bourgogne. Ce dernier fut fait prisonnier par Hugues, comte de Châlon (3).
Ne pouvant souffrir une telle injure, le duc de Normandie envoya
au secours de son gendre ses fils Richard et Robert avec une
armée (4). Ces troupes obtinrent facilement le passage sur les terres
du roi de France, mais elles devaient traverser auparavant celles
de Gautier, comte du Vexin. Pour obtenir de ce seigneur l'autorisation nécessaire, Richard lui donna Elbeuf (5) et le château de
Chambois (6) dans le comté d'Exmes (7). Ce château avait pour
dépendances les paroisses de Chambois, dont l'église romane aumônée
par le duc, cette année-là, à l'abbaye de Saint-Vandrille, en même
temps que celles d'Argentan, d'Exmes et d'Argentelles (8) est
toujours debout, d'Omméel (9), d'Anne-Percy (10), et d'Avenelles (11).

(1) *Placitum ensis.*

(2) *Arch. de l'Orne*, fonds de Montgomery.

(3) Châlon-sur-Saône (Saône-et-Loire).

(4) Cette armée s'empara du château de la Marmande et de Châlon. Hugues se rendit à
merci, en chemise, une selle sur le dos.

(5) Elbeuf (Seine-Inférieure).

(6) Chambois, canton de Trun (Orne).

(7) *Anno 1024, idem Ricardus dedit duas villas optimas in Normannia scilicet Wellebof super
Sequanam et Cambalum in Oximensi pago, antecessoribus Symonis comitis Vilcasini, ut liceret
exercitum Normanniæ pacifice transire per terram suam ad supradictam expeditionem pera-
gendam.* » — Chron. de Robert de Torigny, t. I, p. 33.

(8) Argentelles, canton d'Exmes (Orne).

(9) Omméel, canton d'Exmes (Orne).

(10) Anne-Percy, aujourd'hui Coudehard, canton de Trun (Orne).

(11) Les églises d'Anne-Percy, Omméel et Avenelles avaient été données par Richard II à
l'abbaye de Saint-Vandrille en même temps que les églises d'Exmes, d'Argentan, d'Argentelles, de Sévigny et de Sarceaux.

Les comtes du Vexin et de Vermandois conservèrent Chambois près de deux siècles (1) et furent certainement les constructeurs du puissant donjon qui domine encore la plaine.

Entre Falaise et l'Orne, le Cinglais (2), dont le chef-lieu était, Cingal (3) et les principales localités : Pierrefitte, Thury, Barbery Cesny et Combray, fut donné par Richard II à Raoul d'Anjou, époux d'Alpaïde, qui reçut d'autre part, en Cotentin, le domaine de la Roche (4), et fut un des plus riches seigneurs de Normandie. Ses deux fils : Raoul, surnommé Taisson (5), et Erneis (6) furent les auteurs de puissantes familles, les Taisson et les Fitz-Erneis.

Deux Allemands, Baldric et Wiger, frères (7), étaient venus tenter en Normandie, où ils avaient amené leur sœur Elisabeth qui y fut mariée à Foulques de Bonneval (8), la fortune des armes. Wiger, de caractère plus aventureux, n'y resta pas. Flairant une bonne occasion, il alla rejoindre en Italie Osmond Drengot, chef des premiers Normands, fixés dans ce pays avant 1017, qui furent suivis des célèbres fils de Tancrède de Hauteville (9) dont les principautés s'établirent bientôt dans la Pouille (10) et en Sicile.

Baldric, plus insinuant sans doute, entra très avant dans les bonnes grâces de Richard II qui lui fit épouser une nièce de Gilbert, comte de Brionne à laquelle fut donné en dot le fief de Bocquencé au pays d'Ouche (11). Il fut le chef d'une vraie tribu teutonne, car ses cinq fils, dont deux se fixèrent dans le comté d'Exmes, furent les auteurs d'autant de familles marquantes : Baldric, fut seigneur de Bocquencé; Foulques reçut le domaine d'Aunou (12), près Argentan; Robert épousa Hébrée, héritière du grand fief de Courcy (13) dans la châtellenie de Falaise, où sa descendance se signala par sa turbu-

---

(1) Raoul, comte de Vermandois, donna à l'abbaye du Bec des biens situés à Chambois. — Stapleton, *Magni Rotuli*, t. I, CLXII. — Le comte Raoul possédait Omméel en 1155. — *Bibl. Nat.*, collection Moreau, 67. fol. 180. Isabelle, comtesse de Vermandois, apporta Chambois à Philippe d'Alsace, comte de Flandre, son mari. En 1200, Eléonore de Vermandois céda à Jean-Sans-Terre les biens qu'elle avait à Chambois. — *Rotuli chartarum*, 96.

(2) Le Cinglais formait un doyenné du diocèse de Bayeux.

(3) Cingal, canton de Bretteville-sur-Laize (Calvados).

(4) La Roche-Tesson, au nord de Villedieu (Manche).

(5) Taisson, *taxus*, veut dire blaireau. — « *Radulphus Taxo, filius Radulphi Andegavensis et Alpaïdis* ». — *Monasticon Anglicanum*, II, 973, 974. — Il épousa Albarède de Moulins-la-Marche et fonda l'abbaye de Fontenay sur les confins du diocèse de Bayeux et de Sées.

(6) Il épousa Hacvise, fille du teuton Baldric de Bocquencé.

(7) Ordéric Vital, II, 75.

(8) Bonneval, entre le Sap et Orbec.

(9) Tancrède de Hauteville-la-Guichard eut de ses deux femmes, Murielle et Fressende, douze fils. La plupart passèrent en Italie et en Sicile.

(10) La Pouille, ancienne Apulie.

(11) Bocquencé, canton de La Ferté-Fresnel (Orne).

(12) Aunou-le-Faucon, canton d'Argentan (Orne).

(13) Courcy-sur-Dives, canton de Coulibœuf (Calvados).

lence guerrière (1) ; Nicolas posséda Baqueville-en-Caux et Richard la terre de Neuville-sur-Touque (2).

Au sud du comté d'Evreux, sur les confins du diocèse de Sées, un guerrier français, nommé Fulbert de Beine (3) reçut un vaste territoire (4). Il y construisit un château qui fut, dit la légende, appelé Laigle parce qu'on avait trouvé un nid d'aigle sur son emplacement. La descendance de Fulbert fut très puissante et s'allia à plusieurs maisons souveraines.

Par ces exemples, et on pourrait les multiplier (5), on comprend pourquoi les Montgomery tenaient à affirmer si haut leur extraction normande et pourquoi certains personnages scandinaves, comme Onfroy le Danois, qui fut capitaine de Falaise sous le vicomte Roger, étaient désignés par un surnom originel. Les seigneurs vraiment normands ne manquaient pas cependant dans le comté d'Exmes. Parmi eux, nous n'avons que l'embarras du choix, et nous nous bornerons à mentionner ceux dont le nom importe à ce récit où il reviendra.

La châtellenie d'Exmes vit élever, sur les bords de la Dieuge (6), le donjon de Nonant (7) dont les seigneurs, relativement pauvres (8), s'élevèrent aux plus hautes dignités (9) et furent souvent les antagonistes des Montgomery. Le premier sire de Grentemesnil, Robert (10) dont les fils restaurèrent l'abbaye de Saint-Evroult-en-Ouche (11), construisit son aire en la paroisse de Norrei (12). Les seigneurs de

---

(1) Richard Ier de Courcy, fils de Robert, épousa Wandelmodis. Il fonda le prieuré de Saint-Vigor de Perrières qu'il donna à l'abbaye de Marmoutier, et construisit à Courcy un formidable château. — *Arch. de l'Orne*, Série H 2011. — Son fief s'étendait sur les paroisses de Lieurey, Tostes, Bernières, Pont-près-Jort, Perrières, Ommoi, Crouttes, Heurtevent, Mesnil-Bacley, Damblainville.

(2) Neuville-sur-Touque, canton de Gacé (Orne).

(3) Ord. Vit., II, 27, 95.

(4) La châtellenie de Laigle — aujourd'hui chef-lieu de canton (Orne) — comprit trente-sept paroisses.

(5) Il est bien probable que les guerriers étrangers, entrés au service de Richard II et apanagés par lui, s'entourèrent dans leurs seigneuries de leurs propres soldats qui les avaient suivis.

(6) Riviérette qui se joint, à La Cochère, à l'Ure, affluent de l'Orne.

(7) Nonant-le-Pin, canton du Merlerault (Orne). — Ce fief s'étendait sur Nonant, la Roche-de-Nonant, Saint-Germain-de-Clairefeuille et les localités voisines.

(8) C'est le terme dont se sert Ordéric Vital.

(9) Sur les sires de Nonant, voy. notre *Histoire de Saint-Germain-de-Clairefeuille, Une paroisse rurale en Normandie*, et l'*Histoire de Nonant*, de Charles Vérel.

(10) Ord. Vit., II, 30. — Robert de Grentemesnil épousa Hacvise, fille de Giroie. Hacvise épousa en secondes noces Guillaume, troisième fils de Robert de Normandie, archevêque de Rouen, comte d'Evreux, et en eut deux filles, l'une mariée à Roger Ier, roi de Sicile, l'autre, Emma, à un comte de ce pays.

(11) Outre ces deux fils, Hugues et Robert, qui tinrent un haut rang dans la chevalerie, Robert de Grentemesnil eut d'Hacvise un fils, Ernault, qui se fixa en Pouille, et une fille, Adélise, qui épousa Onfroy du Tilleul.

(12) Grentemesnil et Norrei appartiennent au canton de Saint-Pierre-sur-Dives (Calvados).

Montpinçon (1) et de Vieux-pont-en-Auge (2), ne lui furent guère inférieurs. Autour d'Exmes rayonnaient de moyens fiefs de haubert, comme Argentelles, Malnoyer, le Bourg-Barquet, Avernes, Courgeron et bien d'autres, dont les possesseurs, investis par Richard II, mériteraient une mention étendue (3).

Dans la vaste châtellenie de Falaise (4), qui s'étendait de Briouze, dans le Houlme, au faubourg de Vaucelles de la ville de Caen, il faut signaler les fiefs de Briouze (5), d'Asnebec (6), possédé par Onfroy de Vieilles, fils de Turold de Pont-Audemer, et père de Roger de Beaumont (7), de La Forêt (8), et celui de La Ferté (9) qui fut détaché du Maine, en même temps que le Passais normand.

Il convient de ne pas oublier, dans un rayon plus rapproché de Falaise, outre les Taisson et les Courcy qui dépassèrent en puissance tous leurs pairs, les seigneurs d'Aubigny qui donnèrent des bouteillers héréditaires à la Normandie (10), de Corday (11) dont le nom a traversé les siècles, de Noron (12), vassaux de Montgomery,

(1) *Arch. de l'Orne*, H 2008. — Raoul Ier de Montpinçon, époux d'Adélise, le premier personnage connu de cette famille, dont l'inféodation remontait à Richard II, eut deux fils. L'aîné, Raoul II, vivant en 1093, s'allia à la fille du chancelier d'Angleterre, Ranulfe. Le second, Hugues, épousa Mathilde de Grentemesnil qui, devenue veuve, s'éprit d'un violent amour pour un jeune aventurier, nommé Mathiel, avec lequel elle fit le voyage de Palestine. Elle mourut à Joppé.

(2) Vieuxpont-en-Auge (Calvados). — Cette seigneurie comprenait onze fiefs. Néel de Vieuxpont en était seigneur en 1046.

(3) M. Albert Chollet a consacré d'excellentes monographies à presque tous ces fiefs. Argentelles fut inféodé, après 1024, puisque Richard II disposa alors de l'église en faveur de Saint-Vandrille. Le premier seigneur connu d'Argentelles est Gilbert, vivant en 1080, et mentionné dans le cartulaire de Saint-Vincent du Mans.

(4) Cette châtellenie avait trois fois plus d'étendue que celle d'Argentan, plus petite que celle d'Exmes. — Voy. sur Falaise, les *Recherches historiques* de l'abbé Langevin ; la *Statistique historique* de Galeron, les diverses publications d'Amédée Mériel, etc.

(5) Briouze, chef-lieu de canton (Orne). — Briouze fut donné à un guerrier normand qui eut deux fils. L'aîné, époux de Gonnor, fut le père de Guillaume Ier de Briouze qui, avec son fils Philippe et son neveu Guillaume-Philippe, fonda à Briouze un prieuré de l'abbaye de Saint-Florent de Saumur, d'abord créé pour l'abbaye de Lonlay. — Sur la consistance de la seigneurie de Briouze, voy. *Arch. Nat.* P 871, f. 127.

(6) Asnebec, canton de Briouze (Orne). — Roger de Beaumont donna l'église d'Asnebec, ainsi que celles de Rânes et de Faverolles à Saint-Vandrille. La seigneurie de Rânes fut démembrée d'Asnebec en passant à l'arrière-petit-fille de Roger de Beaumont, Agnès de Neubourg, qui l'apporta en dot à Payen de Méheudin.

(7) Roger de Beaumont fut le père d'Henri, comte de Warvick, dont l'un des fils, Robert de Neubourg, époux de Marguerite de Glocester, fut seigneur d'Asnebec.

(8) La Forêt-Auvray, canton de Putanges (Orne). — Auvray de Vassy, fils d'Enguerrand, était seigneur de la Forêt à la fin du xie siècle.

(9) La Ferté-Macé, chef-lieu de canton (Orne). — Un seigneur du nom de Geoffroy qui y fut apanagé, au commencement du xie siècle, y construisit un château où Guillaume de la Ferté fonda, en 1053, un prieuré de Saint-Julien-de-Tours. Il donna à ces religieux, notamment, les églises de Bellou-au-Houlme et de Giel.

(10) Guillaume d'Aubigny était bouteiller sous Guillaume le Conquérant. — Aubigny, canton de Falaise (Calvados).

(11) Ils étaient parents des seigneurs de Noron. — Corday, canton de Falaise (Calvados).

(12) Guillaume Pantoul, que nous retrouverons, est le plus connu de cette famille. Il fonda à Noron un prieuré de l'abbaye de Saint-Evroul. — Noron, canton de Falaise (Calvados).

d'Ouilly-le-Basset (1), de la Pommeraie (2), de Tournebu et de Coulibœuf (3).

Dans la châtellenie d'Argentan, la forteresse était entourée, comme Exmes et Falaise, d'une série de fiefs de moyenne étendue dont les possesseurs y devaient le service de garde. Say, Juvigny, Urou, Crennes (4), Moulins-sur-Orne et bien d'autres étaient dans ce cas. Quant aux grands domaines, outre Montgomery et Aunou-le-Faucon dont nous avons parlé, Cuy (5), Goulet (6), Messei (7), Ecouché ne peuvent être passés sous silence.

Ecouché (8) fut donné à un guerrier du nom de Fleitel dont la fille Basilie l'apporta en dot à Raoul, bizarrement surnommé Tête d'Ane (9), second fils de Robert de Normandie, comte d'Evreux (10). Ce Raoul avait reçu personnellement le château de Gacé (11), démembré du comté d'Exmes, comme la partie du pays d'Ouche qui en avait autrefois dépendu. Dans cette dernière région encore bien dépeuplée, les forêts avaient, ainsi que dans l'Hiémois, envahi des terres autrefois cultivées (12). Trois seigneurs danois y sont à signaler : Gaston de Montfort (13), vassal de Raoul de Gacé, qui s'était imposé la pieuse tâche de reconstruire les églises détruites (14); Turulfe qui possédait, sans s'en douter, dans les bois

---

(1) Ouilly-le-Basset, canton de Falaise (Calvados). — Robert d'Ouilly était connétable du comté d'Oxford en 1074.

(2) Les de la Pommeraie, seigneurs des Iles-Bardel, furent bienfaiteurs de l'abbaye de Notre-Dame du Val, dont les ruines se voient à Saint-Rémy-sur-Orne.

(3) Coulibœuf, chef-lieu de canton (Calvados). — Raoul de Coulibœuf est témoin, en 1093, d'une charte de Richard de Courcy. — *Arch. de l'Orne*, H 2008.

(4) Les seigneurs de Say, surnommés Picot, donnèrent à l'abbaye de Saint-Martin-de-Sées les églises de Say et de Juvigny. Ils autorisèrent leur vassal Avenel à donner à la même abbaye les églises d'Urou et de Crennes. — *Cart. de Saint-Martin de Sées*, Chartes CCII, CIII, CCIV, CCV.

(5) Cuy, comme Goulet, Aunou-le-Faucon, Messei devint une baronnie.

(6) Goulet, canton d'Ecouché (Orne).

(7) Messei, chef-lieu de canton (Orne).

(8) Ecouché, chef-lieu de canton (Orne). — Voir, sur cette localité, l'histoire que lui a consacrée M. de Caix.

(9) « *Qui pro magnitudine capitis et congerie capillorum jocose cognominatus est Caput Asini.* » — Ord. Vit., II, 104. — Raoul mourut en 1039. A la mort de son fils, Robert de Gacé, en 1064, Ecouché fut donné à Richard de Gournay, frère utérin de ce dernier, issu du second mariage de Basilie Fleitel avec Hugues de Gournay. — Ord. Vit., III, 322.

(10) C'est l'archevêque de Rouen dont nous avons parlé.

(11) Gacé, chef-lieu de canton (Orne). — Gacé comprit neuf fiefs de haubert s'étendant sur Gacé, Saint-Evroult-de-Montfort, Chaumont, Grandval, La Chapelle-Montgenouil, Orgères, Le Tilleul et Lignères. — *Arch. de l'Orne*, fonds de Gacé.
Robert de Gacé, fils de Raoul et de Basilie Fleitel, mourut sans enfants en 1064, laissant Gacé à son cousin-germain Guillaume, comte d'Evreux. A la mort de ce dernier, Gacé passa à Robert de Sablé, fils de Lisiard, sire de Sablé, et de Tiphaine de Brioollé. — Voir la nomenclature des seigneurs de Gacé, publiée par nous à la suite de la *Bibliographie du canton de Gacé* de M. le chanoine Guesdon.

(12) « *Post devastationem Danorum raro cultore Uticensis pagus incolebatur.* » — Ord. Vit., III, 61.

(13) Saint-Evroult-de-Montfort, canton de Gacé (Orne).

(14) « *Tunc Guaszo de Montforti miles fuit, qui, timore Dei plenus, in corde suo pie proposuit ut omnes in vicino ecclesias, quæ... dirutæ erant restauraret.* » — Ord. Vit., III, 110, 111.

de son domaine, les ruines de l'abbaye de Saint-Pierre d'Ouche
recouvertes d'une luxuriante végétation (1), et Helgon, puissant
guerrier dont les terres d'Echauffour (2) et de Montreuil (3) s'étendaient au loin (4).

Le duc Richard II mit tous ses soins à organiser solidement la
frontière du sud. Son père, nous l'avons vu, avait maintenu Yves de
Bellême dans la possession du pays de Sées et du Passais et lui avait
confié la garde du secteur faisant face au Maine et au Bellêmois,
qui s'étendait sur une longueur de vingt lieues et une profondeur
moyenne de cinq à sept lieues. Faisant suite à l'est à ce secteur,
la frontière, opposée au comté du Corbonnais ou de Mortagne, com-
mençait un peu au-dessous du Mesle-sur-Sarthe (5) et s'étendait,
sur une longueur de cinq lieues, basse et plate, bornée successivement par la Sarthe en remontant jusqu'à sa source, par un ruisseau
appelé Baragne et par le cours de l'Iton (6). Elle était exposée aux
incursions des Percherons du Corbonnais, des chartrains et des
guerriers de l'Ile de France.

Sur cette petite partie de la frontière qui porta le nom propre de
la Marche, mais n'a jamais constitué, comme l'ont cru les historiens,
trompés par cette dénomination collective, une unité féodale,
Richard II fit construire les châteaux de Moulins-la-Marche (7) et
de Sainte-Scolasse (8). Au-delà de Moulins, la frontière suivait
l'Avre (9) et était défendue par les forteresses de Verneuil (10) et de
Tillières (11). Nous bornerons nos développements à la Marche.

Un guerrier normand, nommé Guimond (12), reçut Moulins (13).

---

(1) Ibid, III, 109. — Raoul Fresnel, fils de Turulfe, possédait Notre-Dame-du-Bois vers
1030. Ses fils en vendirent l'église, en 1050, à Thierry, abbé du monastère de Saint-Evroult
restauré. — Ord. Vit., IV, 342, note. — Un de leurs descendants, Richard Fresnel, vivant en
1119, construisit un château qui, de son nom, fut appelé la Ferté-Fresnel, sur le territoire de la
paroisse d'Anceins : *In territorio Uncinis de censu regis.*

(2) Echauffour, canton du Merlerault (Orne). — « *Helgo Normannorum potens miles* ». —
Ord. Vit., II, 23.

(3) Montreuil-l'Argilé (Eure).

(4) Les domaines d'Echauffour et de Montreuil comprenaient : Echauffour et Montreuil,
Saint-Hilaire-sur-Rille, Beaufay, Monnay, Saint-Germain-d'Aulnay, Heugon, Saint-Pierre-
des-Loges, Le Sap-André, La Goulafrière, La Chapelle-Gauthier, La Trinité-de-Réville, Saint-
Quentin-d'Augerons et Verneusse. — *Ach. Nat.* Série P 2752.

(5) Le Mesle-sur-Sarthe, chef-lieu de canton (Orne).

(6) L'Iton, affluent de l'Eure, prend sa source à Mahéru, canton de Moulins-la-Marche (Orne).

(7) Moulins-la-Marche, chef-lieu de canton (Orne).

(8) Sainte-Scolasse, canton de Courtomer (Orne).

(9) L'Avre, affluent de l'Eure.

(10) Verneuil, chef-lieu de canton (Eure). — La forteresse normande de Verneuil était séparée
par l'Avre de la forteresse française du Vieux-Verneuil.

(11) Tillières (Eure).

(12) De sa femme, nommée Jeanne, Guimond Ier de Moulins eut Guimond II, Félix de Moulins et Albarède, femme de Raoul Ier, Tesson, seigneur de Cinglais, fils de Raoul d'Anjou.

(13) Moulins est qualifiée *oppidum* au XIe siècle. — *Cartulaire de Saint-Père de Chartres*,
publié par M. Guérard, II, 54 ; Ord. Vit, V, 83. — Un faubourg, ayant une église dédiée à
Saint-Nicolas, s'adjoignit bientôt à la petite cité : *porta de Molins per quam itur de burgo ad
ecclesiam Beati Nicholai de eadem villa.* — *Cartulaire de la Trappe*, p. 372.

Il campa la forteresse sur une élévation près de laquelle, comme près de tous les châteaux, se forma, autour de la petite église Saint-Laurent, un bourg qu'il ceignit de murs et de tours. Son domaine seigneurial s'étendait sur dix-sept paroisses (1) et comprenait dix fiefs de haubert.

En face, à quatre lieues au-delà de la frontière, la forteresse de Mortagne (2) assise sur une colline, entourée de profondes vallées et couverte par un étang, présentait la menace de son donjon et de sa double enceinte. Son comte Fulcois, qui avait succédé à Hervé (3), maria sa fille Elvise à Geoffroy, vicomte de Châteaudun, seigneur de Nogent-le-Rotrou, qui, très belliqueux, devait être l'auteur des non moins belliqueux comtes du Perche (4).

Le christianisme de Guimond Ier de Moulins est certain puisque, en concédant à ses vassaux des droits d'usage dans ses bois, fait du reste presque général, il songea à leur assurer le fagot qui devait réchauffer et réjouir leur foyer la nuit de Noël (5). Celui de son fils Guimond II Félix ne l'est pas moins, car il donna aux moines du monastère célèbre de Saint-Père-en-Vallée, de Chartres, le lieu antique et la chapelle de Sainte-Marie de Planches, à condition de restaurer cet édifice, de l'orner et d'établir là un prieuré qu'il dota(6). La survivance des traditions danoises n'est par douteuse chez eux cependant. Le dernier des huit fils de Guimond II (7), tous préma-

●

(1) Moulins, Bonsmoulins, Bonnefoi, Courdévesque, Fay, La Ferrière-au-Doyen, Mahéru, Mesnil-Bérard, Le Nuisement, Planches, Ronxoux, Saint-Aignan, Saint-Aquilin, Saint-Hilaire, Saint-Laurent de Planches, Sainte-Colombe, Sainte-Gauburge. — *Cartul. de Saint-Père de Chartres*, t. I, 145, t. II, 548, 549 ; *Bibl. Nat.*, ms latin 10075.

(2) Mortagne, chef-lieu d'arrondissement (Orne).

(3) Hervé vivait en 954 ; Fulcois, mort après 1031, n'a pu être que son second successeur. — Vicomte de Romanet, *Géographie du Perche*, p. 37.

(4) Geoffroy, époux d'Elvise, était le fils de Geoffroy II, vicomte de Châteaudun, et de Mélisende, dame de Nogent-le-Rotrou, cette dernière, fille de Rotrou Ier, seigneur de Nogent. — C'est à M. le vicomte O. de Romanet que revient l'honneur d'avoir établi cette filiation, car, se basant sur un passage mal compris d'Ordéric Vital, l'historien percheron Courtin, copié par Bry de la Clergerie et par l'*Art de vérifier les dates*, avait fait de Geoffroy, le mari d'Elvise, le fils de Guérin de Bellême, petit-fils d'Yves Ier, ce qui est contredit par les faits, la chronologie et les chartes. — *Géographie du Perche*, p. 38. — Geoffroy fut le père de Rotrou II, comte de Mortagne, dont le fils Geoffroy prit le premier le titre de comte du Perche dans une charte du cartulaire de Saint-Père qui se place entre 1090 et 1100.

(5) « ...Et ad natale Domini unum fagum... » — Bibl. Nat. 10075, fol. 12. — Dans la seigneurie de Malnoyer, près Exmes, le curé avait le droit de chasse si jalousement gardé cependant par les Normands, à condition de bénir chaque année la buche de Noël placée dans l'âtre du seigneur, patron de son église.

(6) « ...Locellum Sanctæ Mariæ de Plancis concedimus Sancto Petro ex Carnotensi cænobio... Loculum quoque præfatum odornent monachi Sancti Petri et ædificent ut suum proprium, ut in hoc et super hoc glorificetur Deus per ipsos ». — Cart. de Saint-Père de Chartres, t. I, 145. — Cette charte, souscrite vers 1054, fut confirmée dans l'acte par Guillaume le Bâtard, suzerain direct de Moulins, comme de toutes les châtellenies des frontières : « ...Et domno meo, dit Guimond, Guillelmo comiti Normannorum, ex cujus beneficio tenere videor, hanc cartam roborandam tradidi, episcopoque nostro Ivoni ». — Raoul était alors chapelain du château de Moulins.

(7) De son épouse Emma, Guimond II eut huit fils : Raoul, Robert, Antoine, Guimond, Hugues, Alain, Guillaume, Thoresgaud. — Cart. de Saint-Père, t. I, p. 145 — et une fille, Albarède, qui épousa Guillaume, fils de Gautier de Falaise. — Ord. Vit, II, 548 — auquel elle apporta Moulins.

turément disparus, porte le nom caractéristique de Thoresgaud dans lequel on retrouve le souvenir de Thor, fils d'Odin, le père des dieux scandinaves. Un vassal de Moulins, Herbert de Mélicourt, entouré de seigneurs d'origine française (1) revendique soigneusement la qualité de Normand (2).

On ne peut contester celle du guerrier Richard, qui reçut Sainte-Scolasse dont il construisit le château (3). Il céda une partie de son domaine à un de ses compagnons d'armes Roger, qui devint ainsi seigneur du Merle (4) et devait, en temps de guerre, le service militaire de dix chevaliers à Sainte-Scolasse (5).

Cette châtellenie et celle de Moulins étaient limitrophes des possessions de la maison de Bellême, qui pénétraient dans le doyenné de la Marche, comprenant trente-quatre paroisses et dépendant de l'archidiaconé de Sées (6).

Nous croyons avoir scruté aussi profondément que possible les origines de la Normandie et montré combien furent vives, et parfois terribles, les luttes qui accompagnèrent son établissement et précédèrent le règne réparateur et plein d'énergique vitalité de Richard II. Nous croyons avoir en même temps mis en pleine lumière les destinées de l'Hiémois et du diocèse de Sées pendant le xe siècle et le commencement du xie.

Nous allons maintenant revenir sur nos pas et concentrer notre attention sur Yves Ier de Bellême. Il importe que nous connaissions bien le sauveur de la dynastie normande, car, sans perdre un instant de vue la maison ducale, ce sont les seigneurs de Bellême et d'Alençon, auteurs des comtes d'Alençon, que nous placerons dorénavant au premier plan. Ils vont être en effet l'objet principal de notre étude. Nous retrouverons là Richard II.

(1) Notamment de Fulbert de Planches, fils de Bertrand, d'Ebrard de Ruée, etc.

(2) « *Genere Normannus.* » — *Cart. de Saint-Père*, II, 168.

(3) Hugues, fils de Richard de Sainte-Scolasse, et Alain de Sainte-Scolasse, vivaient en 1089. — *Cart. de Saint-Martin de Sées*, charte XIII. — Jean de Sainte-Scolasse vivait en 1191. — *Cart. de Perseigne.*

(4) Le Merlerault, chef-lieu de canton (Orne). — Roger du Merle épousa Emma, fille de Giroie, dont il eut Raoul et Guillaume. Ce dernier eut de sa femme Mencalde deux fils, Raoul et Roger. — Ord. Vit., II, 30 ; *Monasticon Anglicanum*, t. XI, p. 48.

(5) *Livre de Philippe-Auguste.*

(6) Sur le doyenné de la Marche, voyez *le Pouillé de Sées*, rédigé en 1763 par le chanoine Savary et reproduisant un pouillé sagien du xive siècle. C'est l'existence du doyenné de la Marche qui a induit tous les historiens en erreur et leur a fait croire à l'unité féodale de cette région. Les ducs de Normandie y avaient encore un domaine non inféodé au milieu du xie siècle. C'est ainsi que Guillaume le Bâtard, resté seigneur de Brullemail, donna le droit de justice — *potestatem judiciariam* — aux moines de Saint-Père-de-Chartres sur cent arpents de terre qu'un certain Robert, fils de Guillaume, leur avait donnés à cens, *in Brogilo Amari*. — *Cart. de Saint-Père*, p. 168, 144, t. II. — Ces religieux avaient reçu le même droit de justice sur les terres de leur prieuré de Planches, mais de Guimond II de Moulins. — *Ibid*, I, 145.

DEUXIÈME PARTIE

ORIGINES
DU DUCHÉ D'ALENÇON

Les TALVAS, Princes de Bellême
Seigneurs d'Alençon

CHAPITRE PREMIER

Yves Iᵉʳ de Bellême (940-1005)

Une relique du vieux château de Bellême. — Les père et mère d'Yves de Bellême. — Illustration de sa famille. — Son mariage avec Godehilde. — Hostilité de Hugues, comte du Maine ; ses motifs. — Sigefroy de Bellême, oncle d'Yves, brigue l'évêché du Mans. — Son entente avec Foulques et Geoffroy, comtes d'Anjou. — Il est élu évêque du Mans, 971. — Le comte Hugues le chasse de son siège. — Le prélat recourt à Bouchard, comte de Vendôme. — Hugues s'empare de quelques fiefs du Saosnois. — Sigefroy viole la discipline ecclésiastique. — Les fils d'Yves de Bellême. — Mariages de l'aîné, Guillaume, et de ses sœurs Hildeburge et Godehilde.— Yves reçoit Mainard, abbé du Mont-Saint-Michel. — Il fonde le prieuré de l'Abbayette, 997. — Raoul Iᵉʳ de Beaumont, vicomte du Mans. — Mort de l'évêque Sigefroy. — Son neveu, Avesgaud de Bellême, lui succède. — Yves et l'abbaye de Fleury-sur-Loire. — Mort d'Yves peu après 1005. — Sa sépulture.

Au sommet d'un roc de pierre blanche et tendre, formant un mamelon très escarpé au sud-ouest de la colline sur laquelle s'étagent les maisons de Bellême (1), on voit une très vieille chapelle romane.

---

(1) Bellême, chef-lieu de canton, arrondissement de Mortagne (Orne).

Pour d'importantes parties, elle est restée, malgré des restaurations malheureuses, dans son état primitif. L'appareil, les contreforts peu saillants, le portail bas, décoré d'un cordon, l'étroitesse des fenêtres, percées très haut dans la muraille, la charpente et la toiture apparentes comme dans les premières basiliques romaines, tout s'y ressent de l'extrême simplicité d'une architecture naissante.

Le chœur est plus resserré que la nef et d'un niveau beaucoup plus élevé. Il communique avec celle-ci par un escalier d'une douzaine de marches. Entre les deux bras de l'escalier, s'ouvre un couloir descendant à une crypte, située au-dessous du chœur, dont la voûte en berceau est soutenue par un arc doubleau plat. Deux pilastres trapus à chapiteaux carrés et très frustes supportent la retombée de l'arc. Deux petites baies romanes éclairent la crypte, unique dans la région, qui porte les caractères d'une antiquité très reculée (1).

Cette chapelle est le seul reste du premier château des seigneurs de Bellême. « Il semble, a écrit un archéologue de grand mérite (2), qu'elle soit restée debout pour être le monument du nom et de l'œuvre d'Yves Ier, l'homme extraordinaire qui a été la souche d'une des plus célèbres familles féodales. »

Il la dédia à Notre-Dame et à tous les Saints, et la destina à être sa sépulture familiale. Il voulut en conséquence que la prière y fut perpétuelle et la fit desservir par douze chanoines de la collégiale de Toussaint d'Angers, qu'il dota li éralement. Nous avons analysé la charte de fondation, mais nous ne savons jusqu'à présent du fondateur que sa charge de grand maître des balistes de France, sous Louis d'Outremer, son rôle à Laon, à Creil, sur la frontière normande dont il fut constitué le gardien en face du Maine et de l'Anjou, et ses possessions. Nous allons pénétrer plus avant dans sa vie.

Yves Ier de Bellême était fils, probablement unique, de Fulcoin, seigneur de Bellême (3), du Saosnois (4), du Passais (5) et de Sées (6). Sa mère se nommait Rhotaïs (7). Il avait deux sœurs, Billehende

---

(1) Nous empruntons les éléments de cette description à M. l'abbé Albert Desvaux, *Excursion archéologique à Bellême*, et à M. l'abbé P. Barret, *Normandie monumentale*, volume de l'Orne, p. 282.

(2) M. l'abbé Barret.

(3) Bellême était bien un fief patrimonial d'Yves, car, dans la charte de fondation de sa chapelle, il agit seul : « *Ego Ivo... in castro meo Bellismo...* » — *Arch. de l'Orne*, H 2150. — S'il avait reçu Bellême de sa femme, dont nous verrons l'origine, elle eut participé à l'acte. Si Bellême était venu de sa mère, ses parents maternels seraient intervenus. Yves songe à ses ancêtres de qui il tenait son fief, car il les fait participer aux prières qui seront dites là : « *Vel pro genitoribus.* »

(4) Voyez ce que nous avons dit plus haut et dom Paul Piolin, *Histoire du diocèse du Mans*, tome III.

(5) La partie du Passais qui devint normand. — *Arch. de l'Orne*, H 462.

(6) *Cart. du Chapitre de Sées*, fol. 29, bibl. d'Alençon.

(7) Cette filiation, attestée par l'*Art de vérifier les dates*, t. II, p. 876, était mise en doute

et Eremburge, qui ne se marièrent pas ; deux oncles paternels, Sigefroy, qui fut évêque du Mans, et Guillaume, et quatre cousins paternels : Guillaume, qui embrassa l'état ecclésiastique, Robert, Sutsard ou Suhard (1) et Guillaume.

Cet état complet de la famille, présenté par une charte de la fin du xe siècle (2), fait justice de l'opinion, longtemps accréditée (3), qui donnait aux comtes de Mortagne et du Perche une origine commune avec les Bellême.

Ces derniers, tous les historiens l'attestent (4), appartenaient à une race illustre que M. Bertrand de Broussillon considère, à juste titre, comme ayant été investie, dès le ixe siècle, d'un grand gouvernement (5). Il ne serait peut-être pas téméraire de penser qu'elle était de haute extraction bretonne et s'était implantée dans le Maine et à Bellême, lors des guerres dirigées par les chefs de la Bretagne contre Charles le Chauve qui, ayant voulu marier son fils, créé duc du Maine, avec la fille du roi Erispoé, ménagea les compatriotes de ce prince

Elle a, en effet, avant les invasions normandes, des possessions très importantes sur les confins du Maine et de la Bretagne, entre Landivy et la Dorée (6). Certains de ses officiers, comme Abbon, ancêtre des Giroie de Saint-Cénery, sont des Bretons (7). Certains de ses membres portent le surnom caractéristique de « Le Breton (8). » Quand, à la fin du xiie siècle, elle prendra des armoiries,

par certains auteurs quand elle a été prouvée par la découverte aux archives de la Manche d'une charte originale publiée, avec photographie, par M. Bertrand de Broussillon, dans son *Cartulaire de l'Abbayette*. — *Bulletin de la Commission historique et archéologique de la Mayenne*. Supplément à la livraison 24, 4e trimestre 1894.

« *Pro salute animæ meæ atque patris mei Fulconii et matris meæ Rothaïs* », dit Yves, dans ce document.

Le savant archiviste de l'Orne, M. Louis Duval, dans sa préface de l'Inventaire de la série H de ses archives, t. II, p. 3, note 2, a parfaitement montré que la découverte de M. Bertrand de Broussillon, dont l'inventeur n'a pas compris la portée, tranchait définitivement la question.

(1) On peut se demander si ce personnage n'est pas Suhard le Vieux, premier seigneur de Craon.

(2) « *Consensu et voluntate meorum parentum*, dit Yves dans la charte précitée, *duarum videlicet sororum mearum : Billehendis atque Eremburgis, necnon duorum avunculorum, Seinfredi episcopi et Guillelmi, atque cognatorum : Guillelmi clerici, Roberti, Sutsardi, rursusque Guillelmi laïci.* » — Charte Ire de l'Abbayette.

(3) Odolant Desnos, dans ses *Mémoires historiques sur Alençon*, n'hésite pas à faire d'Yves Ier de Bellême un frère de Rotrou Ier de Nogent qu'il crée comte de Mortagne et dont il le constitue l'héritier. Comme conséquence, on a donné aux Bellême et à leurs descendants, les comtes de Ponthieu et d'Alençon, les armoiries que portèrent, à la fin du xiie siècle, les comtes du Perche, issus des comtes de Mortagne : d'argent à deux chevrons de gueules.

Les armes des comtes d'Alençon, de la maison de Bellême, n'ont, nous le verrons tout à l'heure, aucun rapport avec ce blason de pure fantaisie.

(4) Dom Mabillon, *Vetera Analecta*, t. III : Bry de la Clergerie, *Hist. des comtes d'Alençon* ; Le Courvaisier, *Vie des évêques du Mans* ; Dom Piolin, *Hist. de l'Eglise du Mans* ; *Gallia Christiana*, t. XIV, p. 365.

(5) Bertrand de Broussillon, *La Maison de Laval*. — Cet auteur a fait à tort d'Yves de Bellême un comte du Perche.

(6) Landivy et la Dorée (Mayenne).

(7) Ordéric Vital, II, 22.

(8) *Guérin*, fils de Rotrou II, comte de Mortagne, et d'Adèle de Bellême, fille de *Guérin*,

un franc canton d'hermines, blason ducal de la Bretagne, brisure représentative des premiers seigneurs de Bellême et d'Alençon, distinguera la branche des comtes d'Alençon de celle des comtes de Ponthieu (1).

Yves Ier de Bellême s'était marié, peu après 940 (2), dans la période où il était maître des balistes de France et résidait au château de Laon, à Godehilde, que sa proche parenté avec le comte Gilduin de Breteuil-en-Beauvoisis (3), plus tard châtelain du Puiset en Beauce et vicomte de Chartres, nous permet de croire issue de cette célèbre maison (4).

Lorsque le comte du Maine, Hugues II, succéda, vers 955, à son père Hugues Ier, qui détenait l'autorité au moins depuis 936, il vit d'un œil jaloux et inquiet la puissance de ce seigneur (5), lié aux ducs de France et de Normandie, et dont la vaste seigneurie mancelle du Saosnois, flanquée du Bellêmois, étayée par le pays de Sées et par le Passais, s'étendait de la Sarthe aux portes du Mans.

est appelé *Warinus Brilo*. — *Cartulaire de Saint-Vincent du Mans*. n° 587. — Un Maurice de Bellême, issu d'une branche bâtarde, est appelé *Mauricius de Bellismo qui dicitur Brito.*- *Cart. du chapitre du Mans*, charte DCLII.

(1) En 1211, le contre-sceau de Robert III, comte d'Alençon, porte « un bandé de six pièces au franc canton d'un plein ». Emma de Laval, femme de Robert III, devenue veuve, et même remariée, porta toute sa vie le titre de comtesse d'Alençon et les armes que nous venons de décrire. On les trouve sur ses contre-sceaux en 1229 et 1256. Guy de Montmorency, issu du second mariage d'Emma avec Mathieu II de Montmorency, plaça sur son sceau les armes des Montmorency, mais, tenant évidemment beaucoup à rappeler la dignité comtale de sa mère, il chargea le premier quartier d'hermines au lieu d'alérions. Il empruntait ces hermines au franc canton des armes d'Alençon.— Voy. Bertrand de Broussillon et Paul de Farcy, *Sigillographie des seigneurs de Laval*.

Le Courvaisier, dans son *Histoire des évêques du Mans*, nous dit en effet que le franc canton des armes des Bellême était d'hermines plein. Les armes que les comtes d'Alençon, de la maison de Bellême, prirent, au douzième siècle, étaient : bandé d'or et d'azur de six pièces au franc canton d'hermines plein.

(2) Guillaume Ier de Bellême, fils aîné d'Yves, ne pouvait avoir moins de vingt et quelques années quand il fit à Rome le pèlerinage dont nous avons parlé.

(3) Breteuil-en-Beauvoisis, arrondissement de Clermont (Oise).

(4) Gilduin de Breteuil est dit oncle d'Avesgaud de Bellême, évêque du Mans, fils d'Yves Ier. — A. de Dion, *Le Puiset, aux XIe et XIIe siècles, Mémoires de la Société Archéologique d'Eure-et-Loir*, t. IX. — Gilduin n'était pas le parent paternel d'Avesgaud et ne pouvait être un frère de sa mère Godehilde, puisqu'il mourut en 1060. En 1048, il confirma à l'abbaye de Marmoutier le don de l'église de Saint-Germain de Chuisnes. — *Arch. d'Eure-et-Loir*, H 2307. — Nous pensons qu'il était le neveu paternel de Godehilde et le fils d'un Galeran de Breteuil encore vivant en 1018. — *Arch. de l'Oise*, H 1718.

Le comte Gilduin était très uni d'affection avec l'évêque Avesgaud qui lui donna, en retour d'une aumône à l'église du Mans de 20 livres de rente sur le domaine de Clermont, le corps de saint Constantien, abbé et fondateur du monastère de Javron au VIe siècle. Ces reliques furent déposées en 1029 dans l'abbaye de Breteuil que le comte restaurait alors. Une bulle du Pape Léon IX l'appelle : « ...*Vir nobilis et religiosus, nomine Wilduinus, in partibus Galliarum prepotens et dives.* » — *Arch. de l'Oise*, H 1731. — Voy. aussi : Dom Mabillon, *Annales, O. S. B.* lib. LVI, num. 57 : dom Bouquet, t. XI, p. 251 ; *Gallia christiana*, t. IX, col. 800 ; dom Paul Piolin, *Hist. de l'Eglise du Mans*, t. III.

Bienfaiteur de l'abbaye de Saint-Père, à laquelle il avait donné les coutumes de saint Père, en 1046, Gilduin mourut moine dans ce monastère. Il avait épousé Emeline dont il avait eu quatre fils : Harduin, mort sans postérité, et Evrard, époux d'Humberge, furent après lui comtes de Breteuil, sires du Puiset et vicomtes de Chartres ; Valeran fut abbé de Saint-Vanne de Verdun, ce qui amena, nous le verrons, l'évêque Avesgaud dans ce pays, et Hugues fut évêque de Langres.

(5) Voy. dom Paul Piolin, *Hist. de l'Eglise du Mans*, t. III et Latouche, *Hist. du Maine*. Il ne faut pas oublier qu'un Hugues était comte du Maine en l'an 900. Hugues dit Ier devrait donc être Hugues II.

Constatant l'importance d'un pouvoir qui n'était pas né de la veille et dont les progrès ne cessaient de s'étendre, il vit en Yves un rival d'autant plus menaçant que son oncle, Sigefroy de Bellême, briguait l'évêché du Mans. La vieillesse du bon évêque Mainard, qui avait porté les armes avant la crosse, faisait prévoir sa vacance.

Sigefroy, dans cette éventualité, s'était assuré l'appui de Foulques le Bon, comte d'Anjou, et lui avait promis, s'il parvenait au siège convoité, le manoir épiscopal de Coulaines, situé près du Mans, et d'autres biens (1). Les consciences étaient alors si oblitérées, la notion du juste et de l'injuste si obscurcie qu'on en était arrivé parfois à traiter un évêché comme un grand fief. Bien que religieux, Foulques le Bon n'avait vu aucun mal à ce marché simoniaque, et alléché par l'offre dont la réalisation lui donnerait un point d'appui au milieu du Maine, il l'avait acceptée. Mais il mourut vers 960, onze ans avant l'évêque Mainard. C'est son fils, Geoffroy Grisegonelle, auquel le roi Lothaire avait cédé ses droits régaliens sur les évêchés d'Angers et du Mans (2), qui réalisa le pacte conclu.

Sigefroy, protégé du comte d'Anjou et de Lothaire, fut donc élu, en 971, comme successeur de Mainard, fut sacré sans opposition de l'archevêque de Tours, et prit possession de son siège. Le comte Hugues ne tarda pas à manifester son hostilité au nouvel évêque, non pas qu'il eut la conscience plus délicate que Foulques le Bon et Geoffroy, mais il était gêné par la puissance épiscopale et saisit avec empressement l'occasion de satisfaire à la fois son antagonisme contre la maison de Bellême et contre les prérogatives ecclésiastiques (3). Sigefroy fut obligé de sortir du Mans.

L'évêque se rendit à Vendôme auprès du comte Bouchard Ier, dit le Vénérable, fils puiné de Foulques le Bon (4), et lui demanda de le secourir en lui offrant, comme prix de son aide, de lui inféoder des domaines et des droits ecclésiastiques (5). Bouchard accepta, prit les armes en sa faveur, mais paraît s'être borné à des démonstrations qui n'eurent aucun résultat. Hugues enleva alors à la maison de Bellême quelques fiefs du Saosnois (6).

<hr>

(1) Dom Mabillon, *Gesta Sigenfridi episcopi*, *Vetera Analecta*, t. III, p. 297.

(2) « *Dedit rex Robertus Gaufrido comiti quicquid rex Lotharius in episcopatibus suis, Andegavensi scilicet et Cenomanensi, habuerat.* » — Pertz, *Monumenta Germaniæ historica : Scriptores*, t. III.

(3) Dom Piolin, t. III, p. 35 et 36.

(4) Bouchard Ier, comte de Vendôme, avait épousé Elisabeth, veuve d'Aimon, comte de Corbeil. D'après l'*Art de vérifier les dates*, t. XI, p. 426, cet Aimon, dont la petite-fille Germaine épousa en 1012, Mauger, fils de Richard Ier, duc de Normandie, serait le fils d'Osmond, l'écuyer-précepteur du duc Richard Ier, dont nous avons vu le rôle à Laon, qui aurait reçu de Hugues le Grand le comté de Corbeil.

(5) Dom Mabillon, *Gesta Sigenfridi episcopi*, *Analecta*, t. III.

(5) Le comte Hugues donna en effet à l'abbaye de la Couture du Mans le prieuré de Moulins, Saint-Rémy-du-Plain et quelques autres terres en Saosnois. — *Cartulaire de la Couture*, p. 8, n° 6.

Il est hors de doute que, dès 971, un rapprochement avait eu lieu entre l'évêque, son neveu Yves et le comte du Maine, car les signatures de ces trois personnages figurent côte à côte, avec celle de Raoul II, vicomte du Mans, au bas de la charte consacrant le don par le chapitre du Mans de la terre de Vaubuan à l'abbaye de Saint-Julien de Tours (1).

Par contre, l'évêque du Mans ne pouvait pas avoir la paix de la conscience. La discipline du célibat semblait trop pesante à certains seigneurs, revêtus du caractère épiscopal, et Sigefroy était du nombre. Il n'hésita pas à se marier (2). D'une femme appelée Hildeburge, il eut plusieurs enfants dont tous moururent en bas âge sauf un fils, Albéric, auquel son père donna les villages de Sarcé et de Coulongé qui avaient appartenu à l'abbaye de Saint-Vincent du Mans et qui furent plus tard scrupuleusement restitués à cette maison (3).

Yves de Bellême, dont les sentiments religieux profonds sont prouvés par ses restaurations d'églises, la construction de sa chapelle castrale dédiée à la Vierge, son culte particulier pour saint Benoît, cause de ses libéralités à l'abbaye de Saint-Benoît-sur-Loire (4), ses restitutions au monastère du Mont-Saint-Michel (5) dut souffrir de la conduite de son oncle. Sans doute, comme le dit dom Piolin (6), « ces scandales n'étaient pas particuliers à l'Eglise du Mans. Beaucoup d'autres diocèses avaient des prélats simoniaques et de mœurs corrompues », et il fallut toute l'énergie du pape Grégoire VII pour rétablir la discipline, mais Yves, qualifié d'homme sage (7), en comprenait la tristesse. Il ne pouvait avoir pour ces lamentables défaillances l'indulgence des Normands fraîchement convertis.

Ce n'est pas le hasard qui donna à Avesgaud, fils d'Yves, destiné à l'état ecclésiastique, les principes de la morale chrétienne la plus pure.

Ce n'est pas non plus le hasard qui fit de Guillaume, fils aîné de

<hr>

(1) Dom Mabillon, *Annales, O. S. B.* lib. XLVII, n° 70 : « *Signa Sigefridi, episcopi, Hugonis comitis, Radulfi vicecomitis, Yvenis.* » — L. de Grandmaison, *Fragments de chartes du dixième siècle*, n° 23.

(2) « *Ad cumulum damnationis suæ accepit mulierem nomine Hildeburgam.* » — Dom Mabillon, *Vetera Analecta*, t. III, *Gesta Sigenfridi episcopi.*

(3) Sous l'influence de l'évêque du Mans, Gervais de Château-du-Loir, petit-fils d'Yves, Herbert de la Milesse, chevalier, fils d'Albéric et d'Hildiarde, restitua d'abord l'église de Coulongé ; puis, vers 1060, celles de Sarcé et de Maule. Le 2 mars 1091, Aubry de la Milesse, fils d'Herbert, restitua à l'abbaye de Saint-Vincent du Mans les derniers biens usurpés, pour l'établissement de son fils, par l'évêque Sigefroy. Rahier, vassal du monastère, s'insurgea à cette occasion et soutint une lutte aussi injuste qu'extraordinaire. — Voy. le *Cartulaire de Saint-Vincent du Mans.* — La Milesse, commune de l'arrondissement et du 3e canton du Mans.

(4) Fleury-sur-Loire (Loiret). — *Vie de Gauzlin*, abbé de Fleury et archevêque de Bourges, publiée par Léopold Deliste, n° 9.

(5) Charte première du *Cartulaire de l'Abbayette.*

(6) Dom Paul Piolin, *Hist. de l'Eglise du Mans*, t. III, p. 8.

(7) « *Vir potens et sapiens.* » — Guill. de Jumièges, liv. VIII, ch. 35.

l'ancien grand-maître des balistes, un ingénieur militaire remarquable. Il commença, du vivant de son père et sous sa direction, les grands travaux de fortification qui devaient mettre la Normandie et les fiefs de sa maison à l'abri des attaques.

La sollicitude d'Yves, pour l'avenir de ses enfants, le porta à leur ménager de grandes alliances : Guillaume Ier de Bellême, qui devait le continuer, épousa Mathilde. L'hostilité maladroite de chroniqueurs, amplificateurs de Guillaume de Jumièges (1), a fait sortir symboliquement cette dame de la lignée de Ganelon, le traître fameux de Roncevaux (2). Tout démontre qu'elle appartenait à la maison ducale de Normandie, comme l'a entrevu un historien (3) : l'importance de sa dot qui consista dans le fief de Condé-sur-Noireau (4), comprenant dix-sept paroisses, les rapports d'étroite intimité qui existèrent entre Guillaume et le duc Richard II, dont Mathilde était peut-être la sœur (5), et une brève mention des *Annales de Saint-Evroult* qui, sans indiquer son alliance, constate l'existence d'une princesse Mathilde de Normandie, morte en 1033 (6). Si la haute extraction de Mathilde est certaine, il est impossible cependant, faute de documents, de la préciser sûrement.

La destinée du troisième fils d'Yves, qui portait le nom de son père (7), et dont on a fait la tige de la maison de Château-Gontier (8), reste aussi enveloppée de nuages. Par contre les alliances de ses sœurs, Hildeburge et Godehilde, sont en pleine lumière historique :

Hildeburge de Bellême épousa un grand personnage du Maine,

---

(1) Nous exposerons plus loin comment l'œuvre de Guillaume de Jumièges, parfaitement innocent des interpolations et des commentaires qu'a subis son texte, a été la première source des légendes injurieuses et des calomnies infligées à la maison de Bellême.

(2) *Chron. ms. de Normandie*, publiée dans le *Recueil des Hist. de France*, t. XI ; Bart des Boulais, *Antiq. du Perche*, éd. H. Tournoüer, p. 71 : Odolant Desnos, *Mem. hist. sur Alençon*.

(3) M. Licquet, *Hist. de Normandie*, t. II, p. 9.

(4) Condé-sur-Noireau, chef-lieu de canton (Calvados). — Quand Guillaume de Bellême, soit à Bellême, soit à Sées, disposera de biens patrimoniaux, il agira toujours seul. Quand au contraire, il fondera, dans le Passais, l'abbaye de Lonlay, sa femme et ses enfants souscriront la charte parce qu'il donnera aux religieux l'église de Condé-sur-Noireau et d'autres venant dotalement de sa femme. — *Arch. de l'Orne*, H 291. — Voy. aussi, abbé Huet, *Histoire de Condé-sur-Noireau*.

(5) Richard assiste aux principaux actes intéressant Guillaume Ier.

(6) « *1033. Obiit Mathildis filia Ricardi comitis.* » — Cette Mathilde ne doit pas être confondue avec la comtesse de Chartres, morte en 1013.

(7) Avesgaud de Bellême et son frère Yves. — *Avesgaudus, Dei gratia Cenomannensium præsul, meusque frater Ivo* — donnèrent à l'abbaye de Saint-Vincent du Mans la terre d'Hildebert, le bois du Breuil sur le ruisseau de Blarna, dans la villa de Coulaines, une terre à Courgains, et une autre dans la villa de Courteilles. La plupart de ces terres sont situées dans le Saosnois. Parmi les témoins de cette libéralité se trouvaient Béraud de Machenais, paroisse d'Eperrais en Bellémois, Raymond de Saosnes et Hildebert, chanoine de Saint-Léonard de Bellême. — *Cart. de Saint-Vincent*, n° 12.

(8) Yves aurait été le père de Renault de Château-Gontier, époux de Béatrice, nièce de Foulques Nerra, comte d'Anjou. — *Art de vérifier les dates*. — Voy. abbé Foucault, *Château-Gontier*.

Aymon, seigneur de Château-du-Loir (1) et de Cohémon (2), fils du seigneur de ces fiefs et de Rorans d'Argentré, près Laval, dont elle eut six enfants (3). Deux de ses fils, Gervais et Ursion, ceignirent la mitre comme évêques du Mans et de Senlis. Le premier fut archevêque de Reims et chancelier de France. La descendance d'Hildeburge porta les couronnes comtales du Maine et de l'Anjou et les couronnes royales de Jérusalem et d'Angleterre (4).

Godehilde de Bellême fut mariée à Albert, seigneur de La Ferté-en-Beauce, (5) dont elle eut un fils, également nommé Albert. Ce dernier se maria et, devenu veuf, se fit moine à Jumièges et fut élu abbé de Saint-Etienne et de Saint-Mesmin, près Orléans (6). Son fils Arnoul fut archevêque de Tours (7) de 1023 à 1052.

Yves de Bellême était trop âgé en 987 pour prendre une part personnelle aux événements qui accompagnèrent l'accession au trône de Hugues Capet. Le Bellêmois étant un fief relevant directement de la couronne de France, son fils Guillaume remplit pour lui, auprès du nouveau souverain, ses devoirs de haute vassalité. Les liens qui unissaient depuis longtemps Yves à la descendance de Hugues le Grand ne firent que se resserrer sous Hugues Capet et son fils Robert le Pieux.

Il paraît certain par contre que l'antagonisme de Hugues II, comte du Maine, n'avait pas désarmé. Il se jeta, dit-on, sur le sud du Saosnois (8). Nous ne croyons pas cependant qu'il y ait fait de conquêtes. Une intervention du comte d'Anjou, Foulques Nerra (9), peut avoir été motivée par cette attaque (10).

(1) Château-du-Loir, chef-lieu de canton (Sarthe). — Voy. le *Cart. de Saint-Vincent du Mans*, n° 186.

(2) Cohémon, paroisse de Vouvray-sur-Loir (Sarthe).

(3) Bouchard de Château-du-Loir, mort sans postérité ; Robert, qui fut père de Gervais et l'aïeul de Mathilde femme d'Hélie de la Flèche, comte du Maine ; Gervais, évêque du Mans, puis archevêque de Reims ; Ursion, évêque de Senlis ; Rotrude, mariée à Guy I⁰¹, sire de Laval, veuf de Berthe de Toëny ; Hildeburge, femme de Gundin, dit le Vieux, seigneur de Malicorne. — Voy. A. Bertrand de Broussillon, *La Maison de Laval*, et abbé Métais, *Cartulaire de la Trinité de Vendôme*.

(4) C'est Mathilde de Château-du-Loir, femme d'Hélie de la Flèche, qui fit souche de rois.

(5) La Ferté-Vidame (Eure-et-Loir).

(6) *Rec. des Hist. de France*, t. XI, p. 378.

(7) « *Arnulphus ex nobili Alençoniorum et Bellismensium comitum genere, nepos Avesgaudi et consobrinus Gervasii.* » — *Cartularium ecclesiæ Cenomanensis.*

(8) Voy. Robert Latouche, *Hist. du comté du Maine pendant le dizième et le onzième siècle* ; Dom Paul Piolin, *Hist. de l'Eglise du Mans*, t. III, p. 37 ; Vicomte Menjot d'Elbenne, *Ballon au onzième siècle* et l'excellente brochure consacrée par M. Fleury aux fortifications du Saosnois.

(9) Foulques Nerra, comte d'Anjou, avait succédé à son père Geoffroy Grisegonelle, mort le 21 juillet 987. Il imposa sa suzeraineté au Maine par les armes et disposa de plusieurs domaines manceaux comme siens en faveur de ses partisans.

(10) Nous croyons que les quelques terres du Saosnois, enlevées par le comte Hugues II, le furent lors de sa guerre contre l'évêque Sigefroy, et que la forteresse saosnoise de Ballon qu'on représente comme ayant été conquise après 990 ne fut prise et reprise que sous le comte Herbert Eveille-Chien, fils de Hugues III. S'il en avait été autrement, la paix entre Guillaume de Bellême, fils d'Yves, et le comte Hugues III n'aurait pas pu durer, or elle dura. Une charte de l'abbaye d'Evron, de 994, prouve que Hugues III était alors en bonnes relations avec l'évêque Sigefroy.

Parmi ses vastes possessions, Yves comptait dans le Maine, sur les confins de l'Avranchin, entre Landivy et la Dorée, un domaine composé de huit villas (1). Avant les invasions normandes, ce domaine avait été donné par ses ancêtres au monastère du Mont-Saint-Michel, ainsi que nous l'avons dit. Pendant les bouleversements qui suivirent, la famille des donateurs en était rentrée en possession (2).

L'abbé Maynard, deuxième du nom, élu en 990, (3) en désira la restitution. Pour l'obtenir, il quitta le rocher de l'archange et, accompagné de quelques moines, il vint au château de Bellême solliciter cet acte de justice (4).

Yves « désirant de toute son âme les joies célestes (5) », accueillit sa demande favorablement, lui promit d'y faire droit et, dans ce but, s'assura du consentement de tous les membres de sa famille (6). Son oncle, l'évêque Sigefroy, malgré sa vie si contraire au caractère dont il était revêtu, était loin d'être l'ennemi des moines. Bien des restaurations religieuses étaient dues à son initiative, notamment celle, en 990, de l'abbaye des saints Pierre et Paul du Mans, dite de la Couture. Il avait même appelé, dans sa ville épiscopale, des religieux de l'ordre de Saint-Antoine pour donner des soins aux malades (7). Il entra donc volontiers dans les vues de son neveu.

Les deux vieillards — Sigefroy était à peu près du même âge qu'Yves — obtinrent l'acquiescement du comte du Maine, Hugues III, qui avait succédé à son père Hugues II en 992, et rendez-vous fut pris pour la souscription de la charte qui devait assurer la fondation du prieuré de l'Abbayette. Tous trois, le 12 octobre 997, première année du règne de Robert le Pieux, suivis de clercs et de seigneurs vassaux, se réunirent au château de Fresnay-le-Vicomte (8), appartenant à Raoul II de Beaumont, vicomte du Mans (9).

Ce personnage, bienfaiteur de Saint-Aubin d'Angers et de Saint-

---

(1) « *In territorio cenomannico, in confinio Abricatensis regionis.* » — *Cart. de l'Abbayette*, charte I.

(2) « *Terram quam mei antecessores*, dit Yves..., *donaverunt, sed irruente Normannorum infestatione, locus ipse per multorum curricula annorum amiserat.* » — *Ibid.*

(3) Dom Huynes, *Hist. de l'abbaye du Mont-Saint-Michel.*

(4) « *Maynardus scilicet abbas cæterique fratres sub eo degentes, me adientes postulaverunt...* » — *Cart. de l'Abbayette*, charte I.

(5) « *Gaudiique cœlestis tota aviditate mentis concupiscendo contubernium.* » — *Ibid.*

(6) « *Consensu et voluntate meorum parentum.* » — *Ibid.* - - Nous les avons cités plus haut.

(7) Dom Paul Piolin, *Hist. de l'Eglise du Mans*, t. III. .

(8) Fresnay-le-Vicomte, chef-lieu de canton (Sarthe). — « *Actum castro Fraternensi, IIII idus Octobris, regnante Rotberto rege Francorum.* »

(9) Raoul II de Beaumont, époux de Godehelt, possédait les châteaux de Beaumont, Fresnay, Sainte-Suzanne, Vivoin, dans le Maine ; du Lude en Anjou. Voy. Ménage : *Hist. de Sablé*, t. I, p. 18 ; l'abbé Angot, *Les Vicomtes du Maine* et Depoin, *Les Vicomtes du Maine et la Maison de Bellême.*

Florent-de-Saumur, frère de l'évêque Mainard et père de Geoffroy de Sablé, fondateur du prieuré de Solesmes, était vassal à la fois du comte Hugues et d'Yves de Bellême dont il tenait des fiefs situés dans le Saosnois (1). C'est pour ce motif sans doute que son château avait été choisi pour cette rencontre.

Yves esquissa, d'une main que l'âge faisait trembler, son signe au bas de l'acte dont l'original a traversé les siècles. Sigefroy traça posément une croix pattée, qui rappelle la croix pectorale. Le comte Hugues usa d'un monogramme. Quant au vicomte Raoul, les deux traits croisés, énormes, qu'il lança comme des coups de sabre, dominent les signes inégaux, souvent informes, qui suivent hiérarchiquement le sien (2).

L'évêque Sigefroy ne tarda pas à descendre dans le tombeau. Se sentant gravement malade (3), il avait rompu avec le siècle auquel il n'avait été que trop attaché et avait pris l'habit religieux dans l'abbaye de la Couture. C'est là qu'il rendit à Dieu son âme enfin pénitente et qu'il reçut la sépulture (4). L'Eglise du Mans allait trouver dans son petit-neveu, Avesgaud de Bellême, un pasteur vraiment digne d'elle.

Yves vit son fils ceindre la mitre. Il atteignit au moins l'an 1005 et la quatre-vingt-dixième année de son âge, car il donna à Gauzlin, abbé de Fleury-sur-Loire, monastère célèbre où étaient gardées les reliques de saint Benoît, son domaine de Magny-le-Désert. Le témoignage d'André de Fleury, moine de cette maison, est formel (5). Or Gauzlin, fils bâtard de Hugues Capet, ne devint abbé qu'en 1005 (6).

La crypte de la chapelle Notre-Dame du château de Bellême reçut la dépouille de l'ancien grand maître des balistes de France (7). Son fils aîné Guillaume qui, depuis longtemps, administrait pour lui ses vastes possessions, lui succéda.

(1) Voy. la charte 490 du cartulaire de Saint-Vincent du Mans, intéressant la descendance de Raoul II, où ces fiefs sont énumérés : « *Hæc omnia suprascripta quæ sunt de casamento Willelmi de Bellissimo et de casamento vicecomitis.* »

(2) Les seigneurs de la suite d'Yves étaient Gausbert, Hervé, Guillaume, Gautier, deux Gosselin, Tesselin et le clerc Lambert. Ceux de la suite de Sigefroy étaient Garnier, Ingelbert, Herman, Erchenger, Hugolin, le clerc Guillaume, Gérard, Enguerrand et Robert.

(3) Dom Mabillon, *Vetera Analecta*, t. III.

(4) Sigefroy mourut « au plus tard en 1005, et peut-être dès 997. » — R. Latouche, *L'origine des seigneurs de Laval.*

(5) « *De cætero, Ivo Belesmensis, inter cæteras suarum erogationes possessionum, quas plurimis conscripserat sanctis, ob suarum ablutionem culparum, hujus dilecti Dei haudquaquam immemor extitit, Magniacum cedendo illi.* » — *Vie de Gauzlin*, abbé de Fleury et archevêque de Bourges, par André de Fleury, publiée par Léopold Delisle, n° IX.

(6) Le roi Robert leva en 1005 les difficultés qui s'opposaient à l'élection de Gauzlin, dont le prédécesseur Abbon était mort le 13 novembre 1004 : « *At prævaluit Roberti regis auctoritas anno 1005.* » — *Gallia Christiana*, t. VIII, p. 1550.

(7) « Et on croit, dit Bry de la Clergerie, en parlant de la chapelle Notre-Dame du vieux château de Bellême, que y sont les sépultures de cet Yves et de sa femme. » — *Hist. des comtes d'Alençon et de Bellême.*

CHAPITRE II

Guillaume Ier Talvas, prince de Bellême. (Après 1005).
Son œuvre dans le Bellêmois et le Saosnois.

Pourquoi Guillaume de Bellême fut surnommé Talvas. — Ce nom soigneusement gardé par sa descendance. — Difficultés avec Fleury-sur-Loire. — Visite de l'abbé Gauzlin. — Benoît de Bellême lui est confié. — Talvas à la cour du roi de France Robert le Pieux. — Il commande son escorte en l'an 1000. — Talvas et le duc de Normandie Richard II. — Pourquoi Guillaume de Bellême est qualifié « prince ». — Années de paix. — Les reliques de saint Léonard de Vandœuvre. — Donations à Notre-Dame du Vieux-Château. — Le nouveau château et la ville de Bellême. — La Collégiale de Saint-Léonard. — Sa consécration solennelle entre 1023 et 1026. — Le roi Robert, le duc de Normandie, les comtes d'Anjou, de Chartres et du Maine à Bellême. — Privilèges de la collégiale. — La fête de saint Léonard. — Fondation de l'abbaye de Sainte-Gauburge de la Coudre et du prieuré de Dame-Marie. — Les fortifications du Saosnois.

Guillaume Ier de Bellême, fils aîné d'Yves et de Godehilde, était un homme de fer, tant sa volonté était agissante et son courage indomptable. D'un mot, ses contemporains avaient synthétisé ses qualités et caractérisé son rôle sur la frontière normande, en l'appelant *Talvas*, bouclier (1). Tous ceux de ses descendants, nommés comme lui Guillaume, furent gratifiés de ce surnom (2) qui rappelait le grand ancêtre. Ils s'en parèrent eux-mêmes comme d'un titre d'honneur qui, par la suite, passa à toute la lignée qui fut la race de Talvas (3).

(1) « *Guillelmus Talavatius primus* », dit Guill. de Jumièges, liv. VII, ch. 12.

(2) Guillaume II de Bellême est appelé par Ordéric Vital : « *Willermus cognomento Talavacius* » ; Guillaume III par Ordéric et Robert de Torigny : « *Willelmus Talvas* » ; Guillaume IV par une charte de Jean Sans-Terre, en 1203 : « *Guillaume Talvas* » ; Guillaume V, dans les chartes du Ponthieu : « *Willelmus Talvas.* »

(3) On a beaucoup disserté sur le mot *Talvas*. Ordéric Vital qui ne perd aucune occasion d'attaquer la Maison de Bellême n'a pas manqué de le présenter comme caractérisant la dureté. « *Jure vocatus Talavacius ob duritiam* », a-t-il dit, en parlant de Robert II de Bellême.

Le glossaire de Ducange a parfaitement expliqué le mot *Talvas*, en le traduisant par « sorte de bouclier. » Dès le XIe siècle, Arnoul, abbé de Troarn, avait donné au mot *Talvas* sa portée exacte et glorieuse en inscrivant sur la pierre tumulaire de Mabile de Bellême, fille de Guillaume II : « *Hæc scutum Patriæ.* » Rien n'était plus clair, et cependant aucun historien n'a compris la paraphrase.

Il suffisait de lire les chartes pour constater que les descendants de Guillaume Ier de Bellême prirent eux-mêmes, dans certaines circonstances, le nom de Talvas, qui, loin de les blesser, rappelait une origine flatteuse :

« *Avus meus comes Willermus Talvas* », dit Jean, comte de Ponthieu, en 1184, dans la charte solennelle où il confirme et codifie les libertés communales concédées à la cité d'Abbeville par son grand-père. — *Recueil des ordonnances des rois de France*, t. IV, p. 55.

« *Ego Willermus Talvas, comes Pontivi* », dit, dans deux chartes de 1192 et de 1195, Guillaume, comte de Ponthieu, fils de Jean. — *Bibl. Nat.* Dom Grenier, paquet 9, art. 3 A.

Quand Guillaume de Bellême succéda à son père, il était plus qu'au milieu de sa carrière, il avait dépassé l'âge de soixante ans. C'était un vétéran des armes que les souverains honoraient de leur amitié et de leurs faveurs méritées.

Longtemps auparavant, nous l'avons vu aller chercher à Rome (1) l'absolution des fautes que son métier de soldat lui avait fait commettre, car le rude guerrier craignait la justice de Dieu. De nombreux actes témoignent de sa foi. Il eut cependant de graves difficultés, dont on ignore la cause, avec l'abbaye de Fleury-sur-Loire à laquelle il refusa d'abord de confirmer la donation de Magny-le-Désert (2). Toutefois, la réputation de sainteté de l'abbé Gauzlin, dont la haute intelligence, la science et la vertu étaient notoires, étant venue jusqu'à lui, il députa un officier vers le serviteur de Dieu et le fit prier de l'honorer de sa visite (3).

Gauzlin, qui était bon écuyer, monta à cheval et vint voir « le prince » de Bellême. Son éloquence et la sûreté de sa doctrine produisirent une telle impression sur le fils d'Yves que, pénétré de respect pour la vie monastique, Guillaume mit l'abbé en possession du domaine contesté. Il fit beaucoup plus. Son dernier fils, Benoît, trop jeune encore pour avoir été instruit des vérités religieuses, fut donné, comme oblat, au monastère de Fleury (4).

A son retour dans son abbaye, Gauzlin reçut deux grands candélabres d'argent massif (5) et on doit attribuer à son influence persévérante les fondations bénédictines qu'à partir de ce temps, Guillaume multiplia ou favorisa.

Le fils de Hugues Capet, le roi Robert (6), homme pieux, doux et pacifique, avait une haute estime pour Guillaume de Bellême et l'avait fait un des principaux officiers de sa cour. Reconnaissant des services signalés que lui rendit ce vassal aimé, le monarque eut pour lui des égards si particuliers qu'il fut son hôte à Bellême et à Sées. Quand le souverain, dont le mariage avec la reine Berthe de Bourgogne, sa parente, avait été annulé, s'en était allé, en

---

(1) *Arch. de l'Orne*, H 2151.

(2) « *Quo (Ivone) tamen defuncto, Willelmus, ejus filius, juvenilis animi cupiditate inlectus, cunctas paternæ traditionis eleemosinas sibi sua vindicavit potentia.* » — André de Fleury, *Vie de Gauzlin*. — André de Fleury se trompe en présentant Guillaume de Bellême comme un homme jeune et en affirmant que ses contestations s'étendirent à tous les biens aumônés par son père. Guillaume s'empressa au contraire de confirmer et d'augmenter la dotation des chanoines de Notre-Dame de Bellême. — *Arch. de l'Orne*, H 2150.

(3) « *Comperiens autem hujus servi Dei famam totius orbis ambitum pene diffusam, ad eum misit, ad seque venire rogavit.* » — *Ibid.*

(4) « *Qui protinus, ut erat peritus, accensis equis, ad memoratum scilicet principem pervenit, in quo ille admirans doctrinalis eloquentiæ facundiam monasticique ordinis reverentiam, præfatam possessionem reddit, proprium filium, nomine Benedictum, nondum catechumenum, tradit.* » — André de Fleury, *Vie de Gauzlin*, n° IX.

(5) « *Gemina candelabra argentæ massæ ingentia monachorum summo direxit habenda.* » — *Ibid.*

(6) Le roi Robert le Pieux régna de 996 à 1031.

l'an 1000, dans le midi, épouser pour son malheur Constance, l'acariâtre fille de Guillaume Taillefer, comte de Toulouse, et d'Arsende d'Anjou (1), Guillaume de Bellême commandait son escorte. Ce dernier fut, dit un chroniqueur, indigné de l'attitude irrévérencieuse d'un homme d'armes qui, pendant le voyage, avait scandaleusement abusé de la cave d'une abbaye bénédictine où il était logé (2).

Richard II, duc de Normandie, lui aussi pieux et pacifique, bien fait pour s'entendre en toutes circonstances avec le roi Robert, eut pour le seigneur de Bellême auquel l'attachaient très sûrement, nous l'avons dit, des liens de famille, les mêmes égards que lui. Il lui confirma la possession de ses vastes fiefs normands et lui réitéra l'autorisation d'y bâtir des forteresses dont la construction, déjà commencée, correspondait au plan de défense de sa frontière du sud. Il lui donna licence de créer des châtellenies et lui reconnut des droits exceptionnels que nous préciserons.

Le rang social de Guillaume est nettement caractérisé par la qualification honorifique de prince, *princeps* (3), qui distinguait alors les principaux feudataires d'illustre origine, qu'ils fussent ducs comtes ou châtelains, des simples seigneurs. Un de ses fils, évêque de Sées, portera à son tour ce titre (4) qu'affirmera solennellement, dans une charte (5), Pierre II, comte d'Alençon, de la race de saint Louis (6), en faisant mention de « feu, de noble recordation, Guillaume, jadis prince de Bellesmois. »

La qualité de prince était si peu prodiguée, dans la région, que le Cartulaire de Saint-Vincent du Mans ne l'accorde qu'à trois personnages : le duc de Normandie, le comte du Maine et le seigneur de Bellême (7). Ce rapprochement suffit pour en déterminer le sens et la portée. Le savant dom Piolin, qui parle toujours des « princes de Bellême (8) » les a bien compris (9).

(1) Sœur de Geoffroy Grisegonelle, comte d'Anjou.

(2) Aimoin, *De miraculis S. Benedicti*, lib. II, *Recueil des Hist. de France*, t. X, p. 341.

(3) « *Willelmus Bellismensis provinciæ principatum gerens... Willelmus princeps.* » — Arch. de l'Orne, H 462. — « *Memoratum principem.* » — André de Fleury, *Vie de Gauzlin.*

(4) « *Ego Ivo, Bellismi castri princeps.* » — Cart. de Saint-Vincent, n° 834.

(5) *Arch. de l'Orne*, H 921.

(6) Pierre II, comte d'Alençon, de 1377 à 1391.

(7) *Princeps Normanniæ, Princeps Cenomannorum, Princeps Bellismi castri.*

(8) Voy. l'*Histoire du diocèse du Mans*, t. III.

(9) Le *Glossaire* de du Cange, l'*Histoire des Pairs de France* de Courcelles, t. I, p. 33, ce dernier ouvrage avec quelques réserves, les *Éléments de paléographie* de Wailly, t. I, p. 285, sont beaucoup trop absolus quand ils présentent le mot *princeps* comme signifiant seulement « seigneur. » Leur opinion vient de ce que, surtout dans le midi, de simples seigneurs de haute lignée, se disant indépendants, usèrent et abusèrent de la qualification « *princeps.* »
En Normandie, dans le Perche et dans le Maine, le titre de « *princeps,* » suivi d'un nom de peuple ou de localité est extrêmement rare. Par les personnages auxquels il est donné, il est facile d'en déterminer le sens exact qui est celui de « prince. » Ce n'est pas à la légère que René Chopin, considérant les droits exceptionnels dont les comtes d'Alençon de la race de

La vie de Guillaume de Bellême se partage, depuis la mort de son père, en deux phases nettement tranchées. La première, pacifique, féconde, animée par une inlassable volonté instauratrice et réparatrice, est remplie par la construction de forteresses, de villes et d'églises, par la fondation de monastères et par la reconstitution des menses épiscopale et canoniale de Sées. Elle s'étend sur une période de quinze ans et correspond à l'époque de renaissance qui caractérise les règnes de Richard II et d'Avesgaud de Bellême, évêque du Mans.

Pour l'étude méthodique de la première période, nous parcourrerons successivement chacun des grands fiefs où s'exerça l'activité militaire et religieuse du fils aîné d'Yves. Nous commençons par la châtellenie de Bellême où cinquante-six églises, centres d'autant de paroisses, ne tardèrent pas à s'élever.

A peine Avesgaud de Bellême avait-il succédé à son oncle Sigefroy sur le siège épiscopal de Mans qu'il donna à son frère Guillaume le corps de l'abbé saint Léonard de Vandœuvre et d'autres reliques qui furent provisoirement déposées dans la chapelle Notre-Dame du château que nous avons vu construire par Yves (1). A cette occasion, le prince de Bellême et sa mère Godehilde augmentèrent la dotation de cette collégiale. Ils lui attribuèrent une terre voisine, les deux églises du bourg, ou plutôt de la ville de Bellême, dont nous allons parler, l'église de Boécé dans le Corbonnais (2), avec un de leurs colliberts (3) et sa descendance, et diverses propriétés du Saosnois, dans la forêt de Perseigne : Villiers, Rougemare et Louzes (4).

En ce temps, le château d'Yves était déjà appelé « le Vieux (5) », car un château plus vaste, réputé inexpugnable, séparé de la première forteresse par une dépression de la colline, s'élevait sur un point très culminant pour protéger le bourg qui s'était formé autour d'oratoires dédiés à saint Sauveur et à saint Pierre.

Le nouveau château (6) d'où la vue s'étendait sur les horizons les plus variés : riantes vallées et futaies superbes, présentait un

Talvas étaient investis, les a qualifiés de petits souverains, « *Alençonii reguli.* » — *De Domanio Gallico*, lib. II, p. 263, par. 3.

Au pluriel, *principes* perd la signification que nous venons d'indiquer et doit se traduire simplement par « grands seigneurs ». On rencontre souvent cette expression dans les chroniques et les chartes.

(1) « *Contigit ut corpus S. Leonardi... in castellum meum Bellismum asportarem....* » — *Arch. de l'Orne*, H 250.

(2) Saint-Aubin-de-Boécé, canton de Bazoches-sur-Hoesne (Orne).

(3) Le collibert était un homme tenant une situation intermédiaire entre l'homme libre et le serf.

(4) « *Post obitum autem Ivonis, ego Willelmus et Godehildis mater mea, cupientes aderescere beneficia Sanctæ Mariæ et Sancti Leonardi abbatis...* » — *Arch. de l'Orne*, H 2150.

(5) « *Terram quæ adjacet veteri castro de Belismo.* » — Ibid.

(6) L'enceinte du château occupait la place actuelle des halles qu'elle débordait, car le boulevard actuel des Promenades n'est que le nivellement des anciens fossés et de leur escarpement.

donjon isolé flanqué de quatre tours. A l'abri de la puissante forteresse, avec laquelle elle communiquait, une très petite ville, entourée d'une enceinte de huit cents mètres de circonférence, dans laquelle s'ouvraient deux portes, alignait ses maisons le long d'une rue unique dépendant de la paroisse Saint-Sauveur. Son église et celle de Saint-Pierre restaient hors les murs dans les faubourgs qui s'alignaient au Levant et au Septentrion sur la crête de la chaîne de collines dont la cime était occupée par les fortifications (1).

Après avoir fait de Bellême une place forte dont ses descendants devaient augmenter la puissance, Talvas voulut la doter d'un monument religieux remarquable qui en fut l'âme. Lors du pèlerinage qu'il avait fait à Rome, il avait reçu, comme pénitence de ses fautes, l'injonction de construire une basilique exempte de toute autre juridiction que celle du Pape et n'avait pu encore l'élever.

Il l'édifia (2) en l'honneur de la Sainte Vierge et des apôtres Pierre et Paul, vaste et superbe, dans l'enceinte même de son château neuf. « Sa voûte était de la plus belle et ingénieuse structure (3) » qui se pût voir, ce qui a fait supposer, non sans raison, Guillaume de Bellême ayant visité l'Italie où l'influence de l'architecture bysantine était alors prépondérante, qu'elle était surmontée d'une coupole orientale dominant majestueusement les murailles et les tours crénelées (4).

Les reliques de saint Léonard de Vandœuvre furent déposées dans le sanctuaire. Elles en furent le principal trésor (5). Ce saint

---

(1) L'historien Bry de la Clergerie a vu le château de Bellême qui, de son temps, existait encore en entier. Il l'a décrit ainsi au commencement du XVIIe siècle : « La ville de Bellesmes est composée d'un grand chasteau fort ancien, dans lequel y a un donjon qui a esté autrefois une grande forteresse, basty sur un petit mont en forme de pavillon garny de quatre tours, à chaque costé, le tout à présent penchant en ruines et sans habitation qu'au fort des troubles... Il est revestu devers le Midy de grands fossés relevés fort haut, et du Septentrion d'une ville close aussi de bonnes murailles et fossés, petite et de peu d'estendue, mais aussi y a du costé et du Levant et d'Occident de grands et beaux faulx-bourgs bien peuplés... » — *Histoire des comtés d'Alençon et du Perche*, liv. I, chap. VI, p. 18.

Il ne reste rien du château dont le donjon s'écroula en 1780. De l'enceinte de la ville, il subsiste une partie des murailles du côté du Nord. L'église Saint-Pierre primitive a été détruite en 1795, et non remplacée. L'église actuelle de Saint-Sauveur ne date que du XVIe siècle. — Voyez, sur Bellême, une excellente description de M. l'abbé A. Desvaux : *Excursion archéologique à Bellême*, *Bulletin de la Soc. Hist. et Arch. de l'Orne*, t. XIX, p. 31.

(2) Il existe aux Archives de l'Orne — H 2151 — un diplôme de Philippe Iᵉʳ, roi de France, remplaçant la charte originale de fondation et de consécration de l'église Saint-Léonard, et en précisant les détails.

Nous jugeons inutile d'entrer dans la discussion des difficultés soulevées par ce document, considéré comme apocryphe par Mabillon et par l'*Art de vérifier les dates*, et comme très douteux par Odolant Desnos. Son authenticité, maintenant complètement démontrée, est hors de doute. — Dom Piolin, *Histoire de l'Eglise du Mans*, t. III, p. 96, note 3 ; Géraud, *Bibliothèque de l'Ecole des Chartes*, 1ʳᵉ Série, t. 1, p. 542 et suiv. ; abbé Barret, *Cartulaire de Marmoutier pour le Perche*.

(3) Bry de la Clergerie.

(4) Abbé A. Desvaux. — L'église de Saint-Léonard de Bellême aurait ainsi réalisé le rêve poétique de Florentin Loriot qui voulait, pour une église projetée à Domfront, le style byzantin, avec coupole, qui en aurait fait « un temple dominateur des lointains. » — Florentin Loriot, *D'une église possible au pays des Talvas.*

(5) Ces reliques, arrachées de leur châsse d'argent, furent profanées et brûlées par les

devint ainsi le patron de la cité dont l'église, qui porta son nom, fut l'orgueil.

La consécration très solennelle de la basilique fut faite, sous l'épiscopat de Richard, évêque de Sées (1), entre 1023 (2) et 1026 (3). Guillaume de Bellême s'était rendu auprès du roi Robert, son seigneur, et l'avait instamment prié d'assister à la cérémonie (4). Il avait invité le « glorieux » Richard, duc de Normandie (5), Foulques Nerra, comte d'Anjou, Eudes II, comte de Chartres, de Blois et de Champagne, et Herbert Eveille-Chien, comte du Maine.

Ces illustres personnages étaient tous présents avec les hôtes épiscopaux, en tête desquels nous placerons Arnoul de La Ferté-en-Beauce, archevêque de Tours (6) et Avesgaud, évêque du Mans, membres de la maison de Bellême. Ce dernier, zélé promoteur de tout ce qui pouvait donner plus de pompe au culte divin, devait avoir réglé l'ordonnance de la superbe cérémonie dont le souvenir resta longtemps dans la mémoire des Bellêmois.

Robert de Normandie, archevêque de Rouen, comte d'Evreux, qui vécut en seigneur laïque ; Fulbert, évêque de Chartres, un des plus savants hommes de son temps, doublé d'un saint ; Hubert de Vendôme, évêque d'Angers, étaient là aussi avec l'évêque de Sées. Deux archevêques et quatre évêques participèrent donc à la consécration de la nouvelle collégiale à laquelle la chapelle Notre-Dame du Vieux-Château, où Godehilde dormait son dernier sommeil près de son mari, fut rattachée avec ses dotations. Les mêmes chanoines devaient desservir les deux édifices. Une charte fut rédigée et souscrite par tous les assistants (7). Quelques années plus tard, Gilduin, archevêque de Sens, qui occupa ce siège primatial en 1032, y ajouta sa signature.

Guillaume de Bellême avait pris toutes les précautions pour que les privilèges de la basilique Saint-Léonard et de son clergé fussent respectés. Ils furent cependant maintes fois contestés, mais en vain (8).

Huguenots de l'armée de Coligny en 1562. L'église de Saint-Léonard, dévastée par eux, fut jugée non réparable et s'écroula en 1711.

(1) Nous établirons plus loin la série des évêques de Séez dans cette période.

(2) Cette date est certaine, car Arnoul, archevêque de Tours, qui assista à la cérémonie, devint archevêque en 1023.

(3) Richard, évêque de Sées, fut remplacé par Radbod avant la mort en 1026 de Richard II, duc de Normandie, ce qui est prouvé par une charte concernant Dame-Marie.

(4) « *Dominum Francie regem adii Rotbertum*, dit Guillaume de Bellême, *eumque, ut ad eam dedicationem veniret suppliciter exoravi...* » — *Arch. de l'Orne*, H 2151.

(5) « *Addidi etiam ad eamdem dedicationem invitare gloriosum Normannorum comitem Rikardum....* » — *Ibid.*

(6) Petit-neveu de Guillaume de Bellême.

(7) C'est cette charte primitive qui, à cause de son mauvais état de conservation, déterminé en particulier « *per incursionem Normannorum* », dont nous déterminerons plus tard le sens, fut remplacée par un diplôme de Philippe Ier, confirmé depuis par cinq ou six chartes.

(8) *Arch. de l'Orne*, H 2156, 2205 ; abbé Barret, *Cartul. de Marmoutier pour le Perche*, charte XII et suiv.

Chaque année, l'anniversaire de la dédicace réunissait le 26 juin, à Bellême, pour de grandes fêtes, les personnages les plus marquants du clergé, de la noblesse et une foule de fidèles (1). Toutes les paroisses de l'archidiaconé se rendaient processionnellement à Saint-Léonard la veille de l'Ascension. Guillaume de Bellême et, après lui, ses descendants profitaient alors de la présence, en leur château, d'hôtes illustres pour souscrire les chartes les plus importantes, tenir leur cour de justice et surtout leur cour plénière, dont nous nous occuperons plus tard. Cette cour jugeait solennellement les affaires d'une gravité exceptionnelle.

Les pèlerins, venus souvent de très loin, affluaient à Bellême, du mois d'août à la fin d'octobre, apportant l'animation dans les rues et sur les places de la petite cité (2).

Comme son père, Guillaume de Bellême avait un culte particulier pour saint Benoît et, depuis ses rapports avec l'abbé Gauzlin, une prédilection pour les religieux de son ordre dont il voulut avoir une maison non loin du château, capitale de ses possessions. Tous les historiens ont ignoré qu'il donna le domaine de Sainte-Gauburge-de-la-Coudre (3) à Bérenger, moine de Bonneval (4). Ce dernier y fonda un monastère et reçut la bénédiction abbatiale, mais la patience ne paraît pas avoir été sa vertu. Effrayé par les guerres qui troublèrent les dernières années de la vie de Guillaume de Bellême et par l'appauvrissement qui en fut la conséquence pour Sainte-Gauburge, il quitta l'abbaye. Nous la verrons renaître comme prieuré (5).

Guillaume favorisa de sa confirmation la fondation par son neveu Albert de la Ferté-en-Beauce (6) abbé de Saint-Etienne et de Saint-Mesmin, près Orléans, du prieuré de Dame-Marie (7), sur un aleu que ce personnage possédait, du chef de sa mère, dans la châtellenie de Bellême (8). Albert le donna à l'abbaye normande de Jumièges où, après son veuvage, il avait pris l'habit religieux (9).

La charte est signée du roi Robert, de son fils Henri et du duc

(1) Ordéric. Vit., t. II, p. 430.

(2) Bry de la Clergerie, *Hist. des comtés d'Alençon et du Perche*. — Pour la procession de l'Ascension, voy. *Arch. de l'Orne*, H 2162.

(3) Paroisse réunie à Saint-Cyr-la-Rosière, canton de Nocé (Orne).

(4) Bonneval, arrondissement de Châteaudun (Eure-et-Loir). — Une très ancienne abbaye bénédictine s'élevait là.

(5) « *Hic loculus primum a comite Willelmo datus cuidam monacho Bonævallensi, Beringerio nomine, dinoscitur, sed abbas consecratus, bellorum frequentiam atque loci paupertatem quotidie crescentem diu ferre non volens, sponte ad suum cœnobium reversus est.* » — *Cart. de Saint-Père de Chartres*, à la suite de la charte XXIX.

(6) Fils d'Albert et de Godchilde de Bellême, père d'Arnoul, archevêque de Tours.

(7) Dame-Marie, canton de Bellême. (Orne).

(8) « *Est autem ipse alodus, ex materna hæreditate, in pago Belismensi, quem vocat Domna Maria.....* » — *Cart. de Jumièges.*

(9) Ibid.

Richard II. Il semble bien que le roi, présent une première fois à Bellême, lors de la donation consentie par Guillaume de Bellême et sa vieille mère Godehilde à Notre-Dame du Vieux-Château (1), une seconde fois, lors de la dédicace de la basilique Saint-Léonard, se soit trouvé encore là, saisissant les occasions de se rencontrer avec le duc Richard et de donner un témoignage nouveau de sympathie au fils d'Yves après lequel il apposa sa croix (2).

L'acte de fondation de Dame-Marie fut souscrit, sous l'épiscopat de Radbod, évêque de Sées, la dernière ou l'avant-dernière année de la vie du duc de Normandie, en 1025 ou 1026.

Le zèle que mit l'évêque Avesgaud à fonder au Mans des hôpitaux et l'influence qu'il exerça sur son frère nous fait croire, comme on l'a pensé, que l'hôpital de Bellême est une des créations de Talvas (3).

Les paroisses du Sàosnois ne furent pas plus négligées que celles du Bellêmois. Bien des églises y furent construites ou reconstruites et des fortifications s'y dressèrent pour mettre le pays à l'abri des attaques que la malveillance des comtes du Maine rendait toujours imminentes. Il faut faire remonter à Guillaume Ier de Bellême la construction des châteaux primitifs de Mamers (4), de Saint-Paul (5), de Saint-Rémy-du-Plain (6), de Ballon (7) et bien d'autres. Les puissants seigneurs de Beaumont (8), vicomtes héréditaires du Maine, étaient les vassaux de Talvas pour les fiefs de Courgains, Saosnes, Vivoin, Dangeul, Doucelles, Monhoudou et Commerveil qu'ils tenaient de lui (9).

Les fiefs du Bellêmois et du Saosnois remontaient à l'origine même du système féodal. Il n'en fut pas de même des fiefs du Passais normand et du pays de Sées que nous allons visiter. Ils furent en effet créés, à peu près tous, par Guillaume de Bellême pour assurer le service militaire des châteaux qu'il construisait sur la frontière normande, et nous n'aurons pas de peine à constater qu'il choisit surtout ces nouveaux feudataires dans le Bellêmois et le Saosnois, parmi les familles depuis longtemps attachées à la sienne.

(1) « *Temporibus Roberti regis, ipsoque favente atque vidente.* » — *Arch. de l'Orne*, H 2150.

(2) « *Signa Alberti, Radbodi, episcopi Sagiensis, Arnulfi, Turonensis archiepiscopi, Roberti regis, Henrici filii ejus... Willelmi Bellesmensis, Ricardi, comitis Normannorum.* »

(3) C'était l'opinion du savant abbé A. Desvaux. — Avesgaud donna à la basilique Saint-Léonard « *vineam juxta burgum Bellismi castri.* » — *Arch. de l'Orne*, H 2150.

(4) Mamers, chef-lieu d'arrondissement (Sarthe).

(5) Saint-Paul, paroisse réunie à La Fresnaye, canton de La Fresnaye (Sarthe).

(6) Saint-Rémy-du-Plain, arrondissement de Mamers (Sarthe).

(7) Ballon, chef-lieu de canton (Sarthe).

(8) Beaumont-le-Vicomte, chef-lieu de canton (Sarthe).

(9) Voy. le *Cart. de Saint-Vincent du Mans*, n°s 490, 545, 546 et suiv. et Menjot d'Elbenne, *les Sires de Brailel*.

CHAPITRE III

L'œuvre de Guillaume Ier de Bellême
dans le Passais normand

*Construction du château de Domfront. — L'église Notre-Dame-sur-l'Eau.
— Formation de la ville de Domfront. — Coutumes libérales. — Inféodations. — Fondation de l'abbaye de Lonlay. — Charte de dotation souscrite
vers 1020 par Talvas, sa femme Mathilde et ses fils. — Ce que recevait
le nouveau monastère dépendant de Fleury-sur-Loire.*

L'œuvre de Guillaume Ier de Bellême sur la frontière normande
du sud fut très considérable au double point de vue matériel et
moral.

Des vieillards, ayant gardé de lointains souvenirs, avaient raconté
à Guillaume de Poitiers que l'autorisation de construire les châteaux
de Domfront et d'Alençon avait été donnée par le duc Richard (1).
Il est probable que Talvas mena les travaux de front.

Sur la lisière du Passais normand et du Passais manceau, court
vers la mer, de l'est à l'ouest, une colline de vieux grès, que couron-
naient alors les magnifiques frondaisons de la forêt d'Andaines,
vingt fois plus étendue qu'aujourd'hui. Là, le seigneur de Bellême
possesseur héréditaire de ce pays, couvert de bois et hérissé de
rochers, choisit un promontoire à crête anguleuse qui présentait
une assez vaste plate-forme. Il en dégagea les abords en faisant
abattre les hautes futaies au milieu desquelles, cinq siècles auparavant, un cénobite appelé Front avait construit sa cellule et son
oratoire (2).

Il isola la plate-forme, en taillant dans le roc un fossé de huit
mètres de profondeur et de quatorze mètres de largeur, de telle
façon qu'on ne put y accéder que par deux étroits sentiers pratiqués
dans les rochers. Il eut ainsi, à deux cents pieds au-dessus de la
vallée où la rivière de la Varenne perce la pierre en une gorge sombre,

---

(1) « *Perhibent homines antiquioris memoriæ castra hæc ambo, Alentium et Danfrontem
Richardi consensu esse fundata, unum infra alterum, proxime fines Normanniæ.* » — Guillaume
de Poitiers : *Vie de Guillaume le Conquérant.* — Ce chroniqueur était contemporain du prince
dont il écrivit l'histoire.

(2) « *Guillelmus Talavacius primus qui, exciso nemore, in monte quodam castrum nomine
Danfrontem construxerat.* » — Guill. de Jumièges, liv. VII, ch. 22.

une position stratégique de premier ordre, en même temps qu'un observatoire merveilleux.

Il y fit construire, avec une science parfaite de l'art militaire, un colossal donjon dont les murs n'ont pas moins de trois à quatre mètres d'épaisseur (1). Il en fit le centre d'une robuste forteresse où s'élevait une chapelle (2) et, au pied, sur les bords de la Varenne, il édifia une église qui fut appelée, à cause de sa situation, Notre-Dame-sur-l'Eau (3).

L'abside et le transept de cet édifice, sur lequel est bâtie la tour aux fenêtres géminées, s'élèvent encore à l'abri des rochers surplombants, couverts de lichens aux tons argentés, qui portent le donjon. L'abside semi-circulaire, éclairée par cinq fenêtres ornées de colonnettes, est flanquée de deux absidioles (4).

Près du château, des habitants des environs et des artisans, cherchant une protection sûre, construisirent des maisons qui formèrent bientôt un bourg, entouré de murailles. Devenus des bourgeois, ils obtinrent de Talvas des coutumes libérales dont ils se montrèrent, à bon droit, très jaloux (5). Ainsi fut créée la ville de Domfront (6) qui constitua avec le territoire environnant, comprenant bientôt une quarantaine de paroisses, une châtellenie (7).

Suivant les règles que nous avons indiquées, Guillaume de Bellême inféoda une partie des terres, et les seigneurs du Domfrontais eurent, comme principal devoir de défendre le château « en cas de guerre entre les Normands et les Manceaux (8). » Achard, d'origine poitevine, l'un des principaux officiers de Talvas à Bellême (9), fut le premier gouverneur de la nouvelle forteresse (10) et fut richement apanagé dans la région.

(1) Le château de Domfront fut détruit au commencement du dix-septième. Il reste des ruines superbes du donjon de Talvas. M. Blanchetière a publié sur le château de Domfront une étude excellente au point de vue monumental. — *Bulletin de la Soc. Hist. et Arch. de l'Orne*, t. III, p. 269 et suiv.

(2) Talvas y établit ensuite, sous le vocable de Saint-Symphorien, un prieuré de son abbaye de Lonlay.

(3) La nef de cette église du style roman le plus pur a été abattue pour livrer passage à une route.

(4) Voy. Blanchetière, *Les pierres tombales de Notre-Dame-sur-l'Eau*.

(5) Ord. Vit., IV, 114.

(6) Domfront, chef-lieu d'arrondissement (Orne).

(7) Nous ignorons si, du temps de Guillaume Ier de Bellême, les paroisses de La Roche-d'Igé (la Roche-Mabile), Gandelain, La Lacelle, Ciral et Saint-Ellier, qui appartenaient au Passais normand, firent partie de la châtellenie de Domfront ou de celle d'Alençon. Elles formèrent, un peu plus tard, la châtellenie de La Roche-Mabile. — Sur la châtellenie de Domfront, voy. *Arch. Nat.*, H 872.

(8) Bibl. de Domfront, *Sommaire du Noble*. — Les fiefs de Larchamp et de La Lande-Patry devaient soixante jours de garde à Domfront « en cas qu'il y ait guerre entre les Normands et les Manceaux ».

(9) « *Achardus vero de Domfronte moriens dedit... terram quæ vocatur Tusca* » à Saint-Léonard. — *Arch. de l'Orne*, H 2150. — Il avait été prévôt de Bellême.

(10) « *Achardus, miles Domfrontis.* — *Arch. de l'Orne*, H 921.

En ce temps, l'organisation d'une contrée eût été jugée incomplète si un actif foyer de civilisation, de travail et de vie religieuse n'y avait pas été créé. Talvas obtint de son frère Avesgaud de Bellême, évêque du Mans, au diocèse duquel appartenait le Passais normand comme le Passais manceau (1), l'autorisation d'établir une abbaye. Il s'adressa au monastère de Fleury-sur-Loire et obtint de l'abbé Gauzlin le moine Guillaume, sous la direction duquel la nouvelle maison religieuse fût bâtie (2).

Le lieu choisi fut Lonlay (3), faisant partie des plus antiques possessions des Bellême (4), détail que le fondateur a bien soin de préciser parce qu'il voulait qu'on y priât nuit et jour, non seulement pour lui et ses descendants, mais pour ses ancêtres (5). L'intention d'associer, dans cette œuvre, les morts aux vivants est manifeste.

A Lonlay se trouve un fertile vallon, arrosé par l'Egrenne, et entouré de toute part de coteaux très boisés qui l'abritent et l'isolent. Ce site convenait parfaitement à sa destination monastique. C'est là que s'élevèrent les bâtiments conventuels et l'église abbatiale qui devait être dédiée à Notre-Dame. « Je n'ai pas trouvé, dit Guillaume de Bellême, de plus puissante protection que celle de la très sainte Mère de Dieu qui a enfanté la miséricorde. »

Ordinairement, dans ses fondations, Talvas figure seul, stipule seul et souscrit seul la charte (6). Dans la dotation de Lonlay, il agit au contraire avec sa femme Mathilde et quatre de ses fils : Foulques, Guérin, Robert et Guillaume (7). C'est que le prince de Bellême (8) allait disposer, en faveur du nouveau monastère, non seulement d'églises, de droits et de terres lui appartenant en propre, mais encore de plusieurs églises, situées dans le diocèse de Bayeux, notamment de celle de Condé-sur-Noireau (9), provenant de la dot de sa femme, et près de laquelle il avait construit un château. Pour les donner, il lui fallait le consentement de Mathilde et de ses enfants.

La charte fut souscrite vers 1020 par le fondateur et les membres

---

(1) Le Passais entier formait un archidiaconé du diocèse du Mans.

(2) *Vie de Gauzlin*, abbé de Fleury et archevêque de Bourges, publiée par L. Delisle, par André de Fleury, n° 23.

(3) Lonlay-l'Abbaye, canton de Domfront (Orne). — « *In loco qui dicitur Longiledum.* » Arch. de l'Orne, H 921.

(4) « *De nostris hereditariis beneficiis quæ habentur plurima.* » — Ibid. — Quand Talvas parle de droits qui lui ont été conférés, il s'exprime autrement. Il donne aux moines notamment : « *Decimas omnium redituum meorum de castro Danfrontis.* » — Ibid.

(5) « *...Monachos... qui pro nobis et pro nostris antecessoribus nocte ac die in divinis obsequiis exultantes, supernam clementiam expiarent....* » — Ibid.

(6) Il en est ainsi dans la fondation de Saint-Léonard et dans la dotation de l'Eglise de Sées.

(7) Un seul ne figure pas, Yves, futur évêque de Sées.

(8) « *Willelmus Bellesmensis provinciæ principatum gerens.* » — Ibid.

(9) Condé-sur-Noireau, chef-lieu de canton (Calvados).

de sa famille, y compris Avesgaud de Bellême, évêque du Mans et Sigefroy, évêque de Sées, et par quatre officiers de Talvas : Achard (1), Hervé du Grais (2), Foulques de Hauterive (3) et Guillaume Malzais (4).

Les moines de Fleury recevaient le monastère, la dixme de tous les revenus du château, des moulins et de la châtellenie de Domfront, des forêts d'Andaines et de Dieufit, même des terres cultivées sur leurs lisières, à l'exception de celles défrichées par des ermites (5), le droit de justice, de nombreux privilèges et immunités, enfin les églises et les dixmes d'une série de paroisses où furent créés bientôt des prieurés réguliers (6).

A l'exemple de leur suzerain, des seigneurs vassaux de Guillaume de Bellême, imitant son exemple, s'empressèrent de donner au nouveau monastère, dont le premier abbé fut le moine de Fleury, Guillaume, des églises et des dixmes. Lonlay reçut ainsi, avec l'approbation de Talvas, l'église Notre-Dame d'Alençon et celle d'Essai (7).

(1) Sa famille posséda dans le Domfrontais les fiefs du Perthuis-Achard, de Saint-Marc-d'Egrenne, du Pas-de-la-Vente et de Bonvouloir.

(2) *Herveus de Gradato.* — S'agit-il du Grais, canton de Briouze (Orne), qui appartenait à la châtellenie de Falaise ? Nous en doutons.

(3) *Fulco de Alta-Ripa.* — Hauterive, canton du Mesle-sur-Sarthe (Orne).

(4) « Jean le Sage, autrefois bailli d'Alençon, avait vu la charte originale scellée « du scel dudit feu Guillaume prince de Bellesmois. » — *Arch. de l'Orne*, H 921.

(5) « *Exceptis illis quas eremitæ facient.* » — *Arch. de l'Orne*, ibid.

(6) Le cartulaire de Lonlay a malheureusement disparu, mais nous savons par la charte de fondation que les églises données par Talvas étaient celles de Domfront et de La Haute-Chapelle, canton de Domfront (Orne) ; — de Condé-sur-Noireau (Calvados) ; — de Saint-Pierre-du-Regard, canton d'Athis (Orne) ; — de Beaumesnil, *in pago Alenconiensi*, paroisse réunie au Perron, canton de Sées (Orne) ; — d'Echuffé, *cum omnibus ibidem manentibus*, canton du Mesle-sur-Sarthe (Orne).

(7) Essai, chef-lieu de canton (Orne). — Voy. Léon de La Sicotière, *Hist. ae l'abbaye de Lonlay*, et Le Faverais, *l'Abbaye de Lonlay*, *Bull. de la Soc. Hist. et Arch. de l'Orne*, t. IV, p. 226. — Certaines parties de l'église paroissiale de Lonlay appartiennent à l'église abbatiale primitive.

CHAPITRE IV

L'œuvre de Guillaume Ier de Bellême
dans le pays de Sées

*Ce qu'étaient devenus les villages d'Alençon. — Reconstruction par l'évêque
du Mans de l'église de Montsor. — Pont de bois sur la Sarthe. — Travaux
entrepris sur la rive droite par Talvas. — Construction par le seigneur
de Mancicas de l'église Notre-Dame d'Alençon. — Talvas édifie une tête
de pont et un château très important. — Le seigneur de Larré et de Mancicas,
son vassal, donne, après 1020, l'église Notre-Dame d'Alençon et les droits
de patronage à l'abbaye de Lonlay. — Réserve de droits utiles et honori-
fiques. — Fondation d'un prieuré bénédictin. — Il reçoit de Talvas la
chapelle Saint-Léonard, les dixmes et toutes les possessions ecclésiastiques
de la paroisse Notre-Dame d'Alençon. — Formation de la ville close. —
Elle ne renferme pas le faubourg Saint-Léonard. — Le pont du Guichet
et la porte de Lancrel. — Droits de bourgeoisie. — Aspect de la ville. —
Inféodations. — La châtellenie d'Alençon. — Construction des châteaux
du Mesle-sur-Sarthe, d'Essai et autres. — Les seigneurs du pays de Sées
originaires du Saosnois et du Bellêmois.*

On se souvient qu'au IXe siècle, deux paroisses, appelées Alençon,
appartenant l'une au diocèse de Sées, l'autre au diocèse du Mans,
étaient situées face à face sur les rives droite et gauche de la Sarthe,
au confluent de cette rivière avec la Briante, et communiquaient
par un gué très anciennement fréquenté, parce qu'il était le plus
accessible de la vallée. L'Alençon sagien était un chef-lieu de centenie
du comté d'Hiémois. Les centenies, subdivisions très multipliées,
avaient une faible étendue territoriale.

Ces deux villages, se trouvant sur le passage des pirates normands, avaient été fatalement pillés et incendiés par eux. Une bande
païenne, qui avait établi, à la suite des invasions, son repaire dans
les ruines de l'abbaye de Saint-Cénery, avait achevé de dévaster
et de dépeupler la région (1).

Quand, grâce aux seigneurs de Bellême, possesseurs de Sées, ces
bandits furent anéantis, un peu de calme se rétablit en ces lieux.
La vie ne tarda pas à se faire sentir, le gué fut de nouveau fréquenté,
et peu à peu des chaumières se bâtirent dans son voisinage.

Une petite église, renouvelée de celle que saint Liboire avait

(1) « *Sanguinarii prædones ibi speluncam latronum condiderunt.* » — Ord. Vit., III, 298.

primitivement édifiée sur la faible élévation appelée Montsor, fut alors construite pour l'Alençon de la rive gauche, qui appartenait au Saosnois, par les soins de l'évêque ou du chapitre du Mans dont l'ancienne paroisse dépendait.

Quelques années après le traité de paix conclu entre le roi Lothaire et Richard Ier, un pont de bois fut jeté sur la Sarthe, mit en communication le Saosnois et le pays de Sées, et facilita la circulation des voyageurs allant de la Normandie dans le Maine ou du Maine en Normandie, et vers la Bretagne. Des travaux considérables, entrepris par Guillaume de Bellême, constructeur du pont, furent effectués sur la rive droite normande.

Des études géologiques, poursuivies patiemment par un savant de grand mérite, ont établi qu'on creusa le marais, qui se trouvait là, et qu'on y jeta des roches siliceuses. On obtint ainsi de solides remblais et des terre-pleins sur lesquels on assit des voies de communication et des édifices (1). La route qui aboutissait au pont, et n'est autre que la rue de Sarthe actuelle, fut ainsi faite.

Le seigneur d'un petit fief appelé Mancicas, vassal de Talvas, fit alors bâtir, près de la motte sur laquelle s'élevait son manoir, et dont le nom d'une rue conserva longtemps le souvenir (2), une église dédiée à Notre-Dame (3). D'après quelques données précises, on peut affirmer que sa nef était assez longue, mais étroite et sans bas-côtés (4). Un clocher, porté par quatre piliers, surmontait l'abside (5).

Le pont d'Alençon avait une importance stratégique de premier ordre, aussi bien que le gué qui pouvait à l'occasion y suppléer. Guillaume de Bellême avait résolu de fortifier ce point avec d'autant plus de soin que sa situation au fond d'une vallée le rendait moins propre à la défense.

Il fallait, avant tout, créer une tête de pont, et c'est par là certainement qu'il commença son œuvre. En conséquence, au couchant,

---

(1) Letellier, *Le sol d'Alençon.* — M. Letellier a constaté les grands travaux dont nous parlons en examinant le sol des plus anciennes rues d'Alençon : de Sarthe, du Bercail, aux Sieurs, de la Grande-Rue. Le château a été assis sur un terre-plein ainsi préparé, ce qui prouve que le bâtisseur du château fut le bâtisseur de la ville. L'état du sol confirme pleinement le témoignage de Guillaume de Poitiers, cité plus haut.

(2) Le nom primitif de la rue Étoupée est rue de la Motte.

(3) Les droits conservés par les seigneurs de Larré sur l'église Notre-Dame d'Alençon, comme successeurs des seigneurs de Mancicas, ne peuvent s'expliquer que par la construction de l'église par leurs auteurs, et sur un sol appartenant à leurs auteurs, avant l'établissement de la ville forte. — Pour des raisons analogues, les seigneurs de Briouze et de Mézidon avaient au XIe siècle des droits sur les églises de la ville ducale de Falaise.

(4) Cette nef fut démolie au XVe siècle. Elle occupait l'emplacement de l'étroite nef actuelle dont les bas-côtés, construits les premiers, le furent sur des terrains avoisinants. — M. l'abbé Germain-Beaupré a consacré une intéressante étude à la reconstruction de la nef de Notre-Dame d'Alençon.

(5) Cette abside, nous dit Odolant Desnos, était moins élevée, moins large et moins profonde que le chœur actuel. Elle fut conservée jusqu'en 1744, année où la foudre, tombée sur le clocher, l'incendia dans la nuit du 2 au 3 août.

sur une petite île de la Sarthe, dépendant de la paroisse mancelle, il construisit une forteresse qui commandait le passage, et fut appelée plus tard le fort du Boulevard (1).

D'autre part, sur la rive opposée, à l'ouest de l'église Notre-Dame d'Alençon, il édifia un château très vaste, affectant la forme d'un octogone irrégulier, flanqué de tours rondes ou carrées, et entouré de profonds fossés alimentés par la Briante (2). Un donjon en était le réduit principal (3). Au nord, un grand parc, dépendant des bois, qui, des hauteurs d'Ecouves, dévalaient jusqu'aux bords de la Sarthe, permit à Talvas de se livrer aux plaisirs de la chasse.

Quelque temps après la fondation de l'abbaye de Lonlay, le seigneur de Larré (4), alors seigneur de Mancicas, voulut participer aux libéralités consenties au nouveau monastère et correspondre aux intentions de Guillaume de Bellême, son suzerain, en assurant aux habitants d'Alençon le bienfait d'un prieuré. Il donna, après 1020, à l'abbé de Lonlay l'église Notre-Dame, avec le patronage de cette église, un terrain avoisinant pour construire un petit monastère dont le prieur et les moines seraient chargés du service paroissial, et tout le fief de Mancicas (5).

En faisant cette donation, le seigneur de Larré retint, pour lui et ses successeurs, quelques droits annuels destinés à en perpétuer le souvenir. Le jour de la fête de la Purification (6), 2 février, vulgairement appelé Chandeleur, parce que l'officiant, avant la procession, bénit et distribue des cierges au clergé et aux fidèles, le seigneur de Larré prenait place dans le chœur, où on avait préparé une jonchée de paille, et s'avançait vers le maître-autel. Le prieur lui remettait quelques cierges et lui payait dix-huit deniers à l'offrande de la grand'messe (7).

(1) Ce fort que nous verrons assiéger par Guillaume le Bâtard fut détruit au xviie siècle.

(2) Ce château subit, dans la suite des temps, des remaniements considérables, mais resta dans l'ensemble ce que l'avait fait Talvas. Quand il fut détruit au xviiie siècle, on y remarquait partout l'appareil en feuilles de fougère, *opus spicatum*.

(3) Ce donjon fut reconstruit par Henri Ier d'Angleterre.

(4) Larré, canton Est d'Alençon.

(5) La motte féodale ayant disparu lors de la construction des fortifications de la ville, le chef du fief de Mancicas fut reporté à l'extérieur sur l'emplacement qu'occupe aujourd'hui la rue des Marcheries.

(6) La Purification de la Vierge était alors la fête patronale de Notre-Dame, et, à cette occasion, fut créée la foire dite de la Chandeleur.

(7) « Davantage, disent les aveux de l'abbé de Lonlay pour le fief de Mancicas, ledit seigneur de Larré a droit de prendre, chaque année, à la fête de la Chandeleur, une *havée* de chandelles sur le maître-autel, un faisceau de *jeurre* qui, par le prieur, doit lui être apporté audit jour au chancel, et dix-huit déniers de rente à l'offrande de la grand'messe de Notre-Dame, lesquels droits furent retenus par ses prédécesseurs au temps qu'ils donnèrent à l'abbaye Notre-Dame de Lonlay et au prieur dudit Alençon, le patronage dudit lieu et le fief de Mancicas. » — *Arch. de l'Orne*, H 1921. — « On voyait, dit Odolant Desnos, dans ses *Mémoires sur Alençon*, avant l'incendie de l'ancien chœur de Notre-Dame en 1744, dans les vitraux à côté de l'autel, les armoiries des anciens seigneurs d'Aché, à qui Alix, héritière de Larré, avait porté en mariage cette terre. »

Il ne faut pas oublier, pour expliquer les usages que nous venons de relater, qu'il n'y avait ni

Talvas avait construit lui-même, à quelques centaines de mètres du bourg, et à proximité du pont de Sarthe, dans le voisinage duquel des maisons s'étaient groupées, une chapelle qui fut dédiée à saint Léonard de Vandœuvre dont les reliques reposaient dans sa collégiale de Bellême. En confirmant aux moines de Lonlay la donation de Notre-Dame d'Alençon, il leur octroya cette église de Saint-Léonard ainsi que les dixmes, les terres et toutes les possessions ecclésiastiques de l'Alençon normand dont la population augmentait (1).

Des privilèges de bourgeoisie, les grands travaux en cours d'exécution, la présence fréquente de Guillaume de Bellême, l'installation d'hommes d'armes avaient attiré des marchands, des artisans qui s'étaient établis de préférence entre le château et l'église Notre-Dame dans la partie de la cité qu'on appela le bourg et plus tard le vieux bourg (2). C'était là le centre du commerce et des marchés. C'était là que demeuraient les officiers seigneuriaux (3).

Ce quartier fut le premier entouré de murailles et devint une petite ville close, beaucoup plus longue que large, renfermant quelques rues parallèles au bras de la Briante qui baignait ses murs et la séparait du faubourg Saint-Léonard resté en dehors (4). Le pont fortifié du Guichet (5), jeté sur le bras de la Briante formant fossé,

banes, ni chaises, ni prie-Dieu dans les églises du moyen-âge. On les jonchait de paille l'hiver, d'herbes et de fleurs en été. La jonchée de paille était une marque d'honneur comme un tapis.

(1) Le roi d'Angleterre Henri II, confirmant les possessions de l'abbaye de Lonlay, s'exprime ainsi : « ...*De Alençonio ecclesias, patronatus, decimas et omnia alia jura.* » — *Neustria Pia*, p. 426. — Froger, évêque de Sées, de 1157 à 1190, est encore plus explicite : « *Noverit universitas vestra nos eleemosinas a Guillelmo Bellismensi, ecclesiæ Longaii fundatore, et a regibus, et baronibus, et ab aliis hominibus, in episcopatu nostro rationabiliter eidem ecclesiæ datas, concessise et præsentibus confirmasse, videlicet ecclesiam Sanctæ Mariæ de Alenchon et ecclesiam Sancti Leonardi, cum decimis et terris et omnibus ad eas pertinentibus.* » Notre-Dame et Saint-Léonard formèrent deux paroisses distinctes jusqu'en 1243, moment où elles furent réunies pour n'en former qu'une seule dont le siège était à Notre-Dame et dont Saint-Léonard n'était qu'une succursale. Dès ce temps, les religieux du prieuré de Lonlay avaient cessé d'exercer le ministère paroissial. Sur la présentation de l'abbé de Lonlay, l'évêque de Sées nommait un prêtre séculier curé d'Alençon. Ce curé n'était en droit ecclésiastique que le vicaire perpétuel de l'abbé de Lonlay, ou plutôt du prieur d'Alençon, curé primitif, et, à ce titre, ce dernier était investi de nombreuses prérogatives, notamment du droit d'officier aux grandes fêtes et de percevoir les dixmes.

(2) « La partie située depuis le château jusqu'à l'église Notre-Dame, dit justement Odolant Desnos, est la plus ancienne. » — « *In veteri burgo Alençonii,* » dit, au XIIe siècle, une charte de Guillaume III Talvas en parlant de ce quartier.

(3) Il en était encore ainsi au XVe siècle.

(4) La preuve certaine que la première enceinte d'Alençon ne comprenait pas le quartier de Saint-Léonard résulte de ce fait que lorsque Guillaume le Bâtard, assiégeant Alençon, voulut s'emparer du fort du Boulevard, il établit son armée sur l'emplacement de l'hôpital actuel. — Voy. Guill. de Jum., liv. VII, ch. 18. — Or on ne peut douter qu'Alençon ne fut alors fortifiée. Les plus petits bourgs étaient des *oppida*.

(5) Ce pont était situé au milieu de la Grande-Rue, à la hauteur de la rue des Granges. Là se trouvait encore, au XIIe siècle, un châtelet dont Odolant Desnos parle en ces termes : « Les titres de l'abbaye de Perseigne nous apprennent qu'il y avait encore une autre forteresse au lieu du pont du Guichet, qui couvrait le passage de la Briante qui partage la ville en deux parties. » On avait conservé cette bastille quand Roger de Montgomery, époux de Mabile de Bellême, devenu comte d'Arundel en Angleterre, ce qui explique le nom d'Arondel donné à une des tours de la nouvelle porte de Sarthe, engloba, quelques années après 1066, le quartier Saint-Léonard dans l'enceinte de la ville.

rappela longtemps la porte méridionale de l'étroite enceinte dont la porte septentrionale, dite de Lancrel, livrait passage à la route de Sées (1). Une troisième et dernière porte assurait les communications avec le château. En ce temps, par précaution, le nombre des issues était, dans les forteresses, aussi réduit que possible.

Qu'on s'imagine des places étroites, des rues irrégulières et non pavées, des ruelles contournées, des maisons de bois, couvertes de chaume, présentant à la chaussée raboteuse l'encorbellement de leur étage et leurs têtes de poutre souvent élégamment sculptées, on se fera une idée exacte de ces cités naissantes, enserrées dans des remparts protecteurs et dominées par un ou deux clochers qui étaient leur orgueil.

Leurs habitants, profondément attachés à leurs privilèges de bourgeoisie, à leurs coutumes, à leurs usages, les aimaient. Ils y vivaient d'une vie religieuse et familiale intense et s'intéressaient autant au développement progressif de leur paroisse et de la cité qu'à leurs propres affaires.

Pour assurer la garde du château et de la ville d'Alençon, Guillaume de Bellême créa une pléiade de fiefs dont les possesseurs étaient tenus, en temps de guerre, de défendre tel ou tel point des fortifications. Les bourgeois et les populations rurales étaient obligés de faire, à tour de rôle, le service de guet.

La châtellenie d'Alençon, qui, dès les premières années du XIe siècle, fut appelée l'Alençonnais, comprit trente-quatre paroisses du diocèse de Sées (2), et cinq paroisses du diocèse du Mans (3), au nombre desquelles Montsor, l'Alençon de la rive gauche de la Sarthe, qui devint un faubourg de la ville.

L'ancien pays de Sées (4) vit construire par Talvas bien d'autres forteresses entre lesquelles furent réparties, pour en former des châtellenies, une soixantaine de paroisses. Des fiefs y furent créés en vue du service militaire de ces places fortes.

A six lieues à l'est d'Alençon, au Mesle (5), fut élevé un château destiné à défendre le pont de bois qui fut jeté là sur la Sarthe pour unir cette région au Bellêmois (6). A deux lieues, au nord-ouest

---

(1) « *Quamdam terram... ante portam Alerci, illum scilicet quæ patet viæ Sagii, et vocatur porta de Lanchrel.* » — *Cart. de Saint-Martin de Sées*, charte CXLVIII. — Un important faubourg ne tarda pas à se former près de cette porte de Lancrel et une chapelle y fut construite.

(2) Alençon, Bursard, Cerisé, Colombiers, Condé-sur-Sarthe, Congé, Cuissai, Damigny, Echuffé, La Ferrière-Béchet, La Ferrière-Bochard, Feugerets, Fontenay-les-Louvets, Forges, Hauterive, Le Bouillon, Longuenoë, Larré, Lonray, Le Froust, le Perron, Mesnil-Erreux, Mieuxcé, Pacé, Radon, Rouperroux, Saint-Cénery, Saint-Denis, Saint-Laurent-de-Beaumesnil, Saint-Nicolas-des-Bois, Semallé, Valframbert, Vandes, Vingt-Hanaps.

(3) Montsor, Hesloup, Saint-Barthélémy, Saint-Germain-du-Corbéis et Saint-James. Les quatre dernières paroisses avaient autrefois formé un petit pays nommé Hesloup.

(4) Le Séiois, *Sagisus*.

(5) Le Mesle-sur-Sarthe, chef-lieu de canton (Orne).

(6) « *Juxta pedem turris Merulæ,* » dit la charte n° 571 du *Cart. de Saint-Vincent du Mans*.

du Mesle, un autre château s'éleva à Essai (1) sur une colline, un autre domina la butte de Boitron (2). Ils devaient couvrir la ville épiscopale de Sées, située à moins de deux lieues, qui avait elle-même sa forteresse. Enfin, sur la ligne séparative des possessions de Talvas et du comté d'Hiémois, fut peut-être bâti, à deux lieues au nord de Sées, le château d'Almenêches (3). Autour de ces points de résistance se groupaient les manoirs, ordinairement susceptibles de défense, des seigneurs particuliers.

Guillaume de Bellême, qui avait à un haut degré le sens de la stratégie défensive, hérité de son père Yves, avait fait, on le voit, de l'ensemble de ses domaines, un vaste camp retranché. Ce qui manquait le plus, dans ses châtellenies normandes, c'étaient les Normands. Il est impossible d'affirmer l'origine normande d'un seul de ses vassaux. Les mêmes familles seigneuriales se retrouvent d'un bout à l'autre de ce que nous serions tenté d'appeler ses États. Elles sont, en grande majorité, d'origine bellêmoise ou mancelle (4), nous l'avons déjà dit.

Ce fait s'explique aisément : dans le pays de Sées, les massacres des invasions danoises, attestés par saint Adelin, avaient fauché une partie des populations, et en particulier les descendants des leudes mérovingiens et carolingiens. La maison de Bellême les remplaça par des parents, par des amis, par d'anciens vassaux, par des compagnons d'armes. Ce système lui avait permis, malgré les suzerainetés différentes qui s'exerçaient sur ses domaines, d'obtenir, dans les deux cent cinquante paroisses et plus, soumises à son autorité, l'unification nécessaire au commandement.

On va constater par quelques exemples, d'où nous excluons les fiefs donnés à des membres de la maison de Bellême, parce que nous aurons l'occasion d'en parler plus opportunément, la vérité de ce que nous venons d'avancer : Achard, prévôt de Bellême, apanagé dans cette châtellenie, devient, nous l'avons vu, capitaine de Domfront et reçoit là, comme dans l'Alençonnais, une série de fiefs que se partageront ses nombreux descendants. Un seigneur de Clinchamp, entre Bellême et Mamers, reçoit des fiefs à Sées (5). Les points de défense les plus importants de la rivière de Sarthe sont confiés à deux familles, depuis longtemps liées aux Bellême. L'une, celle des Quarrel, que caractérisent un grand courage et une indéfectible

___

(1) Essai, chef-lieu de canton (Orne). On y voit quelques restes de fossés et de murs.

(2) Boitron, canton du Mesle-sur-Sarthe (Orne). — La forteresse de Boitron fut considérablement augmentée par Robert II de Bellême.

(3) Le Château d'Almenêches, canton de Mortrée.

(4) Il suffit de comparer les cartulaires de Saint-Vincent du Mans, de Marmoutier pour le Perche, de Saint-Martin de Sées pour en avoir la preuve.

(5) *Cart. de Saint-Martin de Sées*, charte XXIX.

fidélité, possède, dans le Saosnois, les paroisses de Villaines (1) et de Lignières (2), et dans le Bellêmois, celle de Pervenchères (3). Elle obtient l'importante seigneurie de Condé-sur-Sarthe (4). L'autre, issue d'Ernault le Gros, seigneur de Courcerault (5), non loin de Bellême, fils du breton Abon, reçoit, dans la personne de Giroie, fils d'Ernault (6), la terre de Saint-Cénery (7), qui domine la Sarthe dans un site des plus forts, et la paroisse d'Hauterive (8), sur cette rivière, entre Alençon et Le Mesle. Sur ces deux points, Giroie bâtit des églises (9).

Les Tragin, les Sor, les seigneurs de Moyre (10), tous venus du Saosnois, sont apanagés, dans la châtellenie d'Alençon, à Semallé (11), à Radon (12), à Colombiers (13), à Cuissai (14) et en bien d'autres paroisses. Nous croyons superflu d'insister (15).

(1) Villaines-la-Carelle, canton de Mamers (Sarthe).

(2) Lignières-la-Carelle, canton de Mamers (Sarthe).

(3) Pervenchères, chef-lieu de canton (Orne). — Voy. le *Cart. de Saint-Vincent du Mans*.

(4) Condé-sur-Sarthe, canton d'Alençon ouest (Orne). — Voy. *Cart. de Saint-Martin de Sées*, chartes CL, CLIII, CLVII. — Les Quarrel ont pour auteur un Anquetil auquel son courage avait fait donner le surnom de Quarrel qui a le sens de fer de flèche. Un de ses fils passa en Italie et prit part, avec les fils de Tancrède de Hauteville à la conquête de la Pouille. Il avait épousé une de leurs sœurs et devint prince de Capoue. Jourdain, son fils, marié à la princesse de Salerne, fut père de Richard, dépouillé de ses états par son cousin Roger II, comte de Sicile. — Sur les Quarrel, voy. outre le *Cartulaire de Saint-Martin de Sées* et celui de *Saint-Vincent*, Gabriel Fleury, *Cart. de Perseigne*, p. 248.

(5) Courcerault, canton de Nocé (Orne). — Courcerault appartenait au Corbonnais.

(6) « *De Geroio, Ernaldi Grossi de Corte Sedaldi, Abonii Britonis filii, filio...* » — Ord. Vit., II, 22.

(7) Saint-Cénery, canton ouest d'Alençon, l'ancienne paroisse où avait existé une abbaye détruite par les Normands.

(8) Hauterive, canton du Mesle-sur-Sarthe (Orne).

(9) « *De propriis facultatibus.* » — Ord. Vit.

(10) Les seigneurs de Moyre nous paraissent originaires de Coulombiers, canton de Mamers (Sarthe), où se trouve un fief de Moyre auquel le Vicomte Emmanuel de Nanteuil a consacré une très intéressante étude, sous ce titre : *Le livre de la Maison de Moyre*.

(11) Semallé, canton Est d'Alençon (Orne). — *Cart. de Saint-Martin de Sées*, charte CXXIII.

(12) Radon, canton Est d'Alençon. — Ord. Vit., II, 44.

(13) Colombiers, canton Ouest d'Alençon (Orne).

(14) Cuissai, canton Ouest d'Alençon (Orne).

(15) La prépondérance des noms neustriens, dans le *Cartulaire de Saint-Martin de Sées*, commencé en 1060, est manifeste. On trouve là des Antoine, Adam, Hervé, Guérin, Bernard Landry, Olivier, Yves, Etienne, Durand, Angebault, Martin, Herbert, Girard, etc.

CHAPITRE V

La ville épiscopale de Sées sous Guillaume Ier de Bellême

Les évêques de Sées. — L'évêque Azon reconstruit la cathédrale avec les pierres des murailles de la ville. — Il meurt après 1006. — Grand dénûment de l'Eglise de Sées, ses causes. — L'évêque Hugues témoin, vers 1015, d'une donation de la duchesse Gonnor. — L'évêque Sigefroy, certainement issu de la maison de Bellême, lui succède avant 1020. — Ce qu'était alors la ville de Sées. — Le bourg, la cathédrale, le manoir épiscopal. — La forteresse. — Faubourgs Saint-Ouen, Saint-Germain d'Escures, Saint-Martin. — Le domaine de l'ancienne abbaye de Sées. — Guillaume de Bellême répare, en 1022, les torts causés par ses ancêtres et par lui-même à l'Eglise de Sées. — Déclarations solennelles de sa charte. — Il reconstitue les menses épiscopale et canoniale. — Il donne à l'évêque Sigefroy le bourg de Sées et au Chapitre Chailloué, Boiville et Giberville, en présence du roi de France et du duc de Normandie. — Il reçoit l'évêché de Sées. — Ce qu'il faut entendre par là. — Autres prérogatives éminentes de Talvas. — Droit de légitime défense contre la Normandie. — Droit de justice plénière.

Notre étude de l'œuvre et des domaines de Guillaume Ier, prince de Bellême, serait incomplète si nous ne visitions de nouveau, avec l'attention qu'elle mérite, au double titre de cité épiscopale et de très ancien fief de la Maison de Bellême, la ville de Sées. Cependant, avant de voir ce qu'était au xie siècle cette antique cité, sortie des ruines que les invasions normandes y avaient accumulées, il convient de passer en revue les évêques qui s'y étaient succédés depuis qu'après une très longue vacance du siège dont nous avons dit les causes, Richard Ier, duc de Normandie, avait, vers 986, donné un successeur à saint Adelin.

L'évêque de Sées, élu sous le gouvernement de l'archevêque de Rouen, Hugues de Cavalcamp, fut Adson ou Azon, dont on ignore complètement l'origine. C'est à lui qu'incomba la rude tâche de restaurer un diocèse sans clergé où, sauf dans le Bellêmois et peut-être le Corbonnais, les églises étaient pour la plupart encore en ruines, où, ce qui est pire, l'ignorance religieuse devait être profonde et entretenue par la rudesse des mœurs.

Le souffle de renaissance qui, dans la seconde partie du règne de Richard Ier, anima la Normandie, et se fit si puissant sous son successeur, aida l'œuvre à laquelle la vie du prélat ne put suffire.

La bonne volonté d'Yves et de Guillaume de Bellême, de leurs vassaux, des seigneurs du comté d'Exmes et de la Marche se manifesta par des constructions d'églises dont la floraison de 986 à 1030, et au-delà, fut merveilleuse. La restitution des propriétés ecclésiastiques et des dixmes, épaves recueillies dans le naufrage du diocèse comme biens sans maîtres, s'opéra toutefois avec lenteur. Pendant plus de trente ans, la maison de Bellême, si généreuse pourtant, hésita à se dépouiller, à Sées, de ce qu'avec le temps, elle avait fini par considérer comme sa propriété.

Azon et son chapitre se trouvaient dans un grand dénûment. Non seulement la cathédrale, la maison épiscopale, le monastère des chanoines n'existaient plus, mais là, comme à Coutances en 1048, manquaient les vases sacrés, les ornements, les livres et les chartes antiques (1). Tout avait péri.

L'évêque obtint d'Yves de Bellême la permission de démolir les murs croulants de la ville de Sées, restes sans doute de l'enceinte gallo-romaine, et d'en employer les pierres à la construction d'une cathédrale. Il eut soin de la bâtir sur l'emplacement même où si longtemps le siège épiscopal avait été établi et la dédia, vers 995, au martyr saint Gervais (2).

Les traditions, on le voit, avaient été soigneusement respectées. Si elles s'étaient gardées à Sées, elles s'étaient perdues dans quelques régions éloignées, car, vers 1020, les habitants de la partie du pays d'Ouche, qui avait appartenu au diocèse, déclaraient ne dépendre d'aucun (3). Ceci prouve que la réorganisation religieuse ne s'était pas fait encore sentir chez eux, et on peut se demander de qui les rares prêtres qui vivaient là tenaient leurs pouvoirs.

Azon qu'animait un grand zèle religieux (4) parvint à une vieillesse avancée et mourut peu après 1006. Il n'eut pas pour successeur Richard, comme l'ont écrit la plupart des historiens, mais bien Hugues qui, en 1015, fut témoin, avec ses confrères normands, de la donation au Mont-Saint-Michel des domaines de Bretteville-sur-Odon et de Domjean par Gonnor, veuve du duc Richard Ier, qui les avait reçus en dot de son mari (5).

---

(1) « *In his pro certo diebus, dit le Livre Noir du chapitre de Coutances, eadem rudis erat et imbecillis ecclesia... bibliothecis, chartis authenticis, canonialibus libris et ornamentis pene destituta.* » — *Gallia christiana,* t. XI, p. 872.

(2) « *Religiosus Azso, vetulus presul, ejusdem urbis muros destruxerat et ex lapidibus dejecti muri ecclesiam Sancto Gervasio martyri construxerat, ubi sedes episcopalis longo post tempore fuerat.* » — Guill. de Jūm., liv. VII, ch. 13. — Il suffit de lire ce texte qui est une interpolation d'Ordéric Vital, pour se convaincre qu'Azon a été le restaurateur du siège de Sées, détruit par les invasions normandes.

(3) Ord. Vit., II, 26.

(4) « *Religiosus Azson.* »

(5) « *Brittavillam et Domnum Johannem quæ mihi meus sanctæ recordationis vir Ricardus comes... in dotalicium dedit... Signa : Malgerii, Rotberti, Hugonis Constantiensis episcopi,*

L'évêque Hugues fut remplacé par Sigefroy, qui figure, en 1020, avec Avesgaud de Bellême, évêque du Mans, dans la charte de fondation de l'abbaye de Lonlay. Nous avons la conviction que Sigefroy, dont le nom est significatif, appartenait lui aussi à la maison de Bellême et était issu d'un des membres de cette famille mentionnés dans la charte souscrite par Yves Ier en faveur du monastère de l'Abbayette. C'est, sous la double influence d'Avesgaud et de Sigefroy, que Guillaume Ier de Bellême accomplit, envers l'Eglise de Sées, un grand acte de réparation d'autant plus méritoire qu'il paraît lui avoir plus coûté.

Pour comprendre la portée de cet acte, il importe d'établir ce qu'était alors la ville de Sées. Elle comprenait un bourg, situé à mi-côte d'une colline de peu d'élévation, sur les flancs de laquelle s'espaçaient une forteresse et trois faubourgs.

Le bourg (1), situé au nord, dont les murailles à demi écroulées avaient été démolies par Azon, mais ne devaient pas tarder à être réédifiées si elles ne l'étaient déjà, comprenait la cathédrale Saint-Gervais qui était certainement loin d'égaler en importance et en beauté les édifices qui lui ont succédé (2), la maison épiscopale, celle des chanoines, l'église Notre-Dame du Vivier, et les maisons formant la paroisse de la cathédrale.

La forteresse, dont nous avons constaté la lointaine origine, avait été reconstruite par Guillaume de Bellême. Elle était au sud du bourg, comprenait le château, dont le donjon s'élevait sur une motte encore existante, et une église paroissiale dédiée à saint Pierre (3). Les maisons qui en dépendaient étaient enfermées dans une petite enceinte fortifiée, entourée de fossés, alimentés par l'Orne comme ceux du château. La porte, ou l'une des portes, s'ouvrait à l'est, dans la direction du faubourg Saint-Martin (4). Un seigneur de Clinchamp, appartenant à la châtellenie de Bellême, reçut la garde de la place forte dans la paroisse de laquelle il acquit des droits (5).

Au nord-est du bourg se trouvaient l'église et la paroisse de Saint-

<hr>

Hugonis Baiocasensis episcopi, Hugonis Sais episcopi, Rogerii episcopi, Norgoti episcopi... » *Cart. du Mont-Saint-Michel,* folio 24, recto. — Léopold Delisle, dans son *Histoire du château et des sires de Saint-Sauveur-le-Vicomte,* date cette charte de 1015.

(1) « *...Burgum Sagii...* » — *Cartulaire du chapitre de Sées,* Bibl. d'Alençon, folio 28. Bibl. de l'Evêché, folio 55.

(2) La cathédrale avait été reconstruite avec les pierres des murailles. — Guill. de Jum., livre VII, ch. 13.

(3) « *Ecclesia Sancti Petri de Castello Sagiensi.* » — *Cart. de Saint-Martin,* charte XXIX.

(4) « *Inter portam castelli Sagii et vadum Cremerii.* » — Ibid, charte III.

(5) « *Anno 1089. Gualterius de Clino Campo dedit quidquid in ecclesia Sancti Petri de Castello Sagiensi habet...* » — Ibid, charte XXIX. — Eudes de Cerisé et Seifrid d'Escures se portèrent garants de la ratification des fils de Gautier de Clinchamp, dont le frère Eudes était alors prisonnier de guerre. Cent ans après, en 1189, Robert de Moire, chevalier, revendiqua inutilement les patronages de Saint-Pierre-du-Château, de Saint-Germain de Sées et de Notre-Dame de la Place de Sées.

Ouen qui constituait un faubourg inféodé au seigneur de Neauphe-sous-Essai (1), et près duquel s'étendaient le village de Boiville, et celui, fort ancien, de Sévilly (2), qui avait son seigneur particulier.

A l'ouest du château, sur le fief d'Escures, s'élevaient le faubourg et l'église Saint-Germain (3). Dans leur voisinage se trouvaient des étaux et se tenait un marché. Saint-Germain avait, dans la campagne, une petite succursale, appelée Saint-Laurent.

A l'est du château, s'étendait l'ancien domaine du monastère de Saint-Martin, détruit par les Normands. Guillaume de Bellême ne l'avait pas donné en fief, il l'avait gardé dans sa main, comme le bourg et la forteresse (4). Une église, dédiée à Notre-Dame (5), dans la construction de laquelle étaient entrés des pierres et des chapiteaux du couvent disparu (6), était fréquentée par les habitants d'un hameau formant faubourg.

La ville que nous venons de décrire fut, en 1022, le théâtre d'une réunion solennelle qui dut produire une impression profonde.

Guillaume de Bellême reçut au château ses suzerains : le roi de France Robert et le duc de Normandie Richard II. Ils étaient accompagnés de Néel, seigneur de Saint-Sauveur, vicomte du Cotentin ; de Roger, seigneur de Montgomery, vicomte d'Exmes; d'un autre vicomte appelé Serlon et de plusieurs personnages : Alard, Guillaume et Raoul.

De son côté, Sigefroy, évêque de Sées, avait pour hôtes : Robert, archevêque de Rouen et comte d'Evreux, frère du duc, et tous les évêques de Normandie : Herbert de Lisieux, Hugues d'Evreux, Hugues de Bayeux, Maugis d'Avranches et Robert de Coutances.

Talvas allait couronner son œuvre, dans le pays de Sées. Les biens, appartenant à l'évêché, à la cathédrale et au chapitre, restés sans maîtres, pendant la vacance du siège et la dispersion du clergé, conséquence des invasions normandes, étaient entrés, nous l'avons dit, dans les domaines de ses ancêtres, seigneurs de Sées. Lui-même les avait gardés, contrairement à la justice, un long temps après le rétablissement de l'évêché, puis il avait pris la résolution de réparer le mal commis.

(1) Neauphe-sous-Essai, canton de Sées (Orne). — *Cartulaire de Saint-Martin de Sées*, charte II.

(2) « *Sagii villa.* » — Guillaume de Sévilly, sa femme Adélaïde et leur descendant Jean de Sévilly vassaux du seigneur de Neauphe, figurent dans les chartes de Saint-Martin en 1096, 1110 et 1193.

(3) « *Sanctus Germanus de Foro Sagii.* » — *Cart. de Saint-Martin*, charte CXXVI. *Arch. de l'Orne*, H 938. — On trouve aussi « *Ecclesia de Scuris.* »

(4) Ibid, charte I.

(5) « *Ecclesia Sanctæ Mariæ de Platea.* » — Ibid, charte CCCXXII.

(6) On a retrouvé l'*opus spicatum* dans les soubassements de l'église actuelle. — Si on ne peut affirmer que toutes les églises suburbaines que nous venons d'indiquer existaient sous l'évêque Sigefroy, on peut assurer que toutes étaient debout sous l'évêque Yves de Bellême, fils de Guillaume.

Dans ce but, il avait non seulement restitué les biens, mais encore prélevé sur son patrimoine ce qui était nécessaire pour effacer les pertes de l'Eglise de Sées. Les torts ayant été familiaux, il les avait familialement compensés. Ceci résulte de la charte souscrite, sans doute dans la cathédrale, par lui et par les augustes personnages que nous avons mentionnés. Les donations qu'elle consacre avaient déjà été réalisées, mais leur confirmation était nécessaire pour assurer leur perpétuité :

« Moi, Guillaume de Bellême, me souvenant des multiples injustices que mes ancêtres et moi avons commises au détriment de l'Eglise de Sées, ai résolu de réparer par une équitable compensation le mal commis.

« J'ai réalisé en conséquence sur mes biens propres tout l'or et tout l'argent que j'ai pu et je me suis efforcé d'assurer aussi complètement que possible le service de la cathédrale. J'y suis parvenu avec le secours de Dieu. J'ai pris, sous ma protection, les ecclésiastiques qui y vivent de la vie canoniale, et je leur ai donné et leur donne à perpétuité, pour assurer leur subsistance, Chailloué (1), Boiville (2) et Giberville (3), avec leurs dépendances, terres, bois, eaux et cours d'eau. J'ai aussi donné à la même Eglise, pour la mense et le domaine de l'évêque, le bourg de Sées dont elle jouira après ma mort (4). »

Ce document (5) qui fit de l'évêque le seigneur du bourg de Sées,

(1) Chailloué, canton de Sées (Orne).

(2) Boiville ou le Buot, village de Sées, paroisse Saint-Ouen.

(3) Giberville, village de Sées, paroisse Saint-Gervais.

(4) Voici le texte inédit de cette charte précieuse :

Priscis temporibus, S. S. Patrum auctoritate novimus ut quidquid firmum et stabile esse debeat per sacrorum apicum seriem ad posteritatis veniat notitiam. Igitur ego Guilielmus Bellismensis, reminiscens plurimarum injuriarum quas ego et prædecessores mei Salariensi intuleramus Ecclesiæ, decrevi bona comprensatione mali acta delere, et de rebus meis quicquid fundatoris manus in auro et argento habere (potuit) necnon et in cæteris ad cultum ecclesiæ pertinentibus minus plene peregit. Hujus informationis perfectione ex divino adjutorio completa, personas clericorum canonicali more ibidem viventes delegi ad sustentationem quorum.... donavi donatumque in perpetuum volui Caillœtum, Bodevillam, Gaubertivillam cum omnibus appendiciis, terris, sylvis aguis aquarumque decursibus. Burgum autem Sagii eidem ecclesiæ post obitum meum... et domino tradidi antistiti. Hanc quidem donationem feci prædicto loco, regnante Roberto rege Francorum et Richardo duce Normannorum, præsidente præfato Sigefrido episcopo, præsentibus his omnibus subscriptis, viris nobilibus : Roberto Rothomagensi archiepiscopo, Herberto Luxoviensi episcopo, Hugone Ebroicensi præsule, Hugone Baiocensi præsule, Mauguiso Abrincensi præsule, Roberto Constanciensi præsule, Nigello vicecomite, Rogerio vicecomite, Serlone vicecomite, Aluardo,.. Guillelmo filio Gaudi, Radulpho.. Radulpho... Quique hanc chartam violaverint gladio excommunicationis transverberentur, cælum et terra exosos habeant et gehennæ supplicio crucientur, perpetuo, solaris circulus nesciat locum eorum, et pereat memoria eorum de terra viventium.

S. Willelmi Bellismensis ; S. Roberti Regis Francorum; S. Ricardi ducis Normannorum ; S. Sigefridi episcopi. Suivaient quatre signes : deux croix et deux épées.

— *Cartulaire du Chapitre de Sées*, Bibl. d'Alençon, folio 29.

(5) Odolant Desnos, qui consacre trois lignes à cette charte, n'en a compris ni le motif, ni le sens, ni la portée.

L'historien de Sées, M. de Maurey d'Orville, a attribué la donation du bourg de Sées à Richard II. Il a fait mieux, il a pris la qualité de « puissant marquis, » donnée dans le titre de la charte à Guillaume de Bellême, « *charta fortis marchionis,* » pour un fort Mangis, concédé au chapitre ! — *Rech. hist. sur Sées*, p. 107.

Les auteurs de l'*Essai sur la cathédrale de Sées*, MM. H. Marais et H. Beaudoin, seuls, se du chapitre le seigneur de Chailloué, de Boiville et de Giberville, sous la suzeraineté de la maison de Bellême (1) a pour l'histoire civile et ecclésiastique de la région une importance capitale. Il permet d'expliquer, dans quelles circonstances, le duc Richard II donna à Talvas l'évêché de Sées (2), c'est-à-dire lui communiqua, par une faveur insigne, les prérogatives régaliennes de patronage dont lui-même jouissait sur cet évêché, comme sur tous les évêchés normands.

Elles consistaient dans le droit, en cas de vacance du siège, de présenter un candidat à l'élection du clergé et du peuple, de ratifier l'élection, de recevoir le serment de fidélité de l'élu, de lui donner l'investiture des fiefs épiscopaux, d'exercer sur ces fiefs la suzeraineté et la justice et d'obtenir du prélat les services dus par tout possesseur de fief noble (3).

Nous croyons, en ce qui concerne la présentation d'un candidat à l'élection et la confirmation de l'élu, que l'inféodation du patronage de l'évêché de Sées n'excluait pas le droit ducal. L'élection, confirmée d'abord par le seigneur de Bellême, devait être soumise à la ratification du duc, sous réserve des droits du Saint-Siège ; c'est du moins ainsi que, dans la suite, il fut procédé lors des élections des abbés de Saint-Martin de Sées (4).

sont approchés de la vérité, en écrivant : « Il paraît que la *maison de Bellême* n'était pas sans reproches à l'égard de l'Eglise de Sées. Guillaume Ier voulut réparer les torts que lui et ses prédécesseurs avaient causés ». Pour que la lumière fut complète, mais elle n'était pas faite dans l'esprit des auteurs, il suffisait d'ajouter : « Ces torts avaient été commis par Guillaume de Bellême et par ses ancêtres, ses prédécesseurs dans la seigneurie de Sées, en conservant abusivement des biens ecclésiastiques. »

(1) Dans l'intérêt de la vérité historique, il faut se résigner à reconnaître que jamais ni saint Osmond, comte de Dorset en Angleterre, évêque de Salisbury, mort en 1099, ni son père Henri, qui aurait épousé Isabelle, une sœur inconnue de Guillaume le Conquérant, n'ont été comtes de Sées.

Le *Vetus registrum Sarrisberiense*, publié par le Révérend Richard Jones, de Bradfort-sur-Avon, les a magnifiés en leur donnant cette qualité. Aucun de nos chroniqueurs du temps, aucune de nos chartes ne parlent de ces comtes de Sées imaginaires. La maison de Bellême n'a pas cessé un moment, au XIe siècle, de posséder tout le domaine éminent ou utile du territoire de Sées. Certains historiens n'ont pas hésité cependant à représenter saint Osmond, substitué à Guillaume Ier de Bellême, comme l'insigne bienfaiteur qui aurait donné à l'évêque le bourg de Sées.

En publiant son *Unellographie* de Jean de Meulles, M. l'abbé Albert Desvaux a, dans une note, appelé l'attention sur ces erreurs historiques évidentes, dont la réparation s'impose.

Osmond, guerrier normand, qui passa en Angleterre en 1066, et entra ensuite dans les ordres, appartenait-il au diocèse de Sées ? C'est possible, mais il est fort douteux qu'il appartint au pays de Sées proprement dit. Le *Cartulaire de Saint-Martin*, si riche pourtant, est muet sur sa personne.

(2) « *Sagiense quoque episcopium Rodbertus* (Robert II de Bellême) *Guillelmo Bellesmensi avo ejus a Ricardo duce datum asserebat.* » — Ord. Vital, III, 421. — Aucun historien n'a compris le sens exact de ce texte qui donne la clef des grands conflits qui éclatèrent à Sées, du temps de l'évêque Serlon. M. Le Prévost y a vu une donation de tout le territoire de l'évêché de Sées, contredite par les faits. « *Episcopium,* » c'est le droit de patronage sur l'évêché.

(3) Le roi de France Henri Ier donna ainsi l'évêché du Mans à Geoffroy Martel, comte d'Anjou — Dom Mabillon, *Vetera Analecta*, t. III, p. 305 ; dom Paul Piolin, *Hist. de l'Eglise du Mans* t. III, p. 207. — Bien auparavant le roi Lothaire avait de même donné les évêchés du Mans et d'Anjou à Geoffroy Grisegonelle, comte d'Anjou.

(4) En 1089, nous dit une charte du *Cartulaire de Saint-Martin*, le prieur de cette abbaye ayant été élu abbé, « *ab episcopis et monachis, principibus et populo totius provinciæ,* » les

Les prérogatives des Bellême sur l'évêché furent deux fois reconnues à la descendance du bénéficiaire primitif par l'autorité ducale. Elles furent partiellement et vainement revendiquées, après l'extinction de la race de Talvas, par Pierre de France, comte d'Alençon, fils de saint Louis, qui rechercha avec un soin jaloux tous les anciens droits de son apanage (1).

La donation de l'évêché de Sées ne fut pas la seule prérogative exceptionnelle concédée à Guillaume Ier de Bellême : un aveu féodal de l'année 1089 souscrit en forme religieuse et solennelle (2), par un seigneur ecclésiastique (3) prouve que les vassaux de ce dernier étaient tenus, comme les autres vassaux normands de la maison de Bellême, non seulement d'accompagner leur suzerain à l'armée ducale, quand il y était convoqué, mais de prendre les armes contre le duc lui-même si leur suzerain était contraint, pour la défense de sa personne, de soutenir une guerre contre le duc (4).

Le caractère général de ce devoir, obligatoire pour tous les vassaux, prouve qu'il remontait à l'origine même des inféodations consenties par Talvas, avec l'autorisation de Richard II. Le duc, en considération des services rendus à sa race par ce seigneur et son père Yves, avait voulu mettre lui et sa descendance à l'abri des abus de pouvoir possibles de ses successeurs, en lui reconnaissant le droit de légitime défense. Il ne faut pas oublier du reste que, d'après le très ancien usage féodal français, les vassaux du roi avaient contre lui le droit de guerre, en cas de déni de justice (5).

Richard II concéda de plus à Guillaume de Bellême *le plaid de l'épée* (6), c'est-à-dire le droit de juger toutes les causes, même les

---

représentants de la maison de Bellême ratifièrent l'élection et proposèrent ensuite au duc de la ratifier : « *Concesserunt et a comite Normannorum concedi proposcerunt.* »

(1) Le comte Pierre voulut exercer sa juridiction sur le temporel de l'évêché de Sées. Un arrêt du Parlement intervint en 1272. Il déclara que les rois de France, en créant des apanages, avaient l'habitude de retenir les droits régaliens sur les évêchés « *quum reges Franciæ in concessionibus terrarum et comituum regalia episcopatuum sibi retinere consueverant,* » c'était ce que soutenait l'évêque, et rejeta les prétentions du comte : « *Voluit dominus rex dictum episcopum et ecclesiam sagiensem sibi soli subesse, nolens quod comes prædictus justitiam ejusmodi exerceret in res et bona eorum.* » — Joan. Galli, *Arrêts du Parlement.* — Depuis la conquête de la Normandie par Philippe-Auguste, le droit français y était en vigueur pour les évêchés. Il s'était fixé dans le sens de l'arrêt.

(2) Cet acte débute ainsi : « *In nomine sanctæ et individuæ Trinitatis, notum sit...* »

(3) Raoul d'Escures, deuxième abbé de Saint-Martin de Sées.

(4) « *...Et etiam, si comes Rogerius vel Robertus filius ejus* (le comte Roger de Montgomery, veuf de Mabile de Bellême, et son fils aîné Robert II de Bellême, alors représentants de la maison de Bellême), *bellum ei* (duci), *per se fecerint pro defjendendis propriis corporibus, similiter homines prædicti cum eis pergerent...* » Ce document, cité par Odolant Desnos, dans ses *Mémoires Historiques sur Alençon,* nous a été conservé par le *Cartulaire de Saint-Martin de Sées.*

(5) Boulainvilliers, *Hist. de l'ancien gouvernement de la France,* t. I, p. 328.

(6) Louis IX, en donnant en 1269 à son fils Pierre tout ce qu'il possédait dans le comté d'Alençon, eut soin d'ajouter *le plaid de l'épée,* ancienne prérogative de ce fief : « *Quicquid habemus et possidemus in comitatu Alençonii, videlicet : Alençonum, Esseium, cum forestis, juribus magna justitia que dicitur placitum ensis et aliis eorum pertinentiis...* » — Arch. Nat. J 226, nº 5 — Les comtes d'Alençon, issus de saint Louis, ne tardèrent pas à obtenir de plus le droit d'échiquier qui avait appartenu à leurs prédécesseurs.

plus graves. Ses descendants exercèrent la pleine justice, tinrent de solennelles assises (1) et, devenus comtes d'Alençon, eurent, comme les ducs, un tribunal souverain appelé échiquier (2).

Si Talvas reçut des immunités, il en créa, non seulement au profit du clergé, mais de tous les habitants de ses domaines. Ils lui durent leurs coutumes, les droits de bourgeoisie des citadins (3), les droits d'usage des paysans (4), riverains des forêts. Ils lui durent aussi les foires et les marchés qui favorisèrent les transactions commerciales (5).

(1) L'historien percheron, Bry de la Clergerie, nous a conservé un texte précieux que nous utiliserons dans l'étude concernant Robert II de Bellême que nous préparons.

(2) Un célèbre jurisconsulte du xvi⁺ siècle, René Chopin, a établi d'une façon incontestable l'existence de l'échiquier d'Alençon à l'époque de Guillaume III Talvas, comte d'Alençon. — René Chopin, *De domanio Gallico*, lib. II, p. 263, par. 3.

(3) Le droit de bourgeoisie fut accordé aux habitants d'Alençon, Domfront, Sées, Essai, Le Mesle-sur-Sarthe. A Alençon, la rente d'inféodation et de bourgeoisie était de trente-deux déniers par maison.

(4) Très larges furent les droits d'usage concédés dans les forêts domaniales de la maison de Bellême, notamment dans la forêt d'Ecouves où certains seigneurs appelés « francs » avaient reçu le droit de chasser à cor et à cri.

(5) La foire de la *Chandeleur* à Alençon, comme celle dite du Grand Lundi, remontent aux origines mêmes de la ville.

CHAPITRE VI

Guillaume Ier de Bellême et son frère Avesgaud, évêque du Mans.

Multiples événements dans le Maine et en Normandie (1016-1028)

L'œuvre d'Avesgaud de Bellême, évêque du Mans. — Son caractère et ses vertus. — Herbert Eveille-chien, comte du Maine, succède à Hugues, 1016. — Il attaque Avesgaud et prend Duneau. — Le prélat à Bellême.— Invasion du Saosnois. — Guillaume de Bellême tenu en échec. — Son vassal Giroie bat Herbert, paix, 1020. — Giroie reçoit du duc Richard Echauffour et Montreuil. — Nouvelle guerre avec Herbert, 1026. — Le comte du Maine fait prisonnier par Foulques Nerra, comte d'Anjou, 1026. — Mort de Richard II, duc de Normandie, 1026. — Mort de Guérin de Bellême, absurde légende. — Avènement de Richard III. — Robert le Diable, son frère, devient comte d'Exmes. — Naissance de Guillaume le Bâtard, fils d'Herlève et de Robert, 1026. — Guillaume de Bellême fait prisonnier Hugues de France, fils du roi Robert, insurgé contre son père. — Herbert, rendu à la liberté, attaque l'évêque Avesgaud. — Trahison d'Helbran. — Siège de La Ferté-Bernard par Herbert et Alain III, duc de Bretagne. — Pillage de l'évêché du Mans et des domaines épiscopaux. — Fulbert, évêque de Chartres, s'interpose, paix. — Insurrection de Robert, comte d'Exmes. — Siège de Falaise, 1027. — Richard III, duc de Normandie, meurt empoisonné à Rouen, 1028. — Son frère et successeur Robert le Diable accusé de ce crime.

Hugues III, comte du Maine (1), était d'humeur pacifique. En 1013 ou 1014 (2), il commit, il est vrai, l'imprudence de s'allier avec Eudes II, comte de Chartres, et Galeran, comte de Meulan, contre Richard II, duc de Normandie, ce qui lui valut, devant Tilliéres, une cruelle participation à leur défaite. Il dut se cacher dans une étable à moutons et regagner Le Mans, déguisé en berger, pour ne pas être capturé (3).

Hugues n'avait cherché querelle ni à Avesgaud, évêque du Mans, ni à son frère Guillaume, prince de Bellême et seigneur du Saos-

---

(1) **Hugues III, comte du Maine**, avait, nous le rappelons, succédé à son père Hugues II en 992.

(2) Certains historiens ont placé cette guerre en 1006. M. Lot, *Fidèles ou vassaux*, nous paraît l'avoir mieux fixée à 1013 ou 1014.

(3) **Guillaume de Jumièges**, liv. V, ch. 10.

nois. Nous savons comment ce dernier avait employé ce temps de paix. Nous allons voir comment l'évêque l'avait utilisé de son côté.

Avesgaud était pieux, savant, protecteur des lettres, d'une exemplaire pureté de mœurs, libéral pour les églises et les monastères, ami des clercs et des moines, très charitable pour les pauvres, secourable aux souffrants, fort zélé pour la dignité du culte divin (1). Il donna libre cours à ses généreuses aspirations.

Il reconstruisit et consacra l'église abbatiale de Saint-Vincent du Mans, et fit des donations à ce monastère (2) et à celui de la Couture. Il favorisa de tout son pouvoir la construction d'églises nouvelles, notamment de celles de Sablé qu'il bénit, et prescrivit un cérémonial très solennel pour la célébration de la fête de saint Julien, premier apôtre du Mans, dont il écrivit la vie (3).

Grâce à lui, l'école épiscopale, attachée à sa cathédrale, dont Ermenulphe fut le modérateur et Robert le grammairien, eut beaucoup d'éclat et forma des hommes remarquables comme Yves II de Bellême (4), Gervais et Ursion de Château-du-Loir (5), qui devaient tous trois porter la mitre, comme Humbert qui devint cardinal et évêque de Sainte-Rufine.

Le prélat créa une infirmerie pour ses chanoines et fonda au Mans, pour le repos de l'âme de ses père et mère, l'hôpital des Ardents qu'il fit desservir par les frères de Saint-Antoine (6).

Les vertus et les œuvres d'Avesgaud prouvaient que s'il devait au crédit de sa race l'honneur de l'épiscopat, il en était pleinement digne, mais, comme elles donnaient plus de force à son autorité, elles ne firent qu'augmenter la haine vouée au prélat par Herbert Eveille-Chien, comte du Maine.

Herbert, qui succéda en 1016 à son père Hugues III, était trop jeune pour résister à un naturel extrêmement violent et querelleur. Il fut offusqué à la fois par la puissance épiscopale et par celle de la maison de Bellême, à laquelle les fondations religieuses de son chef et son intimité avec le roi de France et le duc de Normandie donnaient plus d'éclat. Il résolut en conséquence d'abaisser l'autorité féodale et les prérogatives de l'évêque du Mans. Il engagea

---

(1) Voy. sur Avesgaud de Bellême : dom Mabillon, *Vetera Analecta*, t. III ; Dom Piolin, *Hist. de l'Eglise du Mans*, t. III.

(2) C'est Gervais de Château-du-Loir, neveu et successeur d'Avesgaud, qui acheva la restauration de cette abbaye.

(3) *Histoire littéraire de la France*, t. VI, p. 528 et 531.

(4) Fils de Guillaume Ier de Bellême, il devint évêque de Sées.

(5) Fils d'Haimon, seigneur de Château-du-Loir et d'Hildeburge de Bellême. Gervais fut évêque du Mans, puis archevêque de Reims. Ursion fut évêque de Senlis.

(6) « *Pro Dei, sanctique Juliani amore*, dit Avesgaud dans la charte de fondation, *proque etiam mea, meorumque parentum, Ivonis scilicet atque Godehildis, pariter et omnium qui suas elcemosinas in ea manentibus pauperibus atque mansuris dant atque donabunt salute, debilium fratrum atque sororum hospitalitati ascribo atque concedo.* » — *Cartularium ecclesiæ cenomanensis*, liber albus, CXXI.

avec lui une série de conflits et l'accabla de continuelles vexations, préliminaires d'actes de très graves hostilités.

La fermeté d'Avesgaud ne se démentit pas un instant. Voyant sa sécurité menacée dans sa ville épiscopale, il fit construire à Duneau, près de Connerré, sur les bords de l'Huisne, une forteresse de refuge que le comte assiégea et prit. L'évêque, craignant de tomber dans les mains de son ennemi, quitta Le Mans et se retira au château de Bellême, auprès de son frère, après avoir frappé Herbert d'excommunication et lancé l'interdit sur ses domaines.

Ce dernier, furieux, envahit alors le sud du Saosnois, s'empara de Ballon (1), située sur un coteau à peu de distance du Mans, et menaça toute la région que couvrait cette forteresse. Pour être un évêque exemplaire, Avesgaud, qui avait la passion de la chasse et, en courant le cerf s'était même blessé gravement (2), n'en était pas moins, comme beaucoup de prélats grands seigneurs de ce temps, capable de porter la cuirasse et de recourir aux armes quand le droit était lésé. Les mœurs les y autorisaient. Il n'hésita donc pas à payer de sa personne. Il réunit les vassaux épiscopaux aux troupes de son frère pour refouler l'agresseur et marcher sur Le Mans. Douter du caractère impétueux de ce fils de guerriers et de son désir de vengeance serait ne pas connaître son époque.

Le comte Herbert eut d'abord l'avantage. Guillaume de Bellême, dont l'âge — il avait plus de soixante-dix ans — paralysait la généreuse ardeur, dut céder à la pression des Manceaux et battre en retraite, mais son vassal d'origine bretonne, Giroie, seigneur de Saint-Cénery dans la châtellenie d'Alençon, qui commandait un corps de réserve, fit face à l'ennemi et l'arrêta. Après un combat acharné, Herbert plia, recula et s'enfuit (3). La maison de Bellême était donc victorieuse. Sans pousser plus loin ses avantages, ayant libéré le Saosnois envahi, elle consentit à la paix à condition qu'Avesgaud serait réintégré dans tous ses droits.

Ces légitimes exigences étant acceptées, l'évêque rentra au Mans, en 1020, reprit le cours de ses œuvres, reconstruisit en pierre le palais épiscopal et l'Hôtel-Dieu qui étaient en bois, mais ne tarda pas à avoir à se plaindre de nouveau des mauvais procédés du comte.

(1) Il est facile de constater par les faits qui suivront que la lutte entre Herbert et la maison de Bellême fut extrêmement vive à Ballon et aux environs. Herbert voulait évidemment faire de Ballon sa base d'opérations pour la conquête de tout le Saosnois.

(2) Les frères de Saint-Antoine reçurent, comme insigne, d'Avesgaud, un pied de biche qu'ils portaient sur le côté gauche de la robe.

(3) « *Geroius inter aliqua opera quæ fecit, cum Willermo Bellesmensi, cenomannensium comitem pagnavit. Victo autem Willermo et fugiente cum suis Geroius stetit ; bellumque donec Herbertum cum suis in fugam cogeret, viriliter sustinuit...* » — Ord. Vit., II, 22. — La partialité d'Ordéric Vital en faveur des Giroie ne nous donne qu'une confiance très limitée dans ce récit. Il peut avoir exagéré l'échec personnel de Guillaume de Bellême pour mettre plus en valeur le mérite de Giroie.

Guillaume de Bellême n'était pas un ingrat. Devant aller à la cour du duc de Normandie, il emmena avec lui Giroie de Saint-Cénery, le présenta à Richard II (1), vanta son courage, et exposa les faits suivants : Helgon, guerrier normand, seigneur d'Echauffour (2) et de Montreuil (3) au pays d'Ouche, avait naguère fiancé sa fille (4) à Giroie qui, à la mort de son futur beau-père, était entré en possession de ses fiefs. Il les avait gardés depuis, bien que sa future fut morte avant qu'elle eût contracté mariage (5) et qu'elle eut deux frères, Robert et Arnaud, héritiers légitimes de leur père et de leur sœur. Giroie sollicitait du duc l'oubli de cette usurpation manifeste et le don d'Echauffour et de Montreuil. En considération de sa bravoure, Richard II lui accorda la faveur sollicitée (6).

Comme il revenait de la cour de Normandie avec le prince de Bellême auquel il était redevable des bienfaits ducaux, Giroie reçut l'hospitalité chez un puissant seigneur, Turstin de Bastenbourg, s'éprit de sa fille Gisle et l'épousa (7).

Talvas ne se doutait pas qu'en usant de tout son crédit en faveur du seigneur de Saint-Cénery et, en favorisant son élévation, il préparait pour sa propre descendance les plus terribles épreuves. Profitant du rétablissement de la paix dans le Saosnois, il terminait alors ses grandes œuvres : abbaye de Lonlay, reconstitution des biens de l'Eglise de Sées, Saint-Léonard de Bellême, qui, ainsi que nous l'avons vu, purent être menées à bien avant 1025.

Cette année-là, le comte du Maine paraît avoir engagé avec la maison de Bellême de nouvelles hostilités (8). Elles ne purent pas se prolonger, car, en 1026, Herbert, qui avait plus d'une fois pénétré dans les bourgs de l'Anjou, la nuit, pour les livrer au pillage, ce qui lui avait valu son bizarre surnom d'Eveille-Chien, fut traîtreusement fait prisonnier à Saintes par Foulques Nerra qui le garda deux ans captif.

1026 fut une date néfaste pour Guillaume de Bellême. Il fut frappé dans ses plus chères affections. Richard II, duc de Nor-

---

(1) « *Deinde Willermus Bellesmensis... ad Ricardum adduxit.* » — Ibid.

(2) Echauffour, canton du Merlerault (Orne).

(3) Montreuil-l'Argilé (Eure).

(4) Pour dissimuler la prise de possession irrégulière d'Echauffour et de Montreuil par Giroie, Ordéric Vital présente d'abord la fille de Helgon comme « fille unique » — II, 32 — puis, un peu plus loin, oubliant la précaution qu'il a prise, il parle des fils d'Helgon, Robert et Arnaud. — II, 37, 90.

(5) « *Ille (Geroius) vero, Helgone paulo post defuncto, totum honorem ejus possedit ; et virgo quæ firmata ei fuerat, immatura morte præventa, ante nuptias obiit.* » — Ord Vit , II, 32.

(6) « *Quem liberalis dux, agnita virtute ejus, honoravit, eique totam terram Helgonis hereditario jure concessit.* » — Ibid.
« *Geroius... cum Belesmensi Willelmo, ad curiam Ricadi ducis venit, cujus dono in Normannia duo municipia, Monasteriolum et Escalfoium obtinuit.* » — Guill. de Jum., liv. VII, ch. XI.

(7) Ord. Vit., II, 32.

(8) *Art de vérifier les dates*, t. XIII, p. 87.

mandie, qui l'avait honoré d'une constante amitié et comblé d'attentions, mourut, après un règne long et glorieux. Ce prince avait gouverné avec une grande sagesse. Il avait comprimé les instincts encore semi-barbares de ses vassaux et avait développé, dans une paix profonde, les vertus normandes. Equitable et bienfaisant, il s'était fait aimer du peuple. Grâce à sa fermeté, la Normandie avait connu les bienfaits d'un pouvoir vraiment fort et civilisateur.

D'autre part, Guillaume de Bellême eut la douleur de perdre son second fils Guérin (1) dans des circonstances tragiques, défigurées par une absurde légende. Un interpolateur de Guillaume de Jumièges, dont nous ferons connaître ultérieurement le nom, a saisi l'occasion de donner libre cours à sa haine contre les Bellême. Il raconte que « Guérin, ayant, sans aucun motif, cruellement tranché la tête à un bon et aimable chevalier de Bellême, nommé Gouhier, qui, ne soupçonnant aucun danger, lui souriait amicalement, fut bientôt après saisi et étranglé par le diable en présence de ses compagnons (2). »

Cette fable, insensée dans toutes ses parties, dissimule un accident mortel dans une passe d'armes (3), suivie d'un assassinat. Guérin de Bellême (4), qui fut l'auteur involontaire de l'accident et la victime du meurtre, laissait une fille légitime, nommée Adèle, qui épousa Rotrou II, vicomte de Châteaudun, comte de Mortagne, fils du comte Geoffroy et d'Elvise (5), et un fils bâtard Raoul (6), dont aucun historien n'a parlé. Ce dernier vivait en 1050.

(1) Les *Annales de Saint-Evroult* donnent la date de cette mort : 1026.

(2) « *Warinus igitur, postquam Gunherium de Belismo militem bonum et amabilem, qui nil mali suspicabatur, sed potius ei ridens ut amico congratulabatur, sine causa capite crudeliter privaverat, mox a demonio arreptus est, et, videntibus sociis qui aderant strangulatus est.* » — Guill. de Jum, liv. VI, ch. 4.

(3) Bry de la Clergerie — *Hist. des comtes d'Alençon et du Perche*, p. 53 — en admettant sous bénéfice d'inventaire, le récit de Guillaume de Jumièges, a parfaitement compris qu'il s'agissait d'une « joûte ».

(4) Le chroniqueur Robert de Torigny l'appelle à tort Guérin de Domfront parce que les héritiers de sa fille Adèle revendiquèrent, sans aucun droit, Domfront de son chef. Guérin, mort avant Guillaume de Bellême, son père, n'a pas possédé Domfront. Dans la charte de fondation de Lonlay, il figure sous le seul nom de *Warinus*. C'est à **tort** que l'*Art de vérifier les dates* donne Guérin comme bâtard. Le Guérin, bâtard, est un **fils de** Robert Ier de Bellême, cité dans une charte de Marmoutier de l'an 1067 et dans trois chartes de Saint-Vincent du Mans. Voy. notamment la charte n° 548.

(5) M. le vicomte de Romanet, dans sa remarquable *Géographie du Perche*, a nettement démontré que Guérin de Bellême ne pouvait être, comme l'ont prétendu les historiens Courtin, Bry de la Clergerie, sous réserves, et Odolant Desnos, le père de Geoffroy III, vicomte de Châteaudun et comte de Mortagne, auteur des comtes du Perche. La chronologie démontre la fausseté de cette assertion qui ne repose que sur un passage mal compris d'Ordéric Vital. Le chroniqueur dit que Rotrou III, comte du Perche, avait pour bisaïeul Guérin, *quem dæmones suffocaverunt*, ce qui s'explique très bien par le mariage d'Adèle, présumée fille de Guérin de Bellême, avec Rotrou II, père de Geoffroy IV, et grand-père de Rotrou III. On remarquera que le troisième fils d'Adèle porte le prénom de Guérin, ce qui donne plus de force à la thèse de M. de Romanet, et en démontre la vérité. — Voy. Vicomte de Romanet, *Géographie du Perche*, p. 38, et le tableau généalogique de la page 45.
C'est donc bien à tort que les historiens, cités plus haut, et les auteurs de l'*Art de vérifier les dates* ont fait des comtes du Perche une branche masculine de la maison de Bellême.

(6) *Cartulaire de Saint-Vincent du Mans*, charte n° 548.

Richard III, fils aîné de Richard II et de Judith de Bretagne, succéda à son père comme duc de Normandie (1). L'un de ses premiers actes fut de donner le comté d'Hiémois à son frère cadet Robert. Ce dernier était courageux, mais sans scrupules, d'une ambition démesurée et d'une extrême violence. De méchantes prouesses de jeunesse l'avaient fait surnommer le Diable.

Son lot dans l'héritage paternel le mécontenta (2). Il en prit possession cependant, non sans arrière-pensée, et son attention s'étant portée sur la formidable situation de Falaise (3), il en fit, de préférence à Exmes, sa résidence ordinaire. Là, sur les rochers du Mont Mirat, s'élevait, dans un site merveilleux, un puissant château, défendu au nord et à l'occident par des escarpements à pic, couvert au midi par un vaste étang. Au nord s'étendait la ville close, renfermant les églises de la Trinité et de Saint-Gervais, et dont le faubourg de Guibray devait être rendu célèbre par sa foire.

Robert augmenta les fortifications du château et, le plus secrètement possible, y accumula les hommes, les armes et les munitions (4). Ces préoccupations belliqueuses ne l'empêchaient pas de se livrer avec passion à la chasse. Un soir qu'il revenait de courir le cerf dans la forêt de Gouffern, il aperçut, dit la légende, Herlève, fille du bourgeois Herbert et de Dode. Sa beauté le frappa (5) et il se prit pour elle d'un violent et fidèle amour qui fut partagé. D'Herlève, naquit à Falaise, en 1027, Guillaume, fils bâtard du comte d'Exmes, qui devait être un jour duc de Normandie et conquérir l'Angleterre.

Dans ce temps, Guillaume de Bellême rendit au roi Robert le plus important service. Le jeune prince Hugues, fils aîné du souverain, associé au trône et sacré, avait, dit-on, à se plaindre de sa mère Constance dont la parcimonie le laissait manquer de tout. Il s'était enfui de la cour, et, joint à quelques seigneurs de son âge, il incursionnait sur les terres du domaine royal. Talvas n'hésita pas à se lancer à sa poursuite, l'atteignit, le fit prisonnier et l'emmena captif à Bellême.

Fulbert (6), le saint évêque de Chartres, l'un des plus savants hommes de son temps, ami de la maison de Bellême, informa le roi de ces événements et le pria de faire savoir à Talvas la conduite

(1) Guill. de Jum., liv. VI, ch. Ier.
(2) Ibid, liv. VI, ch. 2.
(3) Falaise, chef-lieu d'arrondissement (Calvados).
(4) Guill. de Jum., liv. VI, ch. 2.
(5)   « Fille ert d'un borgeis la pucelle
                    Sage é corteise é proz é bele,
                    Bloi et od bel front é od beaus oils. »
            — Benoît de Saint-More, *Chronique des ducs de Normandie*.
(6) Saint Fulbert, né vers 960, sacré évêque en 1007, mort en 1029.

qu'il devait tenir (1). Le prince Hugues, grâce à ce dernier, rentra en grâce auprès de ses parents.

Les événements les plus graves allaient se précipiter pour Guillaume de Bellême, avec une effrayante rapidité, ne lui laisser ni trêve ni répit et accabler de tout leur poids son énergique vieillesse : Herbert Eveille-Chien, comte du Maine, rentré de la captivité où le tenait Foulques Nerra, comte d'Anjou, n'eut rien de plus pressé que de violer ouvertement le traité de paix conclu en 1020, et d'entreprendre de nouvelles hostilités contre l'évêque du Mans et sa famille.

Tandis que son frère faisait bonne garde dans le Saosnois menacé, Avesgaud de Bellême confiait sa défense à un seigneur nommé Helbran, qui le trahit indignement. Le prélat, obligé de nouveau de quitter Le Mans, s'enferma dans le château de La Ferté-Bernard (2) où il fut assiégé par Herbert qui, pour soutenir sa mauvaise cause, avait appelé à son aide Alain III, duc de Bretagne (3), dont Alain Canhiart, comte de Cornouaille, commandait les troupes.

Des soldats d'Eveille-Chien pillèrent l'évêché et ses dépendances, capturèrent les familiers et les domestiques d'Avesgaud, ravagèrent les domaines épiscopaux et emmenèrent les vassaux faits prisonniers. Informé de ces faits odieux, l'évêque de Chartres, très respectueux de la justice et des droits de l'Eglise, s'émut et s'adressa d'abord sans succès au roi Robert, puis au pape Jean XIX et aux archevêques de Reims et de Sens. Ces démarches prirent du temps et suivaient leur cours quand La Ferté-Bernard dut capituler tandis qu'Alain, duc de Bretagne, prenait Le Lude (4) sur le comte d'Anjou.

Fulbert n'hésita pas à venir au Mans. Il s'imposa, comme arbitre, au comte du Maine et fit rendre La Ferté-Bernard à Avesgaud (5), mais la paix qui suivit fut, nous le verrons, de bien courte durée.

Les choses prenaient, pendant ce temps, la plus mauvaise tournure en Normandie. Robert, comte d'Exmes, qui avait terminé ses préparatifs de guerre, se révoltant ouvertement contre son frère Richard III, lui refusait l'hommage. Le duc de Normandie convoqua immédiatement ses vassaux, et, l'armée rassemblée, marcha sur Falaise qu'il investit. Talvas, avait lui-même appelé aux armes les seigneurs de ses châtellenies normandes, et accompagnait son suze-

---

(1) « *Dignum est scire te negotia regni tui. Noverit prudentia tua quod Guillelmus de Bellismo, ultus perfidiam filii tui, conjecit eum in carcerem, unde non egredietur sine concilio tuo.* » — *Fulberti epistolæ*, épître 94. — Les trois fils du roi Robert se soulevèrent successivement contre leur père, mais Fulbert, mort en 1029, n'a pu voir que la révolte de l'aîné.

(2) La Ferté-Bernard, chef-lieu de canton (Sarthe).

(3) Dom Mabillon, *Vetera Analecta*, t. III, p. 301 et suiv.

(4) Le Lude, chef-lieu de canton (Sarthe).

(5) Dom Mabillon, *Vetera Analecta*, t. III, p. 301.

rain avec ses troupes. Si son grand âge ne lui permettait plus de prendre part aux combats, ses talents d'ingénieur militaire étaient extrêmement précieux dans un siège qui se présentait comme devant être très difficile. La situation de Falaise, nous l'avons dit, était formidable et sa garnison nombreuse et bien armée était munie de vivres abondants (1).

Les opérations durèrent pendant tout le mois de décembre 1027 et une grande partie du mois de janvier 1028. Le comte d'Exmes poussa la résistance aux limites extrêmes et, voyant sa situation désespérée, se décida à capituler. Il feignit le repentir et accepta les conditions de paix qui lui furent imposées. Richard, d'un naturel confiant et généreux, lui pardonna, lui laissa son comté, licencia en conséquence son armée et rentra à Rouen.

A peine le duc avait-il regagné sa capitale que, le 3 février 1028, à la suite d'un banquet, il mourut empoisonné. La mort de plusieurs personnages, ses convives, jugés sans doute gênants, qui périrent de la même manière, victimes du même poison, ne laissa aucun doute sur le crime qui avait pour but d'assurer la couronne ducale au comte d'Exmes, héritier du malheureux Richard (2).

(1) Guill. de Jum., liv. VI, ch. 2.

(2) « *Porro ipse prefatus comes Ricardus, post facta cum fratre pace, dimisso exercitu, Rotho-magum regressus, millesimo vicesimo octavo anno ab incarnatione Domini, cum suorum nonnullis, ut retulerunt plurimi, veneno mortem obiit, fratrem suum Rodbertum heredem relinquens su ducatus.* » — Guil. de Jum., liv. VI, ch. 2. — Richard III n'était pas marié.

CHAPITRE VII

Guillaume Ier de Bellême refuse l'hommage au duc Robert
Il lutte contre la Normandie et le Maine
(1028-1031)

*Robert, archevêque de Rouen, comte d'Evreux, Hugues d'Ivry, évêque de
Bayeux, et Guillaume, prince de Bellême, refusent l'hommage à Robert
le Diable. — Le duc de Normandie assiège Alençon. — Il viole les clauses
de la capitulation. — Reprise des hostilités. — Offensive de Talvas contre
la Normandie. — Sanglant combat de Blavou, en Bellêmois. — Foulques
de Bellême est tué. — Mort de Guillaume Ier de Bellême, vers 1031, à
Domfront. — Sa sépulture. — Ses fils. — Sigefroy d'Escures. — Les
chroniqueurs normands attaquent la mémoire de Guillaume de Bellême. —
Opinion de Bry de la Clergerie. — Jugement de dom Piolin. — Ordéric
Vital interpolateur de Guillaume de Jumièges. — La preuve de ses interpolations. — « Sa haine particulière contre la maison de Bellême. » —
Légitime suspicion de son témoignage.*

Un frisson d'horreur et de colère passa sur la famille ducale à la
nouvelle de la mort de Richard III. Les présomptions les plus
accablantes désignaient Robert le Diable, qui profitait du forfait,
comme son instigateur : ses habitudes de violence, sa haine contre
son frère, son désir de se venger de la prise de Falaise, son ambition.

Le nouveau duc sentit le danger des soupçons qui s'attachaient
à lui. Il s'empressa de se faire des amis en comblant ses courtisans
de largesses et en doublant la solde de ses hommes d'armes. Il
pourrait ainsi braver les mécontents.

Cependant, trois seigneurs, et non des moindres, considérèrent
que leur soumission au nouveau duc constituerait une sorte de
complicité morale dans le crime qui pesait sur le prince félon et le
rendait indigne du pouvoir. Le premier était Robert, archevêque
de Rouen, comte d'Evreux, fils de Richard Ier et frère de
Richard II (1) ; le second, Hugues, évêque de Bayeux, fils de Raoul,
comte de Bayeux et d'Ivry, le frère utérin de Richard Ier (2) ;
le troisième était Guillaume de Bellême (3), le fils d'Yves, sauveur

(1) Guill. de Jum., liv. VII, ch. 3.
(2) Ibid., liv. VII, ch. 5.
(3) Ibid., liv. VII, ch. 4.

de la dynastie normande, qu'une constante amitié avait uni à Richard II (1).

Robert eut facilement raison des prélats. Tenant l'archevêque de Rouen pour suspect, il mit le siège devant Evreux et s'empara de cette ville (2). Le comte d'Evreux, après avoir jeté l'interdit sur la Normandie, avait cherché asile auprès du roi de France qui négocia pour lui un arrangement avec son neveu. D'autre part, le château d'Ivry (3), où l'évêque de Bayeux espérait résister longtemps, fut pris sans trop de peine.

Le duc ne vint pas aussi facilement à bout du prince de Bellême qui, malgré son grand âge, n'avait pas hésité, en signe de mépris, à lui refuser obstinément l'hommage (4). Non seulement toutes les forces de la Normandie furent mobilisées, en 1029, contre ce seigneur, mais Robert jugea prudent de s'allier avec Herbert Eveille-Chien (5), toujours disposé à nuire à la maison de Bellême. Le comte du Maine attaquerait le Saosnois tandis que les troupes normandes mettraient le siège devant les château et ville d'Alençon.

Il est probable que, de son côté, Guillaume de Bellême avait demandé l'aide du roi de France qu'il avait si bien servi. Robert le Pieux ne jugea pas opportun de rompre la paix avec la Normandie et Talvas resta seul en face de ses ennemis.

Sa personne étant en péril, il avait appelé aux armes ses fidèles vassaux de la châtellenie d'Alençon qui, pour ce cas, devaient le service militaire même contre le duc, tandis que ceux Bellêmois, du Passais et du Saosnois faisaient bonne garde dans es places fortes.

Nous ignorons les combats qui précédèrent le siège 'Alençon où Talvas s'enferma avec toutes les troupes dont il pouvait disposer. La défense fut longue et des plus énergiques. Elle dura jusqu'au moment où, accablé par le nombre et mal abrité par des fortifications, situées en plaine, que la Sarthe ne protégeait pas contre une attaque venue de la Normandie, le chef de la maison de Bellême dut se résigner à capituler (6).

(1) M. Licquet, dans son *Histoire de Normandie*, a bien vu le lien existant entre les affaires d'Evreux, d'Ivry et d'Alençon. Il présente, à cette occasion Guillaume de Bellême comme tres proche parent, évidemment par sa femme Mathilde, de l'archevêque Robert et de l'évêque Hugues.

(2) « *Suspectum habens Robertum archipresulem, suum videlicet avunculum, hostili obsidione Ebroicam gyravit urbem.* » — Guill. de Jum., liv. VII, ch. 3.

(3) Ivry (Eure).

(4) « *Guillelmus Bellismensis, Yvonis filius, animositatem ejus (Roberti ducis) audens attentare, ex castro Alencio, quod beneficii tenebat jure, a serviminis jugo pertinacem cervicem temere sumpta rebellione nisus est intorquere.* » — Guill. de Jum., liv. VI, ch. 4.

(5) Dom Paul Piolin, *Hist. de l'Eglise du Mans*, t. II], p. 104.

(6) « *Ad cujus atrocem insolentiam conterendam, adveniens dux, cum militaribus turmis, tamdiu eum intra munitionem tantæ presumptionis adjutricem conclusit, donec ejus clementiam*

Furieux de la résistance qu'il avait éprouvée, Robert exigea que l'héroïque vieillard, qui avait été l'ami de son père, subît le cérémonial, nettement odieux, usité alors pour la reddition des places fortes. Le noble guerrier dut, pieds nus, en chemise, une selle de cheval sur le dos (1), se mettre à la merci du rebelle de Falaise.

Satisfait de cette vengeance qui était un acte impolitique, le duc restitua Alençon, évacua son territoire (2) et conclut avec Talvas un traité dont il s'empressa de violer les conditions, en refusant de donner à un de ses fils, comme il s'y était engagé, la main d'une de ses sœurs (3).

Outré de ce manque de bonne foi qui le déliait lui-même des engagements que la force l'avait contraint à subir, Guillaume de Bellême se décida, malgré les risques, à faire de nouveau appel aux armes. Il se retira peut-être dans son imprenable forteresse de Domfront où, sur l'éperon rocheux qui portait son donjon, il pouvait braver toute attaque, pendant que ses fils Foulques et Robert formaient un corps expéditionnaire et portaient intrépidement, par des raids audacieux, la guerre, dans le comté d'Exmes, sur les terres du domaine ducal (4).

La cavalerie normande fut hâtivement réunie sous les ordres de Néel II, seigneur de Saint-Sauveur, vicomte du Cotentin (5) qui avait été, on se le rappelle, l'hôte de Talvas, à Sées, où il avait accompagné le duc Richard II. Néel se porta à la rencontre de Foulques et de Robert de Bellême, refoula leurs forces dans le Bellêmois et y pénétra après eux, bien que ce pays, placé sous la suzeraineté directe du roi de France, dut rester, selon le droit féodal et le droit des gens, hors d'atteinte. Il est probable qu'il y opéra sa jonction avec les Manceaux qui, par le sud du Saosnois, paraissent avoir envahi aussi le territoire de Bellême (6). C'est alors que Bérenger, abbé de Sainte-Gauburge de la Coudre, exposé, avec ses moines, aux vio-

expeteret nudis vestigiis, equestrem sellam pro satisfactione ferens humeris. » — Guill. de Jum. liv. VI, ch. 4.

(1) « Car telle était la coutume pour celui qui se rendait à son ennemi », dit une très vieille chronique. — *Nouvelle histoire de Normandie et nouveaux détails*, Versailles, 1814, p. 81. — Hugues, comte de Châlons-sur-Saône, vaincu par Richard, fils de Richard II, et Geoffroy Martel, obligé de se rendre à son père Foulques Nerra, comte d'Anjou, furent ainsi traités.

(2) « *Cui dux, licet ficte satisfacienti, non solummodo cuncta indulsit, verum etiam, reddito ei oppido, festinus a loco recessit...* » — Guill. de Jum., ibid.

(3) *Recueil des hist. de France*, t. X, p. 323.

(4) « *Sed non multo post, iterum furia invectus discidii (Willelmus Bellesmensis), ad tantam controversiam adversus ducem pejeratus incanduit, ut intrepida cum audacia filios suos Fulconem atque Rodbertum cum copia militum dirigeret, qui direptionibus Normanniam vexarent.* » — Guill. de Jum., liv. VI, ch. 4.

(5) *Rec. des hist. de France*, t. XI, p. 323. — Néel II était fils de Néel Ier qui avait combattu le roi d'Angleterre Ethelred.

(6) Il n'y a aucun doute qu'Herbert Eveille-Chien, allié du duc Robert, et qui avait repris ses hostilités contre Avesgaud de Bellême, évêque du Mans, ait eu une part active à cette guerre dont Robert Ier de Bellême prit la revanche. — Guill. de Jum., liv. VI, ch. 7.

lences des hommes d'armes, se résigna à quitter son monastère menacé et à rentrer à celui de Bonneval d'où il était sorti (1).

Une sanglante bataille s'engagea dans la forêt de Blavou, près de Pervenchères. Le nombre l'emporta. Foulques de Bellême fut tué, son frère Robert fut blessé et ne ramena du combat, où avaient péri beaucoup de ses soldats, qu'un petit nombre de chevaliers (2).

Quand Guillaume de Bellême, déjà malade et affaibli par l'âge, apprit ces douloureuses nouvelles, il éprouva une émotion telle qu'il mourut subitement (3). C'était vers 1031, il était beaucoup plus qu'octogénaire.

Foulques de Bellême fut inhumé dans la collégiale de Saint-Léonard de Bellême. Une très ancienne tradition veut que son père ait reçu la sépulture au pied de son château de Domfront, dans l'église Notre-Dame-sur-l'Eau, où on prit longtemps pour son tombeau celui d'un chevalier du XIVe siècle (4).

Guillaume Ier, prince de Bellême, laissait quatre fils légitimes : Robert Ier qui lui succéda ; Yves II, qui avait embrassé l'état ecclésiastique ; Guillaume II Talvas et Benoît, moine de l'abbaye de Fleury. Il avait de plus un fils bâtard Sigefroy, appelé communément Seifrid, personnage important, qui après avoir été capitaine du Mesle-sur-Sarthe, fut seigneur d'Escures (5) à Sées, du Bouillon, de La Chapelle-près-Sées et de Congé entre Sées et Alençon (6).

Les derniers événements de la vie de Talvas Ier, les seuls qu'ait enregistrés Guillaume de Jumiéges, ont fait prendre bien à tort ce

(1) *Cartulaire de Saint-Père de Chartres.* — Charte XXIX.

(2) « *Quibus ex ducis domo plurimi audacter expediti occurrentes vernaculi inter saltum Blavonis commiserunt prælium cum eis...* » — Guill. de Jum., liv. VI, ch. 4. — La forêt de Blavou aujourd'hui détruite, couvrait une partie du territoire actuel de Pervenchères, arrondissement de Mortagne (Orne).

(3) « *Quorum interitum ut idem graviter egrotans Willelmus comperit, tactus intrinsecus dolore cordis, continuo animam efflavit.* » — Ibid.

(4) Voy. Blanchetière, *Les pierres tombales de Notre-Dame-sur-l'Eau.*

(5) Ce fief avait son chef à Sées dans un faubourg où s'élevait l'église de Saint-Germain d'Escures.

(6) **Sur Seifrid Ier**, auteur de la maison d'Escures et dont aucun historien n'a établi le lien avec elle, voyez la charte 5 du *Cartulaire de Marmoutier pour le Perche* où il est appelé *Seinfredus de Merula*, la charte 2 du *Cartulaire de Saint-Martin de Sées*, les chartes 548, 605, 610, 621, 624, 629 du *Cartulaire de Saint-Vincent du Mans*.
Seifrid Ier d'Escures laissa au moins deux fils : 1° Hugues, qui fut chanoine de Sées, *Hugo, filius Seifridi, canonicus*, mentionné ainsi dans la charte XV du *Cartulaire de Saint-Martin de Sées* et qualifié *cenomannensis* dans la charte VI : 2° Seifrid II, mentionné avec son père dans plusieurs des chartes citées ci-dessus, et toujours appelé *Seifridus de Scuris* dans le *Cartulaire de Saint-Martin.*
Seifrid II d'Escures, qui était le neveu de Normand de Montregnier, seigneur d'Ancinnes dans le Saosnois, se fit religieux de Saint-Martin de Sées sur la fin de ses jours. Il laissa au moins trois fils : Deux, Raoul, abbé de Saint-Martin de Sées et Seifrid III d'Escures, dont nous aurons plus tard beaucoup à parler, furent évêques en Angleterre sous le règne du roi Henri Ier. Ils avaient pour mère, l'un Rossende, l'autre Guimonde, successivement épousées par leur père.
Le troisième fils de Seifrid II, Robert d'Escures, qui était peut-être l'aîné et issu de sa première union, fit passer par le mariage de sa fille les grands biens de sa maison aux seigneurs de Larré.
Les seigneurs d'Escures s'étaient montrés très généreux pour l'abbaye de Saint-Martin de Sées à la restauration de laquelle nous ne tarderons pas à assister.

seigneur qui fut l'ami fidèle de Robert le Pieux et de Richard II, et donna aux habitants de ses domaines de très longues années d'une paix réparatrice et fructueuse, pour un vassal indocile et turbulent (1).

Le contraire est exactement vrai. Guillaume de Bellême n'entra en guerre contre le comte du Maine que pour repousser les agressions de ce persécuteur d'Avesgaud, évêque du Mans, son frère. Il refusa l'hommage à Robert le Diable parce qu'il estimait ne pouvoir subir la suzeraineté d'un prince qui venait de donner l'exemple de la rébellion et que l'opinion générale accusait de s'être assuré la couronne ducale par un fratricide. Ces actes sont très loin de nuire à la noblesse de son caractère (2).

On nous permettra de suspendre notre récit et d'ouvrir ici une parenthèse qui s'impose absolument. Guillaume de Jumièges déclare, en guise d'oraison funèbre, après avoir raconté la mort de Guillaume de Bellême, que ce seigneur était très cruel et cupide. Il ajoute que ses quatre fils : Guérin, Foulques, Robert et Guillaume étaient en tout semblables à lui (3). Comme première preuve, il nous montre le diable se saisissant de Guérin et l'étranglant devant ses compagnons (4). Nous connaissons cette histoire.

Le vieil historien percheron Bry de la Clergerie, qui écrivait avant 1620, s'étonnait à bon droit de cette accusation de cruauté, portée contre Talvas Ier, « n'ayant remarqué, disait-il, dans sa vie, aucun trait de cruauté (5). » Quant à la cupidité, c'est sans doute pour la satisfaire que le fils d'Yves fut aussi généreux envers l'Eglise.

La note de cruauté infligée à Talvas n'est pas soutenable, mais Guillaume de Jumièges, pleinement d'accord avec Ordéric Vital (6), va tout faire pour l'accréditer et l'étendre à la race entière. Les faits,

(1) Voy. Latouche, *Hist. du comté du Maine*, p. 23, et Jean Marx, *Gesta Normannorum ducum de Guill. de Jum.*, édition critique, p. 142, note 2.

(2) Combien différent de Guillaume de Bellême est son contemporain et voisin Geoffroy III, vicomte de Châteaudun, seigneur de Nogent-le-Rotrou et comte de Mortagne, mort en 1041. Tout fondateur qu'il fût de l'abbaye de Nogent, il fut l'ennemi acharné de saint Fulbert, évêque de Chartres, auquel il fit une guerre féroce. Dans son épître 54e, Fulbert parle de lui en ces termes : « *Malefactor ille Gaufredus quem pro multis facinoribus excommunicaveram, incerto utrum desperatus, an versus in amentiam, collecta multitudine militum, quo ducendi essent ignorantium, villas nostras improviso incendio concremavit, nobisque quantas potest machinatur insidias.* » Et le prélat ajoute que, pour avoir raison de Geoffroy, il s'adressera à Eudes, comte de Chartres, au roi de France et à Richard, duc de Normandie. « *Eorum rogabit patrocinia.* » — Voy. dans l'excellente édition des *Antiquités du Perche* de Bart des Boulais, due à M. H. Tournoüer, la note 3 de la page 108.

(3) « *Multum quippe crudelis et cupidus erat, et quatuor filios Warinum et Fulconem, Rodbertum et Willelmum sui similes habebat.* » — Guill. de Jum., liv. VI, ch. 4.

(4) « *Warinus igitur... a demonio arreptus est...* » — Ibid.

(5) *Hist. des comtes d'Alençon et du Perche*, p. 23.

(6) Nous rappelons que Guillaume, moine de l'abbaye de Jumièges, a écrit ses *Gesta Normannorum ducum* du vivant de Guillaume le Conquérant et a cessé d'écrire vers 1087, trois ans avant la mort du duc et qu'Ordéric Vital, né en Angleterre en 1075, entra comme moine dans l'abbaye de Saint-Evroult en 1085 et commença à écrire son *Histoire ecclésiastique* vers 1120. Il mourut vers 1150.

cités à l'appui, vont se presser sans tromper cependant la pénétration de Bry de la Clergerie qui se tient sur ses gardes : « Si les exemples qui en sont rapportés, dit-il, sont véritables, ils (les seigneurs de Bellême), n'avaient d'hommes que le visage et l'âme de tigres et de lions. Néanmoins, en beaucoup de choses, *j'en trouve l'histoire bien menteuse*, et ce mauvais nom ne s'accorde pas avec les belles et grandes fondations qu'ils ont faites, où l'on voit comme le pourtraict de leurs mœurs imprimé aux chartes d'icelles (1). »

Près de deux cent cinquante ans après Bry, le savant dom Paul Piolin écrivait dans sa magistrale *Histoire de l'Eglise du Mans* : « La note de cruauté et de débauche des Bellême repose surtout sur le témoignage d'Ordéric Vital qui paraît avoir conçu une haine particulière contre cette famille (2). »

L'illustre bénédictin portait ainsi, très impartialement, un grave jugement, dont il ne connaissait pas toute la portée. Il frappait de légitime suspicion, en ce qui concerne les Bellême, le témoignage d'Ordéric Vital, et cependant ce témoignage paraissait alors fortement étayé par celui de Guillaume de Jumièges, accepté, comme vérité, par le religieux de Solesmes.

Aujourd'hui, grâce à un fait nouveau très important, le jour s'est fait éclatant sur la cause de la concordance des deux chroniqueurs. Il est établi que Guillaume de Jumièges n'a consacré aux Bellême qu'une partie du chapitre où il raconte, avec l'esprit d'un panégyriste de la maison ducale, le refus d'hommage de Guillaume de Bellême à Robert le Diable, le siège d'Alençon, la bataille de Blavou et la mort du vieux seigneur. Son texte primitif se bornait à ce récit (3), et c'est Ordéric Vital, « animé d'une haine particulière », qui a interpolé ce texte, en y formulant l'accusation de cruauté que nous y avons signalée, et en plaçant à la suite une série de chapitres (4) dans lesquels, sans critique et avec une incroyable crédulité, il a admis toutes les fables et toutes les calomnies inventées et accréditées par les ennemis de la maison de Bellême. Nous ne tarderons pas à connaître quels étaient ces ennemis.

Léopold Delisle a découvert le manuscrit d'auteur portant les interpolations d'Ordéric Vital (5). Il est en entier de la main du

---

(1) Bry de la Clergerie. *Hist. des pays et comté du Perche et duché d'Alençon*, p. 23.

(2) Dom Paul Piolin, *Hist. de l'Eglise du Mans*, t. III, p. 36, note.

(3) Guill. de Jum., liv. VI, ch. 4.

(4) Outre la fin du chapitre 4 du livre VI, les chapitres, intercalés par Ordéric Vital dans l'œuvre de Guillaume de Jumièges, sont, en ce qui concerne les Bellême, le chapitre 7 du liv. VI et les chapitres 10, 11, 13, 15 et 17 du livre VII.

(5) L'abbé des Tuileries, le premier, avait, dans le *Mercure de France* de décembre 1723, signalé les modifications successives qu'avait subies la chronique primitive de Guillaume de Jumièges. MM. Guizot et Léopold Delisle avaient établi ensuite que trois interpolateurs ou continuateurs avaient confondu leur texte avec celui de Guillaume de Jumièges, notamment Robert de Torigny, prieur du Bec, futur abbé du Mont-Saint-Michel. — Voy. la préface de

moine de Saint-Evroult et date d'avant avril 1109, c'est-à-dire d'une époque antérieure à son *Histoire ecclésiastique* (1).

la traduction de Guill. de Jum. par Guizot et la notice consacrée à Ordéric Vital par Léopold Delisle, dans l'édition de l'*Histoire ecclésastique*, publiée par M. Le Prévost.

Après eux Jules Lair, l'éditeur de Dudon de Saint-Quentin, admit que de nombreuses interpolations devaient avoir été composées à Saint-Evroult même par Ordéric Vital. M. Delisle, l'éditeur en 1855 de la notice sur Ordéric, trouva la preuve de cette hypothèse en examinant un manuscrit de la bibliothèque de Rouen (Ms Y. 14, actuellement 1173), provenant de Saint-Ouen de Rouen et avant de Saint-Evroult. Il y reconnut la main même d'Ordéric Vital. Le manuscrit portait précisément le texte de Guillaume de Jumièges avec les interpolations rédigées à Saint-Evroult. On avait donc là un manuscrit d'auteur.

Léopold Delisle publia sur cette découverte un article dans *Bibliothèque de l'école des chartes*, t. XXXIV, 1873, et M. Lair une note dans le *Bulletin des Antiquaires de Normandie*, t. VI, p. 279-281. Article et note passèrent un peu inaperçus. Cependant Jules Lair préparait ses matériaux pour une nouvelle édition des *Gesta Normannorum ducum* de Guillaume de Jumièges qui a servi de base à l'excellente édition critique de M. Jean Marx, parue en 1914 sous les auspices de la Société de l'Histoire de Normandie. M. Marx donne d'abord le texte primitif de Guillaume de Jumièges qu'il fait suivre des interpolations d'Ordéric Vital, puis de celles de Robert de Torigny. M. Jean Marx constate que les interpolations d'Ordéric Vital, écrites avant avril 1109, procèdent de « sources orales abondantes, » que plusieurs détails y contenus n'ont point passé dans l'*Histoire ecclésiastique* de l'auteur ; enfin qu'Ordéric Vital y fait preuve d'une « réelle crédulité. » M. Le Prévost, rappelons-le, avait écrit en 1855 : « Guillaume de Jumièges a eu le malheur d'être défiguré. »

(1) Sur la partialité d'Ordéric Vital, voyez notre Introduction au présent volume.

CHAPITRE VIII

Robert Ier de Bellême (1031-1033)

Robert Ier de Bellême fait la paix avec la Normandie. — Guerre avec le comte du Maine, persécuteur de l'évêque Avesgaud, 1031. — Robert de Bellême prend la forteresse de Ballon, mais il y est surpris et fait prisonnier. — Avesgaud quitte Le Mans, 1032, et part pour la Terre-Sainte. — A son retour, il meurt à Verdun, 1035. — Expédition de Guillaume II Talvas, frère de Robert de Bellême, dans le Saosnois, 1033. — Le comte du Maine battu est mis en fuite. — Assassinat de Robert de Bellême dans sa prison, à Ballon, 1033. — Regrets de ses vassaux. — Son frère le venge. — Robert, duc de Normandie, fait jurer fidélité à son fils Guillaume le Bâtard. — Il part pour la Terre-Sainte.—Prophétie apocryphe et parodie d'une scène évangélique.

La bataille de Blavou n'eut pas les conséquences qu'on aurait pu craindre pour la descendance de Guillaume Ier de Bellême.

Son fils Robert Ier, qui lui succéda, loin de se laisser abattre par le nombre de ses ennemis, se dressa contre eux avec une superbe énergie et frappa de rudes coups (1). Il obtint ainsi de la Normandie une paix honorable qui le confirma dans les possessions et les prérogatives de sa maison. On note du reste, dans cette période, un changement dans l'attitude du duc Robert le Diable, devenu Robert le Magnifique. Il secourt son beau-frère, Beaudoin IV, comte de Flandre. Il sauve en 1031, après la mort du roi de France Robert, la couronne d'Henri Ier, fils de ce dernier, que la reine Constance voulait assurer à son fils cadet. Il lutte injustement, il est vrai, contre Alain, duc de Bretagne, et lui extorque un hommage indu. En même temps, les remords de sa vie passée l'assaillent, car, après avoir fondé l'abbaye de Cerisy, près de Saint-Lô, il annonce son intention de faire prochainement un pèlerinage de pénitence en Palestine.

Herbert Eveille-Chien, comte du Maine, lui, n'avait pas désarmé contre la maison de Bellême. Il poursuivait toujours l'évêque Avesgaud de sa haine, tandis que, dans le Saosnois, il menait la lutte contre Robert de Bellême, son neveu. En 1031, ce dernier prit

---

(1) « *Tunc Rodbertus, Willelmi Belesmensis potestatis heres et crudelitatis per aliquot annos infestus erat vicinis Cenomannensibus et Normannis.* » — Guil. de Jum. (Ordéric.Vital), liv. VI, ch. 7.

vigoureusement l'offensive. Il battit l'armée mancelle, la refoula et reprit la place-forte de Ballon (1) dont Herbert avait fait la base de ses opérations.

Cette victoire n'eut pas de lendemain. Le comte du Maine revint avec de nouvelles troupes et, dans un combat livré sous les murs de la place, parvint à s'emparer du fils de Talvas. Cette capture mit le désarroi dans les troupes bellêmoises. Les Manceaux en profitèrent pour s'emparer de Ballon. Robert de Bellême fut enfermé dans un cachot de cette forteresse et son ennemi se refusa obstinément à le mettre à rançon (2).

Au milieu de ces revers, l'évêque Avesgaud de Bellême, oncle du prisonnier, ne voulant pas subir plus longtemps les hostilités incessantes du comte, se décida à quitter, pour la troisième fois, sa ville épiscopale et à partir pour la Terre-Sainte. Après de grands préparatifs, des prières et de généreuses aumônes, il s'éloigna du Mans en 1032 (3). Il ne devait pas y rentrer, car, revenu de Palestine en 1036, il alla visiter son ami l'évêque Rambert, évêque de Verdun, et mourut dans cette ville le 27 octobre, à l'âge d'environ 70 ans. Il fut inhumé dans la cathédrale (4).

Revenons à Robert de Bellême. Il languissait, depuis deux ans, dans son cachot de Ballon quand son frère Guillaume II Talvas (5) investi de l'autorité en son absence, qui avait préparé une éclatante revanche, organisa, en 1033, une expédition dans le Saosnois. Elle était commandée par ce seigneur, et non comme l'ont dit tous les historiens après Ordéric Vital (6), par Guillaume, second fils de Giroie, seigneur de Saint-Cénery, qui avait alors douze ans (7).

---

(1) Ballon, chef-lieu de canton (Sarthe).

(2) « *Expeditionem itaque ultra Sartham agens a Cenommanensibus capitur (Rodbertus) ac apud Balaum castrum duobus annis in carcere custoditur.* » — Guill. de Jum. (Ordéric Vital), liv. VI, ch. 7.

(3) « *Apparatu autem magno facto sicut tanto decet episcopo Hyerusalem civitatem projectus est, et peractis ab eo orationibus lacrymosis, et sicut excogitabat et facultas exposcebat, eleemosynarum donariis, ut rediret, disposuit.* » — Titre de Saint-Vincent du Mans, cité par Bry de la Clergerie.

(4) Son corps fut ensuite transporté dans la nouvelle cathédrale construite entre 1110 et 1150.

(5) Robert de Bellême n'avait plus que trois frères : Yves, Guillaume Talvas et Benoît. Yves était ecclésiastique. Benoît était moine. C'est donc Guillaume qui, en l'absence de Robert, eut le commandement militaire. Ordéric Vital qui, avant de présenter ce dernier comme un criminel, tenait à le présenter comme un lâche, a soin de taire son nom et lui substitue maladroitement un enfant de douze ans, Guillaume Giroie, dont il veut faire un héros.

(6) « *Post biennium vero Willelmus, Geroii filius, aliique Rodberti proceres exercitum congregant.* » — Guill. de Jum. (Ordéric Vital), liv. VI, ch. 7.

(7) Giroie, père de Guillaume, s'était marié, en revenant de Rouen, après la première guerre de Guillaume Ier de Bellême contre Herbert, comte du Maine, fixée par M. Le Prévost à l'an 1020 — Ord. Vit., II, 22. — En reculant même cette date de deux ans, Guillaume, qui était le second fils de Giroie, ne pouvait avoir plus de quatorze ans au moment de la mort de Robert de Bellême en 1033.

Cette dernière date est sûre, car la capture de Robert par Herbert Eveille-Chien avait eu lieu, Ordéric Vital nous le dit, dans le temps où le duc Robert intervenait en faveur d'Henri Ier, c'est-à-dire en 1031, et deux ans s'étaient écoulés depuis : *post biennium.*

Le comte du Maine fut complètement battu et mis en fuite (1). Parmi les prisonniers faits dans le combat se trouvaient un officier d'Herbert, nommé Gautier (2), qu'on croit avoir été seigneur de Sourdon, en la paroisse de Saint-Mars près Ballon, dans le Saosnois par conséquent, et deux de ses fils. Désobéissant aux ordres formels de leurs chefs qui avaient prescrit de respecter la vie des captifs, les soldats de Bellême, rendus furieux par la violence de la lutte, les pendirent sans pitié à un arbre (3).

En apprenant cette nouvelle, trois autres fils de Gautier, qui se trouvaient dans la forteresse de Ballon, pénétrèrent furieux dans le cachot où était enfermé Robert de Bellême et massacrèrent l'infortuné seigneur à coups de hache (4).

Ordéric Vital, qui nous raconte cette tragédie, n'a pas un mot de blâme pour les meurtriers, et c'est leur victime qu'il taxe de cruauté (5) et compare à un porc qu'on assomme (6).

Robert Ier de Bellême laissa cependant à ses vassaux de profonds et durables regrets. Trente ans après sa mort, fidélité bien rare, deux d'entre eux, Robert, fils de Froger, seigneur de Marolette (7), et Normand de Neauphe (8) faisaient des fondations religieuses pour le repos de son âme et de celle de son père, l'une en faveur de Saint-Vincent du Mans (9), l'autre en faveur de Saint-Martin de Sées (10).

Guillaume II Talvas vengea la mort de son frère en mettant de nouveau le comte du Maine en pleine déroute et en lui reprenant tous les territoires du Saosnois dont il s'était emparé (11). Guillaume, fils de Giroie, l'enfant qu'on lui donne encore pour principal auxi-

---

(1) « *Cenomannis comitem ad bellum provocant et viriliter preliantes e bello effugant.* » — Ibid.

(2) Dans ses interpolations de Guillaume de Jumièges, Ordéric Vital l'appelle *Wallerius de Sordenia* et dans son *Histoire ecclésiastique*, *Walterius Sorus*. Sur ce personnage, voyez : Menjot d'Elbenne, *Ballon au XIe siècle*. — Robert de *Sardonico* fonda au XIe siècle le prieuré de Mézières-sous-Ballon.

(3) « *Ibi Walterium de Sordenia egregium militem cum duobus filiis comprehendunt inter quos, contradicente Willelmo, nequiter eum in patibulo suspenderunt.* » — Guill. de Jum. (Ord. Vital), liv. VI, ch. 7.

(4) « *Qui ut atrocem patris et fratrum mortem cognoverunt, vehementer irati carcerem violenter irrumpunt et Rodbertum de Belesmo, securibus capite ejus ibidem contrito, miserabiliter occidunt.* » — Ibid.

(5) « *Rodbertus... heres et crudelitatis.* » — Guill. de Jum. (Ordéric Vital), liv. VI, ch. 7.

(6) Ordéric Vital dit dans son *Hist. ecclésiastique* : « *Robertus de Belismo quem filii Gualterii Sori Securibus apud Balaum ut porcam mactaverunt.* »

(7) Marolette, près Mamers (Sarthe).

(8) Neauphe-sous-Essai, canton de Sées (Orne).

(9) Vers 1060, Robert, fils de Froger, donne à Saint-Vincent, pour le repos de son âme « *necnon Willelmi de Bellissimo, atque Roberti filii ejus de quorum beneficio illam tenui,* » une terre à Marolette, avec des prés, des vignes et « la coutume. » — *Cart. de Saint-Vincent*, numéro 611.

(10) Normand de Neauphe donne à Saint-Martin, après 1060, l'église de Saint-Ouen de Sées « *pro redemptione... animarum seniorum suorum Willelmi atque Roberti.* » — *Cart. de Saint-Martin*, charte 11.

(11) « *Willelmus cognomento Talavacius... auxilio suorum et maxime Willelmi filii Geroii omnem patris sui fundum adeptus est.* » — Guil. de Jum. (Ordéric Vital), liv. VII, ch. 10.

liaire, serait parti, à la fin de 1033, avec Robert de Normandie, pour la Terre-Sainte. C'était un bien jeune compagnon, il faut l'avouer, pour un tel voyage.

Avant d'aller chercher au tombeau du Christ l'apaisement de sa conscience troublée, le duc révéla à ses barons l'existence de Guillaume, son fils illégitime, que nous avons vu naître à Falaise en 1027, déclara le faire son héritier et l'investir de toute sa terre.

Il les pria de le reconnaître pour leur seigneur.

Malgré le violent mécontentement de certains d'entre eux, surtout des membres de la maison ducale, les grands vassaux acquiescèrent, et, mettant leurs mains dans celles de l'enfant, lui jurèrent obéissance et fidélité.

Le prince plaça alors son fils sous la garde du roi de France, Henri Ier, son suzerain. Il lui donna pour tuteur, Alain, duc de Bretagne (1), son proche parent ; pour précepteur, Turchetil ; pour majordome, Osbern de Crépon ; puis, tranquille sur le sort de sa dynastie et de ses Etats, il s'éloigna vers l'Orient. Ses amis avaient vainement cherché à le détourner du projet qu'il réalisait.

A quelque temps de là, raconte un chroniqueur anonyme, qui a brodé sur Guillaume de Jumièges, et n'a pas hésité à parodier une des scènes les plus touchantes de l'Evangile pour placer une prophétie de son invention, Guillaume II Talvas, passant par Falaise, alla voir le fils du duc Robert qu'on y élevait avec soin. Il le considéra en silence, puis il se serait écrié : « Sois maudit de Dieu, car je suis certain que, par toi et ta race, ma puissance et mes honneurs seront encore abaissés (2). »

Le seigneur, objet de cette légende, fut, nous n'aurons pas de peine à le constater, un des très rares personnages qui respecta toujours le serment qu'il avait prêté à Guillaume le Bâtard.

(1) Alain III, duc de Bretagne, était le fils de Geoffroy Ier, duc de Bretagne, et d'Havoise de Normandie, fille de Richard Ier.

(2) Cette légende a été reproduite par Gabriel Dumoulin, dans son *Histoire générale de Normandie*. Il est évident que la prétendue prophétie vise la lutte qui, près de cent ans plus tard, devait s'établir entre Robert II de Bellême, petit-fils de Talvas II et Henri Ier, usurpateur de l'Angleterre et de la Normandie, fils de Guillaume le Bâtard.

CHAPITRE IX

Yves II, prince de Bellême et son frère Guillaume II Talvas

Les troubles de la minorité de Guillaume le Bâtard

(1033-1044)

Partage des domaines de la maison de Bellême. — Vacance de l'évêché de Sées, 1035. — Comment les derniers évêques Richard et Radbod avaient toléré des empiètements sur le diocèse. — Yves II de Bellême élu évêque de Sées. — Son caractère, ses qualités. — Guillaume II Talvas, seigneur de Sées, Alençon et Domfront, vilipendé par l'interpolateur de Guillaume de Jumièges. — Ce qu'il était en réalité. — Son entente avec son frère pour la restauration de l'abbaye de Saint-Martin de Sées. — Mort de Robert, duc de Normandie, 1035. — Une partie des seigneurs normands refusent de reconnaître Guillaume le Bâtard pour son successeur. — Intrigues, complots, meurtres et pillages. — Soulèvement de Roger de Toëny, seigneur de Conches. — Soulèvement de Roger Ier de Montgomery, vicomte d'Exmes. — Siège de Montgomery, 1040. — Mort d'Alain III, duc de Bretagne, à Vimoutiers, 1040. — Assasssinat d'Osbern de Crépon par Guillaume de Montgomery. — Assassinat de Gilbert, comte de Brionne et de Foulques Giroie par Robert Giroie. — Henri Ier, roi de France, prend Tillières et brûle Argentan. — Soulèvement de Turstin Goz, vicomte d'Exmes. — Roger II de Montgomery, zélé partisan du duc. — Les ennemis de Guillaume « répandent sur les frontières des tisons embrasés ». — La fidélité de Guillaume II Talvas est un obstacle à la réalisation de leurs complots.

Robert Ier de Bellême ne laissait que deux fils illégitimes, Guérin (1) et Guillaume (2). Ses héritiers étaient donc ses frères : Yves II, engagé dans les ordres, et Guillaume II Talvas qui se partagèrent les grands biens de leur famille. Si Benoît, leur cadet, vivait encore, devenu moine bénédictin de l'abbaye de Fleury, il était mort au monde.

Yves reçut le Bellêmois et devint ainsi le vassal direct du roi de France Henri Ier (3). Comme son père, il est qualité « prince de Bellême (4) ». Il reçut aussi le Saosnois (5). Guillaume obtint toutes

---

(1) Guérin est cité dans la charte VI du *Cartulaire de Marmoutier pour le Perche* et dans les chartes 548, 573 et 629 du *Cartulaire de Saint-Vincent du Mans*.

(2) Guillaume est cité dans la charte VI de Marmoutier, dans les chartes 548, 573 et 629 de Saint-Vincent. Ce dernier document mentionne, à Contilly, « le fief de Guillaume, bâtard. »

(3) *Cart. de Saint-Père de Chartres*, charte XXIX ; *Arch. de l'Orne*, H 2205 ; H 2150 ; H 2561.

(4) « *Ego Ivo, Belismi castri princeps.* » — *Cart. de Saint-Vincent*, n° 834.

(5) Chartes 548, 545, etc., de Saint-Vincent.

les possessions normandes de sa maison et fixa sa résidence habituelle à Alençon (1).

Le premier acte d'Yves II fut de faire des donations à Saint-Léonard de Bellême, pour le repos de l'âme de son malheureux frère Robert, et d'augmenter d'un le nombre des canonicats de cette collégiale (2). Il restaura ensuite le monastère de Sainte-Gauburge de la Coudre, abandonné par ses premiers occupants, et le donna à l'abbaye de Saint-Père de Chartres (3).

En 1035, l'évêché de Sées devint vacant. A l'Evêque Sigefroy, auquel Talvas Ier avait donné le bourg de Sées, avait succédé Richard (4) qui avait eu lui-même pour successeur Radbod Fleitel (5). Ce dernier appartenait à une famille puissante, apparentée aux comtes d'Evreux et apanagée dans le comté d'Exmes (6). Pas plus que Richard, il ne s'était montré soucieux de garantir le territoire de son diocèse contre un grave empiètement. Giroie de Saint-Cénery avait en effet annexé, de sa propre autorité, les fiefs de sa châtellenie d'Echauffour (7) au diocèse de Lisieux (8), dont il prisait fort l'évêque Roger (9), sous prétexte que les habitants et ceux des paroisses limitrophes avaient perdu la notion du diocèse dont ils dépendaient (10). Ses parents, ses alliés, ses amis, ses voisins avaient, sur ses pressants conseils, suivi son exemple (11). Il était résulté de là cette singulière anomalie que le diocèse de Lisieux, sortant des limites du Lieuvin, s'était étendu très loin au-delà

(1) Guill. de Jum. (Ordéric Vital), liv. VII, ch. 10.

(2) « *Post autem mortem Rotberti, filii Willelmi, Ivo suus avunculus* (il faut lire *suus frater*), *succedens hereditati, dedit, pro anima sui nepotis* (il faut lire *fratris*) *Rotberti suum viridarium et vineas juxta burgum positas, ipseque, pro suis peccatis, adjecit unum canonicum servientibus Sancte Marie Sanctique Leonardi, pro quo dedit terram et silvam de Domziaco* (Dancé, canton de Nocé, Orne) *quam tenebat in sua propria manu, et molendinum in eadem villa supra fluviolum Edre positum, atque Herveum cum omni honore suo.* » — Arch. de l'Orne, H 2150.
Cette charte notice, rédigée après coup, qui fait d'Yves l'oncle de Robert, a trompé bien des historiens. Yves II était fils de Guillaume Ier et non d'Yves Ier, et par conséquent le frère de Robert. Le fait est attesté de la façon la plus formelle par plusieurs chartes de Saint-Vincent du Mans qui tranchent la question : « *Ivo, sagiensis episcopus, Willelmi scilicet domini de Bellismo filius.* » — N° 587 — « *Ivo, Sagiensis episcopus, Willelmi filius.* » — N° 611. —
— La chronologie indiquait du reste l'erreur aux historiens.

(3) « *Ego Ivo... locellum Sanctæ Gauburgis, in territorio Belismensi situm... Sacro Petro Carnotensi cænobio committo... Volum notum esse domno Henrico regi, ex cujus beneficio est, me corroborandum tradidisse.* »
— Cart. de Saint-Père, larte XXIX. — L'abbé Landry envoya six moines à Sainte-Gauburge mais, six ans après, le crime de l'un d'eux, appelé Adéodat, amena la dissolution de la communauté. — Gallia Christiana, t. VIII, col. 1222.

(4) Richard, évêque de Sées, de 1023 à 1026.

(5) Radbod Fleitel, évêque de Sées de 1026 à 1035.

(6) Les Fleitel y possédèrent la seigneurie d'Ecouché et des fiefs dans la châtellenie de Chambois.

(7) Echauffour, canton du Merlerault (Orne).

(8) « *Ei totum honorem subjugavit.* » — Ord. Vit., II, 26.

(9) « *Agnitisque virtutibus Rogerii Luxoviensis episcopi.* » — Ibid.

(10) « *Se nullius episcopatus esse.* » — Ibid.

(11) « *Terras suas præfato pontifici similiter submittere persuasit.* » — Ibid.

jusqu'à Godisson et Marmouillé (1) aux portes de Sées. L'empiètement était un fait acquis quand mourut Radbod.

 Le clergé, les grands et le peuple élurent alors pour évêque Yves de Bellême, présenté sans doute par Guillaume Talvas, son frère, investi sur l'évêché du droit conféré à son père par le duc Richard II. Ce choix, il faut avouer, fut parfaitement heureux.

Yves, élevé à l'école de son oncle Avesgaud de Bellême, évêque du Mans, était pieux, lettré, éloquent, spirituel et, ce qui ne gâte rien, enjoué, de prestance imposante et de manières affables (2). C'est un ennemi de sa famille qui nous l'atteste, nous pouvons nous confier à son témoignage, corroboré par des documents authentiques. Yves est appelé « notre seigneur, le pontife très vénérable Yves (3) ; homme très noble et généreux pour les serviteurs de Dieu (4) ; vénérable et très respectable évêque (5). »

A peine l'interpolateur de Guillaume de Jumièges a-t-il écrit le nom de Guillaume Talvas II qu'il nous le présente comme « ayant surpassé ses frères dans tous les vices (6). » La formule est singulièrement malheureuse, le chroniqueur oublie l'évêque de Sées. Il ajoute que « Guillaume marcha toujours dans la voie de la perfidie sur les traces de ses parents (7). » Nous savons ce que fut cette prétendue perfidie de ses parents, nous serons bientôt fixés sur la nature de la sienne.

Le personnage, généreusement doté de tous les vices, hérita des sentiments religieux de son père : dans la châtellenie de Domfront, il augmenta le prieuré de Saint-Symphorien du château et le prieuré de Notre-Dame-sur-l'Eau, dépendant du monastère de Lonlay (8). Dans le Saosnois, il fortifia de son consentement les donations de son frère, dont il était le seul héritier présomptif, au profit de l'abbaye de Saint-Vincent du Mans (9). A Sées, l'évêque désirant avoir un établissement monastique qui fut, pour son clergé, un foyer de science,

---

(1) Chailloué, canton de Sées ; Godisson, canton de Courtomer (Orne).

(2) « *Sagax enim erat, ac decorus, et affabilis, multumque jocosus, ac serenæ pacis cupidus.* » — Guill. de Jum. (Ordéric Vital), liv. VII, ch. 13 ; Voy. Ord. Vit., t. II, p. 46, 71 et 121 ; le *Gallia Christiana*, t. XI, col. 860.

(3) « *Noster dominus pontifex venerantissimus Ivo.* » — Ch. V du *Cart. de Marmoutier pour le Perche.*

(4) « *Vir nobilissimus et erga Dei famulos liberalis.* » — Charte V du *Cart. de Marmoutier pour le Perche.*

(5) « *Venerabilis et reverentissimus præsul.* » — Ibid.

(6) « *Ipse cunctis fratribus suis in omnibus flagitiis deterior fuit.* » — Guil. de Jum. (Ordéric Vital), livr. VI, ch. 7.

(7) « *Hic vero a parentum suorum perfidiæ nequaquam sua retorsit vestigia.* » — Ibid. liv. VII, ch. 10.

(8) Dom Paul Piolin, *Hist. de l'église du Mans*, t. III, p. 116.

(9) « *Ivo gratia Dei episcopus Sagiensis, annuit... Et hoc concessum est a fratre episcopi Willelmo.* » — *Cart. de Saint-Vincent*, n° 545.

 « *Per favorem et voluntatem episcopi Sagiensis, Ivonis nomine... et Willelmi fratris predicti Sagiensis episcopi.* » — Ibid. n° 548.

de ferveur et d'édification, voulut restaurer le monastère de Saint-Martin de Sées, détruit au ix⁰ siècle par les Normands. L'emplacement du monastère disparu et les domaines qui en dépendaient faisaient partie du domaine non inféodé de Guillaume Talvas, seigneur suzerain de Sées (1). Ce dernier, entrant dans les vues du prélat, avec lequel il vivait dans la meilleure intelligence, et soucieux d'achever l'œuvre réparatrice de leur père, acquiesça pleinement à ce désir et décida de fonder une nouvelle abbaye de Saint-Martin. La première mention de ce monastère porte en effet la date de 1045 (2). Les terribles événements, dans le récit desquels nous allons entrer, ne permirent pas à Talvas de voir la réalisation de son œuvre :

Robert, duc de Normandie, était mort à Nicée, à son retour de Terre-Sainte, le 2 juillet 1035. Dès que cette nouvelle parvint dans ses états, toutes les passions, si longtemps contenues par la fermeté des derniers ducs, se donnèrent libre cours. Le christianisme n'avait pas encore jeté des racines assez profondes dans le cœur des descendants des Danois pour empêcher ce retour effroyable à la barbarie.

Le prétexte de cette explosion fut la naissance illégitime de l'héritier de la couronne ducale contre lequel s'élevèrent des prétendants, appuyés par les parents légitimes du duc Robert et par les seigneurs qui avaient des ambitions à satisfaire ou des vengeances à exercer.

Si généralement la Normandie d'Outre-Seine, le pays organisé par Rollon, resta fidèle au fils d'Herlève, les descendants des Normands dissidents de Bayeux, qui n'avaient pas pardonné à la dynastie ducale leur défaite, repris de leurs instincts ataviques, ressuscitèrent les vieilles querelles avec une violence qui rappela trop souvent les pirates païens.

Déloyaux, parjures, félons, ne redoutant plus la justice, ils abolirent tout droit et, dans les forteresses dont beaucoup hérissèrent illicitement leurs domaines, bravèrent toute autorité (3). Les intrigues, les complots, les pillages, les incendies, les meurtres, les guerres intestines troublèrent la Normandie pendant de longues années.

Nous nous bornerons au récit des perturbations qui eurent pour théâtre le pays d'Ouche et le comté d'Exmes. Elles s'étendirent jusqu'aux limites des châtellenies de Talvas, restées longtemps, grâce à la fidélité de ce seigneur à l'enfant ducal. calmes au milieu

(1) « *Terram circa villan· et in villa Sancti Martini quam Willelmus... tenuit in suo dominio.* » — *Cart. de Saint-Martin,* charte I.

(2) Cette mention de 1045 a été relevée par le R. P. Ubald d'Alençon dans un registre de 1526 intitulé : « *Papier des extraits et copies de Mᵉ Jehan Moynet et Mᵉ Jehan Caigel, conseillers de la duchesse d'Alençon.* » — *Arch. Nation.* Q 3 232.

(3) Guil. de Jum. livr. VII, ch. 2 et ch. 3 ; Ord. Vit. I, 180, II, 370.

de la tempête. Nous appelons l'attention sur le rôle joué, dans ces calamités, par les Giroie.

Le premier soulèvement eut pour chef Roger Ier de Toëny, seigneur de Conches (1), porte-étendard de Normandie, de la race française des Cavalcamp à laquelle appartenait l'archevêque de Rouen de ce nom (2), mais issu par les femmes de Hulce, oncle de Rollon. Roger rendu célèbre par ses exploits contre les Maures d'Espagne qui l'avaient enrichi, se posa en champion de la famille ducale contre Guillaume le Bâtard. Il multiplia les dévastations et les rapines autour de lui et fit preuve d'une incroyable barbarie de mœurs.

Il n'eut pas de plus chauds partisans que Hugues de Montfort-sur-Rille, surnommé à la Barbe, fils de Turstin de Bastenbourg (3) et beau-frère de Giroie, seigneur de Saint-Cénery, Echauffour et Montreuil (4), et Robert de Grentemesnil, seigneur puissant dans le comté d'Exmes, mari d'Havoise, fille de Giroie (5). Il est facile de comprendre que, par l'influence de ces deux personnages, la famille des seigneurs de Saint-Cénery, alors représentée par les jeunes fils de Giroie, fit secrètement cause commune avec les ennemis du duc.

Hugues de Montfort-sur-Rille (6) et Vauquelin de La Ferrière-Saint-Hilaire (7) s'entretuèrent sauvagement à Planes, près de Bernay. Robert de Grentemesnil fut blessé mortellement, vers 1037, dans un sanglant combat livré contre Roger de Beaumont (8), partisan du fils d'Herlève, où périrent Roger de Toëny et ses fils Helbert et Hélinand (9). Son autre fils, Raoul de Toëny, qui hérita de l'humeur guerrière de son père et de sa haine contre Guillaume le Bâtard, fut intimement lié avec les fils de Robert de Grentemesnil et leurs oncles, les fils de Giroie.

Le seigneur de Grentemesnil, dont nous venons de voir la mort, avait servi avec une loyauté parfaite Richard II et Richard III. Il en était de même du puissant Roger Ier le Grand, seigneur de Montgomery, vicomte d'Exmes, qui avait épousé une nièce de la duchesse Gonnor. Ce sage personnage, qui avait naguère accom-

---

(1) Conches, chef-lieu de canton (Eure).

(2) Nous rappelons que Toëny fut donné à Raoul, fils de Hugues de Calvalcamp par l'archevêque de Rouen Hugues qui était son frère.

(3) Guillaume Bertrand, seigneur de Briquebec, était le frère de Hugues de Montfort.

(4) Nous avons vu Giroie, au retour d'un voyage à Rouen où l'avait conduit Guillaume Ier de Bellême, épouser la fille de Turstin.

(5) Robert Ier de Grentemehsil fut le père de Hugues et de Robert II, restaurateurs de Saint-Evroult.

(6) Montfort-sur-Rille, chef-lieu de canton (Eure).

(7) Saint-Hilaire-sur-Rille, près Bernay (Eure).

(8) Roger de Beaumont-le-Roger, fils d'Onfroy de Vieilles, fils de Turold.

(9) Roger de Toëny avait deux filles : Acliz épousa Guillaume Fitz-Osbern ; Berthe fut la première femme de Guy Ier de Laval.

pagné Richard II à Sées, souleva tout le comté d'Exmes en 1040 et exerça des déprédations sur les terres de ses voisins de Vimoutiers, les moines du prieuré de Jumièges, qui s'opposaient sans doute à ce que leurs vassaux participassent au mouvement (1).

L'insurrection prit des proportions si redoutables qu'Alain III, duc de Bretagne, tuteur de Guillaume le Bâtard, accourut, avec ses troupes et des Normands restés fidèles, pour la maîtriser (2). Des combats violents furent livrés, notamment près de Vimoutiers, aux abords de la bruyère d'Ussy (3) et le siège fut mis devant le château très fort de Montgomery dont les sept tours, campées sur une haute motte, dominaient la verdoyante et fertile vallée environnante (4). Le vicomte d'Exmes s'y était retiré et s'y défendit vaillamment.

Pendant ce siège, Alain fut pris d'une maladie subite et violente qu'on attribua à un empoisonnement. Il mourut à Vimoutiers le 1er octobre 1040 (5), au lieu, dit-on, où s'éleva « l'hostellerie de l'écu de France. »

Avant ou après ce tragique événement, Roger de Montgomrey dut capituler. Il fut exhérédé et exilé. Le roi de France Henri Ier lui donna asile à Paris où il mourut (6). La vicomté d'Exmes avait été donnée à Turstin Goz, fils d'Onfroy le Danois (7).

Gilbert, comte de Brionne et d'Eu (8), succéda au duc de Bretagne, comme tuteur de Guillaume le Bâtard, dont il était proche parent. Sa mission fut très difficile, car la Normandie était livrée à toutes les horreurs de l'anarchie la plus complète. Les cinq fils de Roger de Montgomery, Hugues, Robert, Roger, Guillaume et Gilbert, considérant la mesure qui avait frappé leur père comme une cruelle injustice, jurèrent de le venger (9).

L'un d'eux, Guillaume, voulut enlever le fils d'Herlève. Il pénétra la nuit, avec des hommes d'armes, dans la chambre principale du château de Vaudreuil où le jeune prince reposait près d'Osbern de Crépon (10), son gouverneur. Osbern (11) fut étranglé. Le pré-

<hr>

(1) *Hist. de l'abbaye royale de Jumièges*, publiée par J. Loth, t. I, p. 152, 158, 167, 203.

(2) Guill. de Jum. (Ord. Vit.), liv. VII, ch. 2 ; Ord. Vit. II, 22 ; Abbé P. Barret, *Expédition d'Alain III, duc de Bretagne* contre Montgomery.

(3) *Hist. de Vimoutiers* par A. Guilmeth.

(4) de Caumont, *Cours d'Antiq. Monum.* t. V, p. 107.

(5) *Chroniques de Saint-Méen, de Saint-Michel et de Quimperlé ; Hist. gén. de la Bretagne*, E. Jollier, édit. t II, p. 57-58.

(6) « *Rogerius... pro perfidia sua tunc exulabat apud Parisius.* » — Guil. de Jum. (Ord. Vit.), liv. VII, ch. 2.

(7) Ord. Vit. II, 219 ; Turstin fut le père de Richard, vicomte d'Avranches.

(8) Fils de Geoffroy, comte de Brionne, fils de Richard Ier.

(9) « *Summopere inserviebant diris facinoribus.* » — Guil. de Jum. ibid.

(10) Osbern, seigneur de Crépon, près Bayeux, fils d'Herfast, frère de la duchesse Gonnor et père de Guillaume Fitz-Orsbern, seigneur de Breteuil. — Le Vaudreuil (Eure).

(11) « *A Willelmo Rogerii de Monte-Gumeri filio jugulatur.* » — Guil. de Jum. liv. VII, ch. 2.

cepteur Turold subit le même sort, mais le duc fut sauvé par son oncle maternel, Gautier de Falaise (1), qui, le prenant dans son lit, le mit en lieu sûr. Plus d'une fois, Guillaume le Bâtard, menacé par ses parents, dans les mêmes conditions, leur échappa, grâce au même personnage (2).

Quelques jours après la mort de son maître, Barnou de Glos, prévôt d'Osbern de Crépon, réunit une troupe de guerriers, s'introduisit la nuit avec eux dans la maison où, sans se garder, dormaient Guillaume de Montgomery et ses complices. Ils furent massacrés (3).

Les jours de Gilbert, comte de Brionne, étaient comptés. Un matin, le nouveau tuteur du jeune duc faisait une promenade à cheval avec ses amis Wasselin du Pont-Echanfré (4) et Foulques Giroie (5), beau-frère de ce dernier. En parfaite quiétude, il allait au pas, causant familièrement avec eux, quand Robert Giroie (6), beau-frère et frère de ses interlocuteurs, qui s'était probablement dissimulé dans les épais fourrés du pays d'Auge, fondit sur lui avec Eudes le Gros, son complice (7).

Surpris par cette attaque, le comte Gilbert et Foulques (8) furent sauvagement assassinés. Ordéric Vital l'avoue nettement dans ses interpolations de Guillaume de Jumièges, mais, dans son *Histoire ecclésiastique*, trouvant sans doute qu'un meurtre, doublé d'un fratricide, était de nature à nuire aux Giroie, ses héros de prédilection, il se ravise et présente la mort de Gilbert comme la conséquence de querelles antérieures entre ce dernier et les Giroie (9).

Il insinue d'autre part que Robert Giroie et Eudes le Gros auraient agi à l'instigation de Raoul de Gacé, surnommé Tête-d'Ane, qui succéda au comte de Brionne comme tuteur du duc (10). Nous voyons plutôt là le résultat de la haine de Robert Giroie contre le gouvernement ducal.

(1) Ord. Vit. III, 229. — M. Auguste Le Prévost déclare ne connaître aucune autre mention de ce personnage. Ordéric Vital en parle ailleurs cependant. Gautier de Falaise fut le père de Guillaume, époux d'Albarède de Moulins, et l'auteur de la seconde maison de Moulins-la-Marche: « *Willelmus Gualterii de Falesia filius fuit.* » — Ord. Vit. II, 548. — Il fut le père aussi de Mathilde épouse de Raoul II Taisson. — *Monasticon Anglicanum*, II, 973.

(2) Ord. Vit. III, 229.

(3) Guill. de Jum. (Ordéric Vital), liv. VII, ch. 2.

(4) Le Pont-Echanfré, hameau de Notre-Dame-du-Hamel (Eure). — Wasselin avait épousé Eremburge, fille de Giroie Ier, seigneur de Saint-Cénery et d'Echauffour.

(5) Foulques, seigneur de Montreuil-l'Argilé en partie, fils de Giroie Ier, li laissa deux bâtards: Giroie et Foulques.

(6) Robert, fils de Giroie Ier. Il fut seigneur de Saint-Cénery après son frère Guillaume.

(7) « *Quodam mane, dum equitans loqueretur cum compatre suo Wascelino de Ponte-Erchenfredi, nil male suspicans, occiditur cum Fulcoio filio Geroli. Hoc vero ...alum... factum est per manus crudeles Odonis Grossi et audacis Roberti Geroii.* » — Guil. de Jum. (Ordéric Vital), liv. VII, ch. 2.

(8) « *Ipse, cum compatre suo Gisleberto comite... occisus est.* » — Ord. Vit. II, 28.

(9) Ibid.

(10) « *Dolosis hortatibus Rodulphi de Waceio,* » — Guil. de Jum., liv. VII, ch. 2.

Son crime n'eut pas le résultat qu'il en attendait. Raoul de Gacé, second fils de Robert, archevêque de Rouen et comte d'Evreux, s'attacha très sincèrement à son jeune pupille et mit au service de ce proche parent tout son courage et tout son dévouement. A la vérité, Guillaume le Bâtard en avait grand besoin, car des moyens nouveaux allaient être employés.

Vers 1042, les seigneurs normands acharnés contre lui trouvèrent le moyen de faire insinuer au roi de France Henri Ier que le château de Tillières (1), construit par Richard II pour arrêter les incursions des Chartrains, était un danger pour la France (2).

Le prince exigea que cette place lui fut remise. Conseillé par son tuteur, le duc de Normandie consentit à ce sacrifice, mais le gouverneur de la place, Gilbert, croyant faire son devoir, résista et n'ouvrit les portes que sur l'ordre réitéré du jeune prince. La forteresse fut incendiée et, comme représailles de l'opposition qu'il avait rencontrée, le roi pénétra en Normandie et entra, avec la complicité du vicomte d'Exmes, Turstin Goz, dans le comté dont ce dernier avait la garde. Argentan (3) fut prise, pillée et livrée aux flammes, après quoi Henri se retira (4).

Turstin Goz se crut alors assez fort pour refuser l'obéissance au duc dont il redoutait évidemment une trop juste punition. Il leva des soldats, augmenta les fortifications de Falaise et munit la ville d'armes et de munitions.

Raoul de Gacé convoqua les seigneurs fidèles et, accompagné du duc, alors âgé de 15 ans, qui, bien que revêtu d'une armure, monta sans étriers sur son cheval de bataille, se mit à leur tête. La présence de leur suzerain stimula les guerriers. Bientôt, battues en brèche, les murailles du château de Falaise furent éventrées. Menacé d'un assaut, Turstin Goz se rendit à discrétion. Il fut exilé et dépouillé de tous ses biens (5) dont le duc donna une grande partie à sa mère Herlève, en la mariant à Herluin, seigneur de Conteville, et une autre partie probablement à son oncle Gautier de Falaise.

Sur les habiles conseils de Raoul de Gacé, le duc s'efforça alors de gagner l'affection des seigneurs qui, malgré la sévérité de la répression, persévéraient dans leur hostilité (6). Il réussit auprès de quelques-uns. Il se fit notamment un ami très dévoué et très fidèle de

(1) Tillières, canton de Verneuil (Eure).

(2) Guill. de Jum., liv. VII, ch. 5.

(3) Argentan, chef-lieu d'arrondissement (Orne).

(4) Guill. de Jum., liv. VII, ch. 5.

(5) Ibid. liv. VII, ch. 6. — Le fils de Turstin Goz, Richard Goz, surnommé Le Loup, rentra en faveur et devint vicomte d'Avranches. Le fils de ce dernier Hugues Le Loup devint com de Chester en Angleterre.

(1) Guil. de Jum., liv. VII, ch. 4.

Roger II de Montgomery qui s'attacha à lui avec toute l'ardeur que son père Roger Ier le Grand avait mise naguère à servir Richard II et Richard III. Roger ne devait pas tarder à rentrer dans les fonctions paternelles de vicomte d'Exmes (1).

Par contre, le plus grand nombre des seigneurs hostiles ne firent que dissimuler leur haine implacable. Ils remirent leur vengeance à plus tard et un calme, précurseur de nouveaux orages, régna quelques années en Normandie.

Les conspirateurs en profitèrent pour préparer sourdement des complots redoutables. Les uns travaillèrent le Cotentin et le pays de Bayeux aux vindictes tenaces, d'autres « répandaient sur les frontières des tisons embrasés (2). » Ces derniers avaient les yeux fixés sur le Maine, nous saurons bientôt pourquoi, et regardaient avec colère du côté d'Alençon.

Là, un solide guerrier (3), Guillaume II de Bellême, le second Talvas, gênait leurs agissements. Il ne s'était mêlé des querelles intestines de la Normandie que pour soutenir le duc enfant et, d'une main ferme, conseillé par son frère Yves, évêque de Sées, il avait maintenu la paix dans ses châtellenies. C'était un obstacle à supprimer. Les Giroie, qui s'étaient si bien signalés dans le pays d'Ouche, et étaient les seigneurs de Saint-Cénery, l'une des clefs de la Normandie du côté du Maine, pourraient aider à cette œuvre.

(1) Roger II s'intitule « *Rogerius de Monte-Gomerico, fidelis domini Guillelmi.* » — *Gallia Christiana*, t. XI, Instrumenta, col. 72.

(2) Guil. de Jum., liv. VII, ch. 4.

(3) Nous aurons la preuve du courage de Talvas II, traité par Ordéric Vital « d'homme timide, n'ayant nulle vigueur pour les exercices de la chevalerie. » — Guil. de Jum. (Ord. Vit.), liv. VII, ch. 11.

Geoffroy Martel, comte d'Anjou, dans le Maine

Les agissements de Geoffroy de Mayenne sur la frontière normande (1035-1044)

Mort du comte du Maine Herbert. — Son fils Hugues. — Gervais de Château-du-Loir, neveu d'Avesgaud de Bellême, élu évêque du Mans, 1036. — Il est intronisé, 1037. — Difficultés du prélat avec Herbert Bâcon et avec Geoffroy Martel, comte d'Anjou. — Siège de Château-du-Loir. — Gervais trahi et fait prisonnier, 1044. — Mainmise de Geoffroy Martel sur le Maine, inquiétudes du côté de la Normandie. — Geoffroy de Mayenne, son partisan, cherche à pratiquer une brèche dans la frontière normande. — Il songe à Saint-Cénery. — Les Giroie. — Guillaume Giroie, seigneur de Saint-Cénery. — Son caractère, sa puissance. — Geoffroy de Mayenne fait construire, sur son fief, en face de Saint-Cénery, le château de Montaigu et l'offre à Guillaume Giroie. — Ce dernier, en l'acceptant, commet un acte de félonie. — Protestation de Guillaume II Talvas, gardien de la frontière normande. — Guerre. — Mayenne prisonnier. — Guillaume Giroie détruit Montaigu. — Mayenne fait construire, en terre normande, pour Guillaume Giroie, le château de Saint-Cénery. — Comment Guillaume Giroie, après une félonie pardonnée, commit, par son entente avec Mayenne, un acte de haute trahison.

La situation, sombre en Normandie, ne l'était pas moins dans le Maine que nous avons quitté en 1036, au moment de la mort de l'évêque Avesgaud de Bellême. Le comte Herbert Eveille-Chien, qui l'avait persévéramment persécuté, l'avait précédé de quelques mois, dans la tombe, le 13 avril 1036. Il laissait trois filles : Gersende, femme de Thibault III, comte de Blois, puis d'Azon, marquis de Ligurie ; Biôte, mariée à Gautier, comte d'Amiens ; Paule, épouse de Lancelin, sire de Beaugency, et un fils Hugues IV, encore en bas âge. Ce fils, devenu comte du Maine, fut placé sous la tutelle d'Herbert Bâcon, son oncle.

Gervais de Château-du-Loir, fils d'Aimon, seigneur de Château-du-Loir et d'Hildeburge de Bellême (1), né le 2 février 1007 au château de Cohémon, paroisse de Vouvray-sur-Loir, avait été élu évêque du Mans par le clergé et le peuple et sacré à Tours, le 18 décembre 1036, par l'archevêque Arnoul son parent. Neveu de

---

(1) L'évêque Avesgaud avait très légitimement acheté de son chapitre et donné à ses sœurs Hildeburge et Godehilde les églises de Pruillé-le-Gaudin et de Loué. — Dom Piolin, *Hist. de l'église du Mans*, t. III.

son prédécesseur Avesgaud, il était le cousin germain d'Yves, évêque de Sées, et de Guillaume II Talvas. C'était un ecclésiastique grand seigneur, distingué par ses vertus et sa science, et très attaché au jeune comte Hugues dont il était le parrain. Pour ce motif, et parce qu'il appartenait par sa mère à la maison de Bellême dont les comtes du Maine étaient les antagonistes, son élévation au trône épiscopal fut vue avec un extrême déplaisir par Herbert Bâcon.

Ce dernier comptait bien gouverner le pays sans contrôle, en maître omnipotent, sous le nom de son neveu. Il empêcha, pendant un an, l'évêque, qui dut recourir à l'autorité royale, de prendre possession de son siège. A la fin de 1037 cependant, Gervais fut intronisé en grande pompe.

L'un de ses premiers actes fut de revendiquer, au nom de l'Eglise du Mans, les fiefs du Bas-Vendômois que son grand oncle et prédécesseur, l'évêque Sigefroy de Bellême, avait, au Xe siècle, illicitement aliénés pour obtenir le secours de Bouchard, comte de Vendôme. Ces domaines étaient alors possédés par Geoffroy Martel, comte de Vendôme, fils de Foulques Nerra, comte d'Anjou. Geoffroy en refusa la restitution. Ce très redoutable personnage avait battu le duc d'Aquitaine, Guillaume VI, et avait obtenu les comtés de Saintes et de Bordeaux. Gervais, fort de son droit, n'hésita pas cependant à diriger contre lui une expédition militaire. Autorisé par les usages de l'époque, il la commanda en personne. Dans le même temps, Foulques Nerra avait, de son côté, attaqué son fils qui, sur ces entrefaites, se cassa la cuisse et fut condamné à l'inaction.

Geoffroy se résigna à abandonner les fiefs du Bas-Vendômois, capitula devant son père en 1039, mais, par la mort de ce dernier, survenue le 21 juin 1040, il entra en possession du comté d'Anjou. Il songea alors à s'emparer du Maine, dont il revendiquait la suzeraineté, et, dans ce but, il capta la confiance de Gervais. Le prélat, croyant ainsi éviter les vexations d'Herbert Bâcon, demanda à Henri Ier de donner au fils de Foulques Nerra la garde de l'évêché du Mans (1).

C'était une faute très grave dont le prélat ne tarda pas à se repentir, en constatant les intentions vraies du comte d'Anjou avec lequel le tuteur du comte Hugues s'était secrètement lié. Comprenant toute l'étendue du danger, il prit en main la cause du comte du Maine, son filleul, et réunissant tous les seigneurs du pays, il leur révéla la gravité de la situation et la complicité d'Herbert. Devant la menace d'un soulèvement général qui se dessinait, ce

(1) Sur la vie de l'évêque Gervais, voy. Dom Mabillon, *Vetera Analecta*, t. III et Dom Paul Piolin, *Hist. de l'Eglise du Mans.*

dernier prit la fuite et l'évêque, pendant quatre ans environ, administra le Maine.

Au milieu de ces événements qui avaient fait de lui un chef militaire et un homme politique, Gervais ne négligeait pas ses devoirs épiscopaux. Son chapitre prospérait (1). Les monastères étaient comblés de bienfaits. La restauration de l'abbaye de Saint-Vincent du Mans s'achevait et un grand moine, Avesgaud, appartenant à la maison de Bellême, était placé à sa tête. Un autre Avesgaud, de même origine, n'allait pas tarder à devenir abbé de la Couture (2).

L'évêque avait raison d'entasser les œuvres, car Geoffroy Martel allait assouvir la haine qu'il avait conçue contre lui. Le prélat négocia le mariage de son filleul le comte Hugues avec Berthe, fille d'Eudes, comte de Blois et de Chartres, veuve d'Alain, duc de Bretagne, que nous avons vu mourir à Vimoutiers. Le comte d'Anjou fut irrité au plus haut point de la célébration de cette union. Il attaqua Château-du-Loir, domaine patrimonial de l'évêque, et incendia la collégiale de Saint-Guingallois, située hors les murs. La forteresse résista héroïquement pendant de longues années.

Gervais, traîtreusement livré en 1044 à Geoffroy, fut emprisonné sans égards pour la dignité épiscopale dont il était revêtu.

Le comte Hugues fut dès lors le jouet du comte d'Anjou. Ce dernier qui ajouta à ses vastes possessions de l'Anjou, du Bordelais et de la Saintonge, la Touraine dont il s'empara sur le comte Thibault III, en 1045, après la bataille de Nouy, intervint sans cesse dans le Maine, avec l'intention manifeste de le prendre tôt ou tard. Il était bien douteux que la Normandie laissât s'installer dans son voisinage un guerrier aussi redoutable. Il apparaissait dès lors comme prudent aux amis de Geoffroy de pratiquer sourdement, à toute éventualité, une fissure dans la solide muraille formée à la frontière par les châteaux et les possessions des Bellême. Avait-on des ménagements à garder vis-à-vis des parents de l'évêque Gervais ?

Parmi les seigneurs manceaux les plus dévoués à son usurpation, Geoffroy Martel comptait un personnage bien fait pour le servir. Geoffroy de Mayenne (3), du haut de son donjon, campé sur un rocher au bord de la Mayenne, avait l'œil sur le Passais normand et sur l'Alençonnais, limitrophes des domaines qu'avant 1024,

---

(1) Les chanoines appartenaient à de puissantes familles et on entrevoit parmi eux, sous Gervais, comme sous Avesgaud et plus tard, des membres de la maison de Bellême.

(2) Les deux Avesgaud, comme les dignitaires ecclésiastiques de la maison de Bellême auxquels nous venons de faire allusion, étaient issus de personnages figurant dans la charte de l'Abbayette.

(3) Geoffroy de Mayenne avait, en 1040, confirmé le don de l'église de Javron à Saint-Julien de Tours. Il épousa Mahaud d'Allule et mourut vers 1098. Sur lui, voyez : Abbé Angot. *Dic. Hist. de la Mayenne ; les barons de Mayenne,* du même auteur, et Latouche, *Le Comté du Maine.*

Foulques Nerra avait inféodés à son père Hamon (1), mort vers 1030 (2).

C'était un jeune et audacieux guerrier, d'une habileté politique qui lui fit traverser, sinon sans accrocs à sa réputation, du moins sans trop d'encombres, les moments les plus difficiles. Très astucieux, il était homme à mener à bien les ruses d'avant-guerre et les travaux d'approche. Il en chercha le moyen. A l'extrémité de son fief, en face de la paroisse de La Poôté-des-Nids (3), lui appartenant, se dressait, en terre normande, sur la rive droite de la Sarthe, le rocher de Saint-Cénery (4), battu de trois côtés par les eaux. Une forteresse y avait succédé à un repaire de brigands et à une abbaye détruite par les pirates normands. Ce point stratégique incomparable avait été, nous le savons, inféodé (5), à charge de le défendre, par Guillaume Ier de Bellême au guerrier Giroie, d'origine bretonne, apanagé depuis d'Echauffour et de Montreuil, dans le pays d'Ouche par Richard II.

Giroie était mort, laissant de son union avec la fille de Turstin de Bastenbourg sept fils. Des morts tragiques en avaient fait disparaître quatre : Ernault, en jouant à la lutte, à Montreuil, avec un vigoureux jeune homme, avait fait une chute dont il avait péri. Nous avons vu succomber Foulques, en même temps que le comte Gilbert de Brionne, sous les coups d'un assassin, son propre frère Robert. Hugues fut tué d'un coup de lance, près de l'église de Saint-Germain d'Echauffour, en joutant avec son écuyer, un jour qu'il revenait, avec une troupe de guerriers, du château de Sainte-Scolasse. Giroie mourut fou à la suite d'une expédition de pillage sacrilège sur les terres de l'évêché de Lisieux (6).

Au moment où nous sommes, la postérité mâle de Giroie Ier n'était plus représentée que par ses second, quatrième et cinquième fils : Guillaume, Robert et Raoul.

Robert nous est déjà connu par un meurtre et un fratricide. Raoul était infiniment plus intéressant, bien qu'il laissât à désirer. On le surnommait dans sa famille le Clerc, parce qu'il était engagé dans la cléricature et versé dans l'étude des lettres et des sciences.

---

(1) « *Gaufridus Haimonis filius, ipse ille cujus castrum medane fuit de cujus beneficio constat dono Fulconis, Andegavini comitis.* » — *Cart. de Saint-Vincent du Mans*, n° 245.

(2) Voy. Abbé Angot, *les barons de Mayenne*, *Bul. de la commission hist. et arch. de la Mayenne*, 2e série, t. XXXIII, p. 117.

(3) La Poôté-des-Nids, canton de Prez-en-Pail, arrondissement de Mayenne (Mayenne).

(4) Saint-Cénery-le-Gérei, canton d'Alençon (Orne).

(5) Le fief de Saint-Cénery comprenait la paroisse de Saint-Cénery, avait des extensions dans celles de la Ferrière-Béchet, Mieuxcé, Condé-sur-Sarthe et avait justice, juridiction, moulin, pêcherie sur la Sarthe et un bois étendu de haute futaie, appelé la Garenne de Saint-Cénery.

(6) « *Prædam in terra Lexoviensis ecclesiæ rapuit... In amentiam versus interit.* » — Ord. Vit., II, 28. — Tous les détails donnés ici sont empruntés à Ordéric Vital.

On l'appelait aussi Male-Couronne, sobriquet très expressif, parce que, s'adonnant habituellement aux exercices guerriers, il gardait mal la gravité que requérait sa tonsure (1). C'était un savant médecin qui disserta dans l'école de Salerne où une femme seule put l'égaler. C'était aussi un astronome, ou plutôt un astrologue qui interprétait les « pronostics (2) ». Il avait pas mal de peccadilles sur la conscience, car Ordéric Vital nous le représente comme chargé de péchés. C'est, il est vrai, pour nous dire son repentir (3).

Guillaume, seigneur de Saint-Cénery, d'Hauterive, d'Echauffour et de Montreuil, était devenu chef de famille très jeune par le décès de son père et de son frère aîné, dans le temps où ses parents maternels et son beau-frère Robert de Grentemesnil soutenaient avec ardeur la cause de Roger de Toëny contre Guillaume le Bâtard. Ses frères étaient alors encore enfants et il avait acquis, et gardé sur eux, une influence considérable. « Ils n'agissaient que d'après ses ordres (4). » Si on songe à la fin de Gilbert, comte de Brionne, mis à mort, dans les conditions que l'on sait, par Robert Giroie, on trouve cette constatation d'Ordéric Vital singulièrement inquiétante.

Guillaume, nous dit ce chroniqueur, était digne de l'affection de ses vassaux. Très courageux, il était loquace, enjoué, libéral et généreux (5). Il était terrible par contre pour tous ceux qui contre-carraient ses desseins (6), et très jaloux de ses droits. Aucun de ses voisins n'osait commettre d'empiètements sur ses domaines (7). Il ne tolérait pas qu'une autorité quelconque y prélevât quoi que ce fût, et il avait traité avec l'évêque de Lisieux, pour ses fiefs d'Echauffour et de Montreuil, afin que les archidiacres ne pussent pas s'immiscer dans l'administration des curés (8). Il résulte de cet ensemble qu'aimable pour ceux qui ne le gênaient pas, il était d'une terrible violence pour les autres.

Puissant par le nombre de ses vassaux et l'étendue de ses fiefs, tous dus soit à la munificence, soit à la protection de la maison de Bellême, par le soutien de ses frères, guerriers redoutables entière-ment soumis à ses ordres, Guillaume ne l'était pas moins par ses

---

(1) « *Radulfus autem cognomento Clericus, quia copiose litteratus erat, et Malacorona, quia militaribus exercitiis inserviens, clericatus gravitatem male servabat...* » — Guil. de Jum. (Ord. Vit.), liv. VII, ch. 10.

(2) « *Ex augurio grave infortunium... prenoscens.* » — Ibid.

(3) Ord. Vit.

(4) « *Omni vita sua cunctis fratribus imperavit.* » — Ord. Vit., II, 28.

(5) « *Erat multum facundus et jocosus, largus et animosus, subiectis amandus.* » — Ibid.

(6) « *Obstantibus formidandus.* » — Ibid.

(7) « *Nullus vicinorum audebat terram invadere.* » — Ord. Vit., II, 28.

(8) « *Episcopales consuetudines in toto Monasterioli et Escalfoii fundo habebat, nec ullus archidiaconorum ibidem presbyteros ejusdem honoris circumvenire audebat.* » — Ibid.

alliances. Marié très jeune à la fille de Fulbert de Beine, seigneur français auquel Richard II avait donné le château de Laigle (1) d'où dépendaient trente-sept paroisses, et, devenu bientôt veuf, il avait épousé en secondes noces Emma, fille de Wasselin de Tannée (2).

Il avait beaucoup d'influence sur ses neveux Hugues et Robert de Grentemesnil, fils de sa sœur Havoise, remariée à Guillaume d'Evreux (3), sur ses beaux-frères Wasselin de Pont-Echanfré (4). Roger du Merle (5) et Salomon, sire de Sablé (6) par lequel il était en liaison avec le Maine.

Le seigneur de Saint-Cénery pouvait compter de plus sur ses cousins, seigneurs châtelains de Courville en Beauce, près de Chartres (7), et sur les enfants d'Hildiarde, sa tante paternelle, fixés dans le Corbonnais (8). Ce n'est pas tout : il est évident que, par sa puissance, il tenait un rang exceptionnel parmi les vassaux des Bellême et avait sur eux une prépondérance et une autorité.

Guillaume Giroie nous est présenté comme fidèle à ses suzerains. « Les ducs de Normandie, Richard et Robert, eurent souvent l'occasion de l'aimer pour la foi qu'il gardait à ses seigneurs, Robert de Bellême, Guillaume Talvas et Geoffroy de Mayenne (9), » dit Ordéric Vital. Le chroniqueur, dans son désir d'attester le loyalisme de son héros, emploie de singulières références. Les ducs Richard II et Richard III (10) ne purent connaître Guillaume Giroie que dans sa petite enfance, le duc Robert dans sa tendre adolescence. Les deux premiers étaient morts quand Guillaume Talvas II succéda à son frère Robert, et le troisième partait à ce moment pour la Terre-Sainte d'où il ne revint pas. Il y a mieux : si ces princes avaient vécu assez pour voir la fidélité du seigneur de Saint-Cénery à

(1) Laigle, chef-lieu de canton (Orne). — Fulbert avait construit le château et fut l'auteur d'une famille très puissante : « *Qui tempore Ricardi dueis castrum Aquileuse construxerat.* » — Ord. Vit., II, 27.

(2) Du premier lit Guillaume eut un fils Ernault d'Echauffour ; du second un autre fils appelé Guillaume et surnommé le bon Normand.

(3) Havoise eut de Robert I⁰ʳ de Grentemesnil trois fils et trois filles. De Guillaume d'Evreux, elle eut Judith, mariée à Roger, comte de Sicile.

(4) Eremburge Giroie eut de Wasselin deux fils, Guillaume et Raoul, qui aidèrent beaucoup, en Pouille et en Sicile, Roger Guiscard, duc de Calabre.

(5) Seigneur du lieu qui, du nom de son petit-fils Raoul, fut appelé Merlerault, *Merula Radulphi*, aujourd'hui chef-lieu de canton (Orne). Roger avait épousé Emma Giroie.

(6) Sablé, chef-lieu de canton (Sarthe). — Salomon de Sablé, issu des vicomtes du Mans, avait épousé Adelaïde Giroie dont il eut Renault, père de Lisiard.

(7) Les seigneurs de Courville paraissent issus d'un frère de Giroie I⁰ʳ de Saint-Cénery, Yves I⁰ʳ de Courville vivant en 1083 fut le père d'Yves II, Courville passa aux du Chesne et aux Vieuxpont.

(8) Comté de Mortagne.

(9) « *Sæpe memoratus vir a ducibus Normannorum Ricardo et Roberto diligebatur, pro fide quam dominis suis Roberto Belesmensi et Talavacio et Goisfredo, aliisque heris vel amicis servabat.* » — Ord. Vit., II, 28.

(10) Richard II mourut en 1026 ; Richard III en 1028 ; Robert en 1035.

Geoffroy. de Mayenne (1), comment auraient-ils pu le louer de son attachement à un ennemi avéré de la Normandie ? Le désir d'exalter Guillaume Giroie, dont il vante le rang « sublime » dans le siècle (2) a égaré le chroniqueur et a amené bien imprudemment sous sa plume le nom de Geoffroy de Mayenne.

Ce dernier trouva que le seigneur de Saint-Cénery remplissait admirablement toutes les conditions requises pour jouer le rôle qu'il en attendait.

Il jeta donc sur lui son dévolu et employa un moyen très habile pour le tenter et l'amener au point voulu. Geoffroy avait fait construire sur la rive gauche de la Sarthe, au lieu de Montaigu, juste en face de Saint-Cénery, un château très fort, Il l'offrit, avec la paroisse de La Poôté-des-Nids, dans laquelle il était situé, au chef de la famille Giroie, à charge de foi, d'hommage et de service militaire.

Guillaume ne pouvait, sans violer son serment de fidélité à Talvas, seigneur d'Alençon, accepter un tel don avec les engagements qu'il comportait. Défenseur de Saint-Cénery pour la Normandie et pour la maison de Bellême, il ne pouvait défendre Montaigu contre la Normandie et les Bellême. La raison seule le disait. La législation féodale prescrivait qu'un vassal devait tout perdre plutôt que d'enfreindre son devoir vis-à-vis de son légitime seigneur (3) et édictait des peines terribles contre ceux qui, passant outre, devenaient traîtres et parjures.

Le seigneur de Saint-Cénery passa outre cependant. Séduit par les propositions de Geoffroy de Mayenne, qui lui donnait, avec une nouvelle forteresse, une extension de territoire, il accepta tout. Montaigu étant un contre-château opposé à Saint-Cénery, Guillaume devenait, en cas de guerre, son propre adversaire.

Talvas eut été fou de laisser un vassal se moquer ainsi de lui et faire brèche, à moins de trois lieues d'Alençon, dans la frontière dont il avait la garde. C'eût été non seulement léser ses propres intérêts, mais se rendre lui-même coupable, vis-à-vis du duc de Normandie son suzerain, de la plus criante des félonies.

Il protesta donc contre la construction de la forteresse de Montaigu qui était un grave danger (4), somma Geoffroy de Mayenne de la démolir et Guillaume Giroie de rentrer dans le devoir. Tout fut inutile. Guillaume de Bellême n'avait plus qu'à recourir aux armes. Il convoqua ses vassaux. Le seigneur de Saint-Cénery,

---

(1) Geoffroy devint seigneur de Mayenne en 1040.

(2) « *Hic nimirum in sæculo miles fuerat magnæ sublimitatis.* » — Ord. Vit., II, 15.

(3) « *Pro servanda quam... juraverant fidelitate, omnia potius quam in mundo habebant debuissent deserere, quam ulli hominum contra jus aliquatenus inhærere, fidemque suam nequiter prodendo, legalis heri fædus dirrumpere.* » — Ord. Vit. lui-même nous fournit cette formule, IV, 460.

(4) « *... Castrum montis Acuti... quod valde metuebat.* » — Ord. Vit., II, 28.

passé à l'ennemi, fit nécessairement défection. Talvas franchit la Sarthe et entra dans la châtellenie de Mayenne. Très redoutable adversaire, Geoffroy marcha à sa rencontre et un combat s'engagea dans lequel ce dernier, complètement battu, fut fait prisonnier et emmené captif au château d'Alençon. Comme condition de sa mise en liberté, Guillaume de Bellême exigea la destruction du château de Montaigu.

Guillaume Giroie auquel la défaite de Geoffroy ne laissait aucun espoir et que sa rébellion vis-à-vis de Talvas, son seigneur, mettait en état de félonie, n'avait, pour sortir de l'impasse où il se trouvait, qu'un seul moyen : obéir à cette injonction. Il obéit donc, ce qu'Ordéric Vital vante comme un sacrifice spontané à sa fidélité envers Mayenne (1).

Ce dernier, en vertu de la parole donnée, retourna chez lui roulant dans son esprit des projets de vengeance. Le seigneur de Saint-Cénery reçut de Guillaume de Bellême un généreux pardon. Nous datons ces faits de 1044 environ.

Après cette aventure qui aurait pu si mal tourner pour lui, la plus élémentaire prudence conseillait à l'aîné des Giroie de rompre avec Mayenne, mais il tenait jalousement à ses possessions, nous le savons. Il resta seigneur de La Poôté-des-Nids et de Montaigu, sommairement démantelé (2), par conséquent vassal de Geoffroy. Ce dernier lui proposa de transformer, à ses frais, le donjon de Saint-Cénery (3) en un château de premier ordre, par l'étendue et la force, auquel il rattacherait La Poôté et Montaigu. Les rochers de Saint-Cénery seraient une merveilleuse assiette pour une place forte complète où le seigneur du lieu pourrait impunément braver son suzerain. La main-mise de Geoffroy Martel sur le sol normand serait ainsi effective, car des hommes d'armes angevins et mayennais renforceraient au besoin ceux des Giroie. C'était évidemment la première condition du pacte, car nous ne tarderons pas à voir là une garnison du comte d'Anjou (4).

Le projet d'un seigneur étranger voulant ainsi ménager à ses soldats, en pleine paix, un poste sûr sur la terre d'un voisin, dépasse l'imagination. Cette audacieuse entreprise était cependant réalisable, car aucun signe extérieur ne révèlerait la main et l'argent de

---

(1) « *Nam ipse (Willelmus Geroianus) sponte destruxit castrum Montis Acuti quod erat suum, pro redemptione domini sui Goisfredi de Meduana quem Willermus Talavacius cœperat, nec exire de carcere permittebat nisi prædictum dejiceretur castrum, quod valde metuebat.* » — Ord. Vit., II, 28.

(2) En 1050, Robert Giroie, frère de Guillaume, devenu Seigneur se Saint-Cénery, donna à l'abbaye de Saint-Evroult l'église de la Poôté-des-Nids : « *Dedit de prædiis suis... Sanctum Petrum de Potestate Nidi.* » — Ord. Vit., II, 38.

(3) Au Mesle-sur-Sarthe, les fortifications consistaient aussi en un donjon : « *Ad pœdem turris merulæ.* » — *Cart. de Saint-Vincent*, charte 571.

(4) Ord. Vit., II, 72, 73.

Mayenne. Ces conditions de sécurité décidèrent le seigneur de Saint-Cénery. Talvas pourrait-il se plaindre que les fortifications de la frontière normande, confiée à sa garde, fussent augmentées ?

Guillaume Giroie, aggravant considérablement sa première félonie, n'hésita pas devant un acte de haute trahison. Le château fut construit sans encombres (1). Si Guillaume de Bellême, tenu en éveil par ce qui s'était passé précédemment, avait eu le moindre soupçon du stratagème employé contre lui, il n'eut pas manqué, après avoir vaincu Mayenne, de mettre obstacle à l'entreprise (2).

(1) « Postquam autem Goisfredus de vinculis Talavacii exiit, Geroiano baroni pro magna fide quam in eo repererat, castrum Sancti Serenici super Sartham erexit. » — Ord. Vit., II, 27.

(2) M. Auguste le Prévost, dans ses éphémérides d'Ordéric Vital, s'est mépris en fixant à 1040 la date de la construction du château de Saint-Cénery et les événements que nous venons de rapporter. L'abbé Angot, dans son Histoire des barons de Mayenne dit seulement « quelques années avant 1050. » Il est dans le vrai. Né vers 1020, Geoffroy de Mayenne n'a commencé à jouer un rôle que vers sa vingt-cinquième année. La construction de Montaigu, qui a déterminé sa lutte avec Talvas, et a eu tant d'influence sur les destinées de Guillaume Giroie, a été la conséquence des événements du Maine, déterminés par les visées ambitieuses de Geoffroy Martel. Nous la plaçons vers 1044. Les retranchements en terre et les fortifications de bois s'élevaient vite.

CHAPITRE X

La trahison de Guillaume Giroie, seigneur de Saint-Cénery, est découverte.

Il en subit la peine (1045).

Guillaume Talvas II, épouse, en secondes noces, la fille de Raoul de Beaumont, vicomte du Mans. — Illustration de la maison de Beaumont. — Fable relative à Hildeburge, première femme de Talvas. — Ce qui se passa, en 1045, à Alençon, aux secondes noces de Talvas. — Guillaume Giroie, seigneur de Saint-Cénery, y assiste et prend part aux fêtes. — Il est convaincu de trahison flagrante. — Arrêté, il subit la peine de la mutilation. — Son frère Raoul Male-Couronne le guérit. — Guillaume Giroie partage la succession paternelle et entreprend un pèlerinage de pénitence en Terre-Sainte. — Il prend, à son retour, l'habit religieux à l'abbaye du Bec, 1047. — Il incite ses neveux Hugues et Robert de Grentemesnil à restaurer l'abbaye de Saint-Pierre-d'Ouche. — Thierry de Matonville élu abbé de Saint-Evroult, 1050. — Charte de Guillaume le Bâtard confirmant les donations consenties au nouveau monastère, 1050. — Guillaume Giroie y entre comme simple moine. — Sa vie édifiante. — Il part pour l'Italie. — Sa mort à Gaète entre 1056 et 1058. — Sa mémoire vénérée à Saint-Evroult. — Pourquoi les membres de la maison de Bellême furent tenus en exécration dans ce monastère.

Sur ces entrefaites, Guillaume de Bellême qui, d'une première union avec Hildeburge, noble et vertueuse fille d'un grand seigneur nommé Arnoul, avait un fils, Arnoul, et une fille appelée Aimable (1), et vulgairement Mabile, songea à se remarier.

Par l'intermédiaire probablement de son frère Yves, le vénérable évêque de Sées, en relations continuelles (2) avec le vicomte Geoffroy (3), son vassal dans le Saosnois, il demanda la main de la nièce de ce personnage, fille de Raoul IV de Beaumont, seigneur de ce lieu et de Sainte-Suzanne, vicomte du Mans, et d'Emma de Montrevault (4), nièce de Hubert de Vendôme, évêque d'Angers. Elle appartenait à une des plus illustres familles du Maine qui a

<hr>

(1) « *Rogerius comes et uxor ejus Amabilis.* » — *Cart. de Saint-Vincent*, n° 587.

(2) Voy. les chartes n°° 490, 545, 546 et suiv. de Saint-Vincent du Mans.

(3) Geoffroy avait épousé Héloïse de Braitel. Son troisième fils Guillaume fut l'auteur de la maison de Braitel. Geoffroy et son frère aîné Raoul IV de Beaumont étaient les fils de Raoul III de Beaumont, vicomte du Mans et d'Hildegarde.

(4) Emma de Montrevault fut ensevelie dans l'église Saint-Serge d'Angers, en 1058.

contracté des alliances avec les maisons royales d'Ecosse, de France, d'Angleterre (1). Elle était la sœur d'Haberge de Beaumont, veuve de Tesselin, sire de Montrevault, avec laquelle on l'a identifiée sans preuves, et de Godeheult, religieuse au Ronceray, et avait deux frères, Hubert, qui fut vicomte du Mans, et Raoul, surnommé Payen, vicomte de Montrevault. Cette demande fut accueillie favorablement.

Voici comment Ordéric Vital raconte ces faits dans ses interpolations de Guillaume de Jumièges : « Talvas ne s'écarta pas de la perfidie de ses parents. Il avait épousé Hildeburge, fille d'Arnoul, homme très noble. Cette femme lui donna un fils Arnoul et une fille Mabile, de laquelle est issue une race fort cruelle. Comme Hildeburge avait de bons sentiments et se signalait par son amour de Dieu, elle ne pouvait s'associer aux méfaits de son mari qui, pour ce motif, avait conçu pour elle la haine la plus violente. Un matin qu'elle allait à l'église pour y prier, Guillaume la fit étrangler subitement dans la rue par deux officiers de sa maison. Il se fiança ensuite avec la fille de Raoul, vicomte de Beaumont (2). »

On reste confondu devant de pareilles fables, accueillies avec complaisance par la plupart des historiens. Ainsi, Talvas, issu de parents profondément religieux, petit-neveu, neveu, frère et cousin-germain d'évêques, bienfaiteur de prieurés, fondateur de l'abbaye de Saint-Martin de Sées, détestait Hildeburge parce qu'elle aimait Dieu et refusait de prendre part à ses mauvaises actions qu'on ignore. Il voulut donc s'en débarrasser et, sans doute pour mieux cacher son crime, il la fit étrangler un matin, en pleine rue d'Alençon. Séduite évidemment par cette douceur et cette manifestation d'amour conjugal qui lui donnaient de sérieuses garanties de bonheur, la fille du vicomte de Beaumont, fondateur du prieuré de Vivoin, s'empressa de donner sa main à l'assassin, et son père consentit à cette honorable alliance !

Frappés de cette succession d'absurdités, certains auteurs les ont rejetées, mais les ont remplacées par une autre. D'après eux, Talvas aurait répudié sa première femme. Ils ont oublié qu'Yves,

(1) Dom Piolin, *Hist. de l'Eglise du Mans*, t. III ; voy. sur les Beaumont, vicomtes du Mans, Ménage, *Hist. de Sablé*, t. I, p. 18, 19 ; l'abbé Angot, *les Vicomtes du Maine* et Depoin, *les Vicomtes du Mans et la maison de Bellême*.

(2) « *Hic vero a parentum suorum perfidia nequaquam sua retorsit vestigia. Hildeburgem quippe, filiam Arnulphi cujusdam nobilissimi viri, in conjugio habuit ; ex quâ Arnulphum et Mabiliam, crudelissimæ sobolis postea matrem, genuit. Sed quoniam mulier predicta bene morigerata esset, et Deum ferventer amabat, diris mariti factionibus non consentiebat, Quapropter ipse eam abominatus est vehementer. Denique quodam mane, dum ipse ecclesiam adiret Deum deprecari, a duobus parasitis suis in via fecit eam strangulari. Deinde filiam Rodulphi, vice-comitis de Bello Monte sibi desponsavit...* » Guil. de Jum. (Ordéric Vital), liv. VII, ch. 10. — « Ainsi le conte, dit Bry de la Clergerie, le manuscrit de Guillaume de Jumièges, mais ce que nous avons imprimé de Talvas prouve qu'il quitta et abandonna Hildeburge. » *Hist. des pays et comté du Perche*, p. 55.

évêque de Sées, dont la parfaite orthodoxie, la piété et la vertu sont universellement reconnues, aurait dû, dans ce cas, se faire le complice de son frère en autorisant le mariage d'un bigame (1). La seule supposition admissible serait l'annulation de la première union de Talvas prononcée pour une cause canonique (2).

Il est inutile d'insister davantage sur les énormités qu'Ordéric Vital a glissées, avec une crédulité lamentable, dans le texte de Guillaume de Jumièges, mais dont il a fait justice lui-même en les supprimant dans son *Histoire ecclésiastique*, si violente contre les Bellême. Le mal était fait cependant : reproduites par les compilateurs, commentées, transformées par l'imagination populaire, elles ont fini par former des légendes qu'il importait de détruire (3).

Ordéric, en noircissant Talvas, avait pour but manifeste de préparer l'esprit du lecteur à accepter sans révolte le récit qui va suivre :

« Guillaume de Bellême invita à ses noces — avec la fille de Raoul, vicomte de Beaumont — plusieurs grands seigneurs du voisinage, notamment Guillaume Giroie, homme d'un grand courage, qu'il alla voir. Raoul, frère de ce dernier, surnommé le Clerc et Male-Couronne, pronostiquant par des augures un grave danger, défendit à son aîné de se rendre au mariage du féroce bigame. Ne tenant pas compte de cet avertissement, le seigneur de Saint-Cénery se rendit à Alençon sans armes, avec une escorte de douze chevaliers. Il n'avait aucun soupçon d'un danger et se livrait plutôt à la joie, selon l'usage, aux noces de son ami, quand il fut arrêté, sans forme de procès, comme un traître malfaisant. Talvas commanda à ses vassaux de garder le prisonnier avec soin et partit ensuite pour la chasse avec ses convives. Ses soldats, qui secrètement en avaient reçu l'ordre, firent alors sortir Guillaume Giroie du lieu où il avait été renfermé et, au milieu des gémissements de

(1) L'Église a toujours veillé, avec le plus grand soin, à faire respecter l'indissolubilité du mariage et ses peines les plus sévères ont frappé ceux qui cherchaient à l'enfreindre.

(2) Un cas fréquent, à cette époque, d'annulation de mariage était la découverte d'une consanguinité au degré prohibé entre les époux. Les empêchements au mariage s'étendaient alors à des parentés éloignées, facilement oubliées dans un temps où il n'existait pas de registres de catholicité. Quand un mariage, contracté de bonne foi, était annulé, les enfants qui en étaient issus conservaient le bénéfice de la légitimité.

(3) Talvas, d'après l'une d'elles, aurait mis sa femme à mort, en la traînant, dans le parc du château d'Alençon, attachée par les cheveux à la queue de son cheval parce qu'il la soupçonnait injustement d'infidélité, et l'ombre de la malheureuse apparaissait souvent sur l'une des tours du château où elle gémissait. Cette histoire qui n'a pas le mérite de l'originalité, car le fond ressemble à la légende de *Geneviève de Brabant*, avait donné naissance à une complainte chantée à Alençon, mais aussi à Caen où on l'appliquait à Guillaume le Conquérant qui aurait ainsi traité sa femme Mathilde de Flandre. Un religieux, Mathieu de la Dangie, célérier de l'abbaye de Saint-Étienne de Caen, a cru devoir réfuter cette fable dans son *Apologie pour la défense de Guillaume le Conquérant*, Hist. lit., t. VIII, p. 197. Voy. aussi Léon de la Sicotière, *la légende de Marie Anson*.

D'autre part, pour fuir Talvas, sa femme se serait précipitée du haut d'un rocher, en un lieu appelé « le Saut à la dame » près de la Roche-Mabile.

ceux qui assistaient à ce spectacle, ô douleur ! ils lui crevèrent les yeux et le mutilèrent en lui coupant l'extrémité du nez et des oreilles (1). »

L'horreur des détails n'a pas mis en défaut la sagacité de l'historien percheron Bry de la Clergerie. Après les avoir enregistrés, il les fait suivre avec finesse de cette réflexion incisive : « Néanmoins, il est difficile de croire que sans cause ni sujet, de gayté de cœur, Talvas soit entré en tel fiel et rage contre un seigneur qu'il avait aimé (2). »

Nous savons à quoi nous en tenir sur l'homme qu'Ordéric Vital, interprète des Giroie, nous représente comme victime d'un odieux guet-apens et d'un crime épouvantable, mais il importe de rechercher dans son récit, habilement dissimulateur, la part de la vérité et celle du mensonge :

L'invitation aux noces de Talvas était très naturelle et ne cachait aucun mauvais dessein. Guillaume de Bellême ne pouvait se dispenser de convier à son mariage, sans lui faire injure, un de ses principaux vassaux, qui avait été son ami et l'était redevenu depuis la destruction de Montaigu.

Raoul Male-Couronne, qui connaissait les tractations secrètes de son frère avec Mayenne et en craignait la divulgation accidentelle, consulta les augures, sans doute les astres, et les trouva défavorables. Le seigneur de Saint-Cénery se moqua de ces pronostics et, sans armes, mais accompagné de douze chevaliers, il vint à Alençon.

Il assista au mariage et à une partie des fêtes qui le suivirent. Aucun piège ne lui avait donc été tendu. Ces fêtes comportaient une grande chasse. Elle fut précédée, ce qu'indique la joie régnante, d'un banquet au cours duquel un coup de théâtre se produisit. Un propos inconsidéré de Guillaume Giroie ou le témoignage accablant d'un convive, survenus, après boire, dans une discussion, révéla la trahison. Nous connaissons le caractère du seigneur de Saint-Cénery (3) et il est facile d'entrevoir la scène qui suivit.

(1) *Plures vicinos optimates ad nuptias invitavit, inter quos Willermum, Geroii filium, eximiæ strenuitatis virum, accersivit. Radulphus autem frater ejus, cognomento Clericus.. et Malacorona.. ex augurio grave infortunium sibi imminere prenoscens, fratri suo prohibet ne fedas feralis bigami nuptias ullatenus adiret. Willermus autem, spretis Rodulphi dissuasionibus, inermis Alencium venit cum duodecim militibus. Porro Talavacius illum illic nil mali suspicantem, red potius, ut moris est, ad nuptias amici sui gaudentem, sine reatu quasi nequam proditorem mox comprehendit, et caute custodiri suis clientibus precepit. Postea, cum convivis suis, venatum perrexit. Satellites vero ejus, quibus clam jusserat hoc, Willelmum foras eduxerunt, et cunctis qui hoc videbant lugentibus, heu pro dolor, oculis privaverunt, nariumque summitatibus et aurium abscisis, deturbarunt.* » — Guil. de Jum. (Ord. Vit.), liv. VII, ch. 10.

Ordéric Vital reproduit en substance ce récit dans son *Histoire Ecclésiastique*, et le termine ainsi : « *Hunc oculis privavit, amputatisque genitalibus auriumque summitatibus crudeliter deturbavit.* » — II, 15. On voit qu'il y a ici une variante.

(2) **Bry de la Clergerie**, *Hist. des pays et comté du Perche et duché d'Alençon*, p. 56.

(3) « *Obstantibus formidandus.* » — Ord. Vit. II, 28.

Atterré de ce qu'il venait de découvrir dans un temps où le sort de la Normandie, toujours menacée de nouvelles révoltes, était fort précaire et où il pressentait autour de lui de multiples dangers, Talvas, comme c'était son devoir, fit immédiatement arrêter et emprisonner dans une tour (1) son vassal félon, puis, se devant à ses hôtes, il partit pour la chasse.

Avait-il ordonné, considérant le captif comme un ennemi coupable de trahison flagrante, de lui infliger de suite, en vertu de la loi martiale, la mutilation, peine ordinaire et barbare de ce genre de crime, aggravé par la récidive ? Nous en doutons. L'intérêt de Talvas était de se faire remettre la forteresse de Saint-Cénery comme rançon de son seigneur. Il est vrai qu'un châtiment exemplaire pouvait s'imposer.

Quoiqu'il en soit, les soldats, outrés de l'entente criminelle qui ouvrait à Mayenne les portes de la Normandie et exposait le pays à une invasion, appliquèrent au prisonnier, dans toute sa rigueur, le supplice dont les chroniqueurs de l'époque nous révèlent la fréquence (2). Il frappait un coupable.

Justice était donc faite, mais sans doute autrement que Talvas ne l'aurait voulu. La cruelle punition du félon avait l'inconvénient de laisser pendante la grave question de Saint-Cénery, d'exciter des pitiés et de soulever des colères. Elle ouvrait, pour la maison de Bellême, une ère de vengeances et de représailles implacables qui devait s'étendre à plusieurs générations.

Talvas fit reconduire Guillaume Giroie à Saint-Cénery. On comprend l'émotion et la fureur de Raoul Male-Couronne en voyant revenir aveugle et mutilé celui qu'il avait vu partir plein de santé et de force. Il mit à son service toute sa science médicale, mais tandis qu'il le pansait, loin de reconnaître que la trahison avait causé son infortune, il en rejetait toute la responsabilité sur Guillaume de Bellême et se promettait de la lui faire payer très cher.

Le seigneur de Saint-Cénery guérit rapidement et, à peine rétabli, décida de partir pour la Terre-Sainte. Il voulait faire un pèlerinage de pénitence. Il partagea la fortune paternelle, donna Echauffour à son jeune fils aîné Ernault, Montreuil à son fils cadet Guillaume, et attribua Saint-Cénery, avec ses dépendances normandes et mayennaises, à son frère Robert, guerrier dont la prime jeunesse, nous le savons, avait été ensanglantée par des violences coupables.

Guillaume de Saint-Cénery, que les luttes intestines de cette

---

(1) Cette tour, appelée depuis ce temps tour Giroie, était la première de l'enceinte du château d'Alençon, à droite du pavillon d'entrée. Elle fut démolie en 1746.

(2) Nous verrons Guillaume le Conquérant et ses successeurs appliquer cette peine, quelquefois d'une façon fort injuste. Le roi d'Angleterre Henri 1er la fit subir à des enfants, ses propres petites filles, pour punir un de ses gendres, leur père, coupable de trahison.

époque et les intrigues de Geoffroy de Mayenne avaient perdu, dépouilla le vieil homme, au tombeau du Christ. Il en revint, la troisième année après son départ, c'est-à-dire vers 1047. transformé. Après les agitations de cette période et la terrible épreuve qui les avait clôturées, il n'aspirait plus qu'après la paix du cloître.

Il alla prendre l'habit religieux à l'abbaye du Bec (1) qu'un guerrier comme lui, Herluin, l'un des seigneurs de Gilbert de Brionne, dégoûté du monde par une expédition malheureuse contre Enguerrand, comte de Ponthieu, avait fondée en 1039, et dont il était abbé (2). Lanfranc (3), qui devait être une des lumières de l'Eglise d'Angleterre, se trouvait là parmi les moines.

Quelques années auparavant, les vestiges du monastère de Saint-Pierre d'Ouche, édifié par saint Evroult et détruit par les pirates normands, avaient été retrouvés (4). On avait découvert, dans la forêt qui les cachait de sa luxuriante végétation, les ruines de l'église dédiée à Saint-Pierre et celles des édifices conventuels, au bord de la Charentonne (5). L'église avait été sommairement restaurée par Gaston de Montfort, pieux seigneur qui s'était imposé la tâche de réédifier les édifices religieux de son voisinage. Elle était petite et de construction grossière (6).

Curieusement, Guillaume Giroie (7) dont les domaines s'étendaient jusques là, était venu visiter les ruines, dépendant de sa seigneurie d'Echauffour, s'y était vivement intéressé et, pour desservir l'église Saint-Pierre, avait choisi deux prêtres, Restold (8) et Enguerrand, qu'il entretenait de ses deniers. Il avait le culte des grands souvenirs qui s'attachaient à ces lieux, sur lesquels des circonstances merveilleuses avaient appelé l'attention (9).

En entrant au Bec, il s'empressa de donner les restes de l'abbaye de Saint-Evroult à Herluin pour y fonder un prieuré. Lanfranc et quelques moines y furent envoyés, mais, à peine arrivés, ils s'en revinrent, rebutés sans doute par les difficultés de l'entreprise.

---

(1) Le Bec-Hellouin (Eure), près Bernay.

(2) « *Geroianus autem Willelmus post tres annos venerabilem Herluinum abbatem adiit, et in Beccensi cenobio... monachus factus est.* » — Guil. de Jum. (Ord. Vit.), liv. VII, ch. 10.

(3) Lanfranc, né à Pavie en 1005, mort en 1083, devint abbé de Saint-Etienne de Caen, puis archevêque de Cantorbéry. Il eut pour successeur Anselme, né à Aoste en 1033, mort en 1109.

(4) Les ruines de l'église Notre-Dame, construite par la reine Faileube, avaient été aussi retrouvées. — Ord. Vit., III, 113.

(5) Ibid. III, 111.

(6) « *Parva et rusticani operis erat.* » — Ibid, II, 79.

(7) On trouve, dans ce temps, Guillaume Giroie, appelé Guillaume d'Echauffour, *Willelmus de Scalfou.* — Deville, *Chartularium Sanctæ Trinitatis*, charte XXXVIII.

(8) Restold, prêtre du diocèse de Beauvais, était venu rechercher l'ermitage de Saint-Evroult en Neustrie et avait trouvé d'abord l'église de Saint-Evroult de Montfort. — Ord. Vit. II, 109.

(9) Un taureau appelé Fala, avait été trouvé couché devant l'autel de saint Pierre : «... *illum coram altare S. Petri apostoli jacentem, quasi oraret...* » — Ibid. III, 111.

Sur ces entrefaites, Guillaume fut informé que ses neveux, Hugues et Robert de Grentemesnil, avaient commencé, sous la direction de Gilbert, moine de Conches (1), à bâtir un monastère, dans leur fief de l'Hiémois, entre Grentemesnil et Falaise. Il les détourna avec peine de leur projet et les persuada de restaurer l'abbaye de Saint-Evroult (2).

Leur consentement obtenu, il promit de riches dotations auxquelles ses frères, ses parents et alliés joindraient les leurs, se rendit à Jumièges et demanda des religieux à Thierry, abbé de ce monastère. Ce dernier envoya à Saint-Evroult quelques moines sous la direction de son neveu Thierry, appelé de Matonville (3) du lieu de sa naissance, qui fut élu abbé de Saint-Evroult et sacré par Hugues, évêque de Lisieux, le 7 octobre 1050. Les constructions furent activement poussées, et Guillaume le Bâtard couronna l'œuvre par une charte où il confirma les nombreuses libéralités consenties à la nouvelle maison religieuse. Guillaume Giroie et ses frères, les Grentemesnil, Raoul de Toëny, Raoul Taisson, seigneur de Cinglais, Roger de Montgomery, Guillaume, fils d'Osbern, seigneur de Breteuil, Richard de Beaufou et Richard de Sainte-Scolasse y figurent.

Guillaume Giroie obtint d'entrer comme simple moine dans le monastère qu'il avait restauré, et dont son neveu Robert de Grentemesnil ne tarda pas à devenir prieur. Les bruits du monde ne s'arrêtèrent pas toujours aux portes de l'abbaye où la régularité eut de la peine à s'établir. Il n'y vécut pas moins mortifié et édifiant jusqu'au jour où l'abbé Thierry lui permit de se rendre en Italie vers son second fils Guillaume qui, émigré bien jeune dans ce pays, s'y faisait remarquer par son courage. Entré plus tard dans l'armée pontificale, il devait devenir porte-étendard du Saint-Siège.

L'ancien seigneur de Saint-Cénery partit, accompagné de deux moines et de douze serviteurs. Son fils qu'il trouva en Pouille, les parents et les amis, qui étaient près de lui, comblèrent le voyageur de présents pour Saint-Evroult. A son retour, pris à Gaëte (4) d'une maladie subite, il y mourut en odeur de sainteté un 5 février entre 1056 et 1058 (5). Il fut inhumé dans l'église Saint-Erasme de cette ville.

---

(1) Monastère fondé par Roger Ier de Toëny.

(2) Il leur avait dit : « *Illius ergo cœnobium restaurate, quod destructum est a paganis.* » — Ord. Vit. II, 17 ; Guil. de Jum. liv. VII, ch. 23.

(3) Grd. Vit., II, 18.

(4) Gaëte, capitale de l'ancien royaume de Naples.

(5) Ord. Vit. II, 27. — Arthur du Moustier qualifie, dans le *Neustria Pia*, Guillaume Giroie de « vénérable » et le chanoine Blin l'a fait figurer dans ses *Fleurs de sainteté du diocèse de Sées.*

La mémoire du moine bienfaiteur, aveugle et mutilé, fut, on le comprend, pieusement honorée à Saint-Ervoult, mais, comme l'influence de sa famille y fut longtemps prépondérante, ses membres qui n'étaient pas tous des saints, cultivèrent là la vengeance et la calomnie à leur aise. Ces plantes peu chrétiennes crurent sur le terrain bien préparé par le respect et la gratitude légitimement dus au restaurateur du monastère. Elles s'y épanouirent et s'y perpétuèrent.

A Saint-Evroult, on détesta les Bellême autant qu'on aimait les Giroie et les Grentemesnil. Cette horreur fut augmentée pas une série d'événements particuliers et généraux dans lesquels l'abbaye se trouva en antagonisme avec les descendants de Guillaume II Talvas. Elle flottait, sans cesse renouvelée, dans l'atmosphère traditionnelle. Voilà comment, la respirant à pleins poumons, Ordéric Vital en satura d'abord l'œuvre de Guillaume de Jumièges, sa propre œuvre ensuite.

CHAPITRE XII

Furieuse vengeance des Giroie (1045-1048).

Entente du roi de France Henri 1er avec Geoffroy Martel, comte d'Anjou (1049).

Les frères de Guillaume Giroie, Robert, seigneur de Saint-Cénery, et Raoul, leurs parents et leurs alliés ravagent les domaines des Bellême. — Scènes barbares dans les campagnes. — Guillaume Talvas II se tient sur la défensive. — Insurrection contre Guillaume le Bâtard dans le Bessin et le Cotentin, 1047. — Henri Ier vient à son secours. — Sanglante bataille du Val-ès-Dunes, 1047, défaite des séditieux. — Yves de Bellême, évêque de Sées, à Rouen, 1047. — Les frères Sorenge dévastent la banlieue de Sées et font de la cathédrale une forteresse. — L'évêque les y assiège, 1047. — Incendie de la basilique. — Châtiment des Sorenge. — La cathédrale s'écroule, 1048. — Yves, accompagné d'Arnoul de Bellême, son neveu, se rend de nouveau près du duc de Normandie. — L'évêque traite avec les Giroie. — Robert de Saint-Cénery épouse une cousine du duc, mais poursuit l'œuvre de trahison de sa famille. — Expédition du roi de France et du duc de Normandie en Anjou, 1049. — Siège de Mouliherme. — Entente secrète du comte d'Anjou et du roi contre la Normandie. — Yves de Bellême au Concile de Reims, 1049. — Léon IX demande la reconstruction de la cathédrale de Sées. — Yves se décide à quêter en Italie et en Sicile. — Geoffroy Martel, comte d'Anjou, assiège Le Mans, 1050-1051. — Hugues, comte du Maine, meurt de chagrin. — Fuite de sa femme, de son fils Herbert II et de sa fille Marguerite. — Capitulation de Château-du-Loir. — L'évêque du Mans, Gervais, est exilé. — Geoffroy Martel maître du Maine.

Revenons en arrière et reprenons les événements au moment où Guillaume de Saint-Cénery partit pour la Terre-Sainte.

Il avait, c'est Ordéric Vital qui nous l'affirme, des frères, des neveux, des beaux-frères, que nous connaissons bien, tous puissants guerriers et très féroces contre leurs ennemis lointains ou proches (1). Ils se levèrent, en un sursaut de fureur, à l'appel de Robert Giroie, devenu seigneur de Saint-Cénery, qui accusait Talvas d'avoir attiré son frère dans un guet-apens et de l'avoir fait mutiler par jalousie. Raoul Male-Couronne, qui portait cavalièrement sa tonsure cléricale, mit la même ardeur à exciter ce soulèvement qui, tout en servant

---

(1) « ... *In armis potentes... hostibusque vicinis, seu longe positis, valde feroces.* » — Ord. Vit., II, 15.

une implacable vengeance, avait pour but d'empêcher une attaque brusquée contre Saint-Cénery (1).

Parents, alliés, amis, vassaux des Giroie, et avec eux des soudards, batteurs d'estrade, plus ou moins bandits, en quête de pillages et d'aventures, se ruèrent sur les châtellenies des Bellême, ne respectant pas plus les possessions de l'évêque de Sées que celles de son frère(2)

Des scènes barbares ensanglantèrent les campagnes où furent portés périodiquement le fer et le feu (3), sans respect sans doute pour la trêve de Dieu qu'un synode tenu à Caen en 1042, pour remédier aux guerres privées fléau de l'époque, avait prescrit d'observer du mercredi soir au lundi matin de chaque semaine, de l'entrée de l'Avent jusqu'aux Octaves de l'Epiphanie et depuis les Rogations jusqu'à l'Octave de la Pentecôte. Tant qu'elle durait, il était spécialement défendu de dévaster les terres et d'enlever les bestiaux.

Surpris par la soudaineté de cette sédition, Guillaume Talvas n'avait pu réunir autour de lui qu'une faible partie de ses vassaux. Suffisants pour garder ses places fortes, ses soldats n'étaient pas en nombre pour livrer bataille en rase campagne à des forces supérieures que, par Saint-Cénery, les guerriers de Mayenne, confondus avec ceux de Robert Giroie, grossissaient à l'aise. Renfermé dans son château d'Alençon, Talvas subissait impassiblement les provocations de ses ennemis qui, n'osant pas risquer un siège, essayaient par des insultes d'avoir raison de sa sage tactique défensive et de l'attirer hors des murs pour le capturer (4).

Pendant ce temps, un vaste et redoutable complot, dont le secret avait été bien gardé, et qui avait pour but de substituer Guy de Bourgogne, récemment créé comte de Brionne et de Vernon, fils de Renault, comte de Bourgogne, et d'Adélise, fille aînée du duc Richard II, à Guillaume le Bâtard, avait été ourdi par les seigneurs du Bessin et du Cotentin. On peut se demander si les insurgés de l'Alençonnais n'avaient pas quelques liens avec les conspirateurs et ne se préparaient pas, le cas échéant, à appeler à l'aide Geffroy Martel, comte d'Anjou, qui, grâce à Mayenne, était sûr d'introduire, sans coup férir, son armée par Saint-Cénery.

Le chef du complot paraît avoir été Grimoult du Plessis qui s'était associé Hugues, évêque de Bayeux, Néel II, vicomte du

(1) « *Postquam Willelmus Talavacius Willelmum... ex invidia... dehonestaverat, Rodbertus et Rodulphus egregii milites, cum nepotibus et cognatis viriliter insurgunt.* » — Guil. de Jum. (Ord. Vit.), liv. VII, ch. 11.

(2) Nous en aurons bientôt la preuve.

(3) « *Omnem itaque terram Talavacii prediis et incendiis devastaverunt.* » — Guil. de Jum. (Ord. Vit.) liv. VII, ch. 11.

(4) « *... Et usque ad portas munitionum ejus, nullo resistente armati veniebant... ipsumque audacter provocabant. At ille quia timidus et in militia nullarum virium erat, cum lacessentibus inimicis, in campo confligere non audebat. Sic a Geroïcis sæpe deludebatur.* » — Ibid.

Cotentin, Renault, vicomte du Bessin, Raoul de Briquessart, Hamon le Dentu, seigneur de Torigny et de Creuilly, et Raoul Taisson, beau-frère de Guimond-Félix de Moulins-la-Marche.

Un voyage du jeune duc Guillaume à Valognes (1) fit éclater le soulèvement en 1047. Le prince faillit être pris et dut son salut à Hubert de Rye qui le fit conduire par ses fils à Falaise, dont le capitaine était alors Belain de Blainville. Guillaume gagna Rouen, puis Paris et se jeta aux genoux du roi Henri, le suppliant de lui venir en aide dans un moment aussi désespéré où plusieurs de ceux qu'il avait cru ses vassaux les plus fidèles le trahissaient.

Le souverain se laissa fléchir et, si Geoffroy Martel avait eu des idées d'intervention, cette détermination l'arrêta. Une armée française de dix mille hommes opéra sa jonction dans l'Hiémois avec celle des Normands restés fidèles, commandée par leur duc. Les événements ne purent permettre à Guillaume Talvas de s'y trouver.

Les troupes franco-normandes marchèrent sur Caen (2) entre Mézidon et Argences. Néel de Saint-Sauveur, vicomte du Cotentin, commandait l'armée très puissante des seigneurs rébelles, augmentée d'un contingent d'aventuriers angevins et manceaux, et suivie de paysans armés de massues. Elle était campée à l'Ouest Nord-Ouest de Billi, sur le bord du chemin qui unissait Caen à Lisieux, et développait ses forces jusqu'au mont Saint-Laurent, dominant le Val-ès-Dunes, petit vallon qui a donné son nom à la terrible bataille qui s'y engagea le 10 août 1047 (3).

Au cours de l'action, Raoul Taisson, pris de remords, passa au duc avec une partie de la cavalerie, et Guilsin, oncle de Hamon le Dentu, et beau-frère de Néel, faillit tuer le roi de France.

La défaite des partisans de Guy de Bourgogne fut complète. En fuyant, beaucoup périrent au passage de l'Orne, beaucoup d'autres furent capturés. Néel perdit sa vicomté et s'exila à Jersey. Grimoult du Plessis mourut en prison à Rouen. Quelques uns obtinrent un généreux pardon, un certain nombre s'exila et alla rejoindre Robert Guiscard en Pouille et en Sicile.

Quand le calme fut rétabli et que le duc de Normandie eut regagné Rouen, Yves, évêque de Sées, alla le trouver pour lui exposer l'état de trouble d'une partie de son diocèse, la situation que la rébellion des Giroie avait créée à son frère et les risques que courait la frontière du Sud.

(1) Valognes, chef-lieu d'arrondissement (Manche).

(2) Caen, chef-lieu du département (Calvados).

(3) de Caumont, *Statistique routière de la Basse-Normandie.* — Voy. Abbé Le Cointe, *Conspiration des barons normands contre Guillaume le Bâtard et bataille du Val-ès-Dunes.*

Pendant l'absence du prélat, une nombreuse troupe d'hommes d'armes, placée sous les ordres de Richard, Robert et Avesgaud, fils d'un certain Guillaume Sorenge, se jeta sur le pays de Sées, alors sans défenseurs par suite de la sédition des Giroie, et le ravagea impunément. Ces bandits suivaient l'exemple donné par Robert de Saint-Cénery et étaient venus à la curée comme les corbeaux attirés par l'odeur du carnage.

Après avoir saccagé les campagnes, ils se dirigèrent vers la ville épiscopale, évitèrent le château dont les murailles et le donjon bravaient leurs efforts, et, pénétrant sans risques dans la partie ecclésiastique de la cité qui appartenait à l'évêque, s'emparèrent de la cathédrale dont sacrilègement ils firent une forteresse. Ils y logèrent même leurs chevaux (1).

Un messager courageux, envoyé par le chapitre au devant d'Yves de Bellême qui revenait de Rouen, le rencontra dans l'Hiémois et le mit au courant de ce qui se passait à Sées. Informé par l'évêque, Hugues de Grentemesnil, neveu de Robert Giroie et de Raoul Male-Couronne, éprouva sans doute quelque remords de la besogne à laquelle il avait été associé et dont il constatait les conséquences. Il se mit, avec plusieurs autres seigneurs, à la disposition d'Yves et le suivit à Sées avec ses hommes d'armes (2).

La troupe des Sorenge, formée de soldats de métier, ne se laissa pas intimider. Retranchée dans la cathédrale dont les étroites fenêtres romanes lui servaient de meurtrières, dans la tour du monastère canonial et dans les maisons voisines, elle accueillit les assaillants par une grêle de traits. Force fut au prélat, tout ami qu'il fut de la paix, de se souvenir qu'il appartenait à une race de guerriers et de se transformer, comme les évêques du Mans, ses oncles, avaient dû souvent s'y résigner, en chef de guerre.

Il fut obligé de faire un siège en règle et d'ordonner, pour chasser l'ennemi de la cathédrale, de mettre le feu à des bâtiments contigus que les bandits occupaient. Les flammes, activées par le vent, gagnèrent bientôt la toiture de la basilique construite par Azon (3).

Profitant du trouble causé par l'incendie qui menaçait tout l'édifice, se propageait avec une rapidité effrayante et couvrait de feu et de fumée tout le bourg épiscopal, les Sorenge et leurs hommes tentèrent une sortie, se firent passage les armes à la main et s'échappèrent. Ils périrent misérablement peu de temps après :

(1) « *Itaque temporibus Ivonis episcopi, Ricardus et Avesgolus et Robertus, filii Guillelmi cognomine Sorengi cuneum sceleratorum sibi asciverunt et omnem circa Sagium patriam sine reverentia depopulati sunt. Postremo ecclesiam Sancti Gervasii invaserunt ibique turbam prædonum posuerunt. Sic de domo orationis speluncam latronum stabulumque fecerunt equorum.* » — Guil. de Jum. (Ord. Vit.), liv. VII, ch. 13.

(2) « *Hugonem de Grentemaisnil aliosque barones cum turmis suis secum adduxit.* » — Ibid.

(3) Guil. de Jum. (Ord. Vit.), liv. VII, ch. 13. — « *Sorengos in turre fortiter expugnare fecit.* »

Richard fut tué d'un coup de hache, dans la châtellenie de Sainte-Scolasse, par un paysan qu'il avait précédemment jeté en prison et torturé ; Robert fut mis à mort par des campagnards des environs de Sées qu'il avait pillés ; Avesgaud, se trouvant à Chambois, dans la maison d'Albert, fils de Gérard Fleitel, s'y livra à des violences et fut criblé de flèches (1).

Yves de Bellême s'empressa de faire recouvrir sa cathédrale et, le 2 janvier 1048, il en fit de nouveau la dédicace, mais les murailles, profondément calcinées, s'écroulèrent pendant le carême suivant (2).

Désolé de la destruction de la vénérable basilique, et plus encore des maux dont souffrait son diocèse, le prélat ne l'était pas moins de la situation de sa famille. Accompagné de son neveu Arnoul, le fils de Guillaume Talvas, il se rendit auprès de Guillaume le Bâtard qui, en ce moment de l'année 1048, se trouvait au château d'Argenteuil où il tenait sa cour (3).

Ordéric Vital, singulièrement renseigné, nous montre, à cette époque, Arnoul de Bellême, nouvel Absalon, insurgé contre son père, s'emparant du pouvoir avec la complicité de ses vassaux, le chassant honteusement de ses châtellenies et le contraignant à l'exil jusqu'à sa mort (4). Cette fable, insérée dans Guillaume de Jumièges, ne se retrouve pas, il est vrai, dans l'*Histoire ecclésiastique* d'Ordéric.

L'évêque de Sées se rencontra auprès du duc avec Gervin, abbé de Saint-Riquier, venu du Ponthieu pour obtenir du prince la confirmation à son monastère de l'église d'Equemanville (5) que Richard II avait donnée, en 1022, à son prédécesseur Enguerrand, en même temps qu'une chasuble de velours.

Yves, son neveu Arnoul de Bellême et plusieurs prélats furent les témoins ducaux de la charte sollicitée (6), ce qui prouve avec quelle bienveillance le prince avait reçu les représentants d'une famille illustre dont la fidélité à sa personne avait été indéfectible.

Le duc écouta attentivement les doléances de l'évêque et en fut fort embarrassé. Une expédition contre Robert Giroie, dans les mains duquel Saint-Cénery était un danger, eut été nécessaire, mais le

(1) Ibid.

(2) Ibid. liv. VII, ch. 14.

(3) « *In villa de Argentœul juxta Sequanam.* »

(4) « *Arnulfus tandem filius ejus, ut hæc animadvertit, optimatum suorum consensu, contra patrem qui omnibus odibilis erat, rebellavit, et cum de munitionibus turpiter ejecit, et usque ad mortem exulare compulit.* » — Guil. de Jum. (Ord. Vit.), liv. VII, ch. 17.

(5) Equemanville, canton de Honfleur (Calvados).

(6) « *Et in villa de Argentœul, juxta Sequanam, ratificavit dictus Guillermus eidem domino Gervino prædictum donum (ecclesiæ Scabelli villæ) et in perpetuum per suam cartam anno domini 1048.* » — *Chronica abreviata Sancti Richarti.* — La charte, portant la suscription d'Yves, évêque de Sées et d'Arnoul de Bellême se trouve dans Dom Luc d'Achery, *Spicilegium*, t. IV, p. 575.

prince ne se souciait pas de tourner ce seigneur contre lui-même, au lendemain de la bataille du Val-ès-Dunes. Robert était en effet proche parent d'une foule de personnages puissants, et lié à Geoffroy de Mayenne et à la maison de Toëny. Il était donc nécessaire d'agir prudemment.

Il crut bon de temporiser, d'user de diplomatie et d'engager des pourparlers par l'évêque de Sées (1). Robert Giroie n'était pas marié. L'offre d'une alliance avec la maison ducale, présentée comme condition de la paix donnée aux Bellême, pourrait avoir raison de sa vindicte, neutraliser son pacte avec Mayenne et assurer sa fidélité à la Normandie.

Le prince s'efforçait alors de favoriser l'élévation de sa famille maternelle. Il avait une cousine nommée Adélaïde, l'une des filles probablement de son oncle Gautier. Sa main pourrait être proposée au seigneur de Saint-Cénery.

Ce dernier très flatté, accepta. Le mariage (2) se fit et une paix momentanée se rétablit. Robert Giroie, la suite le prouvera, n'en resta pas moins un traître prêt à pactiser, à la première occasion, avec l'ennemi du dehors.

L'année 1049 fut marquée par des événements importants. Le roi de France Henri Ier en avait assez des usurpations commises par Geoffroy Martel, comte d'Anjou, sur ses voisins et sur le domaine de la couronne. Il résolut d'en avoir raison et demanda au duc de Normandie, en retour de l'aide qu'il lui avait donnée l'année précédente, de l'assister contre cet audacieux et ambitieux vassal.

Guillaume le Bâtard mobilisa ses forces, les joignit à l'armée royale et, en septembre, la guerre fut portée au cœur de l'Anjou. Le siège fut mis devant la forteresse de Mouliherme (3) qui fut emportée d'assaut. Ce fut tout, Geoffroy demanda à traiter.

Tandis que le duc retournait en Normandie où il trouva « quelques trahisons réchauffées et quelques intrigues secrètes (4) », des pourparlers avaient lieu entre le roi et le comte d'Anjou. Ce dernier, très habile politique, insinua au souverain qu'il serait dangereux pour la couronne de France de laisser se développer la puissance de la Normandie. Si le prince laissait au comte toute liberté dans le Maine, contre le Bellêmois et les châteaux de la frontière normande qu'il se chargeait de forcer, il l'aiderait de tout son pouvoir à conquérir la Normandie. N'était-il pas légitime de reprendre ce que

---

(1) Guill. de Jum. (Ord. Vit.), liv. VII, ch. 13. — — « *Ivo... pace cum Gerolanis.. facta.* »

(2) « *... Eidem Willermus dux Adelaïdem consobrinam suam in conjugium dederat.* » — Ord. Vit. II, 28.

(3) Mouliherme, près Beaugé (Maine-et-Loire.)

(4) *Nouvelle histoire de Normandie et Nouveaux détails sur Guillaume le Conquérant*, Versailles, 1814, p. 225.

la faiblesse de Charles le Simple avait abandonné aux pirates normands ?

Henri· prêta une oreille attentive à ces ouvertures qui ne tardèrent pas à aboutir à un accord parfait dont nous aurons la preuve (1).

Pendant que s'agitait le sort de la Normandie, Yves, évêque de Sées, se rendait à Reims pour assister au concile qui s'ouvrit, dans cette ville, sous la présidence du Pape Léon IX, le 8 octobre 1049. Le souverain pontife inexactement renseigné lui aurait reproché, en termes très durs, d'avoir incendié sa cathédrale (2) et lui aurait intimé l'ordre de la reconstruire. A la vérité les actes du concile sont muets sur cet incident qui se borna peut-être à l'invitation pressante de réédifier l'édifice détruit.

C'était la constante préoccupation de l'évêque, mais les offrandes déjà reçues du duc de Normandie et de quelques seigneurs, jointes à ses propres ressources, ne suffisant pas, il prit la résolution d'entreprendre le voyage d'Italie et de Sicile, pour y solliciter la générosité des Normands établis dans ces régions, et d'aller jusqu'à Constantinople demander une aumône à l'empereur d'Orient (3).

Geoffroy Martel, comte d'Anjou, avait été cité à comparaître devant le concile de Reims pour y répondre des actes de violence qu'il avait commis contre Gervais de Château-du-Loir, évêque du Mans, qu'une odieuse trahison lui avait livré en 1044 et qu'il détenait depuis lors dans ses prisons. Il se garda bien de comparaître et fut solennellement excommunié par le souverain pontife.

Cette sentence, la plus grave qui puisse frapper un chrétien, ne produisit, on va le voir, aucun effet sur ce farouche personnage. Vers la fin de 1050 ou au commencement de 1051, le comte d'Anjou jugeant le moment venu de s'emparer définitivement du Maine où ses partisans, Geoffroy de Mayenne le premier, lui avaient depuis longtemps frayé la voie, entra dans ce pays avec une armée.

Ce n'était pas la première fois qu'il agissait ainsi. Il avait, à diverses reprises, pillé et·incendié le Mans, ravagé les environs et fait arracher les vignes. Hugues IV, comte du Maine, avait été toute sa vie exposé à ses outrages et à ses violences. Le chagrin avait miné le malheureux seigneur. Quand il vit de nouveau sa capitale assiégée et qu'il sentit tous ses efforts pour la défendre paralysés par la trahison, il mourut de douleur le 7 avril 1051. Il laissait un fils Herbert II adolescent et une fille Marguerite en bas âge, nés de son mariage avec Berthe de Blois.

---

(1) M. Alphen, *Le Comté d'Anjou au XIe siècle*, p. 76, dit que Geoffroy Martel était réconcilié avec le roi dès 1052. Cette réconciliation est antérieure à cette date.

(2) « *Quid fecisti, perfide ?... Qua lege damnari debes qui matrem tuam ecclesiam cremare ausus es ?.* » — Guill. de Jum., (Ord. Vit), liv. VII, ch. 15.

(3) Guill. de Jum. (Ord. Vit.), liv. VII, ch. 15.

Les habitants du Mans ne se laissèrent pas toucher par l'infortune de la veuve et des orphelins. Ils livrèrent leur ville à Geoffroy qui entra par une porte tandis que Berthe et ses enfants sortaient par une autre, et prenaient le chemin de la Bretagne où ils trouvèrent un asile (1).

Château-du-Loir, forteresse patrimoniale de Gervais, évêque du Mans, était bloquée, depuis 1044, par les Angevins qui n'avaient pu s'en emparer. En présence des événements, le prélat captif donna l'ordre au gouverneur, qui avait si bien fait son devoir, d'ouvrir ses portes. Gervais obtint ainsi la liberté dont il était depuis si long-temps privé, à condition de sortir du Maine et de n'y jamais rentrer. Il fut reçu avec honneur par le duc de Normandie qui lui donna asile dans ses états jusqu'au moment où il devint archevêque de Reims (2) et chancelier de France (3).

Trois Papes l'honorèrent de leur amitié (4). « C'est dans les lettres qu'il leur écrivit qu'on apprend à connaître l'esprit et l'âme de ce grand évêque, son zèle pour la pureté de la foi et le maintien de la discipline (5). » Il devait beaucoup à son oncle et prédécesseur Avesgaud de Bellême dont les tribulations au Mans avaient été semblables aux siennes (6). Ses cousins germains, Yves et Guillaume Talvas, allaient en subir d'autres.

(1) Sur ces événements, voy. Dom Paul Piolin, *Hist. de l'Eglise du Mans*, t. III, et les diverses histoires du Maine.

(2) Il fut appelé au trône épiscopal de Reims en 1055.

(3) Il fut nommé chancelier de France par Philippe Ier qu'il avait sacré.

(4) Etienne X, Nicolas II et Alexandre II.

(5) Dom Paul Piolin, *Hist. de l'Eglise du Mans*, t. III.

(6) L'archevêque Gervais mourut le 4 juillet 1067. Il avait fait au Mans une fondation. « *Pro remedio animæ*, dit-il, *sancti prœdecessoris et avunculi mei Avesgaudi requie impetranda, necnon genitoris cum genitrice, Haimonis scilicet et Hildeburgæ.* » — Gervais, très lettré, possédait un magnifique évangéliaire du IXe siècle, conservé à la Bibliothèque Nationale, ancien fonds Colbert, n° 261.

<h1 style="text-align:center">CHAPITRE XIII</h1>

<h2 style="text-align:center">La trahison des Giroie produit ses fruits</h2>

<h2 style="text-align:center">Prise et reprise d'Alençon et de Domfront ;
invasions de la Normandie (1052-1054)</h2>

*Ce qu'était Geoffroy Martel, comte d'Anjou. — Il s'empare du Saosnois et du Bellêmois, fiefs de l'évêque de Sées. — Assassinat opportun d'Arnoul de Bellême, fils de Talvas II. — Légende insensée et bruits tendancieux. — Le comte d'Anjou s'empare par surprise de Domfront, 1052. — La trahison lui livre Alençon. — Guillaume II Talvas et sa fille Mabile lui échappent. — Il incursionne en Normandie. — Guillaume le Bâtard réunit l'armée normande ; Roger II de Montgomery et Guillaume de Breteuil, ses lieutenants. — Siège et blocus de Domfront. — Retraite du comte d'Anjou. — Siège d'Alençon. — Prise du fort du Boulevard ; ses défenseurs subissent la peine de la trahison. — Capitulation d'Alençon et de Domfront. — Prise d'Ambrières sur Geoffroy de Mayenne. — Sédition de Guillaume de Talou, comte d'Arques, soutenu par le roi de France, Henri I*er*. — Guimond II de Moulins-la-Marche livre Moulins à Guy de Poitiers, 1053. — Siège d'Arques, succès des Normands. — Concentration d'une armée française à Mantes, 1054. — Elle pénètre dans le pays de Caux. — Henri I*er* et Geoffroy Martel entrent dans le comté d'Exmes par Saint-Cénery et la Marche. — Consternation des populations. — Victoire normande de Mortemer, 1054. — Retraite du roi et de Geoffroy Martel.— Conclusion de la paix. — Guy, comte de Ponthieu, prisonnier.*

Le comte d'Anjou était célèbre par ses victoires et par ses crimes. A défaut de droit il avait pour lui la force et, comme conséquence, il était si redouté que, dans le Maine, personne n'osa esquisser un geste de résistance. La soumission du pays à son usurpation fut donc complète.

De nombreuses chartes où son nom figure à côté de celui d'Yves de Bellême, évêque de Sées, pour confirmer dans le Saosnois, dont ce dernier était seigneur, des donations à l'abbaye de Saint-Vincent du Mans, sans que Herbert, comte du Maine, soit même mentionné, prouvent que le prélat avait obéi à la nécessité (1). Il y a plus, Geoffroy Martel, après avoir occupé les châteaux du Saosnois, s'empara, avec la permission du roi de France, du Bellêmois, fief relevant

---

(1) *Cart. de Saint-Vincent du Mans*, nᵒˢ 545, 548, etc. — Une charte de ce cartulaire porte cette mention curieuse et expressive : « *Actum Cenomannis curie publice, Gaufrido comite præsidente, Herberto puero comite vivente, Henrico rege regnante.* »

directement de la couronne, mit une garnison à Bellême et interposa
sa suzeraineté entre celle d'Yves et celle du roi.

Ce fait, ignoré de tous les historiens, est établi par un document,
sur lequel nous reviendrons, qui nous montre une donation consentie
à l'abbaye de Marmoutier par le seigneur d'un petit fief relevant
du château de Bellême, confirmée d'abord par Yves de Bellême,
ensuite par le comte d'Anjou, enfin par Eudes, frère du roi de France,
agissant au nom de ce dernier (1).

Par l'occupation du Bellêmois et du Saosnois, l'armée angevine,
s'appuyant à l'Ouest sur les châteaux de Geoffroy de Mayenne,
faisait face, à pied d'œuvre, aux châtellenies de Domfront et d'Alençon,
depuis l'extrémité du Passais normand jusqu'au Mesle-sur-Sarthe,
c'est-à-dire à tout le secteur de la frontière confié à la garde de Guillaume II Talvas.

Depuis la rébellion des Giroie, le Domfrontais et l'Alençonnais
étaient dans un état de désorganisation dont l'expédition des Sorenge
a pu nous donner une idée. Cette désorganisation avait gagné le
Bellêmois, ce qui explique la facilité avec laquelle le comte d'Anjou
s'en était emparé. Une œuvre de trahison, qui n'avait pas plus
respecté les fiefs de l'évêque que ceux de son frère, avait pénétré
de son influence dissolvante les villages et les campagnes de Talvas,
prêts à se détacher de la Normandie pour passer sous la domination
de Geoffroy Martel.

Ce n'est pas sans raison qu'un vieil historien a dénoncé la perfidie
de certains habitants (2). Habitués à l'anarchie, instaurée pendant
la minorité ducale et qui s'était tardivement infiltrée chez eux,
ils y avaient pris goût et espéraient la perpétuer en s'alliant au
conquérant du Maine. Ils redoutaient la ferme discipline qu'à
l'exemple de ses prédécesseurs, Guillaume le Bâtard, devenu homme,
rétablirait dans ses Etats (3). Il y avait du reste entre les Manceaux, soumis à Martel, et les seigneurs du Domfrontais et de l'Alençonnais des affinités de race, sur lesquelles on n'avait pas manqué
de spéculer, et qui favorisaient le mouvement.

Les mesures avaient été bien prises. Le fils de Guillaume Talvas,
Arnoul de Bellême, venait d'être opportunément assassiné et, pour
dissimuler la main qui l'avait frappé, et que le meurtrier de Gilbert
de Brionne, abrité par les remparts de Saint-Cénery, connaissait

<hr>

(1) « *Favit autem his omnibus dominus meus Ivo nomine, Sagiensis episcopus, Odo quoque,
regis Francorum Henrici germanus, et Gauffridus comes Andegavorum, de quorum erant omnia
fevo.* » — Abbé P. Barret, *Cartul. de Marmoutier pour le Perche*, charte V ; *Arch. de l'Orne*,
H 2561.

(2) « *Pronis in perfidiam habitatoribus.* » dit l'historien Guillaume de Malmesburg, *Gesta
regum anglorum*, en parlant des habitants de Domfront et d'Alençon.

(3) « *Non ignorabant quam in Normannia esset invisus latro vel prædo... suis maleficiis legis
metuebant usum.* » — Ibid.

bien sans doute, on avait mis en circulation, parmi le peuple, l'incroyable légende que voici : un jour, en quête de butin avec ses vassaux, Arnoul avait enlevé un petit porc malgré les supplications d'une religieuse qui avait élevé l'animal. Il avait dévoré gloutonnement l'objet de son larcin, préparé par son cuisinier, et, en punition de sa mauvaise action, il était mort étouffé la nuit suivante (1).

D'autres, il est vrai, insinuaient que son frère bâtard Olivier aurait bien pu l'étrangler. Ordéric Vital qui nous raconte gravement l'histoire du porcelet, dans ses interpolations de Guillaume de Jumièges, s'y indigne, non sans raison, de l'accusation portée contre Olivier qui fut, dans le monde, un bon et loyal chevalier avant d'être un excellent moine (2).

Des inventions de ce genre, comme toutes les fables que nous avons déjà rencontrées, avaient autant contribué que la rébellion des Giroie à miner l'autorité des Bellême. Il avait fallu abattre Talvas pour atteindre plus sûrement le duc de Normandie.

Le comte d'Anjou avait contre ce dernier des motifs particuliers de haine. Il le détestait parce qu'il l'avait assiégé dans Mouliherme, parce qu'il avait reçu avec honneur l'évêque du Mans, Gervais, sa victime, parce qu'il supposait que Guillaume le Bâtard ne supporterait pas son intrusion dans le Maine. C'est, les historiens de l'Anjou le disent expressément, sous couleur de défendre les droits du comte du Maine Herbert II chassé par les Angevins du Mans, et dont les droits étaient censés menacés par les Normands, que Geoffroy Martel prit les armes (3). En réalité, tenant la parole donnée à Henri Ier, il voulait lui frayer la voie en s'emparant des châteaux de la frontière (4).

En 1052, les soldats du comte d'Anjou surprirent, par trahison, le château de Domfront (5). Dans l'Alençonnais Geoffroy Martel agit en personne. Il y pénétra avec une puissante armée, ce qui lui était facile par Saint-Cénery, devenu de fait une forteresse de Geoffroy

---

(1) « *Inter reliqua porcum cujusdam sanctimonialis rapuit. At illa gemens eum insecuta est, ac ut porcellus quem nutrierat sibi pro Deo redderetur obnixe deprecata est. Arnulfus autem hujus preces sprevit, porcum mactari ad usum parari coco jussit, ventrique suo serviens inde sero nimis comedit. Sed non impune. Nam eadem nocte in lecto suo strangulatus est.* » — Guill. de Jum. (Ord. Vit.), liv. VII, ch. 17.

(2) « *Porro quorum relatio asserit quod ab Olivaro, germano suo peremptus est... Prefatus siquidem Olivarus longo post tempore in militia honorifice viguit ; senexque factus est Dei nutu seculum reliquit.* » — Ibid.
Nous aurons l'occasion de parler plus loin d'Olivier qui tint le rang le plus honorable dans l'Alençonnais et fut la tige d'une famille importante.
Dans son *Histoire Ecclésiastique*, Ordéric Vital ne dit rien de la mort tragique d'Arnoul.

(3) « Puis Geoffroy, soutenant la partie du comte Herbert, pour quelque occasion à ce mouvant, eut querelle avec Guillaume le Bâtard, duc de Normandie, et à grant puissance entra dans ses Etats. » Jehan de Bourdigné, *Chron. d'Anjou et du Maine*, édition de Quatrebarbes t. I, p. 260. — Cette chronique n'est que la reproduction de chroniques très anciennes.

(4) « *Hic ergo, obortis litium quibusdam fomentis, contra ducem cepit atrociter moveri.* » — Guill. de Jum., liv. VII, ch. 8.

(5) « *Intra Danfrontis castrum seditiosis custodibus immissis.* » — Ibid.

de Mayenne. Les Giroie et leurs complices ayant applani les difficultés à l'avance, les habitants d'Alençon « très bien disposés pour lui (1), » esquissèrent à peine un simulacre de défense et ouvrirent leurs portes.

Guillaume Talvas, qui avait fait, depuis qu'il savait, la frontière menacée, tout ce qu'il avait pu pour la sauver (2), s'était échappé avec sa famille.

Geoffroy Martel traversa rapidement les évêchés de Sées et d'Evreux, en ravageant le pays sur son passage, puis, rappelé par le roi de France, il se retira. Il laissait à Domfront et à Alençon de fortes garnisons, chargées d'incursionner en Normandie dont elles tenaient la porte ouverte (3).

Dès que le duc Guillaume eut appris le raid audacieux de Geoffroy Martel, il convoqua ses vassaux, et marcha à l'ennemi qui s'était déjà retiré, emmenant ses captifs et son butin. L'armée normande se concentra dans l'Hiémois sous les ordres de Roger II de Montgomery, vicomte d'Exmes, de Guillaume, seigneur de Breteuil, fils d'Osbern, et de Guillaume de Talou, comte d'Arques. Le duc, prit les devants et se porta sur Domfront pour reconnaître la place. Il avait avec lui cinquante cavaliers qui cherchaient à se signaler « pour obtenir une augmentation de solde (4). »

Sa marche avait été dénoncée par un traître aux chefs de la garnison qui l'attaquèrent par derrière avec des forces très supérieures. Guillaume leur fit face et les chargea avec une telle impétuosité qu'après avoir perdu leur commandant, les assaillants rentrèrent précipitamment dans la ville. Le duc en fit le tour, et constata que l'aspérité des rochers, qui portait ce nid d'aigle, en rendait le siège extrêmement difficile (5).

L'armée étant arrivée, des assauts répétés furent tentés. Ils n'aboutirent pas. Les gens de pied, qui n'avaient pour accéder aux remparts que deux chemins étroits, escarpés et exposés aux traits de l'ennemi, étaient arrêtés, malgré l'impétuosité de leur élan (6).

Guillaume se décida alors à bloquer Domfront. Il fit élever, dans ce but, quatre tours de bois qu'il relia par des tranchées, et isola ainsi la ville dont les habitants attendaient impatiemment le secours de Geoffroy Martel. Ce dernier avait en effet quitté Angers, mais il fut arrêté momentanément par une diversion bien inattendue : le vieux Néel de Saint-Sauveur, l'ancien vicomte de Cotentin, exilé après la bataille du Val-ès-Dunes, et réfugié à Jersey, puis en

(1) Guill. de Poitiers, *Vie de Guillaume le Conquérant.*

(2) On a vu son énergie contre Mayenne et Guillaume Giroie.

(3) Jehan de Bourdigné, *Chron. d'Anjou et du Maine,* ibid.

(4) (5) (6) Guill. de Poitiers, *Vie de Guillaume le Conquérant.*

Bretagne, voulant se réhabiliter, avait réuni une petite armée et attaqué la capitale de l'Anjou. En l'absence du comte, les habitants se défendirent eux-mêmes. Un violent combat fut livré à la porte Saint-Jean (1).

Cependant le siège de Domfront traînait en longueur. L'hiver de cette année 1052 fut rigoureux. Le duc passait son temps à intercepter les convois de l'ennemi et à déjouer les embûches tendues à ses propres fourrageurs. Quelquefois, dans ce pays forestier abondant en gibier, il chassait au faucon et à l'épervier (2).

Apprenant, avec satisfaction, l'approche de Geoffroy Martel, Guillaume laissa devant Domfront des postes d'observation et marcha à sa rencontre. Il envoya à la découverte Roger de Montgomery et Guillaume de Breteuil, tous deux jeunes et très braves. Comme ils approchaient de son camp, le comte d'Anjou leur fit savoir par un parlementaire, accompagné d'un trompette, que le lendemain, au point du jour, il irait réveiller les sentinelles de Guillaume à Domfront. Cet homme leur désigna le cheval que monterait son maître dans le combat, le bouclier et les armes qu'il porterait.

Les Normands répondirent que Geoffroy n'avait pas besoin d'aller plus loin. Le duc de Normandie, dont ils décrivirent à leur tour le cheval, le bouclier et les armes, marchait au devant de lui et allait apparaître sous peu (3).

Le comte d'Anjou, dans l'espérance d'une victoire, « s'était levé bien matin, avait entendu la messe, avait pris sa soupe au vin et s'était fait armer (4). » Il fut atterré en entendant le rapport de son parlementaire. Il crut que Domfront était prise puisque le duc avait quitté le siège pour marcher à sa rencontre et, perdant toute confiance dans la possibilité d'un succès, il ordonna à ses troupes de battre en retraite. Une embuscade, dressée dans les bois par Néel de Saint-Sauveur, changea cette retraite en fuite (5).

Tout danger écarté du côté de Geoffroy, le duc reprit le siège et envoya des éclaireurs vers Alençon. Ceux-ci lui apprirent qu'il pourrait facilement se rendre maître de la place. La garnison angevine était peu nombreuse. Aussitôt Guillaume, ayant laissé des gardes dans ses retranchements, s'achemina la nuit vers Alençon et y arriva au point du jour (6).

Il assit son camp, face à la ville (7), entre le château et la Sar-

---

(1) *Chroniques d'Anjou et du Maine*, t. I, p. 263.
(2) (3) **Guill.** de Poitiers, *Vie de Guillaume le Conquérant.*
(4) *Chroniques d'Anjou et du Maine*, t. I, p. 263.
(5) Ibid. p. 264.
(6) « *Cum exercitu tota nocte equitans, diluculo Alencium venit.* » — Guil. de Jum., liv. **VII**, ch. 18.
(7) On ne doit pas oublier que l'étroite enceinte primitive d'Alençon ne dépassait pas alors le pont du Guichet, à la hauteur de la Grande-Rue et de la rue des Granges.

the (1) occupa le faubourg Saint-Léonard, situé hors des murs, et intercepta ainsi les communications entre la cité et le fort, qui formait tête de pont sur le sol du Maine (2).

La poignée de soldats, qui occupait cet ouvrage, était bien en vue des habitants de la ville close, formée du « vieux bourg » s'étendant entre l'église Notre-Dame et le château. Elle eut la malencontreuse idée de braver le duc (3), en frappant sur des peaux et en criant : à la pel ! à la pel ! C'était tourner en dérision le métier de tanneur exercé par les parents d'Herlève, mère de Guillaume (4).

Cet outrage met le prince dans une violente colère. Il fait enlever la redoute qui est prise aussitôt et livrée aux flammes. Trente-sept prisonniers angevins, traités comme des traîtres, sont mutilés, devant la population terrifiée, et privés des pieds et des mains (5). Leurs membres sanglants sont lancés par des balistes dans le château (6).

Ces représailles sanglantes mirent fin à la résistance. La ville ouvrit ses portes et le château capitula. La garnison angevine sortit saine et sauve, sinon avec ses armes, tout au moins avec ses bagages (7), et fut remplacée par des guerriers, restés fidèles à Talvas, qui avaient rejoint l'armée ducale.

La chute d'Alençon détermina presque immédiatement la reddition de Domfront. Poursuivant ses succès, le duc pénétra sur le territoire de Geoffroy de Mayenne, le zélé partisan du comte d'Anjou, et s'empara d'Ambrières (8) qu'il fortifia et où il mit une garnison (9).

Une nouvelle sédition se préparait alors en Normandie : Guillaume de Talou, comte d'Arques (10), aîné de la race de Rollon, comme fils de Richard II, conspirait à son tour, poussé par son frère Mauger, archevêque de Rouen (11). Pendant que le duc assiégeait Domfront, il avait furtivement déserté et avait couru à Arques augmenter la garnison et les fortifications. Son beau-frère, Enguerrand, comte

<hr>

(1) Le duc de Normandie avait établi son camp sur l'emplacement de l'hôpital actuel et de ses jardins.

(2) « *Ubi in quodam municipio trans flumen posito quosdam... invenit.* » — Guil. de Jum. Ibid.

(3) « *Se conviciis subsannantes.* » — Ibid.

(4) Guill. de Poitiers, *Vie de Guil. le Conquérant.*

(5) « *Quod festinanter, concitatis militum animis, expugnans cepit. Illusores vero coram omnibus infra Alencium consistentibus manibus pedibusque privari jussit.* » —Guill. de Jum., liv. VII, ch. 18.

(6) Guill. de Poitiers, *Vie de Guill. le Conquérant.*

(7) *Chron. d'Anjou et du Maine,* p. 261.

(8) Ambrières (Mayenne).

(9) *Chron. d'Anjou et du Maine.*

(10) Arques (Seine-Inférieure), arrondissement de Dieppe.

(11) « *Consilio Malgerii fratris sui, Rhotomagensium archiepiscopi.* » — Ord. Vit., I, 184.

de Ponthieu, « fameux par sa noblesse et son courage », lui avait assuré l'appui du roi de France, dont les intentions nous sont connues. Des guerriers normands avaient été gagnés à sa cause, notamment, dans le diocèse de Sées, Guimond II Félix, seigneur de Moulins-la-Marche (1) gardien de la frontière du côté du Corbonnais, ami et voisin des Giroie par Echauffour.

Guillaume le Bâtard était à Valognes, en 1053, quand il apprit le danger qui le menaçait. A marches forcées, recrutant des soldats sur son passage, il arrive devant Arques qu'il bloque. A cette nouvelle, Henri fait entrer ses troupes en Normandie par le Nord et le Sud. Au Nord, il opère lui-même et établit son camp à Saint-Aubin, paroisse d'Heugleville (2) d'où son avant-garde, commandée par le comte de Ponthieu, s'avance vers Arques.

Pendant ce temps, Guy de Poitiers, frère du comte Guillaume de Poitiers, ayant traversé le comté de Mortagne, passe la frontière normande du Sud, et entre dans la Marche. Guimond lui livre la ville et le château de Moulins (3).

La garnison française y devait attendre sans doute l'appui que lui prêteraient, le cas échéant, Geoffroy Martel, comte d'Anjou, et un nouveau soulèvement des châtellenies d'Alençon et de Domfront que l'attitude de Robert de Saint-Cénery, épargné par le duc, faisait espérer.

Elle n'en eut pas le temps. Guy de Poitiers apprit bientôt la destruction de l'avant-garde du roi Henri, tombée dans une embuscade, la mort d'Enguerrand de Ponthieu et de son lieutenant Hugues Bardoul « homme illustre », la capitulation du comte d'Arques qui s'était retiré avec sa femme (4) auprès d'Eustache, comte de Boulogne, la soumission de ses partisans et la retraite de l'armée française.

Il ne restait plus à Guy de Poitiers qu'à évacuer Moulins-la-Marche et à repasser la frontière. C'est ce qu'il fit, tandis que Guimond sollicitait le pardon ducal, l'obtenait, et conservait sa châtellenie (5).

Henri Ier prépara immédiatement une revanche éclatante (6). Son animosité contre le duc de Normandie était partagée par les grands vassaux de la couronne. Les raisons en étaient multiples : l'échec d'Arques, la mort d'Enguerrand de Ponthieu qui appartenait à la maison royale, la reprise d'Alençon et de Domfront et l'accroissement de puissance que Guillaume le Bâtard avait retiré de ses

(1) Guill. de Poitiers, *Vie de Guil. le Conquérant.*
(2) Heugleville, canton de Longueville (Seine-Inférieure).
(3) Guillaume de Poitiers, *Vie de Guillaume le Conquérant.*
(4) Sœur d'Enguerrand de Ponthieu.
(5) Guillaume de Poitiers, ibid.
(6) Ibid.

victoires, malgré les effrayantes difficultés intérieures auxquelles il avait été aux prises. Le duc s'était révélé homme de gouvernement et guerrier des plus remarquables. « Son duché était presque érigé en royaume (1). »

Le roi de France envisageait l'avenir avec inquiétude, prévoyant les dangers qu'un pouvoir, opposé au sien et à celui de ses successeurs, ferait courir à la couronne. L'abandon de la politique de Hugues Capet et de Robert-le-Pieux vis-à-vis des descendants de Rollon ne lui avait pas été profitable. Geoffroy Martel, qui ambitionnait le Sud de la Normandie, était là pour exciter son suzerain.

Un édit du roi ordonna la guerre, et, de Bretagne, du Poitou, de Bourgogne, d'Auvergne, de Gascogne, de l'Ile de France accoururent les soldats qui se réunirent à Mantes (2) en janvier 1054.

Quarante mille hommes, sous les ordres d'Eudes, frère d'Henri Ier, de Guy, comte de Ponthieu, frère et successeur d'Enguerrand, du comte de Chaumont et de Raoul de Montdidier, recrutés au Nord de la Seine, pénétrèrent dans le Vexin normand pour envahir le pays de Caux (3).

Avec une armée aussi nombreuse, le roi, ayant avec lui le comte d'Anjou et le comte de Poitiers, entra dans le comté d'Exmes (4), par Saint-Cénery et par la Marche où Guimond de Moulins, fidèle cette fois jusqu'à la mort, dut opposer une résistance désespérée et disparut alors avec ses huit fils (5).

Le peuple des villes et des campagnes, tous ceux qui étaient sans défense tremblaient, et on priait dans les églises et les monastères (6).

A l'armée du prince Eudes, le duc avait opposé des troupes commandées par Roger de Mortemer, Gautier Giffart de Longueville, Hugues de Montfort et autres valeureux soldats (7).

Guillaume le Bâtard, avec une autre armée, suivait Henri Ier, qui de l'Hiémois avait pénétré dans l'Evrecin. Il épiait ses mouvements pour en venir aux mains. Le roi était aux environs d'Evreux quand l'un des chefs normands, qui combattait dans le pays de Caux, Raoul Taisson, seigneur de Cinglais, parvint à son camp. Il lui apprit qu'une victoire complète venait d'être remportée, sur l'armée française du Nord, à Mortemer-sur-Andelle (8). Après un long et très violent combat, le prince Eudes et ses troupes avaient lâché

(1) Guillaume de Poitiers, *Vie de Guillaume le Conquérant.*

(2) Mantes, sous-préfecture (Seine-et-Oise).

(3) Guill. de Jum., liv. VII, ch.24.

(4) Ibid.

(5) *Cartulaire de Saint-Père de Chartres*, t. I, p. 145. Note de M. Guérard.

(6) Guill. de Poitiers.

(7) On ignore quel était le commandant en chef de cette armée.

(8) Mortemer (Seine-Inférieure), arrondissement de Neufchâtel.

pied. Malgré sa valeur, Guy, comte de Ponthieu, avait été fait prisonnier (1).

A cette nouvelle, Henri Ier se décida à conclure la paix. Il restitua au duc la forteresse de Tillières qu'il lui avait enlevée quatorze ans avant, et lui abandonna en don tout ce qu'il avait conquis ou pourrait conquérir sur Geoffroy Martel (2).

Cette condition, très habilement imposée par le vainqueur, était un bon moyen d'enseigner la prudence au comte d'Anjou, et de l'empêcher de recommencer, soit par lui-même, soit par Geoffroy de Mayenne son homme lige, ses continuelles tentatives d'empiétement sur la frontière.

Les prisonniers furent mis en liberté contre rançon. Un seul, Guy, comte de Ponthieu, fut gardé deux ans captif à Bayeux et n'aurait été remis en liberté, d'après Orderic Vital, qu'à certaines conditions restrictives de l'indépendance de ce prince, vassal direct de la couronne de France.

Les actes de Guy, nous le constaterons, ne rappelleront rien de ces prétendus engagements (3).

(1) « *Guido, Pontivi comes, ad vindicandum fratrem Ingerannum nimis avidus, captus est, et cum eo complures genere et opibus clari.* » — Guill. de Poitiers, *Vie de Guill. le Conquérant.*

(2) « *Quasi dono quodam dux jure perpetuo retineret quod Gaufrido Andegavorum comiti abstulerat, quodque valeret auferre.* » — Guill. de Poitiers, *Recueil des hist. de France*, t. XI, p. 84.

(3) E. Prarond, *Les comtes de Ponthieu, Guy premier*, p. 14. — Par une erreur manifeste, le P. Ignace, dans son *Histoire ecclésiastique d'Abbeville*, fait apporter le corps de saint Wulfran de l'abbaye normande de Saint-Wandrille où reposaient ses reliques à Abbeville par Guillaume Talvas, en 1058. C'est très certainement au comte Guy qu'est due cette translation, à son retour de captivité en 1056. M. Ernest Prarond, dans sa *Topographie Historique et Archéologique d'Abbeville*, a bien fait de rapporter l'affirmation du P. Ignace sous forme dubitative.

CHAPITRE XIV

La maison de Bellême après l'orage

Mabile de Bellême épouse Roger de Montgomery (1053-1058)

Guillaume II Talvas rentre dans toutes ses possessions.— Il assiste à un synode tenu à Sées, 1053. — La charte de Courgains. — Archidiacres, chevaliers et vassaux de l'évêque. — Mariage de Mabile de Bellême avec Roger II de Montgomery, vicomte d'Exmes. — Les fiefs des Montgomery. — Caractère de Roger et condition essentielle de son mariage. — Portrait de Mabile. — Mort de son père dont elle exécute les volontés. — Elle hérite de ses châtellenies. — Portrait de l'évêques Yves. — Il reconstruit sa cathédrale et favorise la fondation du prieuré de Saint-Martin du Vieux-Bellême. — Construction de l'abbaye de Saint-Martin de Sées. — Thierry de Matonville, abbé de Saint-Evroult, dans la ville épiscopale. — Pourquoi il aimait à y séjourner. — Son terrible prieur Robert de Grentemesnil. — — Mabile de Bellême à Sées. -- Sigefroy d'Escures et Olivier du Mesle. — Mabile s'attache à Thierry de Matonville qui devient son directeur spirituel. — Naissance de Robert de Bellême, 1056. — Il a pour parrain Thierry et les religieux bénédictins de Sées. — Les ennemis de Mabile et de Roger de Montgomery s'agitent. — Mabile surveille l'abbaye de Saint-Evroult. — Calomnie odieuse.— Thierry de Matonville part pour la Terre-Sainte. — Il meurt à Chypre, 1058.

Qu'était devenu Guillaume de Bellême au milieu des événements que nous venons de raconter, dont les conséquences distendirent les liens de vassalité qui rattachaient la Normandie à la France ?

Dans ses interpolations de Guillaume de Jumièges, Ordéric Vital se complaît à nous le montrer misérable et méprisé, à cause de sa conduite vis-à-vis de Guillaume Giroie, errant de château en château jusqu'au jour où il demanda asile à Roger de Montgomery et lui offrit la main de sa fille Mabile avec tous ses domaines (1). Roger, en bon normand, se serait empressé d'accepter cet avantageux marché et le mariage aurait été célébré (2). Talvas serait mort en exil chez lui (3).

Tout est calculé pour avilir Mabile de Bellême et son père dans

---

(1) « *Miser et despicabilis omnibus per aliorum domos diu pervagatus est. Ad extremum Rogerium de Monte Gumeri expetiit, eique filiam suam, nomine Mabiliam, sponte obtulit et omnem honorem concessit.* » — Guil. de Jum. (Ord. Vit.), livre VII, ch. 17.

(2) « *At ille... hoc placitum sibi profuturum cernens, ei adquievit in omnibus. Ipsum namque errabundum in domo sua suscepit, ejusque natam sibi legitime copulavit.* » — Ibid.

(3) « *...Usque ad mortem exulare compulit.* » — Ibid, liv. VII, ch. 17.

ce récit. Rien n'y est vrai, sauf l'hospitalité momentanément reçue au château de Montgomery. Ordéric l'a implicitement reconnu en gardant le silence sur ces faits dans son *Histoire Ecclésiastique*.

Après la reprise d'Alençon et de Domfront sur les Angevins, Talvas était rentré en possession de son autorité et de ses domaines. Bien qu'aucun document ne permette de l'affirmer, il est probable qu'il avait pris sa part de la défense de la Normandie autant que sa santé, ébranlée par les malheurs qu'il avait subis, le lui permit.

L'évêque Yves, après avoir quêté dans le sud de l'Italie, en Sicile et jusqu'à Constantinople, les fonds nécessaires à la reconstruction de sa cathédrale et avoir reçu de l'empereur d'Orient une relique de la vraie croix, qui fut longtemps conservée dans sa famille, avait regagné son diocèse. Nous allons voir les deux frères réunis à Sées, et entourés d'une pompe ecclésiastique et féodale princière, caractéristique de leur rang, dans les circonstances que voici :

En l'absence du prélat, Avesgaud, abbé de Saint-Vincent du Mans, avait acquis de Guillaume, voyer (1) de Bellême, fils de Béraud et d'Haoile, l'église de Courgains (2), située dans le Saosnois, et dépendant du fief de Geoffroy, frère de Raoul de Beaumont, vicomte du Mans. Ce dernier avait donné son consentement ainsi que Geoffroy Martel, comte d'Anjou, substitué purement et simplement au comte du Maine dont le nom n'est même pas mentionné. Ce détail prouve que l'acte est postérieur au 7 avril 1051, date de la mort de Hugues IV.

La vente de l'église de Courgains, pour être parfaite, devait être confirmée par Yves de Bellême, seigneur du Saosnois, qui l'avait provoquée. A son retour, il fut prié d'accomplir cette formalité à laquelle l'adhésion de son frère était indispensable.

Le cinquième jour des calendes de juin de l'année 1053 probablement, les événements le permettant, un synode fut tenu à Sées (3). L'évêque, pour examiner après son long voyage la situation du diocèse, avait réuni autour de lui ses cinq archidiacres : Baudoin, fils d'Etuald, Roger, de Mortagne, Lambert, de Bellême, Hermer, Foulques et tous les chanoines de Saint-Gervais. Son frère était là aussi.

Yves profita de la circonstance, fit rédiger la charte confirmative par un de ses clercs, Guillaume, d'Argentan, et la signa avec Guil-

---

(1) Officier de police préposé aux rues et aux chemins.

(2) Courgains, canton de Marolles-les-Brault, arrondissement de Mamers (Sarthe).

(3) Une partie de l'année 1053 fut calme. — « *Hæc carta sancita est... V° Kal. Junii in sancto sinodo sagiensi.* » — *Cart. de Saint-Vincent du Mans*, n° 545. — Yves de Bellême ne put partir qu'en 1050, au plus tôt, pour son grand voyage d'Italie, de Sicile et de Constantinople. Il ne dut guère en revenir avant 1052.

laume de Bellême et ses neveux illégitimes (1) : Olivier, fils de Guillaume (2), Guérin, fils de Robert (3), et Raoul, fils de Guérin (4).

La charte, qui constate la confirmation antérieure du comte d'Anjou et de Geoffroy de Beaumont (5), reçut l'adhésion de toute la famille de l'évêque et des chevaliers attachés à sa personne, les frères Berlay et Raoul, constituant sa maison militaire (6). Les archidiacres, les chanoines, les principaux seigneurs du Bellêmois et du Saosnois, hôtes de leur suzerain, en furent les témoins. Il y avait là Eudes de Clinchamp (7), Guy de la Jaille (8), Hugues de Rocé (9), Sigefroy de Biart (10), Hervé de Bréviart (11), Foulques de Crapon et autres qu'on retrouve sans cesse dans l'entourage d'Yves et de ses proches. Roger de Montgomery ne figure pas dans ce document solennel, il était donc encore étranger à la maison de Bellême.

Une charte postérieure de l'abbé Avesgaud résume tous les faits relatifs à l'église de Courgains, advenue à son monastère « par la faveur de l'évêque de Sées, de son frère Guillaume » et avec le consentement de tous les leurs qu'il énumère (12).

La descendance d'Yves Iᵉʳ de Bellême n'avait plus alors pour représentants légitimes que l'évêque de Sées et Talvas, tous deux avancés en âge, et la fille de ce dernier Mabile de Bellême, présomptive héritière de son père et de son oncle.

Mabile était appelée à réunir dans ses mains tous les fiefs et tous les droits de sa maison en Normandie, dans le Bellêmois et dans le Maine, mais elle devait en porter toutes les charges. La principale et la plus lourde était la défense de la frontière normande qui avait déjà coûté si cher à sa famille, en lui suscitant de nombreux ennemis et des haines implacables. Il lui fallait donc pour époux un guerrier de valeur, assez loyal en même temps pour ne pas abuser de la puissance que son mariage lui donnerait.

(1) « *El hoc concessum est a fratre episcopi Willelmo, et Oliverio et Warino et Radulfo episcopi nepotibus...* »

(2) Olivier, fils de Guillaume II Talvas.

(3) Guérin, fils de Robert Iᵉʳ de Bellême.

(4) Raoul, fils de Guérin de Bellême.

(5) « *Annuente comite Gaufrido andegavensi et Gaufrido, fratre vicecomitis Cenomannensium.* »

(6) « *...Et a militibus episcopi, Berlaio et Radulfo fratre suo, ac omni familia sua.* »

(7) Clinchamp, commune de Chemilly, canton de Bellême (Orne).

(8) La Jaille, fief au nord de Mamers (Sarthe).

(9) Rocé, fief à Saint-Martin-du-Vieux-Bellême, aujourd'hui commune du Gué-de-la-Chaîne (Orne).

(10) Biart, fief de la paroisse de Commerveil, canton de Mamers (Sarthe).

(11) Bréviart, fief en la paroisse de Saint-Martin-du-Vieux-Bellême.

(12) « *Per favorem et voluntatem episcopi Sagiensis, Ivonis nomine, et Willelmi fratris predicti Sagiensis episcopi, annuentibus etiam Warino et Willelmo, filiis Roberti* (fils bâtards de Robert Iᵉʳ de Bellême) ; *Olivario, Willelmi filio* (fils bâtard de Guillaume II Talvas) ; *Radulfo, filio Warini* (fils bâtard de Guérin) : *et Seginfredo, filio Willelmi de Bellissimo* (fils bâtard de Guillaume Iᵉʳ de Bellême). » — *Cart. de Saint-Vincent*, nº 548.

Ce choix appartenait à son père, mais Guillaume le Bâtard y était trop intéressé pour ne pas en décider. Ce n'est pas, on peut en être persuadé, le hasard d'une hospitalité reçue dans l'Hiémois qui fixa le sort de Mabile. C'est la volonté du duc de Normandie. Il venait de marier Albarède, fille unique de Guimond-Félix, héritière de la petite châtellenie de Moulins-la-Marche, à son propre cousin-germain Guillaume, un soldat brutal, fils de Gautier de Falaise (1). Il n'était pas homme à fermer les yeux sur la destinée d'Alençon, de Sées, de Domfront, et des places qui en dépendaient. Représenté par Geoffroy Martel, qui occupait le Bellêmois et le Saosnois, l'ennemi était toujours à leurs portes.

L'élu fut Roger II de Montgomery, vicomte d'Exmes, fils du vicomte Roger le Grand (2), et de Josseline, fille de Wévie, cette dernière sœur de la duchesse Gonnor femme de Richard Ier (3). Le père de Roger était mort, sa mère vivait encore (4), lui-même était dans la fleur de l'âge. Nous connaissons sa famille de pure race normande, la première de l'Hiémois, et nous n'ignorons pas que le jeune homme, après avoir été comme son père et ses frères, l'ennemi farouche du fils d'Herlève, en était devenu le plus chaud partisan. Le duc l'aimait beaucoup, et il se trouvait à sa cour au moment de l'invasion d'Henri Ier (5). Il s'y rencontra en octobre 1055 avec Gervais, évêque du Mans, Robert Giroie, Ingenulfe de Laigle et Hugues de Grentemesnil (6).

Les domaines de Roger de Montgomery, devenu aîné de sa famille par le prédécès de plusieurs de ses frères, s'étendaient presque sans interruption de Montgomery, dans l'Hiémois, à la mer. Non loin d'elle, dans l'avant-pays d'Auge, à l'estuaire de la Dives, il construisait, à Troarn (7) une abbaye destinée à des moines remplaçant les chanoines devenus fort peu édifiants (8) que son père avait mis là. Il possédait les châteaux de Montgomery, Trun, Saint-Sylvin, Thuit (9), Montaigu-la-Brisette près Valognes (10), une

---

(1) Ord. Vit., II, 548. — Elle donna à son mari deux enfants, Guillaume et Robert. Albarède se fit religieuse après l'annulation de son mariage pour cause de consanguinité. Son mari conserva Moulins-la-Marche et épousa Dode, fille de Galeran, comte de Meulan, dont il eut deux autres fils. — Ord. Vit., II, 407.

(2) « *Ego Rogerius, ex Northmannis Northmannus, Magni autem Rogerii filius.* » — *Bibl. Nat. Col. Baluze*, vol. 46, fol. 554, v° ; charte III du *Cart. de Troarn*. A. Sauvage, *L'Abbaye de Saint-Martin de Troarn*, p. 352 : *Arch. de l'Orne*, H 1954.

(3) Guill. de Jum., liv. VIII, ch. 36 et 37.

(4) Elle vivait encore en 1068 comme en fait foi la seconde charte du *Cartulaire de Troarn*.

(5) « *Tempore quo discordia cepit inter ipsum (Willelmum comitem Normannorum) et Henricum regem.* » — Deville. *Chart. Sanctæ Trinitatis*, charte VII.

(6) *Bibl. Nat.*, Baluze, 77, 44.

(7) Troarn, chef-lieu de canton (Calvados).

(8) « *Qui gulæ et libidini... dediti erant.* » — Ord. Vit.

(9) Saint-Sylvin et Le Thuit, canton de Bretteville-sur-Laize (Calvados).

(10) Cette châtellenie, composée de six fiefs de haubert, et dont Montaigu-la-Brisette aujourd'hui commune du canton de Valognes (Manche), fut le chef-lieu, forma la vicomté

partie de la forêt de Gouffern (1), de la forêt d'Auge et de la ville de Bernay (2).

Roger avait fait récemment la preuve de sa valeur militaire contre Geoffroy Martel et Henri Ier. Il était très religieux et Ordéric Vital, qui a des raisons particulières de le ménager parce qu'il fut le bienfaiteur de son père, reconnaît sa sagesse, son amour de la justice et sa modération (3).

Une condition essentielle du mariage projeté fut que le premier enfant mâle qui en naîtrait continuerait sa famille maternelle, et succéderait seul, après sa mère, à tous ses biens et à tous ses droits. Semblable substitution était de règle quand un seigneur épousait la dernière représentante d'une maison illustre qu'on voulait perpétuer (4).

Mabile de Bellême, la future épouse, était une jeune fille de petite taille, d'une rare finesse d'esprit et d'une énergie toute virile. Elle était gaie, avait l'élocution facile et savait prendre une décision avec hardiesse. Ces qualités lui sont reconnues par un détracteur acharné qui ne manque pas, comme ombre au tableau, de la dire cruelle et assez disposée au mal (5). Nous verrons quelle somme de calomnies ces expressions représentent. Mabile aimait tendrement son père (6).

Talvas mourut très peu de temps après le mariage de sa fille, non sans avoir réitéré la donation au futur monastère de Saint-Martin de Sées de l'ancien domaine de l'abbaye détruite en ce lieu par les pirates normands (7). Mabile hérita de tous ses biens (8) et elle mit le plus grand zèle à la réalisation des dernières volontés de son père. Elle y fut aidée par son mari et par son oncle.

Ce dernier, le vénérable évêque Yves, était alors un vieillard à la longue barbe blanche, qui nous apparaît mitre en tête, revêtu d'une aube très fine et d'une chasuble de velours cramoisi, les pieds

---

d'Alençon en Cotentin, relevant du comté d'Alençon.— La charte CXXXIX du *Cart. de Saint-Martin de Sées* l'intéresse.

(1) H. Sauvage, *l'abbaye de Saint-Martin-de-Troarn*, p. 28, note 4.

(2) Bernay, chef-lieu d'arrondissement (Eure).

(3) « *Ille fortis erat et probus, consilioque maturus.* » — Guill. de Jum. (Ord. Vit.), liv. VII, ch. 15 « *Hic sapiens et moderatus et amator æquitatis fuit.* » — Ord. Vit., II, 220.

(4) Le fils aîné de Mabile fut, dès sa plus tendre enfance, appelé Robert de Bellême. — *Cart. de Saint-Vincent du Mans*, n° 609.

(5) « *Præfata vero mulier erat corpore parva, multumque loquax, ad malum satis prompta, et sagax, atque faceta, nimium crudelis et audax.* » — Guill. de Jum. (Ord. Vit.), liv. VII, ch. 15.

(6) Elle fit beaucoup prier pour le repos de son âme.

(7) Dans l'acte de dotation de Saint-Martin, Roger de Montgomery et Mabile s'expriment intentionnellement ainsi : « *Dederunt ergo supradictæ ecclesiæ, pro redemptione animarum suarum et prædecessoris sui Willelmi, atque aliorum parentum terram quam Willelmus eorum prædecessor... tenuit in suo dominio.* »

(8) « *Hanc Mabiliam Rogerius comes... accepit in uxorem cum tota hæreditate patris sui...* » Guill. de Jum., liv. VIII, ch. 35. — Nous voyons Roger et Mabile, suzerains de Sées, donner la dixme du tonlieu à Saint-Martin.

chaussés de sandales signées d'une croix dorée, tenant une crosse de bois dans la volute de laquelle brille un château aux créneaux dorés, emblême de sa dignité temporelle (1).

« Ce prince de l'Eglise, qui était prince dans le siècle (2) » était un prélat aussi parfait que ses amis les évêques Hugues, de Lisieux, et Guillaume, d'Evreux, avec lesquels il n'avait qu'une âme et vivait en parfait accord (3). Il avait l'amour du culte divin et sa vieillesse ne connaissait pas de repos.

A peine de retour de son lointain voyage, il avait fait dresser les plans de sa nouvelle cathédrale (4), vaste et magnifique édifice dont il ne vit pas l'achèvement, car sa construction dura plus de quarante ans après sa mort. Il est juste de ne pas taire les noms du custode de la basilique Saint-Gervais, Guérin, et des prêtres Guérin, fils de Guitbaud, et Gérard, alors attachés à cette église. L'archidiacre de Sées s'appelait Normand (5).

Yves avait favorisé de sa chaude approbation et de ses dons l'établissement à Saint-Martin-du-Vieux-Bellême, à la porte de son château patrimonial, d'un prieuré de la célèbre abbaye de Marmoutier, près Tours (6). Le fondateur, Hugues de Rocé, qui habitait un manoir dont on voit encore les restes et un souterrain, avait donné l'église de Saint-Martin et la terre avoisinante (7). Il avait dû se munir du consentement de Geoffroy Martel, comte d'Anjou, dont nous avons vu l'intrusion dans le Bellêmois (8).

L'évêque de Sées entretenait les relations les plus suivies avec Thierry de Matonville, abbé de Saint-Evroult, sous la direction duquel fut placée la construction de l'abbaye de Saint-Martin. Sa longue expérience de la vie bénédictine était précieuse. Ce saint homme, pour diriger les travaux, faisait des séjours de six à huit semaines dans la ville épiscopale où il se plaisait. Il était heureux de servir Dieu en paix, à l'abri des persécutions de son terrible prieur Robert de Grentemesnil, le neveu de Guillaume Giroie, qui après avoir été écuyer du duc, s'était fait moine (9).

(1) C'est ainsi qu'Yves de Bellême fut retrouvé, lors de l'ouverture de son cercueil de pierre en 1601. — Bry de la Clergerie, liv. II, ch. 3.

(2) Discours prononcé par l'évêque de Poitiers, le 22 juin 1858.

(3) *« Hi tres in Normannia maxime pollebant divini cultus fervore et unanimo consensu. »* - Ord. Vit.

(4) *« Reversus Sagium, ecclesiam cœpit tam magnam ædificare ut successores ejus Robertus, Girardus ac Serlo nequiverint eam per 40 annos consummare. »* — Guil. de Jum. (Ord. Vit.), liv. VII, ch. 15.

(5) Charte IIᵉ du *Cart. de Saint-Martin.*

(6) Cette abbaye avait été fondée au ivᵉ siècle par saint Martin, évêque de Tours.

(7) *« Ecclesiam quamdam prope castrum quod Bellissimum nuncupatur... At vero prædictus episcopus... non tantum donationibus nostris præbuit suum, verum et ipse ista pro suæ suique patris ac matris animæ redemptione donavit... »* — Abbé P. Barret, *Cart. de Marmoutier pour le Perche,* charte V.

(8) Les témoins de ce consentement furent notamment Gautier de Contres, Dreux de Soyre et Guillaume de Marchenoir.

(9) *« Unde servus Dei plerumque ad Sagiense asylum accedebat. »* — Ord. Vit., II, 62.

Ce religieux, d'une légèreté juvénile, d'une extraordinaire violence, ambitieux, entêté dans le mal comme dans le bien, toujours disposé à commander plutôt qu'à obéir, à recevoir comme à dépenser sans compter, discutait les ordres de son abbé et ne se gênait pas pour les blâmer (1).

Comme il avait fondé la maison de ses déniers, qu'il en avait recruté les moines et qu'il les entretenait, toute discipline était impossible (2). La situation avait beaucoup empiré depuis que, vers 1054, Guillaume Giroie, dont l'ascendant sur son neveu était considérable, était parti pour l'Italie (3). On comprend dès lors la prédilection de Thierry de Matonville pour le monastère de Sées où, dès que l'état des travaux le lui permit, il installa le prêtre Robert et les moines Morin et Engelbert.

Mabile de Bellême s'intéressait elle-même beaucoup à l'abbaye naissante, qui était l'œuvre de son père. Elle faisait des séjours dans la ville épiscopale où le château lui donnait asile. Elle trouvait là non seulement son oncle Yves, mais le frère de ce dernier, le vieux Sigefroy d'Escures (4), et son propre frère Olivier, seigneur du Mesle-sur-Sarthe (5), dont l'origine, entachée de bâtardise, n'empêchait pas d'affectueux rapports de famille. C'étaient de vaillants chevaliers qui, de même que les autres membres illégitimes de la maison de Bellême (6), vivaient en parfaite intelligence avec l'évêque et sa nièce.

La vicomtesse d'Exmes, comme son mari, vit Thierry de Matonville, dont la figure calme et vermeille, auréolée de cheveux blancs, inspirait la confiance, et apprécia la haute sagesse et la piété de l'abbé de Saint-Evroult. Un respectueux attachement l'attirant vers lui, elle se plaça sous sa direction spirituelle (7).

Quand, en 1056, vint au monde son enfant premier-né, un fils,

(1) « *Cui adhuc inerat puerilis levitas et indomitum robur atque sæcularis ambitio... in bonis seu malis quæ cupiebat velox ad peragendum... ad irascendum festinus... ad accipiendum atque dandum apertas habebat manus...* » — Ord. Vit., II, 47.

(2) « *Et quia ipse... ex patrimonio suo cænobium illud fundaverat, et collectis undique ad cultum Dei fratribus subsidiisque, necessariis porcuratis ditaverat, ideo regularis disciplinæ jugo in novello domo coerceri non poterat.* » — Ord. Vit., II, 47.

(3) « *Post discessum Willermi Geroiani.* » — Ibid.

(4) « *Seifrido, fratre episcopi bastardo.* » — Charte II de Saint-Martin. — Seifrid est appelé « *familiaris episcopi* » dans la charte 605 de Saint-Vincent du Mans. Nous avons parlé plus haut de ce personnage et de sa descendance.

(5) Olivier du Mesle, bâtard de Guillaume II Talvas, *Olivarius de Merula, dominus Oliverius* de la charte III de Saint-Martin, fut l'auteur, jusqu'ici inconnu, des seigneurs de Courtomer. Il eut quatre fils, « *Oliverii de Merula filii,* » Robert Oison, Guillaume Oison, Raoul et Hugues, qui fut clerc et passa dans la Pouille. Ils furent les bienfaiteurs de Saint-Martin de Sées et de la cathédrale. Voy. notamment les chartes XIII et XIV de Saint-Martin. Enguerrand de Courtomer, fils de Robert, épousa l'héritière des seigneurs de Ferrières.

(6) Si les bâtards étaient nombreux dans ce temps, leur famille les dotait et ne les abandonnait pas.

(7) « *Valde Mabilia virum Dei Teodoricum diligebat eique, in quibusdam, obediebat.* » — Ord. Vit., II, 47.

destiné à continuer sa famille maternelle, Mabile, désira que l'abbé Thierry le baptisât, et qu'il en fût le parrain avec le prêtre Robert et les deux religieux de Sées (1).

C'est ainsi que Robert II de Bellême, qui devait être l'un des plus célèbres personnages de l'histoire de Normandie et d'Angleterre, fit, par la volonté de sa mère qu'Ordéric Vital nous représente comme une farouche ennemie des moines, son entrée dans la vie chrétienne sous les auspices des fils de Saint-Benoît.

On pense bien que ces circonstances ne contribuèrent pas à donner au prieur de Saint-Evroult, Robert de Grentemesnil, fils d'une Giroie, des dispositions plus conciliantes vis-à-vis de son abbé. Aux chagrins, causés à ce dernier par l'indiscipline de ses moines et par les scandales qui en étaient la conséquence (2), se joignaient de lourdes préoccupations. Thierry voyait Roger de Montgomery et sa femme attaqués de tous côtés par leur ennemis et accablés d'inquiétudes pour la sécurité de la frontière (3). Les Giroie, leurs parents, leurs amis, continuaient à pactiser avec l'ennemi du dehors tandis que, de toutes leurs forces, ils s'efforçaient de nuire au gendre et à la fille de Talvas.

L'abbé de Saint-Evroult était mieux que personne au courant de leurs agissements, car son abbaye, maison des Giroie, dont Robert de Grentemesnil était le maître, était nécessairement un lieu de conciliabules ou, autour du prieur, se réunissaient son oncle Robert de Saint-Cénery et son cousin Ernault d'Echauffour.

Mabile de Bellême savait tout cela aussi, et tandis que son mari se multipliait pour faire partout front à ses adversaires, elle remplissait elle-même, malgré sa récente maternité, son rôle de gardienne vigilante de la frontière. Elle portait donc, de temps en temps, son œil inquisiteur à Saint-Evroult qu'elle n'aimait pas, et pour cause. Par une excellente mesure de précaution dans un lieu aussi voisin d'Echauffour, elle se faisait escorter par cent hommes d'armes, ce qu'Ordéric présente comme une intolérable vexation (4).

Furieux de cet appareil militaire qui les gênait, les ennemis de Mabile en avaient pris thème pour bâtir une misérable fable qu'on regrette de trouver dans l'œuvre du chroniqueur de Saint-Evroult. Bien que fort peu digne de l'histoire, elle ne peut être négligée, car elle prouve combien les faits les plus simples sont cruellement dénaturés par la haine :

(1) « *Rodbertum quoque de Bellismia primogenitum filium suum ipsi et Rodberto aliisque monachis Sagium commorantibus, ad abluendum sacro baptismatis fonte obtulit.* » — Ord. Vit. II. 47.

(2) Ibid, II, 62.

(3) « *Ipsi (Rogerius et Mabilia) pluribus sæcularium rerum curis tunc occupabantur, et ab inimicis suis undique impugnabantur.* » — Ibid.

(4) Ibid., I I, 52, 53.

Mabile étant venue au monastère à la tête de ses cent hommes d'armes, l'abbé lui aurait reproché d'imposer à la maison une charge aussi lourde. Irritée, l'épouse de Roger de Montgomery lui aurait répondu que, la prochaine fois, elle viendrait avec une escorte plus forte (1). « Croyez-moi, si vous persévérez dans cette résolution mauvaise, vous souffrirez plus que vous ne le voudriez » (2), aurait répliqué Thierry.

La nuit suivante, la menace aurait été suivie d'effet. Mabile fut prise d'une inflammation et d'une violente douleur au sein (3). Effrayée, elle donna au plus tôt l'ordre du départ (4). Comme elle se hâtait de fuir Saint-Evroult, elle passa devant la maison du bourgeois Roger Suinarier et y vit une petite fille qu'on allaitait (5). Elle se la fit apporter et lui présenta le sein dont elle souffrait le plus. Mabile fut immédiatement soulagée, mais l'enfant mourut peu de temps après (6).

Ordéric Vital, qui n'a pas hésité à attribuer le mal subit de Mabile à la menace de l'abbé, insinue que l'égoïsme féroce de la dame d'Alençon fit une victime ! Examinons la valeur de son récit :

Le chroniqueur nous donne la date précise de ce voyage de Mabile, 1057 (7). Elle était mère depuis un an de son premier-né que, suivant l'usage du temps, elle allaitait elle-même, autant que les circonstances le lui permettaient. Venue sans son enfant à Saint-Evroult, elle y fut prise d'une inflammation très douloureuse, fréquente chez les nourrices (8), et, comme toute autre femme, l'eût fait en pareil cas, elle chercha le soulagement qui s'offrait à elle et produisit l'effet attendu (9).

La souffrance de Mabile fut subite, son départ fut décidé aussitôt, sa guérison se produisit presque instantanément (10). Elle n'était donc pas atteinte d'un abcès dont l'évolution eût été lente, et la petite fille ne fut pas intoxiquée. Sa mort ne fut qu'une coïncidence.

---

(1) « *Majorem militum adducam de cætero quam adduxi.* » — Ord. Vit., II, 52.

(2) « *Crede mihi, nisi ab hac improbitate resipueris, quod nolles patieris.* » — Ibid.

(3) « *In sequenti nocte passio illam invasit, et fortiter vexare cæpit.* » — Ibid.

(4) « *At illa mox inde jussit efferri.* » — Ibid.

(5) « *Quæ dum fugere de terra Sancti Ebrulfi festinaret, et ante domum cujusdam burgensis, nomine Rogerii Suisnarii, transiret, inde quamdam infantulam lactantem assumi præcepit,orique ejus mamillam suam, in qua maxima pars infirmitatis collecta erat, ad suggendum tradidit.* » — Ibid.

(6) « *Infans itaque succit, et paulo post mortua est.* » — Ibid.

(7) Mabile, dit Ordéric, n'avait plus alors que vingt-cinq ans à vivre : « *Postea fere XXV annis vixit* », or elle mourut en 1082. Si on retranche vingt-cinq ans de cette date, on obtient 1057.

(8) On appelle, en langage médical, cette inflammation mammite ou mastite.

(9) L'engorgement laiteux, souvent accompagné de douleurs très vives, se dissipe par la succion naturelle.

(10) « *Mulier vero convalescens ad propria reversa est.* » — Ord. Vit., II, 52.

Raoul Male-Couronne, ce frère de Guillaume Giroie qui était clerc, guerrier, astrologue, mais aussi médecin, et fit un peu plus tard un séjour prolongé à Saint-Evroult, en abusa pour monter les imaginations et faire de Mabile une sorte de monstre. Toutes les armes étaient bonnes aux Giroie.

Si Mabile, comme le dit Ordéric, ne revint plus à partir de ce moment à Saint-Evroult, c'est que Thierry de Matonville allait s'en éloigner et que, dès lors, elle n'avait plus de raison d'entrer dans un monastère où on la haïssait, et dont ses ennemis fort dangereux étaient devenus les maîtres.

Devant les agissements de Robert de Grentemesnil, son prieur, et les désordres qui en étaient la conséquence, le vénérable abbé demanda, en effet, au duc, comme une faveur, la permission de déposer la crosse (1). Le prince refusa et, durant quelques mois, une paix relative régna à Saint-Evroult ; mais, au bout de ce temps, les difficultés surgirent plus nombreuses, plus accablantes (2).

L'homme de Dieu ne voyant aucun moyen d'y remédier, angoissé d'autre part par les menaces sans cesse grandissantes qui pesaient sur Roger de Montgomery et Mabile, et retardaient l'achèvement du monastère de Saint-Martin de Sées, où il avait rêvé de terminer ses jours en paix, chercha conseil dans la prière et se décida à faire le pèlerinage de Jérusalem (3).

Il partit de Sées avec le prêtre Guillaume Bonne-Ame, fils de l'évêque Radbod, et mourut à Chypre dans le courant de l'année 1058. Le souvenir de sa sainteté auréola sa mémoire.

Ses inquiétudes et celles de Mabile de Bellême n'étaient pas vaines. Elles allaient se réaliser tragiquement.

---

(1) « *Willermo duci Normannorum pastoralem baculum, cum tota abbatia reddere voluit.* » — Ibid, II, 62.

(2) « *Amator autem pacis Teodoricus undique angustiatus est.* » — Ibid.

(3) « *Tandem postquam diu secum quid secundum Deum ageret, deliberavit, omnia relinquere, et sepulcrum Domini in Jerusalem adire decrevit.* » — Ord. Vit., II, 62.

CHAPITRE XV

Efforts réitérés contre la Normandie
L'abbaye de Saint-Martin de Sées (1059-1061)

Nouvelle invasion de la Normandie par Henri Ier et Geoffroy Martel, 1059. — Siège d'Exmes. — Victoire normande de Varaville. — Bellême enlevée aux Angevins. — Le duc de Normandie assiège le château de Saint-Cénery, 1059. — Résistance de Robert Giroie et d'Ernault d'Echauffour, soutenus par les Angevins. — Un tableau de genre. — Mort étrange de Robert Giroie. — Ernault d'Echauffour capitule. — Saint-Cénery reste aux Giroie. — Mort d'Henri Ier, 1060, et de Geoffroy Martel, 1061. — Herbert II, comte du Maine, rentre dans son comté. — Fiançailles de sa sœur Marguerite avec Robert, fils aîné du duc de Normandie. — Consécration de l'église abbatiale de Saint-Martin de Sées, 1061. — Charte de dotation de l'abbaye souscrite par Mabile de Bellême et Roger de Montgomery. — Coup d'œil sur l'état social révélé par le cartulaire de Saint-Martin. — Agitation dans le Maine et sur la frontière normande. — Geoffroy de Mayenne, les Giroie, les Grentemesnil, les Toëny et autres seigneurs conspirent.

Au mois d'août 1059, par la trahison de Robert Giroie qui lui livra le château de Saint-Cénery, boulevard de la Normandie en aval de la Sarthe (1), Geoffroy Martel, comte d'Anjou, força la frontière, malgré les efforts de Roger de Montgomery pour l'arrêter, tandis que le roi de France Henri Ier pénétrait dans la Marche.

Les troupes franco-angevines opérèrent leur jonction dans l'Hiémois et mirent le siège devant Exmes qui résista héroïquement. Les envahisseurs, qui avaient agi par surprise et « avaient en conséquence tenu leurs intentions aussi secrètes que possible (2) », traversèrent, par divers chemins, le comté d'Exmes, ravageant tout sur leur passage, s'engagèrent dans le comté de Bayeux, puis, revenant sur leurs pas, voulurent franchir la Dives à gué (3), au village de Varaville.

Le roi passa en effet, mais la moitié de son armée fut arrêtée par la marée montante qui avait rempli la rivière. Le duc de Normandie, survenant alors avec ses troupes, attaqua impétueusement les

<hr>

(1) « *Sub ea tempestate, Rodbertus Geroii filius, contra ducem rebellavit, et accersitis andegavensibus..* » — Ord. Vit., II, 72, 73.

(2) Guill. de Poitiers, *Vie de Guillaume le Conquérant.*

(3) Guill. de Jum., liv. VII, ch. 28 ; Guill. de Poitiers, *Ibid.*

15

Français et les Angevins acculés à la Dives qu'ils ne pouvaient traverser, leur fit subir des pertes considérables, en captura un grand nombre et força le reste à une retraite précipitée.

Nous pensons que Roger de Montgomery poursuivit l'armée angevine au-delà de la frontière, et chassa du château de Bellême la garnison que Geoffroy Martel y avait mise. C'est dans le bouleversement inévitable en pareil cas, qu'aura été endommagée « par l'incursion des Normands », restée jusqu'ici inexpliquée, la charte primitive instituant les privilèges de la collégiale Saint-Léonard de Bellême (1).

Il restait à punir Robert Giroie, seigneur de Saint-Cénery. La parenté de sa femme avec le duc de Normandie, la sienne avec les Grentemesnil, très bien en cour, l'avaient jusque-là protégé contre un châtiment qui aurait dû, depuis longtemps, frapper ses trahisons. Le ménager encore eut été un acte dangereux d'insigne faiblesse. Guillaume le Bâtard le comprit et le mit en demeure de lui remettre ses châteaux de Saint-Cénery et de La Roche-d'Igé (2) qui étaient remplis de troupes angevines (3).

Robert, qui avait avec lui à Saint-Cénery son neveu Ernault d'Echauffour, le fils de Guillaume Giroie qui, le premier, avait pactisé avec Geoffroy de Mayenne, brava le courroux ducal et opposa un refus à toutes les sommations. Tous les fiefs, possédés en Normandie par l'oncle et le neveu déclarés rebelles, furent alors confisqués et les mesures nécessaires à l'exécution de la sentence furent prises.

Une armée, commandée en personne par le duc, vint mettre le siège devant Saint-Cénery où Robert s'était retiré. Les opérations commencèrent en octobre 1059, et il importe que nous connaissions bien la place contre laquelle elles étaient dirigées :

Cette forteresse, assise sur le roc dans la presqu'île formée par la Sarthe et le Sarthon dont les eaux rapides écument au pied de ses escarpements à pic, avait la forme d'un parallélogramme irrégulier. Elle n'était abordable que du côté nord formant isthme, point faible, couvert par des fossés profonds. Un donjon de forme carrée, dont les ruines sont couvertes de lilas, dominait la forteresse.

(1) « *Contigit olim carte istius per incursionem Normannorum et per incuriam male observantium sigillum deperisse,* » porte une note jointe à la charte de Philippe Ier qui remplaça la charte primitive. — Abbé P. Barret, *Cart. de Marmoutier pour le Perche*, charte II.

(2) La Roche d'Igé, *Rupes de Ialgeio* ou, pour quelques-uns, *Rupes de Salgeio*, aujourd'hui La Roche-Mabile, canton ouest d'Alençon, était le chef-lieu d'un doyenné du diocèse du Mans, archidiaconé du Passais. Comme Saint-Cénery, ce fief avait été donné aux Giroie par les Talvas. Stapleton, Auguste Le Prévost et Gabriel Fleury, ce dernier dans ses *Recherches sur les fortifications de l'arrondisssement de Mamers aux Xe et XIe siècles*, sont d'accord pour reconnaître que La Roche d'Igé et La Roche-Mabile ne font qu'un. Ce fait ne peut laisser de doute.

(3) « *Et accersitis andegavensibus, castra sua : Sanctum scilicet Serenicum et Rupem Ialgiensem fortiter munivit.* » — Ord. Vit., II, 72.

Le duc de Normandie ne tarda pas à s'apercevoir que les fortifications construites par Geoffroy de Mayenne n'étaient pas faciles à escalader (1). Pour éviter de grandes pertes d'hommes, il transforma le siège en blocus.

Les adversaires étaient en présence depuis octobre, et le mois de février 1060 était commencé quand, tandis que les soldats angevins veillaient sur les remparts inexpugnables, se passa dans le donjon, où résidait la famille seigneuriale, une scène qui s'ouvre par un bien joli tableau de genre :

Robert Giroie, dans une parfaite quiétude, et d'humeur joyeuse, assis dans la vaste cheminée de la salle d'honneur, se chauffait. Vive et gracieuse, sa jeune femme passa, portant quatre pommes superbes. En jouant avec elle, il lui en enleva deux, et, malgré ses efforts pour l'en empêcher, il les croqua à belles dents (2).

Ici le tableau se rembrunit. Les belles pommes étaient empoisonnées et, cinq jours après, le huitième des ides de février, l'ami de Geoffroy Martel mourut (3).

Ordéric Vital, qui a brossé cette esquisse, omet de nous dire pourquoi la dame de Saint-Cénery portait des fruits empoisonnés. Si, au lieu d'être cousine du duc, la jeune femme avait été parente des Bellême, le chroniqueur eût été sans doute moins discret. A la vérité, les pommes pouvaient être parfaitement innocentes du méfait qu'on leur attribua.

Quoi qu'il en soit, Robert Giroie était bien mort. Il ne laissait qu'un fils, encore enfant, du même nom que lui, mais son neveu Ernault, seigneur d'Echauffour, était là. Il prit le commandement de la place, releva l'énergie des assiégés, déprimée par la mort de leur chef, et résista à outrance (4).

Habilement, le duc l'amena à capituler (5), mais à des conditions telles que son succès était annihilé. Les Giroie rentraient en possession de tous leurs fiefs. Ernault n'avait plus qu'à attendre une nouvelle occasion d'exercer sa félonie.

Le corps de Robert Giroie, enfermé dans un tronc d'arbre, fut transporté à Saint-Evroult où il reçut la sépulture.

Le roi de France, Henri Ier, qui s'était réconcilié avec Guillaume

---

(1) « *Contra ducem cum Normannico exercitu obsidentem aliquandiu tenuit.* » — Ord. Vit., II. 73.

(2) « *...Dum ad ignem in hieme lætus sederet, conjugemque suam Adelaidem quatuor mala manu gestare videret, duo ex illis familiariter jocando ei rapuit, et nesciens quod venenata erant, uxore contradicente comedit.* » — Ibid.

(3) « *Qui mox veneno infectus est, et post V dies, cum multo mœrore suorum, VIII° idus februarii defunctus est.* » — Ord. Vit., II, 73.

(4) « *Quo mortuo, Ernaldus Willermi Geroiani filius, in loco patrui sui surrexit, oppidanos precibus monitisque corroboravit...* » — Ibid.

(5) « *Cujus animositatem callidus dux blandis hortatibus lenivit, pacemque secum facere cum pluribus promissis.* » — Ibid.

le Bâtard, mourut le 4 août 1060. Les chroniqueurs normands lui ont rendu justice, malgré les attaques qu'il avait dirigées contre leur pays, parce qu'en le glorifiant, ils rehaussaient son vainqueur. C'était, disent-ils, « un brave chevalier, d'une grande vigueur et d'une grande piété (1) ». Il avait fait sacrer son fils, Philippe Ier, encore enfant, le 23 mai 1059, par l'archevêque de Reims Gervais de Château-du-Loir, l'ancien évêque du Mans, fils d'une Bellême (2).

Geoffroy Martel, comte d'Anjou, « se repentant trop tard de sa funeste tyrannie et de sa pernicieuse cupidité (3) », mourut le 16 novembre 1061, après six mois passés comme novice à Saint-Nicolas d'Angers. Ses neveux Geoffroy le Barbu et Foulques le Rechin (4) furent ses héritiers. Foulques, qui eut l'Anjou pour sa part, ne tarda pas à dépouiller de la Touraine son frère qu'il emprisonna.

La mort de Geoffroy Martel permit au comte du Maine, Herbert II, exilé depuis bien longtemps, de rentrer en possession du domaine de ses pères. Craignant de nouvelles violences de la part de Foulques le Rechin, comte d'Anjou, qui venait de faire ses preuves, sur le conseil de sa mère, Berthe (5), il se rendit en Normandie, demanda le secours éventuel du duc, et lui fit spontanément hommage de son comté.

Il fit plus. Il négocia le futur mariage de sa sœur Marguerite, une petite sainte encore enfant, avec Robert de Normandie, âgé de six ans, fils aîné de Guillaume le Bâtard et de Mathilde de Flandre (6). Il donna le Maine au jeune prince pour le cas où lui-même mourrait sans postérité (7).

En cette année 1061, l'église conventuelle de Saint-Martin de Sées, que dominait une tour fortifiée, fut solennellement consacrée. Robert, moine du jeune monastère de Troarn, constitué en 1059 (8), avait été élu abbé de la nouvelle maison religieuse que, pour le repos de l'âme de son père et de tous ses parents, Mabile, avec le consente-

(1) Guil. de Jum., liv. VII, ch. 28.

(2) *Procès-verbal du sacre de Philippe Ier*. — Col. des *Mém. sur l'histoire de France*, t. VII.

(3) Guil. de Poitiers, *Vie de Guil. le Conquérant*.

(4) Fils d'Adèle d'Anjou et de Geoffroy de Château-Landon.

(5) Veuve en premières noces d'Alain, duc de Bretagne et en secondes noces de Hugues comte du Maine.

(6) Fille de Baudoin V, comte de Flandre et d'Adèle de France, fille du roi Robert. — Nous n'entrerons pas dans la discussion des questions graves qui se rapportent au mariage de Guillaume le Conquérant. Guill. de Jum. affirme la parenté au degré prohibé des conjoints. Stapleton affirme que Mathilde était engagée dans les liens d'un précédent mariage avec Gerboud, avoué de Saint-Bertin, à Saint-Omer. On sait la fondation expiatoire des abbayes de la Trinité et de Saint-Etienne de Caen, en 1066 et 1077.

(7) « *Se suumque patrimonium fortissimo duci commendaverat, et Margaritam... ejusdem ducis filio in conjugem dederat, cum qua hæreditatem suam.* » — Ord. Vit., II, 102.

(8) Sur ses biens propres, Roger de Montgomery avait donné aux moines de Troarn tout Troarn et une série d'églises dont nous aurons l'occasion de parler plus loin.

ment de son mari, avait enrichi de donations successives sur ses biens propres (1).

A l'ancien domaine de Saint-Martin (2), elle joignit d'abord la terre du Mesnilgaud (3), avec la dixme de toute cette paroisse cachée dans un vallon sauvage de la forêt d'Ecouves dont une portion, comprise entre le ruisseau de Vande et la route d'Alençon, fut laissée aux moines. Elle donna ensuite l'église de Saint-Paul-sur-Sarthe (4), une fraction de la forêt de Bourse (5) et quatre muids de blé à prendre annuellement sur les moulins d'Alençon.

Elle ajouta, tout spécialement, pour le repos de l'âme de son père (6), une terre d'une charrue avec les prés qui en dépendaient, située à Hambon (7), près Alençon, les droits seigneuriaux sur un bourgeois d'Alençon et sa maison. Dans la même intention, le vicomte Roger de Montgomery concéda une pêcherie à Bures (8).

Mabile abandonna enfin aux religieux la dixme du tonlieu (9) de Sées, celle des forêts d'Ecouves et de Bourse, les droits sur les foires qui se tenaient à Sées, aux deux fêtes de Saint-Martin, l'église et la terre du presbytère d'Aunou-sur-Orne, le moulin de la Roche, celui de Macé (10), et la terre de Gilbert Borde, dans le domaine d'Aché (11).

Le vicomte Roger et sa femme s'empressèrent de confirmer les très nombreuses libéralités que leurs vassaux octroyèrent au monastère. Il convient de mentionner le don par l'évêque Yves d'une terre, sise entre la porte du château de Sées et le gué de Crémer (12), et celui par le vieux seigneur Normand de Neauphe-sous-Essai, pour le repos de l'âme de ses anciens suzerains, Guillaume Ier et Robert Ier de Bellême, de la moitié de l'église et du fief de Saint-Ouen de Sées (13).

L'abbaye de Saint-Martin reçut successivement le patronage de toutes les églises de Sées, sauf celui de la cathédrale, et ses domaines

---

(1) Voy. les chartes I, III, V, etc., du cartulaire. — *Arch. de l'Orne*, H 938.

(2) « *Locum Sancti Martini qui est juxta burgum Sagii super ripam Olnæ fluminis.* »

(3) Le Mesnilgaud, commune de La Chapelle-près-Sées, canton de Sées (Orne).

(4) Saint-Paul-sur-Sarthe, arrondissement de Mamers (Sarthe).

(5) Bourse, forêt dont les Ventes-de-Bourse, canton du Mesle-sur-Sarthe, ont retenu le nom.

(6) « *Et pro anima patris vicecomitissæ.* »

(7) Les champs et prairies d'Hambon se trouvent entre Alençon et le faubourg de Courteille.

(8) Bures, canton de Troarn (Calvados). — Cette donation avait pour but d'assurer du poisson de mer au monastère.

(9) Droits prélevés sur l'importation des marchandises et des bestiaux.

(10) Macé, canton de Sées (Orne).

(11) « *In Hadacha villa terram Gisleberti Bordi.* » — Charte V. — Aché, paroisse de Congé, aujourd'hui réunie à Valframbert, canton d'Alençon (Orne).

(12) « *Et concesserunt terram quam Episcopus Ivo dedit Sancto Martino de sua hereditate, quæ est inter portam castelli Sagii et vadum Cremerii, et inter viam Alerci et ipsum rivum.* » — Charte III. — Sauf pour cette donation et pour la confirmation ecclésiastique de donations d'églises à Saint-Martin, Yves n'intervint que pour notifier, dans la charte I, la fondation de l'abbaye par Mabile et Roger.

(13) « *Pro redemptione animarum suorum seniorum, videlicet Willelmi atque Roberti.* » — Charte II.

s'étendirent au loin sur le pays où se fondèrent une foule de prieurés réguliers. Les églises et les dixmes offertes étaient autant de restitutions dont Guillaume Ier de Bellême et sa descendance avaient donné l'exemple.

Avant de quitter Saint-Martin, il convient de dire combien son cartulaire est parlant et instructif. Il révèle les relations étroites et cordiales qui, au XIe siècle, unissaient les membres d'une société, profondément hiérarchisée cependant, et la vie active et intense de cette société.

On rencontre côte à côte, dans les mêmes documents, l'évêque, les chanoines, les prêtres séculiers, les moines, les grands et les petits seigneurs qui y voisinent avec des bourgeois, des métayers, des vignerons, des tanneurs, des peaussiers, des pêcheurs, des âniers, des porchers, des forgerons, des maréchaux ferrants, des cuisiniers, des domestiques. La présence, consignée, avec soin, de ces braves gens, prouve la valeur qu'on attachait à leur témoignage, et leur participation habituelle aux affaires du pays (1).

Cet ensemble respire l'ordre, et cependant, au moment où l'église abbatiale de Saint-Martin fut consacrée, les prévisions du vénérable Thierry de Matonville continuaient à se réaliser : Puissants représentants du duc sur la frontière et dans le comté d'Exmes, redoutés à cause de leur fidélité et de leur force, jalousés à cause de l'étendue de leurs exceptionnelles prérogatives et de la faveur ducale, Mabile de Bellême et Roger de Montgomery étaient, plus que jamais, attaqués par leurs voisins (2).

Geoffroy de Mayenne et les anciens partisans de Geoffroy Martel (3) avaient vu avec colère la démarche du comte du Maine Herbert II auprès de Guillaume le Bâtard, et, envisageant l'éventualité d'une prise de possession du Maine par les Normands, préparaient un soulèvement. Ernault d'Echauffour, gardien pour son neveu Robert Giroie enfant, des châteaux de Saint-Cénery et de La Roche-d'Igé, continuait à faire secrètement cause commune avec eux. Par haine des Bellême, il fomentait, avec son cousin Hugues de Grentemesnil et Raoul de Toëny, seigneur de Conches (4), des troubles qui, tout en nuisant à Roger de Montgomery, devaient affaiblir l'autorité ducale et servir les Manceaux. -

Les Giroie, les Grentemesnil et les Toëny avaient trouvé moyen d'associer à leur cause Richard, seigneur de Sainte-Scolasse, et même Guillaume de Moulins-la-Marche, cousin-germain du duc.

<hr>

(1) Voy. les chartes XIII, XVI, XIX, XLV du *Cart. de Saint-Martin*. L'étude des autres cartulaires donne des résultats analogues, mais moins saisissants.
(2) C'était le développement du mouvement que Thierry de Matonville avait vu se dessiner. Roger et Mabile *« ab inimicis suis undique impugnabantur. »* — Ord. Vit., II, 82.
(3) *« Goisfredus de Meduana... et alii potentes. »* — Ibid, II, 102.
(4) Fils de Roger de Toëny qui s'était insurgé pendant la minorité de Guillaume le Bâtard.

CHAPITRE XVI

Roger de Montgomery et Mabile de Bellême, gardiens de la frontière, se défendent

Conquête du Maine par Guillaume le Bâtard (1061-1064)

Robert de Grentemesnil, élu abbé de Saint-Evroult en 1059, se moque ouverte-
ment du duc. — Il est dénoncé par son prieur. — Les agitateurs, Ernault
d'Echauffour, Hugues et Robert de Grentemesnil, Raoul de Toëny et leurs
amis sont exilés et exhérédés, 1061. — Les fiefs des Giroie font retour à Mabile
de Bellême et à son mari. — Osbern élu abbé de Saint-Evroult. — Brigan-
dages d'Ernault d'Echauffour et de Raoul de Toëny. — Mort d'Herbert II,
comte du Maine, 1062, et de sa sœur Marguerite, fiancée de Robert de Nor-
mandie, 1063. — Ce dernier rend hommage, à Alençon, à Foulques d'Anjou,
pour le Maine. — Alençon à cette époque. — Conspiration dans le Maine.
— A l'instigation de Geoffroy de Mayenne, les seigneurs manceaux rendent
hommage à Berthe du Maine et au comte du Vexin, son mari. — Conquête
du Maine par les Normands. — Le Mans pris et repris. — Incendie
et prise de la forteresse de Mayenne. — Geoffroy de Mayenne se soumet,
1063-1064. — Bons rapports de Rotrou II, comte de Mortagne, avec
Roger de Montgomery et Mabile de Bellême.

Attaqués à la fois dans l'Alençonnais, dans le pays de Sées et dans l'Hiémois, entourés d'un cercle d'ennemis, Roger de Montgomery d'un côté, Mabile de Bellême de l'autre leur firent face avec une égale intrépidité. Femme héroïque et sans peur, Mabile combattit virilement à la tête de ses vassaux, ce qui lui valut d'être appelée par Durand, abbé de Troarn, « le bouclier de la patrie, le rempart de la frontière (1). »

Voilà comment, selon l'expression d'Ordéric Vital, elle se complaisait dans le meurtre et dans le sang (2), en exerçant le droit de légitime défense.

Oubliant qu'en détaillant les angoisses de Thierry de Matonville, il avait parlé des attaques générales dirigées contre Roger et sa femme (3), le chroniqueur de Saint-Evroult dissimule de son mieux les événements pour ne pas engager la responsabilité des Giroie et de leurs adhérents.

(1) « *Hæc (Mabilia) scutum patriæ, hæc munitio marchæ.* » — Ord. Vit., II, 412.
(2) « *Quæ multo sanguine madebat.* » — Ibid., II, 411.
(3) Ibid., II, 62.

« De graves discordes, dit-il, s'étaient élevées entre Guillaume le Bâtard et ses barons qui cherchaient à se supplanter l'un l'autre, et se combattaient avec fureur, malgré la défense ducale. Les gens cruels se réjouissaient de ces dissensions qui profitaient à la barbarie, les gens religieux s'en attristaient (1). »

A la vérité, l'ancien prieur de Thierry de Matonville, Robert de Grentemesnil, élu abbé de Saint-Evroult en 1059 et sacré le 21 juin, qui avait reçu l'investiture de l'abbaye par la crosse d'Yves de Bellême et la juridiction spirituelle de Guillaume, évêque d'Evreux, n'appartenait pas à cette catégorie d'esprits moroses. L'un de ses premiers actes avait été de céder les droits du monastère sur les fiefs de Baudry et de Wiger de Bocquencé, avec lesquels la maison avait eu des difficultés, à son cousin Ernault d'Echauffour. Ce dernier s'était empressé d'accabler ces personnages de charges et de corvées, et les astreignait à la garde de ses châteaux d'Echauffour et de Saint-Cénery.

D'humeur caustique et joyeuse, Robert de Grentemesnil ne se gênait pas pour tenir les propos les plus inconsidérés sur le duc de Normandie. Il s'en moquait ouvertement (2), sapant ainsi son autorité. Il avait il est vrai, un conseiller qui ne devait pas l'exhorter à la prudence. C'était son oncle Raoul Male-Couronne qui, après de multiples aventures, était accouru près de lui. « Comme, gravement chargé de péchés, Raoul était atteint de la lèpre qu'il avait sollicitée », dit Ordéric Vital, il vivait isolé près d'une petite chapelle où on venait chercher ses merveilleuses consultations médicales et ses avis. Ce personnage, qui mourut moine à Marmoutier, n'avait pas assez perdu l'esprit du siècle pour ne pas en vouloir au duc de la particulière affection qu'il portait à Roger de Montgomery et à sa femme.

Cependant ces derniers, lassés de continuelles agressions, qui troublaient le pays à ce point que les religieux du prieuré de Notre-Dame de Planches avaient dû temporairement abandonner leur monastère (3), se décidèrent à déférer au duc les fauteurs responsables de ces luttes intestines, et lui donnèrent la preuve de leurs coupables intrigues (4).

De son côté, le prieur de Saint-Evroult, Rainier, scandalisé des railleries incessantes de son abbé contre le prince, les dénonça (5).

(1) Ibid., III, 80.

(2) « *Quibusdam ludibriis et improvidis dictis.* » — Ord. Vit., II, 81.

(3) « *Quadam Normanniæ perturbatione.* » — *Cart. de Saint-Père de Chartres*, t. II, p. 548. — Le prieuré de Planches avait été fondé par Guimond Félix de Moulins-la-Marche, sa femme Emma et leurs enfants.

(4) Ord. Vit., II, 81, a bien soin de nier la vraisemblance de ces accusations : « *Sine probabilibus culpis* », dit-il.

(5) Ibid.

Ordéric Vital a bien soin d'accuser Roger de Montgomery, dont il vante ailleurs la sagesse et l'esprit de justice, et Mabile de Bellême d'avoir abusé de leur influence sur Guillaume le Bâtard pour perdre leurs voisins (1). Dans ses interpolations de Guillaume de Jumièges, il s'était contenté de s'en prendre vaguement aux médisants qui avaient compromis leurs pairs par un sentiment de haine (2).

Ces prétendus médisants avaient fait strictement leur devoir. Le duc, convaincu, fit citer devant sa cour Ernault d'Echauffour, Raoul de Toëny, Hugues et Robert de Grentemesnil, Guillaume de Moulins-la-Marche et Richard de Sainte-Scolasse (3) qui, au lieu de comparaître, s'empressèrent de prendre la fuite (4). Ils furent exilés et exhérédés avec certains de leurs vassaux.

Par simple application du droit féodal, tous les châteaux des Giroie, relevant de la maison de Bellême . Saint-Cénery, la Roche d'Igé, Hauterive et leurs dépendances firent retour à Mabile de Bellême et à Roger de Montgomery, et furent incorporés à leur domaine. Echauffour, qui avait été laissé à Giroie Ier, sur la recommandation de Guillaume Ier Talvas, leur fut également attribué ainsi que tout ou partie de la châtellenie de Sainte-Scolasse.

Il résulta de là que tous les fiefs donnés par les Giroie à Saint-Evroult, et compris dans l'étendue des seigneuries confisquées, passèrent sous la suzeraineté de Roger et de Mabile, subrogés aux droits de patronage des bienfaiteurs primitifs. Cet état de choses, conséquence du jeu des institutions, devait engendrer dans l'avenir les conflits les plus redoutables.

Mabile s'empressa de donner, avec le consentement de son mari, les fiefs de Gilbert le Veneur et de Raoul l'Orphelin, situés à Échauffour, et dont les possesseurs avaient été frappés de la même sentence que leur seigneur, à l'abbaye de Saint-Martin de Sées, pour le repos de l'âme de son père. Cette libéralité, qui porte la date de **1061** et suivit immédiatement l'exil d'Ernault, avait une intention réparatrice des torts causés par les Giroie à Talvas II (5).

Sur le conseil de l'illustre Lanfranc, abbé du Bec, et d'Ansfroi,

---

(1) « *Tunc Rogerius de Monte-Gomerici et Mabilia uxor ejus, blandis adulationibus sibi ducem alliciebant, et contra vicinos suos callidis factionibus commotum acrius ad iram incitabant.* » — Idid., II, 81.

(2) Guill. de Jum., liv. VII, ch. 29.

(3) (4) « *Animosus dux... præcipuos milites... et barones eorum exhæredavit, et sine probabilibus culpis... diu exculare coegit.* » — Ord. Vit., II, 81. — Ordéric Vital ne désigne pas nommément Guillaume de Moulins et Richard de Sainte-Scolasse, mais il résulte d'une charte de l'abbaye de Saint-Père de Chartres — t. II, du cartulaire, p. 548 — que Guillaume de Moulins fut exhérédé et, d'une série de chartes de Saint-Martin de Sées, il appert que Roger de Montgomery devint le possesseur de la majeure partie de Sainte-Scolasse et de ses fiefs.

(5) « *Notum sit quod ego Rogerius vicecomes et Mabilia uxor mea, pro redemptione animarum nostrarum et predecessoris nostri Guillelmi, anno MLXI, dedimus... terram Gisleberti Venatoris et feodum Radulfi Orbi de Escalfou cum terris, hominibus, nemore et molendino...* » — Charte CCLXXIV du *Cartulaire de Saint-Martin*. — Roger de Montgomery confirma en 1066 un don fait à l'abbaye de la Sainte-Trinité par Guillaume Giroie, père d'Ernault d'Echauffour,

abbé de Préaux. Osbern, prieur de Cormeilles, fils d'Herfast, fut élu abbé de Saint-Evroult (1). En dépit de sa sainteté, ce dernier fut longtemps troublé dans l'exercice de sa charge par l'irrégularité incontestable de son élection, et par la haine violente de la famille de son prédécesseur.

Robert de Grentemesnil, assagi par l'épreuve qui répara un noviciat trop hâtif, fit une œuvre religieuse très utile en Italie où il vécut longtemps et mourut (2).

Ernault d'Echauffour se chargea de prouver combien la condamnation qui l'avait frappé était juste. Réfugié dans la Beauce au château de Courville, près Chartres, à proximité de la Normandie, chez son cousin Giroie, seigneur de ce lieu, il incursionna, pendant trois ans, à travers le diocèse de Lisieux. Pillages, incendies, meurtres, captures d'habitants signalaient son passage (3). Le pays était terrifié. Un jour, c'est le moindre de ses méfaits, avec quatre hommes qui poussaient des clameurs, il surprit la forteresse d'Echauffour, mit en fuite la garnison ducale et incendia le château.

Une autre fois, accompagné de son ami Raoul de Toëny, il s'attaqua aux paisibles et inoffensifs habitants du bourg de Saint-Evroult et, après avoir mis le feu à leurs maisons, il viola la clôture du monastère et l'asile sacré de son église. Ses soldats, l'épée nue à la main, fouillèrent, sous sa direction, tous les coins et recoins de l'édifice. Ils cherchaient l'abbé Osbern pour le mettre à mort (4).

Le cellerier eut le courage d'aller le trouver, quelques jours après, lui reprocha ses attentats contre l'abbaye, fondée par les siens, et lui fit comprendre qu'Osbern avait succédé à Robert de Grentemesnil, non par ambition, mais par nécessité. Ernauit se repentit (5).

Herbert II, comte du Maine, était descendu dans la tombe en

(1) « *Quis referre potest quot tribulationibus Uticensis ecclesia intus et exterius tunc patiebatur ? En Robertus ejus fundator et rector de sede sua injuste fugatus, cogebatur vagari per externas domus, et ejusdem in loco sæculari potestate successit vir extraneus.* » — Ord. Vit., II, 85.

(2) En quittant Saint-Evroult, Robert de Grentemesnil se retira en Italie avec quelques-uns de ses moines et fut favorablement accueilli par le pape Nicolas, français d'origine. Après avoir séjourné en Campanie auprès de Guillaume Giroie, seigneur de Montreuil, son cousin ; auprès de Richard Quarrel, prince de Capoue, et, en Calabre, auprès de Robert Guiscard, il eut la hardiesse de se présenter, en 1066, à la cour du duc de Normandie qui ne le reçut pas.

Il excommunia alors l'abbé Osbern et somma les moines de Saint-Evroult de quitter leur monastère et de venir le rejoindre à Chartres. Onze obéirent. Avec l'autorisation du pape Alexandre II, il les établit provisoirement à Rome, près de l'église Saint-Paul, puis il fonda le monastère de Sainte-Euphémie à Brescia, un autre à Venise et un troisième à Nelitto.

Cependant, l'abbé Osbern, élu du vivant de son prédécesseur non démissionnaire et non déposé, s'inquiétait et vint à Rome. Sur la demande même de Robert de Grentemesnil, le Pape qui avait mûrement examiné la situation, lui donna l'absolution et lui ordonna de gouverner, en toute sûreté de conscience, l'abbaye de Saint-Evroult.

Robert, réconcilié en 1077 avec Guillaume le Conquérant, mourut à Sainte-Euphémie le 15 décembre 1089. Au milieu de ses tribulations, le roi Philippe Ier lui avait offert l'évêché de Chartres qu'il avait refusé.

(3) « *Et rapinis, incendiisque, hominumque capturis vel occisionibus Lexoviensem pagum inquietabat.* » — Ord. Vit., II, 82.

(4) « *Et per omnes angulos ecclesiæ cum satellitibus suis nudos enses in dextris vibrantibus Osbernum abbatem diu quæsivit.* » — Ibid.

(5) « *Pro malefactis contra cœnobium Sancti Ebrulfi ploravit.* » — Ibid.

1062. Sa sœur Marguerite, la douce. enfant fiancée, avant l'âge nubile, à Robert, fils aîné du duc de Normandie, et confiée à la garde du vieux chevalier Stigand de Mézidon, était morte l'année suivante, 1063.

Guillaume le Bâtard, en vertu des stipulations que nous avons fait connaître, revendiqua le Maine pour son fils (1) qui en rendit hommage à Foulques le Rechin, comte d'Anjou.

La cérémonie eut lieu au château d'Alençon (2). Cette ville n'était plus alors tout à fait ce qu'elle était du temps de Guillaume Ier et de Guillaume II de Bellême. L'expérience ayant démontré le danger qu'offrait le manque de fortifications du faubourg Saint-Léonard, Roger de Montgomery l'avait renfermé dans l'enceinte qui, jusque là ne comprenait que la paroisse Notre-Dame, appelée le vieux bourg (3). Une bastille, construite au pont du Guichet, marqua défensivement la séparation entre les deux parties de la cité. Les murs de la ville eurent, dès lors, un développement d'environ deux mille mètres et furent percés de trois portes (4).

En avant de la porte de Lancrel, où venait aboutir le chemin de Sées, s'était formé autour d'une chapelle dédiée à saint Eustice ou Isige, qui ne tarda pas à devenir le siège d'un prieuré de Saint-Martin de Sées (5), un faubourg d'une certaine importance.

Tandis que Roger et Mabile recevaient, en grande pompe, dans leur château d'Alençon, le duc de Normandie, son fils Robert, le comte d'Anjou et leur suite, le complot, depuis longtemps préparé dans le Maine par Geoffroy de Mayenne, Hubert de Sainte-Suzanne, vicomte du Mans (6), Hamon de Laval, fils aîné de Guy et de Berthe de Toëny, et d'autres puissants seigneurs, recevait son exécution.

Biote du Maine, fille d'Herbert Eveille-Chien, épouse de Gautier

(1) Guillaume de Poitiers rappelle à cette occasion les promesses du traité de 924 : « *Nam et olim*, dit-il, *egit sub Normannorum ditione regio Cenomanica.* »

(2) « *Apud Alencionem.* » — Ord. Vit., II, 253.

(3) Au XIIe siècle, encore, nous le rappelons, la paroisse Notre-Dame était appelée « le vieux bourg ». Elle était séparée du faubourg Saint-Léonard par le bras de la Briante qui longe la rue aux Sieurs actuelle, ancienne rue aux Sueurs, c'est-à-dire des tanneurs, et plus anciennement du Brille. Le pont du Guichet était jeté, comme nous l'avons dit, sur la Briante à la hauteur de l'intersection de la Grande-Rue avec la rue des Granges.

(4) Ces portes étaient celles de Lancrel, de la Barre et de Sarthe. Cette dernière correspondait au pont de Sarthe et était défendue par des tours dont l'une fut appelée « d'Arundel ». Ce détail prouve qu'elle fut achevée, vers 1067, moment où Roger de Montgomery reçut en Angleterre la châtellenie d'Arundel. La nouvelle enceinte, à laquelle cette tour appartenait, était donc alors en construction. La porte de Sagory ou de Sées ne fut ouverte que plus tard quand un nouveau chemin venant de Sées, plus direct que l'ancien, vint y aboutir.

(5) Cette chapelle, son cimetière, une métairie et les fontaines qui y naissent, dont on pouvait faire un vivier, furent donnés à Saint-Martin, en 1095, par Hubert et Guillaume de Ravigny, frères : « *Donaverunt apud Alercum capellam Sancti Esitii cum toto cimurterio, præter donum cujusdam metearii et de fontibus qui ibi oriuntur vivarium si facere voluerint.* » — Charte CXXXII du *Cartulaire de Saint-Martin*.

(6) Ord Vit., II, 102. — Sainte-Suzanne, arrondissement de Laval (Mayenne). — Hubert de Beaumont, seigneur de Sainte-Suzanne, vicomte du Mans, était fils du vicomte Raoul IV de Beaumont.

de Pontoise, comte du Vexin, entrait, avec son mari, au Mans, où ils recevaient l'hommage de leurs partisans.

A cette nouvelle, Guillaume le Bâtard donna immédiatement l'ordre de réunir l'armée normande à Alençon, et comme il avait besoin de guerriers de valeur, à la sollicitation de plusieurs personnages de sa cour, il s'assura la fidélité reconnaissante de Hugues de Grentemesnil et de Raoul de Toëny, en les rappelant de l'exil (1). Bénéficiant de l'affection ducale, Guillaume de Moulins-la-Marche rentrait aussi en faveur (2), tandis que Richard de Sainte-Scolasse récupérait quelques unes de ses possessions, sous la suzeraineté de Roger de Montgomery.

Quant à Ernault d'Echauffour, qui avait une si grande part de responsabilité dans le plan réalisé par Mayenne, et avait même reconstruit, en face de Saint-Cénery, le château de Montaigu, il jugea prudent de s'éloigner et de gagner l'Italie où il avait des parents et des amis prêts à le recevoir (3).

L'armée, dont le principal chef après Guillaume le Bâtard était Roger de Montgomery, passa la Sarthe, traversa le Saosnois, bloqua les principaux châteaux du Maine, mit des garnisons dans les endroits jugés nécessaires, ravagea le pays, et le terrifia à ce point que presque tous les seigneurs hostiles firent leur soumission, et que les habitants du Mans ouvrirent leurs portes (4).

Geoffroy de Mayenne, qui commandait la ville, avait trouvé le moyen d'en sortir pour continuer la guerre. Le comte du Vexin et sa femme furent faits prisonniers, et envoyés à Falaise où la simultanéité de leur mort, survenue peu après, fit accuser le duc d'avoir employé le poison pour s'en débarrasser (5).

Guillaume le Bâtard eut le temps de se repentir d'avoir rendu naguère le château d'Ambrières à Geoffroy de Mayenne pour s'en faire un partisan. Pendant un an, ce seigneur harcela, sans trêve ni répit, les garnisons normandes.

En 1063 et 1064, le Mans fut pris et repris trois fois. Le duc, finissant par où il aurait dû commencer, se décida enfin à agir contre Geoffroy, son principal ennemi (6). Ambrières fut pris, et le siège fut mis devant la ville de Mayenne qui paraissait imprenable.

(1) Ibid.
(2) Rentré dans sa châtellenie, Guillaume de Moulins rendit aux moines du prieuré de Planches tout ce qu'ils avaient perdu pendant les troubles de Normandie, et supplia le duc, par l'amour qu'il lui portait, « *pro meo amore* », de confirmer cette restitution. — *Cart. de Saint-Père*, II, 548.
(3) « *...In Apuliam, ad amicos et parentes suos, qui magnis opibus ibidem pollebant, perrexit.* » — Ord. Vit., II, 94.
(4) Guill. de Poitiers, *Vie de Guill. le Conq.*
(5) « *Prædictus comes Walterius et Biota, conjux ejus, per inimicorum machinamenta — ut ferunt — lethali veneno fraudulenter infecti obierunt.* » — Ord. Vit., II, 103. — Moins discrets qu'Ordéric Vital, la plupart des chroniqueurs accusent formellement le duc.
(6) « *Porro Goisfredus de Meduana tantæ felicitati ducis invidit, eique quantum potuit adversarios excitando, oliisque modis mala machinando nocere studuit.* » — Ibid.

Les remparts, assis sur une colline escarpée, dont le pied était baigné d'un côté par une rivière torrentueuse, ne pouvaient être battus par les machines de guerre. Leurs défenseurs étaient à l'abri des traits qui ne portaient pas jusqu'à eux.

Les assiégeants murmuraient déjà, pensant qu'un an suffirait à peine pour réduire par la famine l'ennemi qu'autrefois Guillaume II de Bellême avait eu la gloire de vaincre et de faire prisonnier, quand, de divers points de la ville, des tourbillons de flammes s'élevèrent, gagnant de proche en proche et transformant les rues en de vastes brasiers. Menacés par la violence de l'incendie, ne songeant plus qu'à leurs maisons menacées, les soldats qui veillaient sur les murailles abandonnèrent leur poste de combat.

Les Normands, profitant du sinistre que des enfants, introduits dans la place par un adroit subterfuge, avaient déterminé, escaladèrent les remparts, et firent un immense butin de chevaux de prix et d'armes.

Le lendemain, le château, où la population s'était réfugiée, se rendit. Son seigneur fit sa soumission que le manque de bonne foi « de ce parjure et de ce brigand », l'expression est de Guillaume de Poitiers, aurait dû faire paraitre bien suspecte.

Tranquille cependant de ce côté, se reposant sur les garnisons qu'il laissait dans le Maine, et sur Mabile de Bellême qui, à défaut de son mari, appelé à jouer un rôle beaucoup plus élevé, ferait bonne garde dans le Saosnois et dans ses châteaux normands, le duc, rentré dans ses états par Domfront où il fit un séjour (1), ne pensa plus qu'à réaliser la conquête éventuelle de l'Angleterre. Il y songeait depuis longtemps.

Constatons, la chose a son importance, qu'à ce moment, l'évêque de Sées, Yves, et Roger de Montgomery avaient les meilleures relations avec Rotrou II, comte de Mortagne, leur parent par sa femme Adèle de Bellême. Un lendemain de la fête de Saint-Léonard, le prélat, venu en son château patrimonial célébrer cette grande solennité avec son petit-neveu Robert de Bellême, alors tout enfant, s'était rendu avec lui à Mortagne en la demeure du doyen Roger.

Rotrou et sa femme avaient été sollicités, sans doute par l'évêque, de confirmer, en vertu du droit d'agnation, après les suzerains, la donation à l'abbaye de Saint-Vincent du Mans par Hervé de Doucelle des trois églises de Saint-Longis (2), situées dans le Saosnois. L'évêque et Robert signèrent la charte avec le comte et la comtesse de Mortagne (3).

<hr>

(1) De la Balluère. — *Revue des Soc. savantes*, 2ᵉ série, III, 515.

(2) Saint-Longis, canton de Mamers (Sarthe).

(3) *Cart. de Saint-Vincent du Mans*, nᵒ 609.

CHAPITRE XVII

Conquête de l'Angleterre
Le comte Roger de Montgomery commence son œuvre dans le Shropshire (1066-1070)

Motifs de la guerre contre l'Angleterre. — Roger de Montgomery et l'évêque Yves de Bellême à l'assemblée de Lillebonne. — Les armements et les compagnons du duc Guillaume. — Roger de Montgomery régent de la Normandie. — Départ de la flotte normande, 1066. — Bataille d'Hastings. — Guillaume sacré roi à Londres. — Il revient en Normandie, 1067. — Il décide d'emmener Roger de Montgomery en Angleterre. — Mabile de Bellême seule gardienne de la frontière du côté du Maine. — Roger choisit ses compagnons d'armes : Picot de Say, Corbet, Guillaume Pantoul, Guérin le Chauve. — Il se rend à l'abbaye de Troarn, ses donations. — Robert de Bellême jeté dans le marais. — Roger s'embarque pour l'Angleterre, 1067. — Il reçoit la ville d'Arundel. — Campagnes de 1068, 1069, 1070. — Héroïque résistance d'Edrik, le héros du Shropshire. — Siège et prise de Shrewsbury. — Roger de Montgomery devient comte du Shropshire. — Un château du pays de Galles reçoit, en son honneur, le nom de Montgomery. — Description de la ville de Shrewsbury. — Le château du comte. — Roger distribue des fiefs à ses compagnons d'armes. — Son vicomte Guérin le Chauve. — Son conseil; Odelérier, père du chroniqueur Ordéric Vital, en fait partie. — Le great earl lutte contre les Saxons insoumis et les Gallois. — Normands apanagés en Angleterre.

Prétendant que son parent, Edouard le Confesseur, roi d'Angleterre (1), mort le 5 janvier 1066, lui avait légué sa couronne et son pays, considérant dès lors, le roi élu, Harold (2), comme un usurpateur, Guillaume, duc de Normandie, somma le monarque saxon de lui abandonner le trône. Sur son refus, il jura de le poursuivre jusqu'aux lieux où le prince croirait être le plus en sécurité (3).

---

(1) Edouard III le Confesseur, fils d'Ethelred et d'Emma, sœur de Richard II, duc de Normandie, mourut sans enfants en 1066.

(2) Harold était fils du comte Goldwin, et frère d'Edith, femme d'Edouard le Confesseur. Ce dernier, d'après la *Chronique Saxonne*, aurait déclaré, avant de mourir, aux chefs qui le consultaient sur le choix de son successeur que l'homme le plus digne de régner était Harold. Il fut élu en conséquence et sacré par l'archevêque Stigand.

On sait qu'avant la mort d'Edouard, Harold, lors d'un voyage sur le continent, avait été jeté sur les côtes du Ponthieu, que, fait prisonnier en vertu du droit d'épave ou de *Lagan*, il avait été remis, sous menaces, au duc de Normandie. Ce prince lui avait extorqué le serment de ne pas lui disputer l'Angleterre, et, en vertu de ce serment, il considérait l'élection et le sacre d'Harold comme nuls.

(3) « *Se ferro debitum vindicaturum, et illuc iturum quo Haroldus tutiores se pedes habere putaret.* » — Guill. de Malmesbury, *Gesta regum Anglorum*, apud rer. anglic. script., p. 97.

Une grande assemblée d'hommes de tous états fut convoquée à Lillebonne (1), dans l'été de 1066. Roger de Montgomery (2) s'y rendit avec Yves de Bellême, évêque de Sées, et les principaux personnages du pays. Guillaume le Bâtard y exposa ses projets qui triomphèrent, grâce à l'habileté de Guillaume Fitz-Osbern, seigneur de Breteuil, grand sénéchal, et surtout à un artifice du duc qui prit à part chacun des opposants, et obtint d'eux séparément les subsides qu'ils refusaient collectivement.

Roger de Montgomery, la suite le fit bien voir, était entré dans les vues de son suzerain, et le seconda de toutes ses forces.

Cinquante à soixante mille hommes (3), Normands, Manceaux ou aventuriers étrangers, furent rassemblés. Pour les transporter, tous les bâtiments des côtes furent mis en réquisition et des dons suppléèrent à leur insuffisance. Celui que devait monter le duc avec ses frères utérins, Eudes, évêque de Bayeux et Robert, comte de Mortain (4), était un don de son épouse Mathilde de Flandre (5). Mabile de Bellême et son mari, pour leur part, firent construire plusieurs vaisseaux.

Guillaume le Bâtard, en partant, laissa la régence de la Normandie à la duchesse et à Roger de Montgomery, vicomte d'Exmes, élevé ainsi au-dessus des seigneurs les plus puissants, et qualifié d'« illustre » (6).

La flotte quitta, le 27 septembre 1066, le mouillage de Saint-Valery (7), à l'embouchure de la Somme, où Guy, comte de Ponthieu avait souffert sa présence avec déplaisir (8). Ses quatre cents navires abordèrent le 28, sans résistance, à Pévensey (9), près d'Hastings (10).

---

(1) Lillebonne (Seine-Inférieure). — Le duc y avait un château.

(2) Guillaume de Poitiers qui constate la présence de Roger de Montgomery à Lillebonne le cite parmi « les hommes les plus éminents, lumière et ornement du conseil ducal ».

(3) « *Virorum sexaginta millia* », dit Guillaume de Poitiers. « *Quinquaginta millia militum, cum copia peditum* », dit Ordéric Vital.

(4) Eudes et Robert étaient fils d'Herlève et d'Herluin, seigneurs de Conteville. Robert était devenu comte de Mortain lors de l'exil de Werleng, comte de ce fief, dénoncé comme traître par Robert Bigot.

(5) Fille de Baudoin V, comte de Flandre. — « La proue de ce navire portait une image d'or, représentant un enfant qui montrait l'Angleterre de la main droite et de la gauche embouchait une trompette d'ivoire. » — John Lingard, *Histoire d'Angleterre*, traduct. Baxton, I, 145, col. 2, note 2.

(6) « ...*Quem* — *Rogerium* — *tutorem Normanniæ, dum ad bellum transmarinum profisceretur, cum sua conjuge dimiserat.* » — Ord. Vit., II, 78. — « *Quidam vir illustris, nomine Rogerius de Montgomeri.* » — Deville, *Chartularium Sanctæ Trinitatis*, charte XXXIX, anno 1066.

(7) Saint-Valery-sur-Somme, chef-lieu de canton (Somme).

(8) Ernest Prarond, *Les comtes de Ponthieu, Guy premier*, p. 38.

(9) Pévensey, comté de Sussex, ancien port sur la Manche dont la mer s'est retirée, à 16 kilomètres d'Hastings.

(10) Hastings, ville du comté de Sussex, Angleterre.

Le 14 octobre, en ce dernier lieu, les Normands se trouvèrent en présence des Saxons, et de leur roi Harold.

Le duc Guillaume commandait en personne le troisième corps de son armée, formé par la chevalerie. Là chevauchaient Gosselin (1), Guillaume (2), Raoul (3) et Ansfrid (4) de Montgomery (5), Bernard d'Alençon, ainsi appelé sans doute parce qu'il était placé à la tête du contingent de la châtellenie, Henri Achard de Domfront, capitaine de cette ville, menant quatre-vingts hommes du Passais, et son cousin Achard, capitaine d'Ambrières; David d'Argentan, Hugues de Grentemesnil, Onfroy du Tilleul, son beau-frère, Richard et Jean de Courcy, Foulques de Lisores, Robert de Pontchardon, Robert d'Ouilly, le seigneur de Tournebu, Guillaume, Yves et Raoul de Taillebois, Renault de Bailleul, Guillaume de Briouze, les La Pommeraye, les Vieuxpont, les Bardoul, les Rupierre, les Tilly, tous de l'Hiémois ou du Houlme ; Guillaume de Moulins-la-Marche, Ingenulfe de Laigle, les seigneurs de la Ferrière-sur-Rille et de Glos-la-Ferrière. Là se trouvaient aussi, Geoffroy, fils de Rotrou II, comte de Mortagne, et son vassal le seigneur de Soligny (6). Guillaume Fitz-Osbern commandait le deuxième corps (7).

Dans la charge, Engenulfe de Laigle tomba frappé à mort. La bataille fut sanglante et longtemps indécise ; enfin, après d'héroïques efforts, la victoire se prononça pour les Normands. Le roi Harold, qui avait lutté avec un courage intrépide, périt dans la mêlée.

Ainsi commencée, la conquête de l'Angleterre allait se poursuivre jusqu'à l'écrasement complet de la race saxonne.

Après s'être fait sacrer roi à Londres, le duc Guillaume, avant de réduire les provinces du Nord et de l'Ouest, revint momentanément en Normandie, en 1067 (8). Il avait laissé le pouvoir à son frère l'évêque Eudes de Bayeux, et à Guillaume Fitz-Osbern, auxquels fut adjoint, comme conseiller, Hugues de Grentemesnil (9).

---

(1) Gosselin de Montgomery donna, en 1090, à l'abbaye de Saint-Martin de Sées, la dixme de toute la terre qu'il tenait en Angleterre du comte Roger de Montgomery. — Charte CCXLIII.

(2) Il fit en Angleterre des donations au monastère de Péveleye.

(3) Il fut témoin d'une charte consentie par Mathilde, femme de Guillaume le Conquérant. — *Monasticon Anglic.*, t. II, p. 546.

(4) Il figure dans une charte intéressant les possessions de Saint-Martin de Sées en Angleterre. — Charte CCLI.

(5) Gosselin, Guillaume, Raoul et Ansfrid de Montgomery étaient certainement des collatéraux du mari de Mabile, issus de Roger Ier de Montgomery.

(6) Consulter : Léopold Delisle, *Liste des compagnons de Guillaume le Conquérant* ; Brompton, *Chronique* ; Duchesne, *Recueil des Historiens de Normandie* ; Le Mégissier, *Chronique de Normandie.*

(7) Wace, dans son *Roman de Rou*, se trompe en mettant à sa tête Roger de Montgomery.

(8) Le départ du roi Guillaume s'effectua par Pévensey dont la garde avait été confiée à Onfroy du Tilleul.

(9) Grentemesnil avait pour collègues Hugues de Montfort, Gautier Giffard et Guillaume de Varennes, qui fut comte de Surrey. Ce dernier était le frère d'Erneiz de Coulonces, père de Roger de Varennes qui fut moine à Saint-Evroult.

Roger de Montgomery, régent de la Normandie, reçut à Rouen son souverain, qui célébra les fêtes de Pâques à Fécamp et y tint sa cour. Les seigneurs, qui n'avaient pas passé la mer, y furent conviés et admirèrent les vases d'or et d'argent rapportés d'Angleterre, les cornes à boire des Saxons (1), et les broderies à l'aiguille, en fils d'or, dans lesquelles excellaient les femmes anglaises (2). Le duc-roi assista le 1er mai, dans l'Hiémois, à la consécration de l'église abbatiale de Saint-Pierre sur Dives.

Pendant ce temps, l'évêque Eudes, qui était très loin d'avoir les qualités que lui prête Guillaume de Poitiers, Guillaume Fitz-Osbern et leur conseil, fiers de leur puissance, fermaient les oreilles aux plaintes des Anglais vaincus qui, accablés de spoliations, d'outrages et de vexations de toute sorte, ne pouvaient obtenir justice (3). Les souffrances des gens de tout rang étant intolérables, les Saxons tentèrent de s'affranchir du joug normand (4).

Cette nouvelle précipita le retour de Guillaume. Ayant besoin de préposer au gouvernement des places fortes de la province de Sussex un guerrier renommé, et d'avoir, près de lui, un homme sur les conseils de sagesse duquel il put compter, il se décida à emmener Roger de Montgomery (5). En l'absence de ce dernier, il délégua, sur la frontière du Sud et dans l'Hiémois, tous les pouvoirs de son mari à Mabile de Bellême, chargée en même temps de surveiller les agissements des Manceaux. Rien ne peut donner une plus haute idée de la châtelaine d'Alençon que la mission confiée à cette jeune femme (6).

Roger de Montgomery prit pour compagnons d'armes quelques vassaux de l'Alençonnais et de l'Hiémois (7) : Robert Picot, seigneur de Say, près Argentan (8), Corbet, seigneur en partie

---

(1) « *Cernebant vasa aurea et argentea... aut cornibus bubalinis.* » — Guill. de Poitiers.

(2) « *Anglicæ nationis fœminæ multum acu et auri valent textura, viri egregie in omni valent artificio.* » — Ibid.

(3) « *Nimia, cervicositate tumebant et clamores Anglorum despiciebant.. Armigeros suos immodicas prædas et incestos raptus facientes vi tuebantur.* » — Ord. Vit.

(4) *Monasticum Anglicanum*, II, 221.

(5) Ord. Vit., II, 178.

(6) Cette mission est certaine, car Mabile seule exerça l'autorité de son mari. Le jugement de Durand, abbé de Troarn, sur Mabile, est conforme aux faits.

(7) « *Guillelmum cognomine Pantulfum, et Picotum, atque Corbatum, filiosque ejus Rogerium, et Rodbertum, aliosque fideles.* » — Ord. Vit., II, 220.

(8) « *Robertus de Sayo qui cognominatur Picot* », porte une charte de Saint-Martin de Sées. Ce Picot, qui avait épousé Damerun, reçut de Roger de Montgomery vingt-neuf manoirs dans le Shropshire. Son fils Robert épousa Adèle, veuve de N... de Coësme. — *Cart. de Saint-Martin*, charte CXVIII. — Il en eut deux fils Robert et Henri. Leur famille donna à l'abbaye de Saint-Martin les églises de Say, d'Urou et de Juvigny près Argentan. — Chartes CCII, CCIV, CCV.

Un rameau de cette famille, très marquante en Angleterre, où elle posséda le comté d'Essex et s'allia aux Magneville et aux Bohun, a passé en Bretagne au commencement du xive siècle, et y a possédé les fiefs de la Motte, de Plédran, etc.

de Boitron près, Essai (1), Guillaume Pantoul, seigneur de Noron,
près Falaise (2), Guérin le Chauve, frère de Renault de Bailleul (3).

Avant de s'embarquer avec eux (4), il se rendit, accompagné de
son fils Robert de Bellême, à Troarn. Il confirma et augmenta ses
libéralités à l'abbaye. Il lui donna notamment toute la terre de
Troarn (5), l'alleu de Bures, les propriétés de sa mère exceptées (6),
les églises de Touffréville, Sannerville, Janville, Saint-Pair, avec tout
le domaine dont sa mère avait l'usufruit (7), Saint-Sanson (8), Saint-
Sylvain, Renémesnil (9), Réville (10), Crocy (11), Trun (12), Goulet (13),
la dixme de sa forêt de Gouffern et de Montgomery (14). Roger
ajouta à ces dons les marais de Troarn, et, pour bien marquer jusqu'où
s'étendait la propriété des moines, et que le souvenir en fût gardé,
il jeta à cet endroit, dans l'eau bourbeuse, son fils Robert, vêtu de
gris pour la circonstance (15).

La charte fut signée par le roi et la reine d'Angleterre, par leur
fils Robert, par le donateur et Robert de Bellême. A ce moment
aussi le vicomte d'Exmes fit ratifier par le souverain les donations
consenties à Saint-Martin de Sées.

Ces précautions prises, Roger s'embarqua, avec Guillaume devenu
le Conquérant, au port de Dieppe, par une froide nuit de décembre
1067. Il suivit à Londres, pour les fêtes de Noël, le prince qui y
accueillit, avec la plus grande amabilité, les chefs et les seigneurs
saxons (16).

Roger de Montgomery reçut, au sud de l'Angleterre, sur la Manche,

---

(1) Girard Corbet autorisa son vassal, Roger dit le Renard, à donner à Saint-Martin de
Sées deux parts de la dixme de Boitron — charte L. — Robert et Girard Corbet, et Jean
Burnet, possesseurs du moulin seigneurial de Boitron, vivaient en 1095. — Charte XLIX.

(2) Pantoul, fils de N... et de Béatrice, était aussi seigneur d'Aubry-le-Panthoul et de
Roiville.

(3) Guérin le Chauve devint vicomte de Shrewsbury et son fils Hugues lui succéda dans
cette dignité. « *Hugo filius Guerini, vicecomes de Scroberia* », est témoin, en 1098, de la donation de l'église de Saint-Nicolas de Pembrock à Saint-Martin de Sées.

(4) *Rogerius vicecomes... quia mare erat transiturus cum rege...* » — Charte II du *Cartulaire.*
Voy. A. Sauvage, *L'abbaye de Saint-Martin de Troarn.*

(5) « *Troarnus ipse totus in integro.* » — Ibid.

(6) « *Deinde de Buris, excepta parte matris.* » — Ibid.

(7) « *Cum omni terra quam mater ipsius Rogerii tenet in villa sua.* » — Ibid. Bures, Touffréville, Sannerville, Janville, Saint-Pair, paroisses du canton de Troarn (Calvados).

(8) Saint-Sanson-en-Auge, canton de Dosulé (Calvados).

(9) Saint-Sylvain, Renémesnil, canton de Bretteville-sur-Laize (Calvados).

(10) Réville, canton de Quettehou (Manche).

(11) Crocy, canton de Morteaux-Coulibœuf (Calvados).

(12) Trun, chef-lieu de canton (Orne).

(13) Goulet, canton d'Ecouché (Orne).

(14) « *Cum decima totius redditionis de Gulferno et de Monte-Gomerico.* »

(15) « *Ubi... Rogerius... projecit filium suum Robertum de Belesme, vestitum pellicio nigro
in aquam, in testimonium et memoriam quod dominatio abbatis et monachorum usque illuc se
extendebat.* » — *Coutumes des marais de Troarn,* charte XVIII du *Cartulaire.*

(16) Mathieu Paris, *Vitæ abbatum Sancti Albani.*

une partie de l'ancien territoire des rois saxons de Sussex, avec la ville d'Arundel, dont il fut fait comte, et celle de Chichester (1). On lui donna, dès lors, en langue vulgaire, le titre d'*Earl* qui, sous la dynastie saxonne, appartenait aux gouverneurs de *Shires* ou provinces (2).

Il ne resta pas longtemps en repos, car, dans le courant de l'année 1068, il accompagna le roi à la conquête des contrées encore libres. Guillaume le Conquérant, allant au plus proche, marcha d'abord vers le Sud-Ouest, et attaqua la ville d'Exeter, où la mère d'Harold s'était réfugiée après la bataille d'Hastings. Roger de Montgomery se signala pendant ce siège que l'héroïsme des Anglo-Saxons rendit très sanglant. La ville fut livrée par trahison.

Les vastes provinces du Nord, toujours indépendantes, offraient un asile aux vaincus, appuyés par le roi d'Ecosse Malcolm Kenmore. Elles furent ensuite soumises après une lutte longue et difficile.

La conquête du Nord-Ouest fut alors entreprise. Elle nous intéresse tout particulièrement, car Roger de Montgomery devait y jouer un rôle considérable. Pour la bien comprendre, quelques détails rétrospectifs sont nécessaires.

Sous le règne d'Edouard le Confesseur, un Normand, Richard fils de Scrob, avait reçu d'importantes possessions dans la province de Hereford, et y avait construit un donjon. Au débarquement du duc Guillaume, Richard s'entendit avec quelques châtelains de même origine que lui, et, réunissant ses hommes d'armes aux leurs, il fit de son château, centre de terreur et d'oppression (3), la base d'opérations destinées à soumettre au conquérant les villes et contrées voisines. C'est ainsi qu'il s'empara de la ville de Shrewsbury, chef-lieu du Shropshire, très importante à cause de sa forte position et de sa situation sur les confins du pays de Galles.

Contre Richard et ses seïdes, que les chroniques appellent les châtelains de Hereford (4), s'était levé, en 1067, un jeune chef saxon, Edrik, fils d'Afrik, appelé « sauvage » (5) parce que, réfugié dans les bois, il y avait organisé la résistance (6). Il groupa ses compatriotes autour de lui, s'entendit avec ceux de la province, restée indépendante, de Chester, et fit alliance avec les Gallois, populations celtiques, ennemies, jusque là, des Saxons (7).

(1) « *Rex... Rogerio de Monte-Gomerici in primis castrum Arundellum et urbem Cicestram dedit.* » — Ord. Vit., II, 220.

(2) « *...Of the conquered territory, Roger recived a large part of Sussex as Earl of Arundel.* » — Thomas Auden, *Shrewsbury a historical and topographical account of the town*, p. 20.

(3) « *...Centre of terror and oppression to the surrounding district.* » — Ibid., p. 18.

(4) « *Herefordenses castellani.* » — Chron. Sax. frag. ed. Lye.

(5) « *This was Edrik, known as Silvaticus, or Savage, or Guilda, or Wild, and who must be reckoned as among the heroes of Shropshire.* » — Thomas Auden, *Shrewsbury Historical*, p. 18

(6) *Monasticum angl.*, t. II, p. 221.

(7) « *Accitis sibi in auxilium regibus Wallanorum.* » — Florent. Wigorn.

Sous le commandement d'Edrik, le héros du Shropshire, dont les exploits sont restés légendaires (1), la forteresse de Shrewsbury fut reprise aux Normands (2), refoulés vers l'Est. Edrik s'y établit, mais, en 1069, le roi Guillaume, venant de Lincoln, avec Roger de Montgomery et l'élite de son armée, vainquit les Saxons à Stafford, au pied des montagnes, sur les confins Est du Shropshire qui fut envahi.

Le siège fut mis devant Shrewsbury, et, après des combats dans lesquels cinquante maisons furent détruites (3), les habitants durent capituler et rendre leurs armes. Cependant Edrik, errant avec ses soldats sur les montagnes et dans les forêts, continua la lutte et harcela l'ennemi.

En 1070, Raoul de Mortemer surprit le chef saxon, le fit prisonnier, et, comme il refusa obstinément de se soumettre, tous ses biens furent confisqués (4).

S'étant ainsi emparée du Shropshire, l'armée normande passa, à l'Ouest de Shrewsbury, la tranchée d'Offa, antique frontière qui, depuis le huitième siècle, avait séparé les possessions saxonnes des terres galloises (5). La conquête en fut commencée par la construction d'un château, situé à seize milles de Shrewsbury, qui reçut le nom de Montgomery (6), par égard pour le chef de l'expédition.

Roger de Montgomery fut investi du comté de Shrewsbury (7), comprenant le Shropshire, et de tout le pays conquis sur les Gallois, avec mission de poursuivre sans relâche la soumission de la Cambrie (8).

Il s'établit en conséquence à Shrewsbury, et, pour apprécier l'œuvre qu'il y accomplit, il importe que nous connaissions bien cette antique et pittoresque cité. Poste militaire breton d'abord, ensuite capitale des princes de Powis, sous le nom de Pengwern (9), elle était devenue, sous la dynastie saxonne, chef-lieu d'un *shire*.

(1) « *His exploits took firm hold of the popular mind. ad survive not only in the history but in the legends of the county.* » — *Shrewsbury Historical*, p. 18.

(2) « *Gualli et cestrenses præsidium regis apud Scrobesburiam obsiderunt, quibus incolæ civitatis, cum Edrico cognomento Guilda, aliisque ferocibus Anglis, auxilio fuerunt.* » — Ord. Vit.

(3) *Extracta ex Domesday-book,* apud Rer. anglic., script. édit. a Gale, p. 773.

(4) « *Et quia idem Edrikus noluit conquæstui parere...* » — *Monast. angl.,* t. II, p. 221.

(5) « *Postquam Normanni, bello commisso, Anglos sibi subjugaverunt, Walloniam suo imperio...* » — *Gesta Stephani regis.*

(6) Ce château fut construit par un chef normand appelé Baudouin. — Pennaut's, *Tour in Wales,* t. II, p. 348.

(7) « *Cui (Rogerio) postea comitatum Scrobesburiæ quæ in monte super Sabrinam fluvium sita est.* » — Ord. Vit., II, 220. — « *Ipse comes Rogerius tenet de rege civitatem Sciropesberie et totum comitatem et totum dominium quod rex Edwardus habebat.* » — *Domesday-Book,* p. 252.

(8) Nom latin du pays de Galles.

(9) Thomas Auden, *Shrewsbury Historial,* p. 7-10. — Le nom de Shrewsbury a subi de nombreuses variations : Scrobbesbyrig, Schrobbesbury, Slopeshurie, Salop, Shrewsbury. C'est de la première forme que vient le nom du comté.

Elle s'élève sur une montagne, encerclée aux trois quarts par une boucle du principal fleuve de l'Angleterre, la Sévern, qui en fait une presqu'île. Le côté ouvert de la boucle, formant isthme, est situé au nord. Il est relativement étroit, et présente une importance stratégique considérable, puisqu'il constitue le seul accès. C'est là qu'avait été construit le château défendu par Edrik, et c'est là que Roger de Montgomery en construisit un nouveau, très vaste, puisque, pour l'édifier, il fit abattre cinquante et une maisons. Ce château était défendu par des tours rondes et carrées (1). Le porche, qui donnait accès de la cour extérieure, où s'élevait une chapelle dédiée à Saint Nicolas détruite vers 1870, dans la cour intérieure, existe encore (2).

La ville, ceinturée par la Sévern, était entourée d'une muraille, percée à l'orient et à l'occident de deux portes très fortifiées, auxquelles des ponts donnaient accès. Près de la porte orientale s'élevait une église de bois (3).

L'Earl Roger distribua des fiefs à ses compagnons d'armes, chefs et soldats, dont quarante-trois familles s'installèrent à Shrewsbury. Il prit, pour vicomte, Guérin le Chauve, petit homme fort vaillant, auquel il donna en mariage sa nièce Amiéria (4), conféra des charges à Picot de Say, à Corbet et à Guillaume Pantoul (5), et les fit entrer dans son conseil où trois savants clercs : Gondebault, Odélérier, originaire d'Orléans, père de l'historien Ordéric Vital, et Herbert étaient très écoutés (6).

Le grand comte (7) eut une situation prépondérante parmi les puissants seigneurs de l'Angleterre (8). Aidé de ses fidèles, il entreprit et mena à bien une œuvre difficile de conquête, d'organisation et de pacification. Le vicomte Guérin eut mission de traquer les Saxons, restés insoumis, et de faire la guerre aux Gallois (9),

Les Saxons armés, héroïques débris des bandes d'Edrik, s'étaient réfugiés dans les forêts, avec leurs familles et leurs serviteurs, et, devenus des brigands selon les chroniqueurs normands (10), ils atta-

(1) Ancienne gravure reproduite par le *Shrewsbury Historical*, p. 28.

(2) *Shrewsbury historical*, p. 15, 50. — Communication de miss H. M. Auden, Fellow of the Royal Historical Society.

(3) C'est la seule dont parle Ordéric Vital, mais il y en avait certainement plusieurs autres à Shrewsbury.

(4) « *Warino autem calvo, corpore parvo, sed animo magno, Amieriam neptem suam, et præsidatum Scrobesburiæ dedit.* » — Ord. Vit., II, 220.

(5) « *Guillelmum cognomenta Pantulfum, et Picodum, atque Corbatum, filiosque ejus Rogerium et Rodbertum, aliosque fideles, fortissimosque viros comitatui præfecit.* » — Ibid.

(6) « *Tres sapientes clericos : Godebaldum et Odelerium, ac Herbertum diutius secum habuit, quorum consiliis utiliter paruit.* » — Ibid.

(7) « *Great Earl.* » — *Shrewsbury Historical*, p. 23.

(8) « *Inter maximos optimates maxime floruit.* » — Ord. Vit., ibid.

(9) Ord. Vit.

(10) « *Sicarii, latrones, latrunculi.* »

quaient les conquérants pour venger la mort des leurs, et les dépouillaient pour les punir de leur ruine (1).

Les vaillantes populations galloises, restes du grand peuple breton qui, avant les Saxons, avait possédé l'Angleterre, défendaient, de leur côté, avec énergie, leur dernier coin de terre. Elles portaient en elles une foi invincible dans leurs glorieuses destinées, prédites par les bardes. Leur bravoure, les montagnes, qui opposaient leurs barrières aux envahisseurs, leur permirent longtemps de résister.

La chronique saxonne atteste que les Anglais souffrirent, du temps du roi Guillaume, de très grandes oppressions, mais que, malgré sa rudesse, le Conquérant était le personnage le plus respectable « de sa cohorte étrangère » (2). Nous voulons croire qu'après la lutte farouche, l'esprit de justice et la modération de Roger de Montgomery tempérèrent, dans ses possessions, les rigueurs exercées contre les vaincus (3).

Dans le temps où le mari de Mabile de Bellême devenait comte de Shrewsbury, Eudes, évêque de Bayeux, recevait le comté de Kent, Robert, comte de Mortain, celui de Cornouailles, Hugues de Grentemesnil était fait vicomte de Leicester, les fils d'Engenulfe de Laigle étaient apanagés à Pévensey, et Guillaume de Moulins-la-Marche était doté, dans le Nord, d'un important domaine près de Nottingham, non loin du pic où Péverel accrochait son donjon aux rochers.

---

(1) « *Pro amissis patrum suorum prædiis et occisis compatriotis.* » — Ord. Vit.

(2) John Lingard, *Hist. d'Angl.*, trad. Baxton, p. 202.

(3) L'un des Normands qui se signalèrent le plus par leur rapacité féroce, fut Yves de Taillebois, dont les méfaits sont restés légendaires : « *Torquens et tribulans, angens et angarians, insurcerans et excrurians...* » — *Historia Ingulf.* Croyland, ap. Rer. anglic. Script., t. I, p. 71, éd. Gale.

CHAPITRE XVIII

Mabile de Bellême augmente les défenses de la frontière
La calomnie fait son œuvre contre elle

Mabile de Bellême construit la forteresse de La Roche-Mabile. — Bruits calomnieux créés par la mort d'Ernault Giroie d'Echauffour. — Revenu d'Italie, ce seigneur se rend, avec un sauf-conduit, à la cour ducale. — Il est ramené à la frontière par Gilbert de Montgomery qui meurt à Rémalard. — Giroie, seigneur de Courville, Guillaume Gouet, seigneur de Montmirail, et Ernault d'Echauffour tombent malades à Courville-en-Beauce. — Les deux premiers guérissent. — Ernault meurt en 1068. — La famille d'Ernault Giroie accuse Mabile de Bellême de l'avoir fait empoisonner. — Ordéric Vital adopte cette accusation et la présente comme une certitude. — Ce qu'il faut en penser.

Tandis que Montgomery devenait un des plus puissants seigneurs de l'Angleterre, et y tenait un poste de combat, sa femme, la comtesse Mabile, tout en élevant ses nombreux enfants, commandait, avec une inlassable énergie, sur la frontière normande.

Se faisant, à l'exemple de ses pères, ingénieur militaire, elle substituait au château que les Giroie avaient construit sur le sommet de la Roche d'Igé, qui dominait la frontière et faisait face aux possessions de Geoffroy de Mayenne, une forteresse de premier ordre.

Un donjon carré, aux murs de trois mètres d'épaisseur, enserré dans trois enceintes, fut campé sur les rochers, et protégea la bourgade, bâtie au pied de la colline, que des remparts entourèrent. Avant d'être un prieuré de Saint-Martin de Sées, l'église de la petite ville fut une collégiale. Elle est debout et a conservé un charme plein de poésie et de douceur.

En dehors de ce monument, il reste bien peu de la cité qui, du nom de sa fondatrice s'appelle la Roche-Mabile : quelques chaumières, les rues encore distinctes, les pieds droits d'une porte, des pierres moulurées, des chapiteaux trapus, taillés pour supporter des arcatures romanes. La ceinture de ses murailles est en lambeaux (1).

Au sommet de la butte, le donjon, qui regardait le Maine, se devine encore. Là, souvent, Mabile vint, pressentant le danger, interroger l'horizon.

(1) Florentin Loriot, *Une église champêtre : La Roche-Mabile.*

Se doutait-elle que, dans ce temps, se formait une légende, créée par la mort récente d'Ernault d'Echauffour, le fils de Guillaume Giroie, qui, après la disparition de son oncle Robert, avait, avec l'aide des Angevins, défendu Saint-Cénery contre le duc Guillaume et, plus tard, avait été condamné à l'exhérédation et à l'exil ?

Pour juger les événements qui se rapportent à cette mort, tels qu'ils sont racontés par Ordéric Vital, il ne faut pas perdre de vue un instant quelques données incontestables :

Au onzième siècle, les passions étaient excessives, et plus d'un acte criminel fut considéré par son auteur comme une mesure de bonne guerre, de sauvegarde, ou comme un retour de fortune. De là, une tendance aux soupçons et aux accusations téméraires.

Ordéric Vital déteste les Bellême. Il est enclin à un amour du merveilleux qui l'incite à substituer aux causes naturelles des causes extraordinaires. « Il se laisse entraîner par l'imagination et confond alors ce qui s'est fait avec ce qui s'est pu faire (1). »

Abordons les faits :

On se souvient qu'Ernault d'Echauffour, réfugié, pendant trois ans, dans la Beauce, à Courville, avait porté le meurtre et l'incendie dans l'évêché de Lisieux, sans ménager l'abbaye de Saint-Evroult. Se repentant de l'attentat commis contre le monastère, après diverses pérégrinations employées à exciter les voisins de la Normandie contre elle (2), il était parti pour la Pouille. Sa femme, Emma, fille de Turstin Halduc, fondateur de l'abbaye de Leslay, au diocèse de Coutances, s'était retirée alors, avec ses enfants, chez son frère Eudon, vicomte du Cotentin (3).

En 1067, Ernault revint d'Italie, enrichi par les libéralités de ses proches (4), reçut, comme précédemment, l'hospitalité dans la Beauce, au château de Courville, chez son cousin Giroie, seigneur de ce lieu, et demanda à Guillaume le Conquérant qui, de retour d'Angleterre, se trouvait à Rouen, un sauf-conduit pour se rendre à sa cour.

Le prince y consentit, et Gilbert de Montgomery, beau-frère de Mabile de Bellême, chevalier renommé, fut désigné pour aller le

---

(1) Léopold Delisle, *Notice sur Ordéric Vital.*

(2) « *Inde — Corbœvillæ — per Corbonienses, et Drocenses atque Morinos... injuriam expulsionis suæ forti werra vindicaverat.* » — Ord. Vit., II, 108.

(3) Trente ans après la mort de son mari, Emma, qui avait plusieurs fils et filles, se fit religieuse. Son fils aîné Guillaume, après avoir été écuyer du roi de France Philippe Ier, se maria richement en Pouille où, perdant l'esprit de retour, il se fixa. Nous parlerons plus loin de Renault, le plus jeune.

Deux de ses filles se firent religieuses : Pernelle à Sainte-Marie d'Angers, Géva à la Sainte-Trinité de Caen.

(4) « *Prospere remeavit.* » — Ord. Vit., II, 106.

chercher à la frontière et l'y ramener (1). Ce détail très caractéristique prouve que le roi prenait ses précautions.

L'exilé offrit au souverain un manteau précieux (2), et le supplia humblement de lui rendre ses biens. Guillaume, qui ne pouvait songer, intention que lui prête Ordéric Vital, à utiliser contre les Manceaux un guerrier dont la famille et lui-même avaient sans cesse pactisé avec eux (3), s'adoucit cependant, lui fit de vagues promesses (4), et, en attendant une solution (5), l'autorisa à aller et venir, sous sûre escorte, de la frontière à la cour.

Gilbert de Montgomery devant passer, avec Ernault qu'il reconduisait, par Echauffour, il était naturel que Mabile, prévenue de ce fait, donnât l'ordre aux serviteurs du château d'offrir une réfection à son beau-frère et à son compagnon, ce qu'elle fit (6).

« Un certain ami » d'Ernault (7) qu'Ordéric Vital néglige de faire connaître, ce qui eut été cependant indispensable, apprenant cette attention, s'en défia, et flairant une ruse (8) prévint l'exilé. Il lui conseillait de ne rien accepter pour éviter le danger du poison.

Ici, le chroniqueur, pénétrant dans les appartements de Mabile, nous la montre, aussi nettement que s'il l'avait vue, manipulant en secret quelque drogue mortelle, et la mélangeant aux mets et à la boisson qu'elle destinait à Ernault (9), au risque d'intoxiquer, ce qui était fatal, son propre beau-frère.

Cependant, les voyageurs parvinrent à Echauffour, et, pendant que l'exilé causait avec quelques amis, des officiers du château l'invitèrent à manger et à se raffraichir. Il se souvint de l'avertissement reçu et refusa.

Gilbert, au contraire, qui ne se doutait de rien, altéré et échauffé par la course, prit, sans descendre de cheval, le hanap qu'on lui offrait, et le vida (10). Le surlendemain, il serait mort à Rémalard (11) où il s'était rendu.

Ordéric Vital en a conclu qu'il avait été empoisonné (12). Il aurait pu penser que l'ingestion d'une boisson froide par un homme en

---

(1) « *Gislebertus... qui prædictum Ernaldum conducebat.* » — Ibid.

(2) « *Preciosissimam pallam præsentavit.* » — Ibid.

(3) « *Recolens suam contra Cenomannos... proborum militum paucitatem.* » — Ibid.

(4) « *Ernaldus itaque vana ducis promissione percepta lætatus est...* » — Ibid.

(5) « *Usque ad statutum terminum.* » — Ord. Vit., II, 106.

(6) « *Refici jussit.* » — Ibid.

(7) « *Per quemdam amicum.* » — Ibid.

(8) « *Doli conscium.* » — Ibid.

(9) « *Nam Mabilia Talavacii filia lethali veneno cibum et potum infecit.* » — Ibid.

(10) « *Qui penitus doli nescius erat, scyphum accepit, super equum residens, merum bibit.* » — Ibid.

(11) Rémalard, chef-lieu de canton (Orne).

(12) « *Veneno infectus tertia die obiit.* » — Ord. Vit., II, 106.

sueur suffit, dans certains cas, pour le tuer. Combien d'autres causes très naturelles peuvent amener une mort foudroyante !

A quelque temps de là, à Courville, Giroie, seigneur de ce lieu, et ses hôtes : Guillaume Gouet, seigneur de Montmirail, d'Auton et de la Basoche, et Ernault d'Echauffour se trouvèrent souffrants. Giroie et Guillaume, dont le premier était chez lui, et l'autre à proximité de son domicile, eurent seulement une indisposition légère parce que, dit Ordéric Vital, dont on sent ici l'embarras, ils furent libres de se faire traiter par les médecins à leur guise (1). Il n'en fut pas de même d'Ernault, ajoute le chroniqueur. Recevant l'hospitalité chez autrui, un parent et un ami cependant où il avait passé trois ans, il ne put suffisamment se soigner (2).

Son état s'aggrava, et il expira, après quelques jours, aux calendes de Janvier. La veille de sa mort, comme il était seul dans la chambre où il était couché et ne dormait pas, un beau vieillard, qu'il prit pour l'évêque Saint Nicolas, lui apparut et lui dit : « Mon frère, ne te préoccupe pas de ta santé, car tu mourras sûrement demain ; pense au jugement, et prépare de toutes tes forces le salut de ton âme » (3).

Ernault, ainsi averti, demanda immédiatement l'assistance des moines de Saint-Evroult qui lui envoyèrent Foulques de Guernauville (4). Ce dernier l'exhorta, reçut ses vœux de religion, et, entré ainsi dans l'ordre de Saint-Benoît, l'ancien seigneur d'Echauffour mourut avec joie, repentant de ses fautes, et fut inhumé, avec honneur, à Saint-Evroult.

Le décès d'Ernault et l'indisposition de Giroie de Courville et de Gouet de Montmirail étaient, d'après Ordéric Vital, la conséquence d'un même crime ; de là la gêne avec laquelle le chroniqueur a cherché à expliquer l'évolution si différente d'un mal identique :

« Mabile, voulant mener à bien sa tentative manquée à Echauffour, avait préparé des boissons empoisonnées que Goulaffre (5), un chevalier du pays d'Ouche, écuyer d'Ernault, gagné par les promesses et les prières de la fille de Talvas, avait servies à Giroie et à ses hôtes (6). »

---

(1) « *Sui curam ad libitum suum exercere potuerunt.* » — Ibid., 105.

(2) « *Nec sui curam in extraneis penatibus sufficienter exercere poterat.* » — Ibid.

(3) « *Quemdam seniorem pulcherrimum — quem S. Nicolaum præsulem ratus est, manifeste, non in somniis vidit.* » — Ibid.

(4) Guernauville, canton de Breteuil (Eure).

(5) Roger Goulaffre, seigneur du Mesnil-Bernard, aujourd'hui la Goulaffrière, qui avait donné à Saint-Evroult l'église de sa seigneurie sous l'impulsion de Guillaume Giroie, s'était brouillé avec le monastère depuis l'élection de l'abbé Osbern.

(6) « *...Pestiferas potiones hæc preparavit ; ille autem — Rogerius Gulafra — Ernaldo domino suo et Geroio de Corbævilla atque Willermo cognomento Goiet de Monte-Miralio propinavit. Sic una tabe tres proceres apud Corbævillam simul Infecti sunt.* » — Ord. Vit., II, 107

Telle est l'accusation formulée sans l'ombre d'une preuve, ni même d'un commencement de preuve, que tous les historiens ont adoptée (1) de confiance sans se demander quelle en était la source.

Ordéric Vital n'était pas né au moment de ces événements, Il en recueillit les détails de la bouche d'un moine infirme, et bien intéressant, entré au monastère de Saint-Evroult à l'âge de quinze ans, trois mois avant la mort d'Ernault d'Echauffour, son père. Il y vécut cinquante-deux ans (2).

Ce moine, appelé dans le monde Renault, et en religion frère Benoît, était le plus jeune fils de l'exilé de Courville. Il était très instruit, infatigable au chant des offices, et sa mémoire prodigieuse lui avait permis de garder un souvenir précis de tout ce qu'il avait vu et entendu. Il racontait d'une façon charmante (3). C'était un scrupuleux observateur de la règle. Affable vis-à-vis des doux et des humbles, il était rude pour les orgueilleux et les hypocrites, ce qui lui valut pas mal de tribulations (4).

Deux fois, pour les affaires de l'abbaye, il avait été en Italie où il avait son frère aîné (5) et de nombreux parents, notamment Guillaume du Tilleul (6), abbé de sainte-Euphénie.

Ordéric Vital l'aima beaucoup, et cet attachement, est-il besoin de le dire, augmenta son affection pour les Giroie, fondateurs de son couvent, et son aversion persévéramment manifestée contre la maison de Bellême. Tout religieux qu'il fût, le frère Benoît, qui avait une mémoire si fidèle, lui avait raconté les griefs des siens auxquels il croyait nécessairement. Il les tenait de son père qu'il considérait comme une victime, et dont la mémoire lui était restée d'autant plus chère. Il les avait entendu narrer dans son enfance, à un âge particulièrement impressionnable que revit le vieillard avec prédilection. Il avait nécessairement tout admis sans contrôle, vérités, et faits transformés et déformés par la légende et la haine la plus tenace.

Ordéric est au courant des moindres détails concernant Benoît. Il sait de lui la cause de son infirmité, contractée en jouant à la lutte

---

(1) Les auteurs du *Recueil des Historiens de France* ont été plus loin. Ils ont fait — t. XI préface — de Mabile « une femme fameuse dans l'art des empoisonnements ». Seul, M. Louis Duval, archiviste de l'Orne, a émis un doute sur l'empoisonnement d'Ernault : « Mabile, a-t-il écrit, empoisonna, *dit-on*, Ernault Giroie. »

(2) « *Ratnaldus autem minimus filiorum Ernaldi tribus mensibus ante patris obitum Osberno abbati traditus est... Præfatus puer quinquennis erat cum monachile jugum subiit, et LII annis... fortiter portavit.* » — Ord. Vit., II, 110.

(3) « *Ipse affatim didicit... Memoria vero narrandi quæ viderat vel audierat magnifice viguit, delectabilique rerum narratu... socios multoties lenivit.* » — Ibid.

(4) « *Sæpe conturbatus est infestationibus multimodis.* » — Ibid.

(5) Guillaume, qui s'y était marié, et n'en revint pas.

(6) Fils d'Onfroy du Tilleul.

avec ses frères (1). Il sait les privations supportées par sa famille en exil (2). Il sait aussi, avec quel chagrin, sa mère Emma, dont il vante la vertu, a vu deux de ses filles, remarquablement belles, renoncer au monde et prendre le voile (3). Il gémit sur la race des Giroie, découronnée pour toujours par la mort d'Ernault, et son sentiment est aussi profond que s'il appartenait à cette race (4).

C'est très souvent dans les souvenirs du frère Benoît que le chroniqueur a puisé, acceptant, comme parole d'évangile, ce que le religieux lui disait, y compris les fables énormes insérées dans Guillaume de Jumièges, mais prudemment supprimées dans l'*Histoire Ecclésiastique*.

Le frère Benoît, il est vrai, n'assistait pas aux derniers moments de son père. Une seule personne a recueilli ses suprêmes confidences, a su de lui l'apparition de saint Nicolas : c'est le moine Foulques de Guernauville (5) qui en a fait part au fils du défunt.

Nous voilà donc fixé de la façon la plus sûre. Tout le récit d'Ordéric Vital, vient, par le canal des frères Benoît et Foulques, d'Ernault d'Echauffour. Ce sont les suppositions, les hypothèses du seigneur exilé sur la plainte de Mabile de Bellême, et nécessairement animé contre elle et sa famille des sentiments d'inimitié et de défiance les plus vifs, que le chroniqueur a adoptés, et que, grâce à son imagination, il a revêtu des couleurs de la certitude.

La mort d'Ernault d'Echauffour, qui s'était rendu à la cour ducale où il avait reçu un bon accueil relatif, et qui devait y retourner, ne put passer inaperçue. Si cette mort avait paru suspecte, Guillaume le Conquérant aurait ordonné que le jour fut fait autour d'elle.

A son défaut, la veuve d'Ernault, soutenue par son frère Eudon, vicomte du Cotentin, ou par Hugues de Grentemesnil, vicomte de Leicester, cousin germain de son mari, devait agir. La loi prévoyait et punissait, avec une sévérité particulière les attentats commis contre les personnes se rendant à la cour ducale où en revenant (6). Or rien ne fut fait contre Mabile. Le silence d'Ordéric Vital parle assez haut.

Il y a plus, Roger de Montgomery, la sagesse et la modération

---

(1) « *Ut reliquis fratribus fortior videretur, toto nisu insurgebat.* » — Ord. Vit., II, 111.

(2) « *Coacti sunt inopias... perpeti.* » — Ibid, 108.

(3) « *...Et desolatione suorum optaverunt magis Deo placere...* » — Ibid, 112.

(4) « *Defuncto itaque Ernaldo, tota Geroianorum nobilitas pene corruit, nec ullus posterorum stemma priorum ex integro usque hodie adipisci potuit.* » — Ibid, 108.

(5) « *Ernaldus, Fulcone confestim adveniente... gavisus est, et manifestata revelatione quam pridie viderat sæculoque relicto cum benigna devotione animi monachus effectus est.* » — Ord. Vit., II, 108.

(6) Ch. Haskins, *The Norman « Consuetudines et Justicie ».*

mêmes (1), invita, sept ans après, en 1074, le chevalier Roger Goulaffre, l'ancien écuyer d'Ernault, à une fête religieuse où se trouvèrent Mainier, alors abbé d'Ouche et son prieur. Là, Goulaffre fut,
avec les plus hauts dignitaires ecclésiastiques et laïques, témoin d'une
donation consentie à Saint-Evroult par Guillaume Pantoul, seigneur
de Noron (2). Sa réputation était donc intacte.

Jamais Mabile de Bellême et son mari ne jouirent d'un plus grand
crédit auprès de Guillaume le Conquérant (3).

On voit donc, tout bien pesé, qu'Ordéric Vital porta une accusation téméraire contre la nièce de l'évêque de Sées. Ce n'est pas à la
légère que Durand, abbé de Troarn, a attesté la haute droiture de la
comtesse (4).

Ordéric était coutumier de ces accusations, car il est établi que
l'empoisonnement du duc de Bretagne Conan, raconté par lui dans
tous les détails, est une fable (5).

---

(1) « *Hic — Rogerius de Monte-Gomerici — sapiens et moderatus, et amator æquitatis fuit.* »
— Ord. Vit., II, 220.

(2) « *Ad quam solemniter agendam, dapsili comite invitante, plures illuc accesserant...
Rogerius Gulafra.* » — Ord. Vit., II, 430.

(3) Ord. Vit., III, 300.

(4) « *Grandis prorsus honestas.* » — Ord. Vit., II, 411

(5) « L'empoisonnement de Conan, a écrit justement M. Jean Marx, dans son édition critique de Guillaume de Jumièges, p. 193, note 3, raconté dans tous les détails par Ordéric Vital,
dans Guillaume de Jumièges, liv. VII, ch. 33, et rappelé dans l'*Histoire ecclésiastique*, t. II,
p. 260, *est une fable*.

« Conan, voyant Guillaume le Bâtard, prêt à partir pour l'Angleterre, voulut envahir la
Basse-Normandie. Guillaume aurait imaginé de faire empoisonner les gants et le cornet de
Conan par un de ses chambellans qui avait des terres en Normandie. Il en serait mort. Conan
est mort le 11 décembre 1066, longtemps après le départ de la flotte qui comptait beaucoup
de Bretons. » Cette flotte était partie le 27 septembre.

CHAPITRE XIX

Mabile de Bellême en face du soulèvement du Maine
Tous les fiefs de son aïeul Guillaume 1er Talvas,
prince de Bellême, réunis dans ses mains (1068-1070)

Le Maine s'insurge contre la domination normande. — Massacre et expulsion des Normands. — Un fils d'Azon de Ligurie et de Gersende du Maine, proclamé comte. — Geoffroy de Mayenne prend le pouvoir. — La commune du Mans. — Geoffroy de Mayenne et l'évêque jurent la commune, 1068-1069. — Meurtres et incendies. — Expédition contre le château de Sillé. — Geoffroy de Mayenne trahit la commune. — Expulsé du Mans, il y rentre et est de nouveau chassé. — Complète anarchie. — Restauration de l'abbaye d'Almenèches, 1070. — Ses premières abbesses. — Mort d'Yves de Bellême, évêque de Sées, 1070. — Sa sépulture dans sa cathédrale. — Ce qu'était cet édifice. — Mabile de Bellême hérite du Bellêmois et du Saosnois. — Un don de joyeux avènement à la basilique de Saint-Léonard de Bellême. — Robert de Rye, fils de Hubert nommé évêque de Sées. — Son chapitre et son écolâtre.

Mabile de Bellême avait autre chose à faire qu'à prêter l'oreille aux médisances qui se chuchotaient au pays d'Ouche. Connaissant la turbulence des Manceaux, elle redoutait que, profitant de l'éloignement de Guillaume le Conquérant, retourné en Angleterre, ils ne cherchassent à s'affranchir de sa domination. Ces prévisions ne tardèrent pas à se réaliser.

Une rumeur parvint à Alençon en 1069, annonçant qu'à l'instigation de Geoffroy de Mayenne et d'autres seigneurs, la population s'était soulevée. Onfroy, grand sénéchal du Maine pour le roi d'Angleterre, Turgis de Tracy (1) et Guillaume de la Ferté (2), commandants de la ville et de la citadelle du Mans, avaient été tués. Leurs soldats étaient morts, prisonniers ou en fuite. Partout, on courait sus aux Normands, bien peu de seigneurs leur étaient restés fidèles (3).

Les nouvelles se précisèrent bientôt. Un enfant, fils d'Azon, marquis de Ligurie, et de Gersende du Maine, petit-fils par sa mère

---

(1) Tracy, près Vire (Calvados).

(2) Peut être La Ferté-Macé (Orne).

(3) « *...Seditiosi cives et oppidani confines... arcem urbis... aliosque regis municipes expugnant et ejiciunt. Quosdam perimunt... aliosque vinculis crudeliter injiciunt... Aliqui tamen, licet pauci... Guillelmo regi obediunt.* » — Ord. Vit., II, 254.

d'Herbert Eveille-Chien, avait été proclamé comte, sous le nom de Hugues V. Geoffroy de Mayenne s'était constitué son protecteur, et il commandait au Mans au nom d'Gersende et de son fils qui venaient d'y arriver. Il ne tarda pas à se faire détester par ses abus de pouvoir et par le scandale de son commerce adultérin avec Gersende.

Accablés d'impôts et d'exactions de toute sorte, les bourgeois du Mans se lièrent par des serments en 1070, se soulevèrent et se constituèrent en commune (1). Malgré sa puissance et son habileté politique, Geoffroy, surpris par ce mouvement, fut contraint de céder à la force. En son nom et au nom de son pupille, il jura la commune avec la meilleure intention de la détruire. L'évêque et les principaux habitants de la ville prêtèrent, comme lui, serment de maintenir le nouvel état de choses qui dégénéra bientôt en anarchie sanglante.

Sur le plus léger soupçon, les bourgeois du Mans étaient, sans jugement, mutilés, privés de la vue ou pendus. Les crimes de ce genre furent très nombreux (2). Des troupes armées se réunirent par paroisse, croix et bannière en tête (3), et firent une guerre sauvage aux seigneurs du voisinage qui n'avaient pas juré la commune. Leurs châteaux étaient incendiés (4).

Une expédition de ce genre, dirigée, avec un élan furieux, contre le château de Sillé (5), aboutit à un désastre. Trahis par Geoffroy de Mayenne, les gens de la commune furent saisis de panique. Les bourgeois et leurs auxiliaires prirent la fuite en jetant leurs armes ; beaucoup furent tués, et l'évêque, qu'ils avaient entraîné avec eux, se trouva parmi les prisonniers (6).

Devenu justement suspect aux chefs du Mans, Geoffroy craignant leur ressentiment, abandonna la tutelle de Hugues V, et sortit de la ville. La mère de l'enfant, Gersende, ne put supporter l'absence du seigneur de Mayenne et ourdit un complot pour lui livrer la cité. Un dimanche, avec l'aide de quelques traîtres, Geoffroy se rendit maître d'un fort voisin de la cathédrale et fit une rude guerre aux

(1) « *Consilium inierunt qualiter ejus pravis conatibus obsisterent, nec se ab eo vel quolibet alio injuste opprimi paterentur. Facta igitur conspiratione quam Communiam vocabant, sese omnes pariter sacramentis astringunt.* » — *Gesta Pontif. Cenom. apud Script. rer. gallic. et francic.*, t. XII, p. 540.

(2) « *Cujus conspirationis audacia innumera scelera commiserunt, passim plurimos, sine aliquo judicio condemnantes, quibusdam pro causis minimis oculos cruentes, alios vero... suspendio strangulantes.* » — Ibid.

(3) « *Cum crucibus et vexillis.* » — Ibid.

(4) « *Castra quoque vicina diebus sanctæ quadragesimæ, immo dominicæ, Passionis tempore, irrationnabiliter succendentes.* » — Ibid.

(5) « *Ad castrum Silliacum furibundo impetu diriguntur.* » — *Gesta Pontif. Cenom. ap. cript. rer. gal. et franc.*, t. XIII, p. 540.

(6) « *Ipse quoque episcopus proh ! dolor... mancipatus est.* » — Ibid.

habitants. Ces derniers appelèrent à leur aide Foulques le Rechin, se défendirent à outrance, organisèrent la lutte dans les rues et brûlèrent leurs maisons pour favoriser le siège de la citadelle (1). Geoffroy abandonna la ville, et employa, dès lors, toute son activité contre les Normands et les Manceaux qui leur étaient restés fidèles. Ces événements se passaient en 1071 et 1072.

Tandis que l'anarchie régnait au Mans, et dans tout le pays, où elle se prolongea jusqu'en 1073, le seigneur de Mayenne se voyait méprisé de tous les partis, qu'il avait successivement trahis. Il se retira à son château de **La Chartre-sur-Loir** qu'il avait enlevé à Normand, fils de Dreux de Montoire, son seigneur légitime. Il n'est plus question de lui pendant vingt ans.

On juge combien difficile et précaire fut, dans cette période, la situation de Mabile de Bellême, menacée sur la frontière et dans le Saosnois, par les seigneurs manceaux, ennemis de la Normandie, qui savaient Guillaume le Conquérant et Roger de Montgomery retenus en Angleterre par la continuation de la lutte contre les Saxons et les Gallois. En attendant des secours, il lui fallut, plus d'une fois, sans craindre l'effusion du sang, combattre, vivant bouclier de son pays (2), à la tête de ses hommes d'armes.

Dans ce temps cependant, en 1070, elle achevait la restauration, à Almenèches, de l'antique monastère de moniales, fondé par saint Evroult, illustré par sainte Opportune, et détruit de fond en comble par les pirates normands. Le duc Richard II en avait donné les ruines et l'ancien domaine aux moines de Fécamp. Roger de Montgomery les avait rachetés d'eux pour y placer des religieuses bénédictines, dont la maison fut richement dotée par sa femme et par lui (3). Adélasie en fut la première abbesse (4), elle devait avoir pour successeur une fille de Mabile.

En cette même année, 1070, mourut, chargé d'ans et de mérites, Yves de Bellême, qui, pendant trente-cinq ans, au milieu des difficultés les plus pénibles, avait sagement gouverné l'Eglise de Sées. Peu de temps avant, il avait, d'une main tremblante, apposé

---

(1) Ibid. — Le château du Mans se composait de deux parties distinctes : une grosse tour circulaire dominée par deux autres tours campées sur des mottes artificielles, et appelées le Petit et le Grand Barbet.

(2) « *Hæc scutum patriæ* », dit d'elle Durand, abbé de Troarn.

(3) Les vastes possessions de l'abbaye d'Almenèches s'étendirent dans les châtellenies d'Essai, d'Exmes, de Trun et de Saint-Sylvain. — *Arch. de l'Orne*, H 1360. — « *...Restauravit... comes Rogerius monasterium feminarum apud Almanachias ubi... Sancta Opportuna fuerat abbatissa.* » — *Chron. de Robert de Torigny.*

(4) Cette abbesse fut élue, avant 1070, car sa signature figure à côté de celles de l'évêque Yves, de Roger de Montgomery et de Mabile, sur une charte du monastère de Saint-Martin de Sées antérieure à 1067. — **Charte VI.**

sa signature sur une charte augmentant les droits du prieuré de Planches (1).

Le grand et saint prélat, qui avait eu tant de sollicitude pour les clercs et les moines, avait intéressé Guillaume le Conquérant à son chapitre (2). Il avait été pour beaucoup dans la restauration des abbayes de Saint-Martin de Sées et d'Almenêches. Il fut déposé, revêtu de ses ornements pontificaux, dans le chœur de sa cathédrale, en face du maître-autel (3), lieu réservé aux fondateurs des basiliques.

C'était justice, car la reconstruction de l'église Saint-Gervais avait été l'œuvre de sa vie qui avait été trop courte pour y suffire. Cette œuvre devait être cependant si complètement détruite par un incendie, moins de cent ans après sa mort, que toute grandiose qu'elle fût, on sait à peine ce qu'elle était : Une basilique romane, formant une croix latine, avec trois nefs et un déambulatoire autour du chœur. Des chapelles rayonnaient comme une auréole autour de l'abside. Chacun des deux transepts, appuyé de contreforts, était percé d'une porte au-dessus de laquelle s'ouvraient trois fenêtres, d'élévation égale, décorées intérieurement de deux colonnes avec chapiteau orné de feuillage (4).

La découverte de parties conservées, mais calcinées par le feu, a permis cette reconstitution bien incomplète (5).

Héritière de son oncle Yves, Mabile de Bellême ajouta aux fiefs qu'elle tenait de son père le Bellêmois, replacé sous la suzeraineté directe du roi de France depuis 1060, et le Saosnois. Tous les domaines de son aïeul, Guillaume Ier Talvas, furent ainsi réunis dans ses mains.

Lorsque, pour la première fois, entre son mari et son fils Robert, elle fit son entrée à Bellême, comme princesse du lieu, elle fit, selon l'usage traditionnel de sa famille, un don de joyeux avènement aux chanoines de la collégiale Saint-Léonard. Ils reçurent, en présence de l'évêque de Lisieux et de l'archidiacre Baudoin, une partie de la

(1) Cette charte existe aux archives d'Eure-et-Loir, dans le fond de Saint-Père de Chartres. Elle est célèbre, car la signature « Yves » fut d'abord prise pour celle de saint Yves, évêque de Chartres.

(2) Le duc Guillaume avait donné à Yves, pour l'entretien de deux chanoines, douze livres à percevoir annuellement sur le domaine d'Argentan, vingt-et-un sous sur le tonlieu d'Argentan et soixante sous sur celui d'Exmes. — Ord. Vit., liv. V.

(3) « Sepultus est in odeo cathedralis. » — Gallia christiana, t. XI, col. 703. — Nous avons dit plus haut que la sépulture d'Yves de Bellême fut retrouvée en 1602. — Bry de la Clergerie, liv. II, ch. 3. — Sa crosse portait, outre l'emblème héraldique des Bellême, ces mots : Increpa, obsecra, argue.

(4) H. Marais et H. Beaudoin, Essai Historique sur la cathédrale et le chapitre de Sées, p. 47-48.

(5) En 1870, on a mis à découvert, dans la cathédrale actuelle, la porte romane et les trois fenêtres d'un transept de la cathédrale de l'évêque Yves. On a trouvé aussi les arcades en plein cintre, accompagnées de colonnes, d'une sacristie ou de la salle capitulaire. — Ibid. page 48.

forêt de Bourse, alors appelée la haie d'Aunay, et depuis la haie de Saint-Léonard (1).

Robert de Rye, fils de Hubert, fut nommé évêque de Sées par le roi Guillaume (2). Le chapitre était alors composé des archidiacres Baudoin et Normand, et des chanoines Robert, Richard, Hugues, Renault, Robert, Roger, Geoffroy et Hugues (3). Ce dernier est qualifié écolâtre, terme qui désignait l'ecclésiastique chargé de diriger l'école attachée à la cathédrale, et d'exercer la surveillance sur les écoles du diocèse. Il est donc certain que, dès le temps d'Yves, une école épiscopale avait été rétablie à Sées (4).

Le nouvel évêque Robert voulut porter atteinte aux privilèges de la collégiale Saint-Léonard de Bellême qu'il interdit indûment. Un jugement (5) très sévère de l'archevêque de Rouen condamna, en 1078, ses prétentions, et lui ordonna de réparer l'injure qu'il avait faite au roi de France et au comte Roger en attaquant cette église.

---

(1) « *Rogerius comes, quando Deus attulit illum ad nostros fines, et sua uxor Mabilia, atque suus filius Rodbertus, sicuti nostri naturales seniores, dederunt Ecclesie supra nominate particulam silve Burse que a vicinis circummanentibus nuncupatur Haia Alneti, modo jussu illorum vocitatur Haia Sancti Leonardi.* » — *Arch. de l'Orne*, H 2150.

(2) La liberté des élections épiscopales n'exista pas sous ce prince. — Voy. ch. Haskins, *Normandy under William the Conqueror*.

(3) Abb. P. Barret, *Cartul. de Marmoutier pour le Perche*, nº 12.

(4) L'écolâtre devait être le chanoine Hugues, fils de Sigefroy d'Escures : « *Hugo filius Seifridi, canonicus* ». — Charte XV de Saint-Martin de Sées.

(5) *Arch. de l'Orne*, H 2156.

CHAPITRE XX

Reprise du Maine par les Normands
Robert Courte-Heuse revendique le duché de Normandie
(1073-1081)

Guillaume le Conquérant enrôle des Anglais. — Il convoque à Alençon l'armée normande. — Il entre dans le Maine avec Roger de Montgomery. — Siège de Fresnay-le-Vicomte. — Robert de Bellême armé chevalier. — Dévastation du Maine par les Anglais. — Capitulation du pays, 1073. — Scène extraordinaire à Saint-Ouen de Rouen. — Roger de Montgomery et Mabile à Bellême. — La fête de Saint-Léonard en 1074. — Le comte Roger exerce sa magistrature, 1074-1076. — Robert Courte-Heuse revendique le duché de Normandie. — Robert de Bellême fait partie de sa petite cour. — Pénible scène à Laigle, 1077. — Robert Courte-Heuse veut s'emparer de Rouen. — Siège de Rémalard. — Grandes divisions en Normandie. — Dans le Maine, le comte d'Anjou attaque Jean de la Flèche, 1078. — Roger de Montgomery pacificateur. — Siège de Gerberoy, 1079. — Paix entre Guillaume le Conquérant et son fils aîné. — Roger de Montgomery à la cour d'Angleterre, 1081. — Ses donations religieuses et celles de Mabile de Bellême dans ce pays.

En 1073, Guillaume le Conquérant, ayant enlevé à la cause saxonne les derniers appuis qui lui restaient, put enfin agir pour reprendre le Maine, venger ses soldats massacrés, et punir les traîtres (1).

Prêt à passer le détroit, il ordonna de lever tous les hommes de race anglaise, disposés à le servir pour une solde. Des gens qui n'avaient plus ni feu ni lieu, restes des bandes de partisans, détruites sur plusieurs points de l'Angleterre, s'enrôlèrent sous sa bannière, joyeux d'aller combattre contre des hommes qui, bien qu'ennemis du roi Guillaume, leur semblaient de même race que lui.

En Normandie, tous les possesseurs de fiefs furent convoqués avec leurs vassaux, et rendez-vous leur fut donné à Alençon où devait s'opérer la concentration de l'armée (2).

Le roi qu'accompagnaient Roger de Montgomery, le fils aîné de

---

(1) « ...Ad compescendam hostium invasionem et proditorum rebellionem armis meritam ultionem facere... » — Ord. Vit., II, 254.

(2) « Regali jussu Normannos et Anglos celeriter ascivit... et cum eis Cenomannensem pagum terribilis adivit. »

ce dernier Robert de Bellême, alors âgé de dix-sept ans, et de nombreux chefs, en prit le commandement.

La campagne s'ouvrit par le siège de Fresnay-le-Vicomte (1) au cours duquel le jeune fils de Mabile, qui s'était particulièrement signalé, fut armé chevalier de la main de Guillaume le Conquérant (2). Le seigneur du lieu Hubert de Sainte-Suzanne, vicomte du Mans, fils du vicomte Raoul IV de Beaumont, capitula et rendit non seulement la forteresse attaquée, mais encore celle de Beaumont (3). A son tour, Sillé-le-Guillaume (4) ouvrit ses portes (5).

C'est que les soldats de race anglaise, enrôlés dans l'armée normande, se livraient, avec fureur, à tous les genres de dévastation et de rapine. Dès leur entrée dans le Maine, ils arrachèrent les vignes, abattirent les arbres, incendièrent les villages (6), et la terreur de leurs excès amena une prompte soumission (7).

La plupart des places n'attendirent pas le premier assaut pour se livrer, et quand le roi investit le Mans, les principaux bourgeois lui apportèrent les clefs de la ville (8), et lui prêtèrent serment de fidélité. Guillaume, en retour, leur promit la conservation de leurs franchises municipales (9), mais il ne paraît pas que la commune ait été maintenue, car il n'en est plus fait mention.

Ici se place une anecdote trop curieuse pour être passée sous silence : Revenant du Mans, où il avait accompagné le roi d'Angleterre, l'archevêque de Rouen, Jean, fils de Raoul, comte de Bayeux, était attendu dans l'abbaye de Saint-Ouen de Rouen où il devait officier.

Comme il était très en retard, les religieux prièrent Robert, premier abbé de Saint-Martin de Sées, qui était présent, de dire la messe. Robert accepta, et il était au *Gloria* quand le prélat fit son entrée dans l'église. Furieux de ce qu'on ne l'eût pas attendu, il se précipita vers l'autel et en arracha violemment l'abbé. Cette intervention subite suscita un tel tumulte qu'un domestique effrayé sonna le tocsin.

A cet appel, les habitants du faubourg, croyant que l'archevêque voulait enlever les reliques très vénérées de saint Ouen, accoururent

----

() Fresnay-le-Vicomte, arrondissement de Mamers (Sarthe).

(2) « *...Ibique Rodberto de Belesmia cingulum militiæ præcinxit.* » — Ord. Vit., II, 255.

(3) « *Castra sua Fredernaicum et Belmontem reddidit.* » — Ibid.

(4) Sillé-le-Guillaume, chef-lieu de canton (Sarthe).

(5) Ord. Vit., II, 255.

(3) « *Urbes, vicos et vineas cum frugibus, depopulantes, omnem provinciam debiliorem simul et pauperiorem multo post tempore reliquerunt.* » — Mathieu Paris, I, 8. *Historia major Angliæ*, ap. Script. rer. norm.

(7) « *Cenomannenses territi sunt.* » — Ord. Vit., II. 225.

(8) « *Cives... supplices regi claves urbis detulerunt.* » — Ibid.

(9) *Gesta Pontif. Cenom.* ap. Script. rer. gal. et franc., XII, 541.

en foule. La suite de l'archevêque, en voyant l'église se remplir de gens dont l'agitation était évidente, prit peur, et s'armant des chandeliers et de tout ce qui lui tombait sous la main, attaqua les moines.

La scène prit des proportions telles que le vicomte de Rouen, prévenu, dut s'interposer avec des hommes d'armes, et que le roi se saisit de l'incident (1). L'attitude de l'archevêque était la première manifestation d'une maladie cérébrale qui nécessita, quatre ans après, l'intervention du Pape Grégoire VII, et amena la déposition du prélat.

On pense bien qu'il fut question, à Bellême, de cette incroyable histoire quand l'abbé de Saint-Martin de Sées, sur l'invitation de Roger de Montgomery et de Mabile, s'y rendit le 10 juin 1074 pour la fête de Saint-Léonard, qui y fut célébrée avec une pompe extraordinaire.

Là se rencontrèrent : Hoël, évêque du Mans ; Hugues, évêque de Lisieux ; Robert de Ryc, évêque de Sées ; Ainard, abbé de Saint-Pierre-sur-Dives ; Durand, abbé de Troarn ; Hugues, abbé de Lonlay, et Emma de Montgomery, fille du comte Roger, qui venait de succéder à Adélasie comme abbesse d'Almenèches (2).

Une foule de seigneurs laïques avaient reçu, comme les personnages ecclésiastiques, la large hospitalité du comte (3).

Au milieu de cette cour brillante arrivèrent Mainier, abbé de Saint-Evroult (4), successeur d'Osbern, son prieur Foulques et Guillaume Pantoul, seigneur de Noron, près Falaise. Ce dernier venait prier Roger de Montgomery, son suzerain, de ratifier les importantes donations qu'il avait consenties à l'abbaye d'Ouche. Très gracieusement, le comte se prêta à son désir (5).

Roger fit alors un long séjour à Bellême, devenue sa principale résidence sur le continent (6). C'est là qu'il tenait sa cour et que les vassaux de ses immenses domaines se rendaient pour traiter leurs affaires (7).

Nous voyons, le 25 août 1076, Mabile et lui confirmer, conjointe-

---

(1) Dom Carrouget, *Histoire de l'abbaye de Saint-Martin de Sées.*

(2) Ord. Vit., II, 430. — Emma fut abbesse d'Almenèches de 1074 à sa mort, survenue le 4 mars 1113.

(3) Ord. Vit., II, 430, 431.

(4) L'abbé Osbern était mort le 27 mai 1066. Mainier, fils de Goncelin, d'Echauffour, lui succéda et fut béni par Hugues, évêque de Lisieux, le 16 juillet 1066. C'était un homme studieux et d'une piété fervente. C'est lui qui accueillit, comme novice, en 1085, le jeune Ordéric Vital, âgé de dix ans. Mainier mourut le 6 mars 1089.

(5) Guillaume Pantoul avait donné à Saint-Evroult les églises de Noron, près Falaise, d'Emiéville entre Caen et Troarn, du Mesnil-Baclai, près Livarot, le moulin de Roiville et une partie d'Aubry-le-Panthou, entre la Touque et la Vie.

(6) « *Qui tunc apud Belesmiam manebat.* » — Ord. Vit., II, 430.

(7) « *Qui tunc ad curiam pro diversis negotiis convenerant.* » — Ibid.

ment avec leurs cousins Rotrou II, comte de Mortagne, et les fils de ce dernier (1), les églises de Saosnes, de Courgains et de Saint-Longis, situées dans le Saosnois, à l'abbaye de Saint-Vincent du Mans (2).

Nous voyons le comte Roger, sur la plainte de l'abbé Ranulfe, donner l'ordre à Robert de Poilley (3), sénéchal de sa châtellenie de Lurson, en Saosnois, de faire le procès (4) de Guillaume, fils de Normand de Montrégnier (5), qui avait employé la force pour s'emparer du sol d'un moulin donné à Saint-Vincent par un pauvre homme nommé Hugelet. Une cour de justice, où figuraient de nombreux chevaliers (6), fut réunie à Lurson et Guillaume fut condamné. Une nouvelle sentence frappa sa récidive (7).

Le comte Roger (8) fut trop tôt troublé dans l'exercice de sa magistrature : La campagne de 1073 avait mis en armes autour du prince Robert, fils aîné de Guillaume le Conquérant, que le peu de longueur de ses jambes avait fait surnommer Courte-Heuse (9), une brillante et bouillante jeunesse que son affabilité, son courage et sa générosité ne tardèrent pas à lui attacher.

Robert était dans une situation toute particulière. Il était à la fois, nominalement, comte du Maine et duc de Normandie. En effet, lorsque son père s'était déterminé à envahir l'Angleterre, ce prince avait craint que la sécurité de ses Etats ne fut mise en péril pendant son absence. Pour ce motif, et pour atténuer le mécontentement du roi de France, inquiet de l'augmentation de puissance d'un vassal, Guillaume avait formellement déclaré qu'en cas de succès, la Normandie appartiendrait à son fils aîné. Dès 1066, ce dernier avait souscrit, à ce titre, en faveur de l'abbaye de Marmoutier, une charte où son nom est suivi immédiatement de celui de Roger de Mont-

(1) « *Rogerius comes et uxor ejus Amabilis, et Rotrochus filiique ejus Hugo videlicet Capellus et Warinus Brito.* » — *Cart. de Saint-Vincent*, nº 587.

(2) « *Hæc etiam omnia Ivo, Sagiensis episcopus... dum in hac vita adhuc degeret autorizando firmavit.* » — Ibid.

(3) Robert, seigneur de Poilley, à Saint-Léger-sur-Sarthe, canton du Mesle (Orne).

(4) « *Ut rectum teneret.* » — *Cart. de Saint-Vincent*, nº 621.

(5) Montrégnier, commune d'Ancinnes, canton de Saint-Paterne (Sarthe).

(6) « *Curiam magnam militum congregavit apud Lurceion.* »

(7) Longtemps avant, vers 1060, du temps de l'abbé Avesgaud, Roger avait eu quelques difficultés, vite aplanies, à propos de l'église de Saint-Martin-de-Nouans, avec Saint-Vincent. Gautier de Montmirail, s'était contenté du consentement de Mahaut d'Alluie, dame de Montmirail, épouse de Guillaume Iᵉʳ Gouet, pour donner l'église de Saint-Martin. Roger et sa femme protestèrent, comme suzerains, contre cette irrégularité qu'ils couvrirent bientôt de leur confirmation : « *Ipsum donum rite firmaverunt.* » — Nº 753 du *Cartulaire*. — Il résulte de là, comme de la donation de Saint-Paul-sur-Sarthe à Saint-Martin de Sées, que, du vivant même de son oncle Yves, Mabile avait quelques droits dans le Saosnois.

(8) Dans cette période, le comte Roger avait donné à l'abbaye de Saint-Etienne de Caen le bourg de Trun, avec ses dépendances, à l'exception des moulins et des dixmes concédés à d'autres monastères. Guillaume le Conquérant confirma cette donation en 1077 et permit de diriger à travers le bourg de Trun le chemin qui passait hors de son enceinte. — *Arch. de l'Orne*. H 1421.

(9) « *Vulgo Gambaron cognominatus est, est Brevis Ocrea.* » — Ord. Vit.

gomery (1). En 1067, Robert avait été investi du duché, sous la tutelle de sa mère, et, deux fois, comme leur suzerain immédiat, il avait reçu l'hommage des barons normands (2).

En réalité, il n'avait rien et manquait souvent d'argent. Quand son père avait été sacré à Londres, le prince lui rappelant ses engagements, l'avait prié de le faire duc effectif de Normandie, mais, soutenu par ses autres fils, Guillaume le Roux et Henri Beauclerc, pour lesquels il avait une faiblesse particulière, le souverain avait refusé.

Depuis lors, Robert était en délicatesse avec le roi et, vers 1076, sa petite cour, formée de jeunes gens connus par leur courage et par l'éclat de leur renommée militaire, l'incita à faire valoir ses droits (3).

Il y avait là Robert de Bellême et son beau-frère Hugues de Châteauneuf (4) ; Guillaume de Breteuil, fils aîné de Guillaume Fitz-Osbern, l'ancien grand sénéchal de Normandie ; Roger, fils de Richard de Bienfaite, comte de Brionne ; Robert de Monbray, neveu de Geoffroy, évêque de Coutances ; Guillaume de Rupierre, près Cambremer ; Guillaume de Moulins-la-Marche (5).

Nous avons déjà parlé de ce dernier qui était plus âgé que ses amis. Un mariage avec Dode, fille de Galeran, comte de Meulan, venait d'augmenter la puissance de ce cousin-germain du roi Guillaume (6).

Un incident vint brusquement dénouer la situation : un jour de l'été ou de l'automne de l'année 1077, le souverain vint à Laigle avec ses trois fils. Il avait alors des difficultés avec Rotrou II, comte de Mortagne.

Les princes Henri et Guillaume se logèrent d'un côté, leur frère Robert Courte-Heuse prit gîte de l'autre chez un bourgeois, nommé Robert Chaussiègue. Leur père étant chez un certain Gouhier, ses enfants avaient voulu échapper à la contrainte que leur imposait sa présence.

Guillaume et Henri s'émancipèrent en effet, vinrent chez Chaussiègue, montèrent à l'étage supérieur, y jouèrent aux dés, menèrent

---

(1) Bibl. Nat., Baluze, 77, 52.

(2) Ordéric Vital fait dire à Guillaume le Conquérant : « *Ducatum Normanniæ, antequam... contra Heraldum certassem, Roberto filio concessi, quia primogenitus est. Homagium pene omnium hujus patriæ baronum jam recepit.* » — Ord. Vit. III, 242.

Voyez sur cette question, John Lingard, trad. Baxton, *Histoire d'Angleterre*, t. I, p. 200.

(3) Très hostile à Robert Courte-Heuse, Ordéric Vital apprécie ses amis en ces termes : « ...*Plures generositate pollentes, militari probitate insignes, superbia immanes, feritate contrariis hostibus terribiles et ad arduum nefas inchoandum nimis procaces.* » — Ord. Vit. II, 381.

(4) Hugues de Châteauneuf-en-Thimerais, seigneur du lieu, Rémalard et Sorel, époux de Mabile de Montgomery, fille du comte Roger et de Mabile de Bellême.

(5) Ord. Vit., II, 381.

(6) De son premier mariage avec Albarède de Moulins, annulé pour cause de parenté avant 1073, Guillaume de Moulins avait eu deux fils, Guillaume et Robert. Du second contracté avec Dode de Meulan, en 1073, il eut : Simon et Hugues.

grand tapage et, pour comble, ne trouvèrent rien de mieux, pour se moquer de la dignité ducale que revendiquait Robert, que de jeter de l'eau sur un balcon où il se trouvait avec les personnages de sa suite (1).

Le prince, estimant cette plaisanterie outrageante pour sa qualité, fut pris d'une violente colère et, l'épée nue à la main, menaça ses frères. La scène ameuta la population, et le roi prévenu intervint personnellement pour y mettre un terme.

La nuit suivante, Robert Courte-Heuse, accompagné de Robert de Bellême, des personnages que nous avons mentionnés, de Raoul de Toëny, seigneur de Conches, d'Yves et d'Albéric de Grente-mesnil (2), se dirigea, à francs étriers, vers Rouen dans le but de s'emparer du château. Roger d'Ivry, qui en avait la garde, fit échouer cette tentative, et prévint, en toute hâte, le roi d'Angleterre.

Hugues de Châteauneuf-en-Thimerais (3), vassal du roi de France, et beau-frère de Robert de Bellême, dont il avait épousé la sœur Mabile, mit alors à la disposition de Robert Courte-Heuse et de ses amis ses forteresses de Châteauneuf, de Rémalard (4) et de Sorel (5).

Guillaume le Conquérant s'empressa de faire la paix avec Rotrou II, comte de Mortagne (6), qu'il était sur le point d'attaquer pour une cause que nous ignorons. Ce seigneur étant suzerain de Rémalard, le roi l'emmena avec lui faire le siège de cette forteresse. Le prince était accompagné du comte Roger de Montgomery, et les opérations suivaient leur cours quand un incident en accéléra l'issue.

Aimery de Villeray sortit de son château, qui dépendait de Bellême et où il avait reçu des partisans de Robert Courte-Heuse, pour reconduire un officier du roi de France, son hôte. Il fut rencontré et tué par quatre cavaliers de l'armée de siège. Son cadavre, rapporté par eux, fut déposé devant la tente de Roger de Mont-gomery. Aimery était le père de Gouffier de Villeray, qui comman-dait à Rémalard. Ce dernier, effrayé, capitula (7).

Alors Robert Courte-Heuse et ses amis allèrent chercher asile en divers lieux, et notamment auprès du roi de France.

En Normandie, les seigneurs avaient pris parti pour ou contre Guillaume le Conquérant qui, par précaution, mit des garnisons

(1) « *Deinde ingentem strepitum fecere, et aquam super Rodbertum et asseclas ejus, qui subtus erant, fudere.* » — Ord. Vit., II, 296.

(2) Fils de Hugues de Grentemesnil et d'Adelise de Beaumont-sur-Oise.

(3) **Châteauneuf-en-Thimeray**, canton de Dreux (Eure-et-Loir).

(4) **Rémalard**, chef-lieu de canton, arrondissement de Mortagne (Orne).

(5) Ancienne forteresse en Boissy-le-Sec, canton de la Ferté-Vidame (Eure-et-Loir).

(6) Rotrou II, fils de Geoffroy III, vicomte de Châteaudun, et d'Elvise, dame du comté de Mortagne. Il épousa Adèle, fille de Guérin, fils de Guillaume Ier de Bellême. Il mourut en 1079.

(7) Ord. Vit., II, 298.

dans tous les donjons. Ceci prouve que la question, soulevée par la revendication de Robert Courte-Heuse, ne se présentait pas avec le caractère de simplicité que lui ont donné les chroniqueurs prévenus contre ce dernier. (1)

Les peuples voisins de la Normandie ne savaient plus quel était le duc légitime et, profitant du trouble jeté dans les esprits, certains entreprirent des hostilités contre le roi d'Angleterre (2).

Vers la fin de l'année 1078, Foulques le Rechin, comte d'Anjou (3), qui détestait les seigneurs manceaux dévoués à Guillaume le Conquérant, attaqua Jean de la Flèche. Le roi lui envoya une armée de secours (4), commandée par Guillaume de Moulins-la-Marche, qui s'était évidemment détaché de Robert Courte-Heuse, et par Robert de Vieuxpont (5). A cette nouvelle, Foulques pressa le siège de la Flèche (6), et Hoël, duc de Bretagne (7), entrant en lice, vint renforcer ses troupes. L'effectif des forces normandes fut alors porté à soixante mille chevaux (8).

A leur approche, l'armée angevine et bretonne passa la Loire, détruisit ses barques pour enlever aux timides toute chance de retraite, et marcha en avant. Une terrible bataille se préparait quand un cardinal (9), Roger de Montgomery, comte de Schrewsbury, et Guillaume, comte d'Evreux, s'interposèrent et parvinrent à mettre un terme à cette guerre (10).

Robert Courte-Heuse avait reçu du roi de France, comme place de refuge, la ville de Gerberoy (11) en Beauvoisis. Il y avait réuni des soldats avec lesquels il incursionnait en Normandie. Guillaume le Conquérant obtint de Philippe 1er qu'il se joignit à lui (12) pour mettre un terme à cet état de choses, et, dans le courant de janvier 1079, les souverains attaquèrent la place forte. Le siège de Gerberoy fut très mouvementé, des combats d'une extraordinaire violence se livrèrent. Le roi d'Angleterre, que la visière abaissée

(1) Deux chartes, l'une d'Eudes, évêque de Bayeux, l'autre de Robert Courte-Heuse, conservées aux *Archives de la Côte-d'Or*, portant la date de 1096, font remonter l'autorité ducale effective de Robert Courte-Heuse à 1077 : « *XIX° anno principatus Rotberti.* »

(2) « *His motionibus incolæ et vicini terribiliter agitati sunt, et arma passim contra regem vel pro rege levaverunt. Galli et Britones, Cenomanni et Andegavenses, aliique populi fluctuabant, et quem merito sequi deberent ignorabant.* » — Ord. Vit., II, 297.

(3) Comte d'Anjou du 4 avril 1067 au 14 avril 1109.

(4) Ord. Vit., II, 256.

(5) Ibid.

(6) Chef-lieu d'arrondissement (Sarthe).

(7) Duc de Bretagne de 1066 au 15 avril 1084.

(8) « *Sexaginta millia equitum.* » — Ord. Vit., II, 256.

(9) (10) Ord. Vit., II, 256.

(11) Gerberoy, village de l'Oise, à 25 kilomètres de Beauvais.

(12) Le rôle de Philippe Ier est attesté par une charte de ce prince, souscrite en faveur de l'abbaye de Saint-Quentin pendant le siège de Gerberoy. Ordéric Vital a très mal connu ces événements.

de son casque empêchait de reconnaître, fut blessé et renversé de cheval par son fils. A sa voix, Robert tressaillit, mit pied à terre, l'aida respectueusement à se relever, et le laissa partir librement (1). Le siège fut levé sans résultats.

Alors, Roger de Montgomery, Hugues de Grentemesnil, et d'autres seigneurs, s'interposèrent avec le concours des évêques (2). Le bienheureux Simon de Crespy, parent de la reine Mathilde d'Angleterre, fit de même (3). Une réconciliation intervint entre Guillaume le Conquérant et son fils aîné, aux termes de laquelle tous les amis de ce dernier furent rétablis dans leurs fiefs et dans leurs dignités. Le duché de Normandie était assuré à Robert Courte-Heuse, après la mort de son père.

Si la reine Mathilde, qui eut toujours beaucoup d'affection pour son premier-né, fut heureuse de le revoir, Mabile de Bellême ne fut pas moins heureuse de revoir le sien. Roger de Montgomery, libre enfin des soucis que lui avait donnés le passage de son fils au camp de Robert Courte-Heuse, put regagner son comté de Shrewsbury.

Il était, en 1081, à la cour qui se trouvait alors à Winchester (5). Là, après avoir visité Lanfranc, archevêque de Cantorbéry, vint Mainier (6), abbé de Saint-Évroult, homme pieux et savant qui avait fait de son monastère une maison modèle (7). Il était accompagné des moines Roger de Varenne (8) et Dreu du Neuf-Marché (9). Ces religieux sollicitèrent du roi la confirmation de toutes les donations que lui et ses vassaux avaient consenties, en Angleterre, à l'abbaye d'Ouche.

Guillaume le Conquérant signa la charte avec ses fils Robert et Guillaume (10). Le « grand comte » (11) Roger de Shrewsbury figure immédiatement après les princes royaux. Il faut bien reconnaître que Mabile de Bellême n'avait pas empêché son mari d'être

---

(1) *Chronique de Lombard, ad annum 1079.* — John Lingard, tr. Baxton, t. I, p. 200.

(2) Ord. Vit., II, 381.

(3) *Actes du Bienheureux Simon de Crespy.*

(4) « *Normanniæque ducatum... post obitum suum... concessit.* » — Ord. Vit., II, 390.

(5) Winchester, comté de Hampshire. — « *Anno ab incarnatione domini M° LXXX° I°... in urbe Guenta.* » — Ord. Vit., t. III, 28.

(6) Nous avons consacré plus haut une note à cet abbé qui fit un séjour à la cour du roi de France Philippe Ier.

(7) « *Observator monastici ordinis assiduus, commissis sibi viam vitæ monstrabat verbis et operibus.* » — Ord. Vit., II, 127.

(8) Roger de Varenne, fils d'Erneis de Coulonces, et neveu de Guillaume de Varenne, comte de Surrey.

(9) Fils de Geoffroy du Neuf-Marché.

(10) Les autres signataires sont : Roger de Shrewsbury et Hugues de Chester, Raoul de Conches et Guillaume de Breteuil, Hugues de Grentemesnil et son neveu Robert de Rhuddlan, Robert, fils de Murdac et Gouffier de Villeray, Guillaume de Moulins-la-Marche et Richer de Laigle, Guérin, vicomte de Schrewsbury et Eudon-le-Dapifer. Ce dernier était fils d'Hubert de Rye et frère de Robert de Rye, évêque de Sées.

(11) C'est ainsi qu'on désignait, dans le Shropshire, Roger de Montgomery.

généreux envers le monastère où on la détestait, car on reste confondu de l'étendue de ses libéralités (1) qui sont énumérées là.

L'abbaye de Saint-Martin de Sées, on le pense bien, n'avait pas été oubliée. Roger et sa femme, lui avaient donné outre-mer deux domaines et deux églises, l'une d'elles pour Olivier « le frère bâtard de la comtesse qui s'était fait moine dans cette maison (2). »

Mabile qui, par une faveur insigne et très rare de Guillaume le Conquérant, avait reçu, ainsi que ses enfants, des biens propres en Angleterre, où elle séjourna cependant fort peu, donna à Saint-Martin deux églises et leur mense curiale dans la vicomté de Cantorbéry, ainsi que d'autres biens (3).

Ces précisions nous fixent définitivement sur l'horreur de la fille de Talvas pour les moines (4). Le percheron Bry de la Clergerie avait raison d'invoquer, en savant avisé, le témoignage impartial des chartes contre les histoires qu'il trouvait « bien menteuses ».

---

(1) Roger de Mongomery avait donné à Saint-Evroult : tout ce qu'il avait à Melbourne, *Cambridgeshire* ; Othna et Meldreth, *Staffordshire* ; une terre à Graffham, une autre à Chichester ; la dixme des fromages et des laines de Poulton, *Wiltshire* ; la dixme de Shengai, *Cambridgeshire*.
Mabile, fille de Roger, la femme de Hugues de Châteauneuf-en-Thimerais, avait donné sur ses revenus d'Angleterre, une rente de soixante sous sterlins pour le luminaire de l'église de Saint-Evroult. Guérin, vicomte de Shrewsbury, avec le consentement du comte Roger, avait donné Newton, *Stafforsshire*, l'église et les dixmes de Sheriffhales, la dixme de Weston dans le même shire.

(2) « *Citra mare dederunt (Rogerius et Mabilia) Sancto Martino duo mansiola Gathe et Fissaburnam, et ecclesiam de Herlingis* — *pro quodam fratre Mabilie qui in prædicto monasterio factus est monachus* — *et aliam ecclesiam ultra Londras.* » — *Cart. de Saint-Martin de Sées*, chartes IV et CCLII.

(3) « *De donis Angliæ : In vicecomitatu Canteburgæ dedit Mabilia comitissa, concedente comite, ecclesias de Ernigathona et de Senegada cum terra sacerdotum, et de... dedit similiter.* » *Cart. de Saint-Martin*, charte XI.

(4) Ord. Vit., II, 47.

CHAPITRE XXI

Assassinat de Mabile de Bellême (1082)
Sa descendance

*Causes de l'inimitié de Hugues Bunel et de Guillaume Pantoul contre Mabile.
— Ce dernier part pour l'Italie en 1077. — Mabile se rend au château de
Bures-sur-Dives, novembre 1082. — Situation de ce château. — Hugues
Bunel et ses frères y pénètrent, 2 décembre 1082. — Ils décapitent Mabile
— Hugues de Montgomery poursuit en vain les meurtriers. — Obsèques
dans l'abbaye de Troarn. — Le vénérable abbé Durand formule son juge-
ment sur Mabile. — Impartialité et valeur de ce témoignage. — Ordéric
Vital s'en moque, louange les meurtriers et s'acharne sur la victime. —
Le tombeau de Mabile. — Guillaume le Conquérant ordonne la recherche
de Hugues Bunel. — Ce qu'il devint. — Suspecté d'avoir conseillé le crime,
Guillaume Pantoul, revenu d'Italie, se réfugie à Saint-Evroult. — Il
subit victorieusement l'épreuve du fer rouge. — Les prières pour Mabile.
— Sa descendance. — Appréciation des Bellême et de leur œuvre.*

Au commencement de l'année 1082, à la suite d'événements que
nous ignorons, Robert Courte-Heuse revendiqua de nouveau ses
droits sur la Normandie. Il essuya encore un refus et, au grand chagrin
de sa mère qui ne cessa de lui envoyer de l'argent en secret (1),
il partit avec ses amis, au premier rang desquels se trouvait Robert
de Bellême.

Pendant cinq ans, le prince devait parcourir la Flandre, la Lorraine, la France, l'Allemagne et l'Aquitaine, visitant les rois, les
ducs, les comtes, les riches châtelains, leur exposant ses droits,
l'injustice et la dureté de son père, le mauvais vouloir de ses frères,
leur narrant ses griefs, leur demandant des subsides (2).

Le départ de son fils désolait Mabile. Il ramena le comte de
Shrewsbury sur le continent, car nous le retrouvons en juin à
Bellême où il assista à la fête de Saint-Léonard. Il est probable
que son séjour fut de courte durée et que son absence favorisa
l'audace des scélérats qui en voulaient à sa femme.

L'inlassable énergie de Mabile de Bellême dans la défense de
la frontière, sa perspicacité à découvrir les complots, sa fermeté
dans le commandement difficile de ses nombreuses places fortes

(1) Ord. Vit., II, 382, 383.
(2) « *Nobiles expetiit cognatos, duces et comites et potentes oppidanos.* » — Ibid.

lui avaient valu l'admiration des uns, mais aussi la haine implacable des autres (1).

Plus d'une fois, elle avait dû frapper ses propres officiers, suspects d'entretenir des relations avec les ennemis du dedans ou du dehors. C'est ainsi qu'elle avait relevé de leurs commandements deux capitaines de ses châteaux : Hugues Bunel (2), gouverneur de La Roche-d'Igé, plus ordinairement appelée dès ce temps La Roche-Mabile, et Guillaume Pantoul, seigneur de Noron (3), gouverneur de Perray-en-Saosnois (4),

Ce dernier, possesseur de nombreux fiefs dans l'Hiémois et, en Angleterre, dans le comté de Srewsbury, était resté très lié avec les Grentemesnil, parents des Giroie (5). Quant à Hugues Bunel, il avait succédé à son père Robert (6). Sur ses promesses de fidélité, Mabile l'avait laissé en fonctions lorsqu'elle avait pris possession de La Roche, bien qu'il eût été l'homme des Giroie. Ce personnage avait conservé des accointances secrètes avec Geoffroy de Mayenne dont, on se le rappelle, les soldats avaient occupé La Roche en même temps que Saint-Cénery.

Pantoul et Bunel, pris d'une haine égale pour Mabile, associèrent leurs rancunes. Ils se lièrent étroitement, et on les vit tenir de fréquents colloques (7) jusqu'au jour où l'ancien abbé de Saint-Evroult, Robert de Grentemesnil, étant venu se réconcilier avec le duc (8), emmena en Italie le seigneur de Noron et le neveu de ce dernier Robert de Corday.

Le temps passa sans affaiblir la colère de Hugues Bunel. Il ne pensait qu'à assouvir sa vengeance, commune peut-être à tout un parti dont il aurait été l'instrument (9). Il la voulait terrible et en

(1) Odolant Desnos, dans ses *Mémoires sur Alençon*, I, 157, 158, s'est très bien rendu compte de cette situation.

(2) (3) Odolant Desnos s'est complètement trompé en supposant que Bunel et Pantoul avaient pactisé, avec Rotrou II, comte de Mortagne, contre Mabile et le comte Roger. Rotrou II, leur allié par sa femme, fut toujours leur ami. Il prit même part, avec Roger de Montgomery à une expédition dirigés par ce dernier contre un château de Bray où fut blessé Jean Burnet, seigneur de Fontaines, l'un des auteurs de la famille de Saint-Aignan-sur-Sarthe.

(4) « ... *Hugonis, cui castrum quod in rupe Jalgei situm est, abstulerat.* » — Ord. Vit., II; 411. — « *Piretum castrum, Guillelmo datum, abstulerat.* » — Ibid. — Il s'agit ici de Perray, canton de Marolles, arrondissement de Mamers (Sarthe). — Les termes, employés par Ordéric Vital, prêtent à l'amphibologie. Les Bellême, en aucun cas, ne se dépossédaient de leurs châteaux, mais les donnaient seulement en garde. Il n'y eut pas dépossession féodale, mais révocation de fonctions.

(5) Nous verrons Pantoul accompagner Robert de Grentemesnil en Italie.

(6) Robert Bunel, père de Hugues, est appelé par Ordéric Vital « *Robertus de Jalgeto* », ce qui prouve qu'il avait longtemps commandé à la Roche et que son fils avait pris après lui possession d'un poste qu'il considérait ainsi comme héréditaire.— Ord. Vit., III, 597.

(7) « ... *Pro qua injuria pertinax malevolentia inter eos inhorruerat... cum Guillelmo Hogonem magna familiaritas et crebra colloculio conjunxerint.* » — Ord. Vit., II, 432.

(8) En l'année 1077.

(9) Il est impossible de ne pas remarquer que le récit de l'assassinat de Mabile par Ordéric Vital commence par le bref rappel des griefs des Giroie et de leur parti contre Mabil   « ... *Crudelem feminam... quæ... multos nobiles violenter exhæredatos per externa mendicare   rat...* » — Ord. Vit., II, 411. — Il s'est produit, dans l'esprit du chroniqueur, un rappro   t qui pouvait bien exister dans les faits.

cherchait l'occasion. Il la trouva, grâce à des complicités certaines.

A la fin du mois de novembre 1082, année qui avait été marquée par la mort de Robert de Rye, évêque de Sées, et l'élection de Girard, son successeur (1), Mabile de Bellême vint, avec son second fils Hugues et une faible escorte d'hommes d'armes, chercher un peu de repos à son château de Bures-sur-Dives (2), non loin de Caen, au nord de l'abbaye de Troarn.

En donnant l'alleu de Bures aux moines, le comte Roger avait excepté le château (3) qui appartenait à sa mère, et l'avait conservé après sa mort. Il y résidait quand il venait visiter le monastère, et aussi sans doute quand il chassait dans la forêt du plateau troarnien.

Bures, pays de bruyères et de bois, est situé à proximité de l'estuaire de la Dives, sable et dunes, vrai nid d'oiseaux sauvages où les vents de l'Ouest, qui érosent les collines, font rage surtout entre les deux équinoxes (4).

Le séjour du château, noyé à cette époque de l'année dans les brumes maritimes ou lacustres, battu par la tempête, était particulièrement sévère, mais Mabile goûtait sans doute par contraste le calme profond de cette solitude.

Le soir du 2 décembre, elle s'est couchée, après avoir pris un bain. Dans la nuit, la porte de sa chambre s'ouvre, livrant passage à quatre hommes armés. Hugues Bunel, l'ancien capitaine de La Roche-Mabile, et ses frères, Raoul, Richard et Goislin, dont Ordéric Vital loue l'honneur militaire, se jettent lâchement sur la malheureuse femme et lui tranchent la tête (5).

Les assassins, leur crime accompli, sortent sans encombres du château dans lequel la trahison, plutôt que la ruse, les avait introduits, et, protégés par une nuit très sombre, s'enfuient en rompant les ponts derrière eux (6).

Quand Hugues de Montgomery eut découvert le cadavre décapité

(1) Le *Gallia christiana*, t. XI, col. 682, fait, de l'évêque de Sées Girard, un frère de Roger, archidiacre de Mortagne, et le fils d'un comte Roger que nous ne pouvons identifier, et dont nous n'avons trouvé du reste aucune trace.

(2) Bures-sur-Dives, canton de Troarn (Calvados).

(3) Il ne reste rien du château de Bures. Des restes de fossés font croire qu'il était situé près de l'église au lieu dit le Pavillon. Une ferme se trouve là que les anciens habitants du pays croyaient hantée pendant le temps de l'Avent. C'est celui où se passa le drame que nous racontons. — Voy. de Caumont, *Statistique monumentale du Calvados*, t. II, p. 69.

(4) Voy. A. Sauvage, *l'Abbaye de Saint-Martin de Troarn*.

(5) « *Ille (Hugo)... vehementem audaciam arripuit : junctisque sibi tribus fratribus suis, qui militari probitate pollebant, noctu ad cameram comitissæ accessit, ipsamque in municipio super Divam quæ Buris dicitur, in lecto post balneum deliciantem, pro recompensatione patrimonii sui, detruncavit.* » — Ord. Vit., II, 411. — On remarquera les expressions élogieuses pour les meurtriers et blessantes pour la victime.

(6) « *Hugo de Monte-Gomerici... non eos comprehendere poterat ; quia provisa calliditas eorum pontes fluviorum pone vestigia sua, ne tenerentur a vindicibus, destruxerat.* — Ibid.

de sa mère, désolé et furieux, il sauta en selle, l'épée à la main, et à la tête de seize hommes d'armes, bride abattue, il se mit à la poursuite des criminels. Les rivières de Dives et d'Orne, débordées en cette saison, l'arrêtèrent (1).

A francs étriers, Hugues Bunel et ses frères couraient vers la frontière normande qu'ils franchirent et, sentant l'énormité du forfait qu'ils avaient commis, sans désemparer, ils gagnèrent l'Italie et se réfugièrent en Pouille. Ils trouvèrent là des parents et des amis des Giroie qui ne manquèrent pas de s'intéresser au sort de ceux que, dans le monastère d'Ouche, on n'était pas loin de regarder comme des justiciers (2).

Le 5 décembre 1082, trois jours après le meurtre, la dépouille mortelle de Mabile de Bellême, princesse de Bellême, dame d'Alençon, de Sées et de nombreuses autres châtellenies, vicomtesse d'Exmes, comtesse de Shrewsbury et d'Arundel, fut transportée dans le monastère de Troarn, et solennellement inhumée dans l'église (3).

Durand, premier abbé de Troarn (4), présida la cérémonie funèbre. Ce vénérable personnage, qui connut Mabile pendant vingt-trois ans, et dont la signature figura plus d'une fois à côté de la sienne, composa, et fit graver sur une lame fixée à la pierre tumulaire, un jugement d'une impartialité manifeste. Tous les termes en sont d'une précision et d'une portée remarquables. On y sent la préoccupation d'un homme scrupuleux. Il ne vante que des qualités réelles. C'est ainsi qu'il garde le silence sur la douceur de Mabile, vertu incompatible avec la fonction virile qu'elle remplit, et fort peu pratiquée de son temps par les guerriers dont elle était.

Sachant très bien que la fille de Talvas, atrocement vilipendée de son vivant par ceux dont elle avait déjoué les complots, le serait encore plus après sa mort, Durand, très nettement, répond aux attaques qu'il prévoit.

On remarquera la solennité des formules. Celle dont parle l'abbé de Troarn fut une femme exceptionnelle, et il veut que son rôle extraordinaire ne soit pas oublié. Tout mot tend à ce but, et n'a rien cependant d'hyperbolique.

(1) « *Hiemale quoque tempus et tenebrosa nox, fluminumque inundationes, persequentes impediebant, et fugientes, ultione facta, Normanniam statim relinquebant.* » — Ord. Vitt. II. 411.

(2) « *Denique justus arbiter... crudelem feminam permisit perire gladio Hugonis.* » — Ibid

(3) « *Denique Troarnensis conventus. — cui Durandus abbas præerat — cadaver frustratim dilaceratum nonos Decembris sepelivit...* » — Ibid:

(4) Durand fut abbé de Troarn de 1059 à sa mort survenue le 11 février 1088. Il vint souvent Sées et à Bellême. — *Cart. de Saint-Martin*, charte VI ; Ord. Vit., II, 430.

Voici l'inscription rédigée par Durand :

« Cette pierre recouvre les restes de la très puissante Mabile, issue de la haute lignée d'ancêtres illustres.

« Elle fut célèbre entre les femmes célèbres, et la renommée de son éclatant mérite s'étendit au loin. D'une vive intelligence, d'une pénétration sans cesse en éveil, elle était prompte à l'action. Elle était utilement éloquente, et prudente dans ses conseils. Sa taille fut petite, mais grande fut sa droiture. Magnifique dans ses largesses, elle aimait un certain faste.

« Bouclier de sa patrie, rempart de la frontière, elle fut diversement appréciée par ses voisins. Elle plut aux uns et fut l'effroi des autres.

« La puissance des mortels est bornée. Mabile, hélas ! périt la nuit, frappée du glaive par ruse. La défunte a maintenant besoin de secours. Que tout ami qui s'approche de sa tombe prouve son attachement en priant pour elle (1). »

A ce témoignage éloquent et ému, rendu par un vieillard digne de tous les respects (2), fidèle serviteur de Dieu (3), émule des Anselme et des Lanfranc (4), dont Ordéric Vital a vanté lui-même la piété, la science et la sagesse (5), le moine de Saint-Evroult qui n'a pas connu Mabile, mais a embrassé avec ardeur la querelle des Giroie, répond irrévérencieusement par ce seul mot : « Niaiseries ! » (6) Et tous les copistes du chroniqueur, ils sont légion, l'ont répété. Ils auraient dû remarquer cependant l'insigne dureté avec laquelle Ordéric. réservant son indulgence pour les meurtriers, s'acharne contre la morte.

Par un procédé qui lui est familier, pour faire oublier le cadavre

---

(1) ALTA CLARENTUM DE STIRPE CREATA PARENTUM,
HAC TEGITUR TUMBA MAXIMA MABILIA,
HÆC INTER CELEBRES FAMOSA MAGIS MULIERES,
CLARUIT IN LATO ORBE SUI MERITO.
ACRIOR INGENIO, SENSU VIGIL. IMPIGRA FACTO.
UTILIS ELOQUIO, PROVIDA CONSILIO,
EXILIS FORMA, SED GRANDIS PRORSUS HONESTAS ;
DAPSILIS IN SUMPTU, CULTA SATIS HABITU.
HÆC SCUTUM PATRIÆ FUIT, HAEC MUNITIO MARCHÆ
VICINISQUE SUIS GRATA VEL HORRIBILIS.
SED QUIA MORTALES NON OMNIA POSSUMUS OMNES,
AH ! PERIIT GLADIO, NOCTE PEREMPTA DOLO,
ET QUIA NUNC OPUS EST DEFUNCTÆ FERRE JUVAMEN,
QUISQUIS AMICUS ADEST SUBVENIENDO PROBET.
— Ord. Vit., II, 411, 412.

(2) « *Bonus et venerabilis abbas Durandus.* » — Ord. Vit., III, 304.

(3) « *Dei prudens et fidelis servus.* » — Ibid. III, 303.

(4) Ord. Vit., II, 247 ; III, 240.

(5) « *Religione et sapientia præcipuus... doctor peritissimus.* » — Ibid, III, 303.

(6) « .'. *Et non ob prærogativam meritorum, sed pro favore amicorum, super tumulum næmias edidit (abbas Durandus).* » Ord. Vit., II, 411.

de l'illustre femme, lâchement assaillie et cruellement décapitée, baignant dans son sang, il lui substitue l'image de la guerrière, se plaisant dans les combats. C'est elle qui est la cruelle, c'est elle qui a aimé le sang (1).

Cette haine a eu pour heureuse conséquence de conserver à l'histoire le témoignage de l'abbé de Troarn. Il gênait Ordéric Vital qui en comprenait toute la gravité. Il l'a cité pour le mieux détruire et, par un juste retour des choses, les lignes, burinées par le saint homme, contemporain de la fille de Talvas, écrasent de leur autorité les diatribes adverses.

Le tombeau de Mabile, dans l'église abbatiale de Troarn, se trouvait près du maître-autel, du côté de l'évangile (2). Il avait la forme d'un socle aux bouts arrondis et supportait la statue gisante de la comtesse. À ses pieds un chien était couché.

Une arcade au cintre surbaissé protégeait le monument funéraire. Le vandalisme révolutionnaire l'a détruit avec la basilique qui l'abritait (3).

La culpabilité de Hugues Bunel fut facilement établie. Guillaume le Conquérant, qui aimait beaucoup Mabile et Roger de Montgomery (4), fit faire, dans les pays étrangers, les plus actives recherches pour trouver l'assassin. Il promit des honneurs et la fortune à ceux qui le mettraient à mort (5). La famille de la victime fit de même.

Ainsi traqué, le meurtrier quitta le sud de l'Italie et gagna la Sicile. Poursuivi dans cette île, il se réfugia à Constantinople près de l'empereur Alexis Commène, alors en guerre avec Robert Guiscard. Menacé là, et redoutant tous les chrétiens, il s'en alla chez les Musulmans où il apostasia nécessairement, car, outre leur langue, il adopta tous leurs usages (6).

Il y resta seize ans, jusqu'en 1099, moment où, lors de la première croisade, pendant le siège de Jérusalem, il vint se jeter aux pieds de Robert Courte-Heuse, alors duc de Normandie, auquel il

(1) « ... *Crudelem feminam, quæ multo sanguine madebat...* » Ord. Vit., II, 411.

(2) Le côté de l'évangile, côté droit de l'autel en faisant face aux fidèles, était la place d'honneur des églises, réservée aux seigneurs fondateurs et patrons.

(3) Un dessin du tombeau de Mabile de Bellême, provenant des portefeuilles de l'intendant de Caen, J. Foucault, existe à la Bibliothèque Nationale, n° 4902, fol. 204. M. A. Sauvage l'a reproduit dans son excellente étude sur l'abbaye de Saint-Martin de Troarn et c'est à lui que nous en avons emprunté la description.

(4) Ord. Vit., III, 300.

(5) « *Guillelmus... rex Anglorum... spiculatoribus honores et munera promittebat, qui exulantem homicidam interimerent, ubicumque terrarum invenirent.* » — Ord. Vit., III, 598.

(6) « *Probus igitur Hugo... baptizatorum gregem formidans, inter Allophilos diutius exulavit et locutionem edidicit.* » — Ibid.

rendit des services par sa connaissance parfaite des mœurs sarrasines (1).

Les recherches, faites, après la mort de Mabile avaient révélé l'ancienne liaison et les colloques suspects de Guillaume Pantoul, seigneur de Noron, avec l'assassin. Des présomptions concordantes paraissaient établir que si Bunel avait perpétré le crime, Pantoul l'avait conseillé (2). Ce dernier, qui était encore en Italie, fut recherché pour être mis à mort, et tous ses biens furent saisis par Roger de Montgomery (3).

Le seigneur de Noron revint en Normandie sur ces entrefaites. Il niait énergiquement le crime qui lui était imputé (4), mais terrifié par la menace qui pesait sur sa tête, il se réfugia avec sa femme Léline et ses quatre fils dans l'abbaye de Saint-Evroult, et resta longtemps dans ce lieu d'asile où les moines « mirent tout en œuvre auprès de Dieu et des hommes pour lui venir en aide (5). »

N'ayant aucun moyen de se disculper d'une accusation sans preuves directes, il offrit de la purger par l'une des épreuves, ou ordalies (6), de ce qu'on appelait alors le jugement de Dieu. Après avoir hésité un certain temps à admettre cette demande, la cour ducale décida que l'inculpé subirait à Rouen, devant le clergé, l'épreuve du fer rouge (7).

Elle reposait, comme les autres ordalies, sur cette fausse croyance que Dieu doit toujours manifester l'innocence d'un accusé par un miracle. Après une préparation religieuse, l'homme, soupçonné d'un crime, devait porter à une distance, déterminée par la sentence, une barre de fer rougie au feu. Si ses mains nues ne gardaient, après cette épreuve, aucune trace de brûlure, il était déclaré innocent. Si, au contraire, le feu les avait atteintes, il était mis à mort.

On peut se demander si le crédit de l'abbaye de Saint-Evroult n'était pas pour quelque chose dans le choix de l'épreuve. On la subissait parfois au monastère qui en conservait le rituel (8). La

(1) Ibid., III, 599.

(2) « *Unde suspicabatur quod prædicti militis consilio perierit (Mabilia)..,* » — Ibid II, 432.

(3) « *Rogerius igitur comes et filii ejus totam terram ejus saisierunt, ipsumque ad mortem quæsierunt.* » — Ord. Vit., II, 432.

(4) « *Facinus audacter denegabat.* » — Ibid.

(5) « *Totis nisibus apud Deum et homines adjuvarunt.* » — Ibid., II, 433.

(6) Ces épreuves auxquelles on avait recours pour juger de la vérité ou de la fausseté des accusations, et qui durent entraîner tant d'erreurs judiciaires, étaient : le duel judiciaire, l'épreuve par le feu, l'épreuve par l'eau bouillante ou par l'eau froide. L'archevêque de Reims, Agobard, avait combattu ces usages qu'un concile tenu à Worms avait condamnés en 829. Le roi Saint-Louis les supprima en France et leur substitua la preuve testimoniale. Au XIe siècle, Saint Yves, évêque de Chartres, les déclarait contraires au lois de l'Eglise.

(7) « *Tandem... præfixum est in curia regis ut culpatus vir, ad abstergendam nefarii maculam facinoris, apud Rotomagum in præsentia cleri subiret candentis examen chalybis.* » — Ord. Vit., II, 433.

(8) Dom Bouquet a publié, d'après le manuscrit de Saint-Evroult, le rituel des ordalies.

maison n'avait-elle pas quelque secret pour préserver de la morsure du feu ceux dont elle estimait l'innocence certaine ?

Quoiqu'il en soit, Guillaume Pantoul, devant le glaive du bourreau prêt à le frapper, porta le fer rougi à la distance fixée, sans que ce contact laissât la moindre trace sur sa main nue. Son innocence fut ainsi reconnue (1).

Sans hésitation, le comte Roger lui rendit sa faveur, ses fiefs et sa place à sa cour. Le seigneur de Noron donna à Saint-Evroult de précieuses étoffes brodées d'or, rapportées d'Italie, dont on fit quatre chapes pour les chantres (2). Ce n'était pas trop pour reconnaître les services qui lui avaient été rendus.

La poursuite de Bunel et de Pantoul nous a éloignés, revenons sur nos pas.

La fille de Guillaume II Talvas avait fait beaucoup prier pour l'âme de son père. Son mari et ses enfants eurent, pour le repos de son âme, une égale sollicitude, attestée par les cartulaires de Saint-Martin de Sées, de Troarn, de Saint-Etienne de Caen et de Saint-Evroult (3).

Mabile avait joué un rôle trop considérable pour qu'on l'oubliât.

Bientôt cependant ses traits, rendus imprécis par l'éloignement du passé, disparurent sous le masque que, pour se venger d'elle (4), ses ennemis lui avaient appliqué. Les historiens et les romanciers s'ingénièrent à en accentuer la hideur.

Il nous semble que ce masque est tombé, et que le noble et vrai portrait de l'héroïne, consciencieusement tracé par l'abbé de Troarn, est de nouveau en pleine lumière.

La comtesse Mabile allait revivre dans une grande et illustre lignée. Elle avait eu neuf enfants, dont cinq fils :

Robert II de Bellême, héritier des titres et des domaines de sa famille maternelle ; Hugues de Montgomery, futur comte de Shrewsbury ; Roger, futur comte de Lancastre ; Arnoul, futur comte de Pembrock, et Philippe qui fut un savant et un guerrier renommé.

---

(1) « *Scintillans ferrum nuda manu partavit, Deique nutu non adustus apparuit.* » — Ord. Vit., II, 433.

(2) Ibid.

(3) « *Et post finem comitissæ Mabiliæ, dedit comes Rogerius pro ipsius anima medietatem de Clepingis.* » — Clépingate en Angleterre. — *Cart. de Saint-Martin de Sées*, charte IV. — Voyez aussi la charte III de Troarn « *pro redemptione... precipue uxoris meæ Mabiliæ nuper defunctæ,* » dit Roger ; la donation par le même de la forêt d'Auge à Saint-Etienne de Caen et la grande charte souscrite, en faveur de Saint-Evroult, par Roger et ses fils Robert, Hugues et Philippe. — Ord. Vit., II, 415.

(4) Ordéric Vital, a écrit M. A. Sauvage, s'est vengé sur le portrait de Mabile de la haine qu'en ennemie obstinée des Girole, elle portait à Saint-Evroult. — *L'abbaye de Saint-Martin de Troarn*, p. 18.

Les quatre filles de Mabile, très bien élevées par cette femme guerrière qui sut remplir pleinement ses devoirs d'épouse et de mère, ont trouvé grâce devant Ordéric Vital parce que l'une fut moniale, et qu'en se mariant, les autres entrèrent dans des familles étrangères.

« Elles furent, dit-il, généreuses, pleines d'honneur, affables pour les moines et les autres serviteurs de Dieu (1). »

Emma, l'aînée, fut religieuse bénédictine à l'abbaye d'Almenèches, où elle entra très jeune, et en devint abbesse en 1074. Elle y mourut le 4 mars 1113, et eut pour successeur Mathilde de Montgomery, sa nièce, fille de son frère Philippe.

Mathilde, la seconde, épousa Robert, comte de Mortain en Normandie, et de Cornouailles en Angleterre, fils d'Herluin de Conteville et d'Herlève. Ce prince était le frère utérin de Guillaume le Conquérant et le frère germain d'Eudes, évêque de Bayeux, comte de Kent. Mathilde, qui avait reçu en dot la châtellenie de Condésur-Noireau, incorporée dès lors au comté de Mortain, eut trois filles et un fils, Guillaume, comte de Mortain (2). Elle mourut vers 1085, et fut inhumée dans l'abbaye de Grétain. Son union n'avait pas été heureuse et, plus d'une fois, son chapelain, Vital, futur abbé de Savigny, avait dû intervenir pour lui éviter les brutalités de son grossier mari.

Mabile, la troisième, fut mariée à Hugues Ier de Châteauneuf (3), vassal direct du roi de France, puissant seigneur du Thimerais, de Brézoles, Rémalard et Sorel, fils de Gaston. Elle laissa trois enfants, dont une fille bénédictine de l'ordre de Fontevrault (4).

Sibylle, la quatrième, s'allia à Robert, comte de Gloucester et de Bristol, vicomte de Kent, seigneur de Torigny et de Creuilly (5), fils d'Haimon. Il fut célèbre par ses exploits dans le pays de Galles où il fut créé prince libre, sous la suzeraineté de l'Angleterre, de la région qu'il avait conquise (6). Elle en eut plusieurs filles

(1) « *Dapsiles et honestæ ac affabiles pauperibus et monachis aliisque Dei servis fuerunt.* » — Guil. de Jumièges (Ord. Vit.), liv. VII, ch. 15. — Ordéric Vital avait précédemment enveloppé toute la race de Guillaume II Talvas, et toute la descendance de Mabile dans une même formule d'exécration sans réserves. Il avait dit : « *In ejus heredibus immoderata nequitia usque hodie viguit* » et « *Mabiliam crudelissimæ sobolis postea matrem.* » — Guil. de Jum. liv. VI, ch. 7 et liv. VII, ch. 10. — Il est vrai qu'en compensation des éloges donnés à leurs sœurs, les fils de Mabile sont maltraités à plaisir : « *Illi vero ferales et cupidi, ac inopum rabidi oppressores fuerunt.* » — Guil. de Jum. (Ord. Vit.), livr. VII, ch. 15.

(2) Guillaume, comte de Mortain, mourut prisonnier en Angleterre après la bataille de Tinchebray. Quant à ses sœurs, Agnès épousa André Ier, seigneur de Vitré ; Denise Guy II de Laval ; Emma Guillaume IV, comte de Toulouse. — Sur les scènes conjugales de Robert, comte de Mortain, voy. J. von Walter, *Vital de Savigny*.

(3) Châteauneuf-en-Thimerais, chef-lieu de canton (Eure-et-Loir).

(4) Ses enfants furent : Hugues II de Châteauneuf, époux d'Ambarède, Mathilde, religieuse bénédictine, et Robert.

(5) Torigny et Creuilly, chefs-lieu de canton (Calvados).

(6) Robert était le petit fils d'Hamon-aux-Dents, tué à la bataille de Val-ès-Dunes.

dont deux furent abbesses, l'une du monastère de Winchester, l'autre de celui de Salisbury. Devenue veuve, elle épousa Jean, sire de Raimes (1). Elle fonda, avec son premier mari, l'abbaye de Tewkesbury et fit de nombreuses libéralités aux chevaliers du Temple (2).

Mabile de Bellême vit une de ses filles devenir là belle-sœur de Guillaume le Conquérant, roi d'Angleterre et duc de Normandie, mais elle ne vit pas son fils aîné Robert épouser, comme elle l'avait désiré, une petite-fille du roi Hugues-Capet (3).

Ces deux alliances, sans parler de celles de ses autres fils, Roger et Arnoul, l'une avec l'héritière du comté de la Marche, en Limousin, issue des ducs d'Aquitaine, l'autre avec une princesse d'Irlande, prouvent assez en quelle considération étaient tenus la dernière descendante en ligne masculine d'Yves Ier de Bellême et le comte Roger son mari.

Elles projettent, à travers les siècles, leur rayonnement sur une race qui eut évidemment les défauts, mais aussi les vertus de son temps. Elle fut riche, non seulement d'argent et de domaines, mais, ce qui vaut mieux, de grands services.

La dynastie normande sauvée, la frontière défendue, des villes bâties, des forteresses édifiées, des églises construites en grand nombre, des monastères et des hôpitaux fondés, la mense épiscopale de Sées reconstituée, telle est l'œuvre des premiers Bellême, guerriers ou évêques. Elle fut durable.

Des assauts furieux n'avaient pu désagréger les domaines de ces guerriers fameux, considérés bien à tort comme des adversaires redoutables de la Normandie (4), alors que, malgré leur indépendance relative, ils tinrent vaillamment pour elle leur poste avancé de combat et « d'écoute ».

Le onzième siècle a réalisé de grands progrès. Les Bellême furent les instruments de ce mouvement réparateur dans la région où s'exerçait leur pouvoir.

---

(1) De son premier mariage avec Robert de Gloucester, mort en 1107, Sibylle de Montgomery eut Sibylle, mariée à Robert de Kent, fils naturel du roi Henri Ier d'Angleterre, une fille mariée à un comte de Bretagne et les deux abbesses dont nous parlons. De son second mariage avec Jean de Raimes, mort en 1131, elle laissa deux fils, Robert et Roger. Elle vivait encore en 1140.

(2) *Monasticon Anglicanum*, t. II, p. 546.

(3) Robert de Bellême épousa, comme nous allons le voir, l'héritière du comté de Ponthieu, issue d'une fille de Hugues Capet.

(4) Stapleton, *Magni Rotuli scaccarii Normanniæ sub regibus Angliæ*, t. I, p. LXXI.

CHAPITRE XXII

Après la mort de Mabile de Bellême

*Long séjour de Roger de Montgomery en Normandie. — Il sauvegarde les
• intérêts de son fils Robert et négocie son union avec Agnès de Ponthieu. —
Illustration des comtes de Ponthieu, leurs domaines. — Le comte Guy. —
Il n'aime pas les Normands. — Son attachement à la France. — La comtesse
Ade et ses filles. — Rencontre à Abbeville de Robert de Bellême et d'Agnès
de Ponthieu. — Guillaume le Conquérant consent à leur union. — Second
mariage de Roger de Montgomery avec Adélaïde du Puiset. — Il séjourne
à Alençon. — Une charte curieuse. — Confirmation des possessions de
Saint-Evroult. — Le comte Roger passe la mer. — Une lettre de lui à
Robert de Bellême.*

Si Mabile de Bellême était morte, ses volontés ne l'étaient
pas. Elles avaient été d'assurer tous les fiefs de sa maison à son
fils aîné Robert, et de procurer à ce dernier une alliance digne de
son rang. Pour exécuter ces volontés, le comte Roger de Montgomery
resta plusieurs années en Normandie. Il avait à sauvegarder à la
fois les intérêts de Robert de Bellême, parti au loin avec Robert
Courte-Heuse, ses propres droits viagers sur les domaines de sa
défunte femme, et à administrer le comté d'Exmes, dont il était
vicomte, et ses vastes possessions personnelles.

Mabile avait laissé un grand vide et n'était plus là pour monter,
en face du Maine, la faction héréditaire.

Depuis le départ de son fils qui revendiquait, plus que jamais,
ses droits au duché de Normandie, Guillaume le Conquérant avait
placé des garnisons dans tous les donjons des places de la frontière.
C'est ainsi qu'Alençon, Domfront, et même Bellême, située cependant dans une châtellenie relevant directement du roi de France,
aussi bien que les forteresses appartenant à Guillaume, comte
d'Evreux, à Guillaume de Breteuil et à Raoul de Toëny, avaient
reçu des troupes (1). Dans le sud, elles avaient pour mission non
seulement d'empêcher les incursions possibles de Robert Courte-
Heuse, mais de contenir les Manceaux qui s'agitaient sans cesse.

C'est ainsi qu'en 1083, Hubert de Beaumont, vicomte du Maine,
plus connu sous le nom de Hubert de Sainte-Suzanne, se souleva,

(1) Ord. Vit., III, 261, 262.

fit tout le mal possible aux Normands et, après avoir abandonné ses forteresses de Beaumont et de Fresnay (1), s'enferma, avec sa famille, dans celle de Sainte-Suzanne (2). Il y reçut de puissants secours et, pendant deux ans, il tint vaillamment en échec les troupes envoyées pour l'assiéger, et leur infligea des pertes cruelles (3).

Le roi d'Angleterre, qui n'avait pu diriger lui-même les opérations (4), accueillit favorablement, en 1085, les offres de soumission d'Hubert.

Pendant ce temps, Roger de Montgomery avait, comme on va le voir, négocié et mené à bien la très importante affaire de famille dont Mabile lui avait laissé le soin :

Face à la frontière nord de la Normandie, se trouvait un comté dont la dynastie seigneuriale, vassale directe du roi de France, avait une illustration princière. Son premier auteur Angilbert avait épousé Berthe, fille de Charlemagne, et Hugues Capet avait marié sa fille puinée Gisle, à Hugues Ier, descendant d'Angilbert.

Le chef de cette race était alors Guy, qui s'intitulait comte de Ponthieu par la grâce de Dieu (5), et possédait certains droits régaliens comme celui de battre monnaie (6). Son fief, région maritime de la Basse-Picardie, s'étendait de l'embouchure de la Somme à celle de la Canche. Il comprenait le Ponthieu proprement dit, dont la capitale était Abbeville (7), et où se trouvaient les cités de Montreuil-sur-Mer (8), Saint-Pol (9) et Saint-Riquier, l'antique Centule, célèbre par son abbaye (10). Il comprenait aussi le Vimeu, avec Saint-Valery (11), Crécy, Oisemont et Gamaches pour localités principales.

Le comte Guy avait des motifs très particuliers de ne pas aimer beaucoup les Normands. Son frère, le comte Enguerrand II (12),

---

(1) Beaumont-le-Vicomte et Fresnay-sur-Sarthe.

(2) Sainte-Suzanne, arrondissement de Laval (Mayenne).

(3) Robert de Vieuxpont, près Écouché, Robert d'Ussy, près Falaise, Richer de Laigle, fils d'Engenulfe y furent tués.

(4) Alain le Roux, comte de Richemond, les dirigeait. — Ord. Vit., III, 134.

(5) « Gratia Dei Pontivorum comes : Permittente Deo comes Pontivorum. »

(6) On possède de Guy un denier qui porte, dans le champ, une croix pattée avec l'inscription : « Wido comes. » Le revers porte : « Abbatis-villa ». Dans le champ se trouvent : au centre, une croix, accompagnée de quatre annelets, deux croissants et deux signes en forme de T; Deschamps de Pas; *Mémoires des Antiquaires de Picardie*, 2e série, t. III, p. 191 : *Essai historique sur les monnaies des comtes de Ponthieu*.

(7) Abbeville, chef-lieu d'arrondissement (Somme).

(8) Montreuil-sur-Mer, chef-lieu d'arrondissement (Pas-de-Calais). Cette ville, capitale du Ponthieu avant Abbeville, était restée un comté particulier.

(9) Saint-Pol-en-Ternois, chef-lieu d'arrondissement (Pas-de-Calais). Ses seigneurs particuliers prenaient le titre de comtes, Hugues II se croisa avec Robert Courte-Heuse.

(10) Saint-Riquier (Somme). Son abbaye de Centule fut fondée par Saint-Riquier, en 640, et enrichie par Charlemagne.

(11) Saint-Valéry-sur-Somme, chef-lieu de canton (Somme). Les seigneurs particuliers de cette ville, issus de Goubert, avoué du monastère de Saint-Valéry, étaient parents des ducs de Normandie.

(12) Enguerrand II et Guy étaient fils de Hugues II, comte de Ponthieu.

avait été tué pas eux, en 1053, dans l'affaire d'Arques, et lui-même, fait prisonnier en 1054, à la bataille de Mortemer, était resté deux ans captif à Bayeux (1). De plus, le duc Guillaume lui avait enlevé Harold, pris en vertu du droit d'épave ou de *Lagam* (2), et enfermé au château de Beaurain. Cette remise forcée du chef saxon, qui devait devenir roi d'Angleterre et périr à Hastings, avait été plus humiliante que fructueuse.

Aussi, rien, dans la vie du comte Guy, ne rappelle les prétendues obligations que, d'après Ordéric Vital (3), il aurait été contraint de contracter, après Mortemer, vis-à-vis du duc de Normandie (4).

Grand vassal des rois de France, il s'acquitte, avec zèle, de ses devoirs militaires et de cour. On le trouve à Cambrai, en 1058, auprès d'Henri Ier, il assiste le 23 mai 1059, à Reims, au sacre du jeune Philippe Ier, près duquel il figure à Orléans en 1065. Il aura, dans sa vieillesse, l'insigne honneur d'être choisi pour armer chevalier un fils du roi.

Neveu de Guy, évêque d'Amiens, et de Foulques, abbé de Forêt-Moutiers (5), avoué, comme ses ancêtres, de l'abbaye de Saint-Riquier (6), il s'était maintes fois signalé par ses œuvres religieuses. En sortant de sa prison de Bayeux, il avait rapporté du monastère de Saint-Wandrille à Abbeville les reliques de Saint-Wulfran, et avait construit une chapelle pour les recevoir.

Guy de Ponthieu avait tempéré les rigueurs du régime féodal en abolissant les mauvaises coutumes qui se levaient sur son fief (7) et sa très louable initiative ouvrit la voie où ses successeurs devaient se signaler par leur libéralisme.

De son épouse, la comtesse Ade, qu'on croit de la maison d'Amiens, morte en 1066, et inhumée dans l'abbaye de Saint-Josse (8), il avait deux filles : Agnès et Ida de Ponthieu.

Cette dernière étant entrée en religion et devenue abbesse de Sainte-Austreberte de Montreuil, Agnès était appelée à être, après la mort de son père, comtesse de Ponthieu.

---

(1) « *Guido Pontivi comes ad vindicandum fratrem Ingebrannum nimis avidus.* » — Guil. de Jum.

(2) Le droit barbare d'épave était devenu sous le nom de Lagam un droit de coutume reconnu sur les côtes du Ponthieu et du Vimeu. Le comte Guy l'abolit.

(3) Ord. Vit., III, 237, 238.

(4) Ernest Prarond, *les comtes de Ponthieu, Guy premier*, p. 14, 15.

(5) *Gallia christiana*, t. X, col. 299, Instrument.

(6) Ibid. t. X, col. 1308.

(7) E. Prarond, *les comtes de Ponthieu. Guy Premier*, p. 11, et du Cange, *Hist. des comtes de Ponthieu*.

(8) Le comte Guy parle en ces termes de l'inhumation de sa femme dans une charte, datée de 1100, du cartulaire de l'abbaye de Saint-Josse : « *Quum autem Deus ab hac vita assumptam transtulisset, sepelivi eam ut decebat feci, et, pro cujus anima, multa sanctis quorum præsentia pontivensis provinciæ lætabatur largitus sum.* »

Tout nous révèle la sollicitude du comte de Ponthieu pour ses filles. Après la naissance de l'aînée, il avait fait, avec sa femme, un pèlerinage d'actions de grâces à Saint-Josse (1), et bien longtemps après, il rappelait avec émotion ce souvenir (2). Il n'était donc pas homme à sacrifier le bonheur de son enfant à des calculs politiques en la mariant.

Les circonstances paraissent avoir joué un rôle prépondérant dans l'union que contracta l'héritière du Ponthieu. : Le profond attachement que son père avait pour le roi de France porta Guy à donner asile à Robert Courte-Heuse que le souverain protégeait (3). Il le reçut, avec sa suite, où Robert de Bellême tenait le premier rang, dans son château d'Abbeville qui développait sa vaste enceinte, dominée par un formidable donjon, près de la porte Saint-Gilles (4). Là demeuraient le comte de Ponthieu et sa fille, entourés d'une cour princière. Un vicomte. un connétable, des chambellans, des veneurs, des gardes (5), et autres officiers y figuraient (6).

Robert de Bellême, par son origine, par la puissance de sa famille, par sa prestance, était le seigneur le plus distingué et le plus brillant de la suite de Robert Courte-Heuse. Il fixa sans doute l'attention. de la jeune fille et ne fut pas indifférent à ses qualités physiques et morales. Le prince, d'autre part, songea de suite à l'avantage que présenterait à son ami, et pourrait, dans l'avenir, offrir à lui-même une semblable alliance à laquelle le roi de France, dont le consentement était nécessaire, ne s'opposerait pas.

Une grave difficulté se présentait cependant : Guillaume le Conquérant ne permettrait pas à Robert de Bellême qu'il aimait d'entrer en possession de l'héritage normand de sa mère tant qu'il n'aurait pas quitté Robert Courte-Heuse, et n'aurait pas fait sa soumission.

Le comte de Shrewsbury était l'intermédiaire tout désigné pour négocier avec la cour de Rouen un arrangement qui aboutit facilement. C'est ainsi qu'Ordéric Vital a pu présenter le roi d'Angleterre comme l'auteur de l'alliance d'Agnès de Ponthieu (7), et montrer cette union comme le résultat de son affection pour le comte Roger et Mabile.

---

(1) (2) « *Postquam omnipotentis Dei larga pietas mihi ex conjuge mea Ada filiam Agnetem nuncupatam largiri dignata est, die quadam, matre cum filia assumpta, limina pretiosi confessoris Christi Judoci expetii ea devotione ut, pro eadem filia. Deo preces et munera offerre studerem, quatenus eam sanam et incolumen precibus jam dicti sancti conservare dignaretur.* »

(3) Guill. de Jum., liv. VIII, ch. 2.

(4) Ernest Prarond, *Topographie Hist. et Arch. d'Abbeville.*

(5) *Cartulaire du prieuré de Saint-Pierre d'Abbeville.* — charte I.

(6) *Cartul. de Saint-Sauve de Montreuil.*

(7) « *Præfatus vir (Robertus de Belismo), procurante Willermo rege, qui multum eumdem dilexerat propter amorem parentum ejus : Rogerii et Mabillæ, filiam Guidonis, Pontivi comitem, Agnetem nomine, uxorem duxit.* » — Ord. Vit., III, 300.

Robert de Bellême se soumit au roi Guillaume, et, peu de temps après, son union fut célébrée (1).

Vers ce temps, Roger de Montgomery avait contracté un second mariage. Il avait épousé Adelaïde du Puiset, fille d'Evrard du Puiset, comte de Breteuil-en-Beauvoisis, vicomte de Chartres, qui avait fini ses jours, en 1076, comme abbé de Saint-Calais, et d'Humberge (2). Adelaïde était une personne de haute noblesse et de grande beauté qui, à la différence de Mabile, ne se plaisait que dans les occupations et les travaux de son sexe (3). Douce, comme Agnès de Ponthieu, elle dut sympathiser avec elle.

Elle broda de ses mains des ornements précieux pour l'abbaye de Saint-Martin de Sées, et donna à ce monastère un calice d'or orné de pierreries, une croix d'or, semblablement décorée, contenant une parcelle de la vraie croix, des candélabres, des encensoirs, et d'autres objets de grand prix qui figuraient dans le trésor (4).

Le comte de Shrewsburg et Adelaïde du Puiset résidèrent un certain temps à Alençon où naquit leur fils Evrard. Nous les voyons consentir, avec l'assistance de leurs barons, à la donation par un certain Guérin de la Mare d'une terre, située près de la porte de Lancrel, à l'abbaye de Saint-Martin (5).

Sur le point de quitter la Normandie où il laissa sa femme quelque temps encore, Roger de Montgomery réunit à Alençon ses fils Robert, Hugues et Philippe. Là, en présence de Guérin le Chauve, son vicomte de Shrewsbury, de son connétable Gilbert, de son prévôt Engelbert, de Renault de Bailleul et de plusieurs autres barons, il confirma, avec ses enfants, tous les dons que ses vassaux et lui avaient précédemment consentis à Saint-Evroult, en Normandie

---

(1) Elle eut lieu avant la mort de Guillaume-le-Conquérant qui l'avait agréée.

(2) Les comtes de Breteuil-en-Beauvoisis, seigneurs du Puiset, étaient apparentés à la maison de Bellême, ainsi que nous l'avons vu.

(3) « *Sequens a priori matrona dispar moribus extitit.* » — Ord. Vit., II, 413.

(4) Dom Carrouget. — *Histoire de l'abbaye de Saint-Martin de Sées.*

(5) Voici presque *in-extenso* cette curieuse charte : « *Notum sit omnibus quod Guarinus de Mara dedit quamdam terram quam hereditabiliter habebat ante portam Alerci quæ patet viæ Sagii, et vocatur porta de Lanchrel. Prædictam igitur terram quidam avunculus Guarini, nomine Herbertus Carboneta, hereditabiliter ab antecessoribus habuit, et Guarinus, ipso avunculo defuncto, eam per rectum judicium in curia Rogerii comitis sibi hereditabiliter acquisivit, videntibus et etiam judicantibus pluribus ex baronibus prædicti comitis : Seifrido videlicet de Scuris, Girardo de Canaio, Hemerico filio Hamelini, Gotscelino filio Gualterii, qui capitalis dominus post comitem istius terræ erat...*
« *Hanc itaque terram... Guarinus Sancto Martino dedit... concedente et etiam ei gratias agente Rogerio comite et Adelaisa comitissa, et videntibus laudantibusque Roberto de Poleio, Willelmo de Valle, Ricardo de Belmel et alio Ricardo, capellano de Monte Guarulfi, et Vitali de Catusel, et Stephano de Damigni, et Gisleberto, filio Serlonis de Falesia, et Serlone filio prædicti Guarini...* » — Cart. de Saint-Martin de Sées, charte CXLVIII.

Nous voyons aussi Roger et la comtesse Adelaïde confirmer la donation des dixmes de Fontaines près Essai, faite par un vieux chevalier Jean Burnet, blessé dans une expédition, dirigée en 1079 par Roger de Montgomery et Rotrou II, comte de Mortagne, contre le château de Bray — même cartulaire. Charte XLV.

et en Angleterre. Il y ajouta diverses faveurs (1), et notamment une rente sur les revenus de la châtellenie d'Alençon pour l'entretien d'une lampe qui, jour et nuit, brûlerait devant le crucifix de l'église(2).

Après avoir pris diverses dispositions du même genre qui revêtaient presque une forme testamentaire, Roger passa la mer, laissant l'administration de ses domaines propres, de sa vicomté d'Exmes et des grands fiefs de la maison de Bellême à son fils aîné, qui fit du château de Bellême sa principale résidence.

Il n'en continua pas moins à être quelque temps son guide, et à lui donner des ordres. La lettre suivante en est la preuve :

« Le comte Roger à Robert de Bellême, son très cher fils, salut.

« Je veux, j'ordonne et je consens que tu confirmes, assures, et fasses respecter par tous les donations de vignes, d'un moulin et de terres, dépendant de mon fief, consenties à Saint-Martin, pour le repos de son âme, par Gilbert, fils de l'évêque, qui s'est fait moine.

« Tu agiras de même pour les libéralités que la mère de Gilbert pourrait faire à la même abbaye, dans la mouvance de mon fief.

« Si cette dame voulait disposer en faveur du monastère de terres relevant de seigneurs étrangers, je désire qu'en invoquant l'attachement que ces seigneurs ont pour toi et moi, tu t'efforces d'obtenir leur consentement (3). »

---

(1) (2) « *Per singulos annos, intrante Quadragesima, XXX solidos cenomannensis monetæ de redditione Alencionis jubeo dari, ad illuminationem die noctuque faciendam in ecclesia Uticensi ante crucifixum domini. Passagium etiam ipsius Alencionis et omnes consuetudines in tota terra mea de propriis sancti rebus concedo ; et in omnibus nemoribus meis pasnagium de monachorum porcis in perpetuum indulgeo... Hæc omnia, concedentibus filiis meis, Roberto de Bellismo et Hugone atque Philippo, pro redemptione animæ meæ et Mabiliæ ac Adelaidis conjugum mearum, in conspectu Dei sic annuo, et hoc testamentum signo sanctæ Crucis confirmo... »* — Ord. VII., II, 413, 415. — Le comte Roger donnait de plus, à Échauffour, une terre d'une charrue, la dixme du moulin et de tous les revenus de la châtellenie. Il donnait la dixme des foires de Planches,

(3) « *Rogerius comes Roberto Belismi, dilectissimo filio suo, salutem.*

« *Volo, et præcipio et concedo ut omnia quecumque Gislebertus, episcopi filius, monachus factus. Deo Sanctoque Martino donavit, pro anima sua, scilicet in vineis, in molendino et in terris que ad feodum meum pertinent te concedes et stabiliter esse facies, et lucaris contra omnes homines.*

« *Similiter præcipio ut fiat de omnibus rebus quecunque voluerit dare mater ipsius Gisleberti in terra et in aliis redditionibus Sancto Martino Sagii quæ ad feodum meum pertinent. De illis vero rebus quæ ad alios dominos pertinent, et ipsa domina voluerit dare, volo ut ab illis dominis quæras ut, propter amorem meum et tuum, concedas.* »
— *Cart. de Saint-Martin de Sées*, charte CCXXXVIII. — Dans la charte CCXXXVI, concernant la donation de Gilbert, on lit : « *Rodbertus Belismensis concessit.* »
Nous ne savons qui était Gilbert et de quel évêque il s'agit. Il est possible que ce dernier ait été canoniquement séparé de sa femme avant d'entrer dans les ordres.

CHAPITRE XXIII

**Roger de Montgomery en Angleterre
Robert II de Bellême, son fils, prend le gouvernement
des fiefs de la maison de Bellême (1085)**

Fondation de l'abbaye des saints Pierre et Paul de Shrewsbury. — Les moines de Saint-Martin de Sées dans le Shropshire. — L'abbé Fulchérède. — Description de l'église abbatiale. — Réclamations des bourgeois de Shrewsbury. — Adélaïde du Puiset s'embarque pour l'Angleterre. — Traversée mouvementée. — Le monastère de la Madeleine. — Les couvents de Wenlock et d'Acton-Burnel. — Une « gild » à Shrewsbury. — L'école du prêtre Siward. — L'enfance d'Ordéric, fils d'Odélérier. — Ordéric part pour la Normandie. — Robert de Bellême prend le gouvernement des fiefs de la maison de Bellême, dont il est l'héritier, 1085.

Roger de Montgomery avait entrepris, en cette période, des œuvres très importantes dans son comté anglais de Shrewsbury. Commencées ou décidées, pour la plupart, du temps de Mabile de Bellême, qui avait notamment favorisé, de ses donations, l'extension outre-mer des possessions de l'abbaye de Saint-Martin de Sées, il importe de les connaître. L'influence d'Adélaïde du Puiset s'y fit sentir.

À la porte orientale de Shrewsbury, au confluent de la Méole et de la Sévern, se trouvait en 1066, au moment de la conquête normande, une chapelle de bois, fondée autrefois par Siward, fils d'Edelgar, cousin du roi Edouard l'Ancien (1). Roger de Montgomery avait donné cette chapelle, et une maison qui y attenait, à un prêtre nommé Odélérier, fils de Constant, originaire d'Orléans, dans les conseils duquel il avait une grande confiance (2).

Odélérier, s'étant rendu en pèlerinage à Rome, y avait fait le vœu de construire une église en pierres, dédiée à saint Pierre et à saint Paul. Il l'avait commencée, quand il suggéra au comte l'idée de fonder en ce lieu un monastère (3).

Roger était entré dans ses vues, s'était entendu avec Siward, et, à la suite d'une transaction amicale et d'un échange, avait acquis

---

(1) Edouard Ier, dit l'Ancien, roi d'Angleterre, régna de 900 à 925.

(2) Ord. Vit., II, 416.

(3) Ibid.

le terrain nécessaire (1). Le 25 février 1083, il s'était ouvert de ses intentions au vicomte Guérin, à Picot de Say et à ses autres barons. Les travaux avaient alors commencé sous la direction de Guérin, d'Odélérier, et des moines Renault et Frodon, appelés de Saint-Martin de Sées (2).

L'organisation de la nouvelle maison religieuse eut lieu en 1087. Un essaim de moines, venus de Sées, qui ne furent pas précisément chassés par la pauvreté de leur monastère d'origine, comme l'a écrit Augustin Thierry (3), la peupla. Ils élurent à la dignité abbatiale Fulchérède, réputé pour son éloquence (4).

Son église, dédiée à saint Pierre et à saint Paul, fut très probablement calquée sur celle de Saint-Martin, construite par Thierry de Matonville, sous les yeux de Mabile de Bellême. C'est un remarquable édifice.

Si le chœur, détruit au seizième siècle, a été remplacé par une construction moderne, si la tour fortifiée a été remaniée, la nef, édifiée par les ordres de Roger de Montgomery, est restée intacte. Elle présente trois travées, formées d'arcades romanes à double étage, sommées d'étroites fenêtres romanes géminées. Les grands arcs inférieurs reposent sur des colonnes cylindriques, surmontées de chapiteaux à tailloir circulaire. Les piliers des arcs supérieurs, formant triphorium, sont ornés de colonnettes, et reposent sur le milieu des arcs inférieurs (5).

L'« earl » Roger donna à Saint-Pierre de Shrewsbury tout le faubourg situé hors la porte orientale de cette ville (6), et la dixme de toute la vénaison prise dans le Shropshire (7).

Malgré l'esprit de justice du comte, les bourgeois de sa capitale n'étaient pas toujours satisfaits. Nous trouvons d'eux une réclamation très fondée :

Ils ne payaient pas plus d'impôts en apparence que du temps du roi Edouard, et leurs charges toutefois étaient devenues beaucoup plus considérables. Ils étaient taxés en effet pour autant de maisons qu'il en existait avant la conquête normande, or, indépendamment des cinquante-et-une maisons remplacées par le château de Roger de Montgomery, cinquante autres avaient été dévastées

---

(1) *Monasticon Anglicanum*, t. I, p. 379.

(2) Ord. Vit., II, 420, 421.

(3) *Conquête de l'Angleterre*, t. II, p. 106, ed. 1836.

(4) Ord. Vit. II, 416.

(5) «... *The pillars and arches of the eastern portion of the nave are of massive Norman work of simple detail...* » — Thomas Auden. *Shrewsbury historical*, p. 76. — Une autre église de Shrewsburg, Sainte-Marie paraît remonter au temps du comte Roger : « *It contains specimens of every style of architecture from Norman downwards...* » — Ibid, p. 57.

(6) Ord. Vit. II, 421. — *Monasticon Anglicanum*, t. I.

(7) Pennant's, *Tour in in Walles*, II, 402.

par la guerre au point d'être devenues inhabitables, quarante-trois Français occupaient des maisons et ne payaient rien, enfin trente-neuf habitants, dépendant de l'abbaye, étaient dans le même cas (1).

Si les bourgeois saxons réclamaient paisiblement, les Gallois s'agitaient toujours dans leurs montagnes. Le comte de Shrewsbury jugea cependant le pays assez sûr pour faire venir sa femme.

Depuis le départ de son mari, Adélaïde du Puiset avait mené à Alençon une existence fort retirée, préférant à l'agitation du siècle, la prière, les bonnes œuvres et le travail des mains (2). Elle s'embarqua avec son fils Evrard qui n'avait guère plus d'un an.

La traversée fut singulièrement mouvementée. Une tempête furieuse s'éleva, et, comme son vaisseau était sur le point d'être submergé, la comtesse fit le vœu, si elle échappait au péril, de construire un monastère sur le lieu même où elle reverrait son mari (3).

La mer se calma, Adélaïde débarqua saine et sauve, et trouva Roger, dans son fief du Shropshire, près du château de Quatfort, à l'endroit où fut construit le monastère de la Madeleine (4).

C'est aussi, dit-on, sur la demande d'Adélaïde du Puiset, que Roger de Montgomery restaura l'antique couvent de Wenlock (5), qu'avait illustré la vierge Milburge, invoquée comme bienheureuse, et où elle avait été inhumée (6). Il y appela des moines de Cluny, et le rattacha à l'abbaye de la Charité-sur-Loire (7). On voit encore à Wenloc, quelques pierres sculptées, restes de la fontaine qui s'élevait dans la cour du cloître (8).

Il réédifia également le monastère d'Acton-Burnel (9) et fonda, dans ses immenses possessions (10), de nombreux prieurés qu'il donna à Saint-Martin de Tours, à Almenesches et à Saint-Martin de Sées (11).

---

(1) « *Dicunt angligenæ burgenses de Sciropesberie multum grave sibi esse, quod ipsi reddunt totum geldum, sicuti reddebant tempore regis Edwardi, quamvis castellum comitis occupaverit LI masuras, et aliæ L masuræ sint vastatæ, et XLIII francigenæ burgenses teneant masuras geldantes tempore regis Edwardi, et abbatiæ quam fecit ibi comes dederit ipse XXXIX burgenses, olim cum aliis geldantes similiter.* » — *Extracta ex Domesday-Book*, ap. rer. anglic. script. ed. a Gale, p. 773.

(2) Dom Carrouget, *Hist. de Saint-Martin de Sées.*

(3) (4) Brompton, *Chronique*, col. 982.

(5) *Monasticon anglicanum*, t. I, p. 615 ; Eyton's, *Antiquities of Shropshire.*

(6) Cambden, *Britannia*, p. 249.

(7) Thomas Auden, *Shrewsbury Historical*, p. 22.

(8) Communication de miss Auden, membre de la *Soc. Roy. Hist. d'Angleterre.*

(9) *Monast. Anglic*, t. I, p. 604.

(10) Elle s'étendaient non seulement dans les comtés d'Arundel, de Shrewsbury et de Montgomery, mais dans ceux de Sussex, Surrey, Hampshire, Wight, Herefort, Glocester, Worcester, Kent, Warvick et Stafford.

(11) Burton et Horseleghen furent donnés à Saint-Martin de Tours; Levenestre à Almonesches, Tifford, Saint-Jean d'Autington et Wingal à Saint-Martin de Sées.

Une association de marchands, une « gild » (1), qui fut l'origine des libertés communales, existait très anciennement à Shrewsbury. L' « earl » Roger la respecta, ce qui explique la réclamation collective des bourgeois contre la lourdeur de leurs impôts, et il n'est pas impossible qu'il ait introduit, le premier, dans son comté, les coutumes libérales de Breteuil qui le régirent sûrement plus tard (2).

Il y avait, dès 1080, une école à Shrewsbury, tenue par le prêtre Siward, c'est là qu'Ordéric (3), baptisé dans l'église de Saint-Eatta, à Atcham, sur la Sévern, fut placé, à l'âge de cinq ans, par son père Odélérier. Il y apprit l'alphabet latin et les fonctions d'enfant de chœur qu'il remplit dans l'église Saint-Pierre et Saint-Paul (4). Quand, à dix ans, en 1085, il partit, avec une dot de dix marcs d'argent, pour la Normandie et l'abbaye de Saint-Evroult dont il devait être l'historien, ce n'était plus un ignorant (5).

Les seigneurs de ce temps ne connaissaient pas le repos. Le « grand comte Roger », continua à jouer un rôle politique et militaire fort important, et, bien que définitivement éloigné de la Normandie, il ne cessa pas, prêt à intervenir au besoin, de suivre jusqu'à sa mort, ce qui se passait dans ses possessions continentales et dans celles de son fils aîné (6).

Notre tâche doit prendre fin ici, car, à partir de l'année 1085, Robert II devient le chef effectif d'une seconde maison de Bellême. Il gouverne, en toute liberté, les domaines de ses ancêtres maternels. Sa place, dans l'histoire de son temps, devait être très considérable.

La vie de ce formidable guerrier, père du premier comte d'Alençon, héros pour les Normands, diable pour les Anglais, mort victime de son indéfectible loyalisme, n'a jamais été écrite. Nous espérons combler bientôt cette lacune.

(1) « Merchants Gild, *Gilda mercatoria*. » — Thomas Auden, *Shrewsbury Historical*, p. 123.

(2) Eyton's, *Antiquities of Shropshire*, t. XII, p. 173 et 210. — On sait, par le *Domesday* que Hugues, comte de Chester et Robert de Rhuddlan avaient concédé à leurs vassaux les coutumes de Breteuil, celles qu'Ordéric Vital appelle la *loi de Cormeilles* — *Domesday book* I, 269, col. 2 ; Ord. Vit., III, 42.

(3) Ordéric fut baptisé le samedi-saint, 4 avril 1075.

(4) « *Post quinquennium Siwardo nobili presbytero litteris erudiendus a genitore traditus sum...* » — Ord. Vit., II, 301. — « *Cum quinque essem annorum, apud urbem Scrobesburiam scholæ traditus sum, et prima tibi (Deo) servitia clericatus obtuli in basilica sanctorum Petri et Pauli apostolorum.* » — Ibid, V, 134.

(5) Il fut conduit en Normandie par un moine appelé Renault, « *Rainaldo igitur monacho plorans (pater) plorantem me tradidit.* » Le dimanche 21 octobre 1085, Mainier, abbé de Saint-Evroult, le reçut au nombre de ses moines, et lui donna le nom de « Vital ». Sous-diacre en 1091, diacre en 1093, il fut ordonné prêtre, le 21 décembre 1107, à Rouen, par l'archevêque Guillaume Bonne-Ame.

(6) Roger II de Montgomery mourut le 27 juillet 1095, à Shrewsbury. Nous le retrouverons, avec ses fils, dans la vie de Robert de Bellême.

APPENDICE

APPENDICE

Nous croyons intéressant et très utile de donner, à la fin de ce volume, un état complet de la maison ducale de Normandie, de Rollon à Guillaume le Bâtard, en y comprenant la descendance de Sprote, mère de Richard Ier, la famille de Gonnor, seconde femme de Richard Ier, et celle d'Arlette, mère du Conquérant de l'Angleterre. On trouvera là des détails fort peu connus, quelques uns tout à fait ignorés.

On remarquera que la race de Rollon se perpétua d'abord par des unions illégitimes. Elle se ressentait encore des mœurs païennes de ses ancêtres.

Nous donnerons ensuite un état complet de la première maison de Bellême, depuis son origine jusqu'à son extinction. Il résumera et complètera nos développements. Les Bellême se perpétuèrent toujours par des unions légitimes ; mais on trouvera, dans leur descendance, des bâtards soigneusement mentionnés.

Si, en ce temps, la rudesse des mœurs tolérait, surtout avant le mariage, des unions illégitimes, on est forcé de reconnaître par le nombre même des bâtards, rencontrés dans les diverses classes sociales, que, dans ce désordre, souvent expié par de rudes pénitences volontaires, la loi naturelle n'était pas violée du moins. Les pères ne se dérobaient pas aux devoirs nés de leurs fautes. Le bâtard avait dans la famille légitime une place à part, mais n'était ni abandonné, ni disqualifié. Chacun était soutenu, guidé et doté.

La foi était, au onzième siècle, générale et très profonde. C'est elle qui peu à peu maîtrisa la violence des passions. Rien n'est plus caractéristique, à ce point de vue, que l'effusion avec laquelle Guillaume Ier Talvas invoque, dans ses fondations, « la Vierge, mère de la Miséricorde ».

I. — ÉTAT DE LA MAISON DUCALE DE NORMANDIE
de Rollon à Guillaume le Bâtard

ROLLON, roi de mer, probablement d'origine norvégienne, cité pour la première fois en 911, était chef des Normands établis sur la Seine quand, par le traité de Saint-Clair-sur-Epte, le roi Charles le Simple lui céda les territoires qu'il occupait sur la rive droite du fleuve, entre l'Epte et la mer. Il devint ainsi comte des Normands. Baptisé en 912 sous le nom de Robert, il eut pour parrain Robert, duc de France. Il obtint, en 924, une très importante extension territoriale sur la rive gauche de la Seine.

Quand il mourut, peu après 928, il était en pleine rébellion contre le roi Raoul. Il laissait d'une captive chrétienne, appelée Popa, deux enfants :

1° *Guillaume Longue-Epée* qui suit ;

2° *Gerloch*, mariée à Guillaume Tête-d'Etoupe, duc d'Aquitaine, comte de Poitiers.

GUILLAUME LONGUE-EPÉE, né outre-mer, devint comte des Normands à la mort de son père. Il poursuivit, sur les Normands païens de Bayeux, la conquête d'une partie des territoires cédés à Rollon par le traité de 924, et se fit abandonner le Cotentin. Il fut assassiné dans une île de la Somme, près de Picquigny, le 16 décembre 942. Il avait épousé Leutgarde de Vermandois, fille d'Héribert II, comte de Vermandois, dont il n'eut pas d'enfants, et qui, devenue veuve, se remaria à Thibault le Tricheur, comte de Chartres. D'une captive bretonne, appelée Sprote, Guillaume Longue-Epée laissait le fils qui suit. Il l'avait fait reconnaître pour son successeur.

RICHARD Ier, comte des Normands, que la formation définitive de la Normandie, accomplie sous son règne, permet d'appeler duc de Normandie, naquit à Fécamp en 933, et y fut baptisé. Il succéda à son père, à la fin de 942, et, à la suite d'un soulèvement des Normands païens, fut emmené à Laon, en 943, par le roi Louis d'Outremer. Il fut délivré en 945, par Yves de Bellême et Osmond, de la captivité dans laquelle il était tenu. Hugues le Grand, duc de France, qui lui fiança sa fille Emma, et recula la frontière sud de la Normandie jusqu'à la Sarthe, devint son suzerain effectif. Richard repoussa de multiples attaques jusqu'au moment où le traité de 965 lui assura la paix définitive (1).

Il mourut à Fécamp en 996. Il avait épousé, en 960, Emma, fille de Hugues le Grand, duc de France, qui mourut sans lui donner d'enfants. Il épousa en secondes noces, peu avant 989, la très belle normande Gonnor, belle-sœur d'un forestier des environs d'Arques, dont il avait eu quatre fils et trois filles :

1° *Richard II*, duc de Normandie qui suit ;

2° *Robert*, comte d'Evreux, archevêque de Rouen de 989, époque où il succéda à Hugues de Cavalcamp, à sa mort en 1137. Malgré sa dignité ecclésiastique, il épousa une femme, nommée Herlève, dont il eut trois fils : Richard, Raoul et Guillaume :

A. *Richard*, comte d'Evreux, eut un fils Guillaume, comte d'Evreux, marié à Helvise, fille de Guillaume, comte de Nevers, et une fille Agnès, épouse de Simon de Montfort. Amaury de Montfort succéda, comme comte d'Evreux, à son oncle Guillaume, mort le 18 avril 1118.

B. *Raoul d'Evreux*, dit Tête-d'Ane, sire de Gacé, connétable de Normandie après Gilbert de Brionne, épousa Basilie, fille de Robert Fleitel, dont il eut Robert de Gacé qui institua pour son héritier Guillaume, comte d'Evreux.

---

(1) Aux actes de ce prince que nous avons mentionnés, il faut joindre la confirmation en 968 à l'abbaye de Saint-Denis en France de Berneval-sur-Mer, avec la pleine immunité des droits exercés par comte ou vicomte à Berneval, et la donation à Saint-Taurin d'Evreux de la dîme de la vicomté d'Evreux.

C. *Guillaume d'Evreux*, épousa Havoise, fille de Giroie Ier, seigneur de Saint-Cénery et d'Echauffour, et de Gisle de Bastenbourg, veuve de Robert Ier de Grentemesnil. Il en eut deux filles : Judith, mariée à Roger, comte de Sicile, et Emma.

3° *Geoffroy*, comte de Brionne laissa un fils Gilbert, comte de Brionne, qui fut assassiné après 1040. Ce dernier avait eu deux enfants : Baudoin, seigneur de Meules et du Sap, mort avant 1091, laissant quatre fils, et Richard, seigneur de Bienfaite et d'Orbec, époux de Roaldès, mort vers 1090, dont cinq fils. Une nièce de Gilbert, comte de Brionne, avait épousé Baldric, seigneur de Bocquencé, de race germanique.

4° *Mauger*, probablement comte de Mortain, devint comte de Corbeil, dans l'île de France, par son mariage, en 1012, avec Germaine, fille d'Albert, ce dernier fils d'Aymon et d'Elisabeth, et, petit-fils d'après l'*Art de vérifier les dates*, d'Osmond, précepteur de Richard Ier. Mauger, comte de Corbeil, fut père de Guillaume Werleng, comte de Mortain, exhérédé et exilé en 1048 par Guillaume le Bâtard.

5° *Emma* épousa en premières noces, Ethelred II, roi d'Angleterre, de la dynastie anglo-saxonne, fils d'Edgar et d'Elfride, cette dernière fille d'Ordgar, comte de Devonshire. Ethelred mourut de chagrin, en 1016, à la suite de l'invasion et de l'usurpation de Canut le Grand, fils de Suénon, qui devint roi d'Angleterre en 1014, de Danemark en 1016 et de Norvège en 1031. Emma épousa Canut le Grand, en secondes noces, et favorisa de tout son pouvoir les Danois et les Normands au détriment des Anglo-saxons.

Les enfants issus de son second mariage eurent ses préférences. C'étaient : Hardicanut qui fut roi d'Angleterre après son père, de 1036 à 1042, et Gunihlda, « la plus belle femme de son siècle », mariée à Henri III, empereur d'Allemagne de la maison de Franconie, fils de l'empereur Conrad.

D'Ethelred II Emma avait eu quatre enfants : Edouard le Confesseur, qui fut roi d'Angleterre après son demi-frère Hardicanut, et mourut le 5 janvier 1066 : Alfred, assassiné par Harold Pied-de-Lièvre; Edith, et Goda, mariée à Dreu, comte du Vexin et d'Amiens. Emma mourut à Winchester en 1052.

6° *Havoise* épouse de Geoffroy Ier, duc de Bretagne, fils de Conan le Tort, comte de Rennes, puis duc de Bretagne. Elle en eut deux fils : Alain III, duc de Bretagne, mort à Vimoutiers le 1er octobre 1040, et Eudes, vicomte de Porhoet.

7° *Mathilde* mariée à Eudes II, comte de Chartres, de Champagne et de Blois, fils d'Eudes Ier et de Berthe de Bourgogne. Elle mourut avant 1013.

Richard Ier, duc de Normandie, eut d'autres enfants que les sept issus de Gonnor. Il eut une fille *Mathilde*, dont la date de décès, 1033, indiquée par les *Annales de Saint-Evroult* augmente les probabilités suivant lesquelles elle se confondrait avec Mathilde, femme de Guillaume Ier de Bellême. Il eut, d'autre part, un fils appelé Guillaume et une fille nommée Béatrice dont nous allons nous occuper :

Guillaume, fils de Richard Ier, fut comte d'Exmes, puis d'Eu. Il mourut jeune, avant 1012. Il avait épousé Lesceline, fille remarquablement belle de Turquetil et d'Anceline de Montfort-sur-Rille. Il en avait eu trois enfants : Guillaume Bussac, comte d'Eu, exhérédé par Guillaume le Conquérant, et passé en France où il devint comte de Soissons ; Hugues, évêque de Lisieux et Robert, comte d'Eu. Un fils de ce dernier Guillaume, comte d'Eu, marié à la sœur de Hugues, comte de Chester, fut supplicié en 1096. Son fils Guillaume de Grandcour s'exila en France après 1124.

Beatrice, fille de Richard Ier, épousa, vers 988, Ebles Ier, vicomte de Comborn, de Turenne et de Ventadour, fille d'Archambault Ier et de Sulpicie de Turenne.

* * *

RICHARD II, duc de Normandie, succéda à son père en 996 et mourut le 23 Août 1026 (1), après un règne particulièrement fécond pour son pays. Les mariages de ses sœurs lui avaient permis d'asseoir l'influence normande en Bretagne et en Angleterre. Il avait entretenu les meilleures relations avec le roi de France, Robert le Pieux.

Richard avait épousé, en premières noces, Judith, fille de Conan le Tort, comte de Rennes, puis duc de Bretagne. Il épousa en secondes noces, une normande appelée Pavie.

Il eut de son premier mariage :

1º RICHARD III, duc de Normandie, qui succéda à son père, en 1026, et mourut empoisonné le 6 Août 1028 (2). Il n'avait pas eu d'enfant de sa femme nommée Adèle, mais laissa un bâtard, nommé Nicolas, qui fut d'abord moine à Fécamp, puis abbé de Saint-Ouen de Rouen.

2º *Robert le Diable*, comte d'Exmes qui suit.

3º *Guillaume*, moine de l'abbaye de Fécamp.

4º *Adélise*, femme de Renault Ier, comte de Bourgogne, fils d'Otte-Guillaume. Elle fut mère de Guy de Bourgogne.

5º *Eléonore*, mariée à Beaudoin IV, comte de Flandre.

Richard II laissa de son épouse Pavie, trois enfants :

6º *Guillaume de Talou*, comte d'Arques, marié à la sœur d'Enguerrand, comte de Ponthieu.

7º *Mauger*, archevêque de Rouen en 1037, qui dut être déposé.

8º *Pavie*, mariée à Goubert, abbé de Saint-Valery, dont naquit Bernard de Saint-Valery-sur-Somme.

* * *

ROBERT, d'abord surnommé le Diable, puis le Magnifique, comte d'Exmes, devint duc de Normandie à la mort de son frère Richard III en Août 1028. Il mourut, au cours d'un pèlerinage en Terre Sainte, à Nicée, le 2 juillet 1035.

Il avait eu d'Herlève, ou Arlette, fille de Robert, bourgeois de Falaise,

(1) La date du 23 août est donnée par le *Cartulaire de Notre-Dame de Chartres*, celle de 1026 est formellement donnée par Guillaume de Jumièges — liv. V, ch. 17, *Millesimo vicesimo serto*. Nous nous y tenons malgré les controverses. Richard II donna à l'abbaye de Saint-Wandrille la dixme des péages d'Exmes, d'Argentan, de Falaise et d'Hiémois. — F. Lot, *Etudes critiques sur l'abbaye de Saint-Wandrille.*

(2) La date du 6 août qui résulte des Nécrologes de Saint-Germain-des-Prés et de Saint-Bénigne de Dijon rectifie celle que nous avons donnée plus haut.

et de Dode, un fils GUILLAUME LE BATARD, né en 1027(1), qu'il avait fait reconnaître pour son successeur, et une fille *Adélise*, qui épousa Enguerrand, comte de Ponthieu, tué en 1053.

Descendance de Sprote, mère du duc Richard Ier

Après la mort de Guillaume Longue-Epée, Sprote, mère de son fils le duc Richard Ier, épousa Asperleng ou Esperleng, riche fermier des moulins de Pître au Vaudreuil.

Elle en eut un fils *Raoul* qui fut comte de Bayeux et d'Ivry. Il épousa Aubrée de Canville dont naquirent deux fils : Jean, d'abord évêque d'Avranches, puis archevêque de Rouen, mort en 1079, et Hugues, évêque de Bayeux.

La famille de Gonnor,
seconde femme du duc Richard Ier

GONNOR, seconde femme du duc Richard Ier, avait un frère, nommé *Herfast*, et trois sœurs : *Sainfrie*, femme d'un forestier demeurant, près d'Arques, à Sauqueville, *Duveline* et *Wévie*.

Herfast fut le père d'Osbern, seigneur de Crépon, près Bayeux, sénéchal de Normandie, assassiné au Vaudreuil, près Louviers, sous les yeux du jeune Guillaume le Bâtard. Guillaume, fils d'Osbern, grand sénéchal de Normandie, épousa Adélise fille de Roger Ier de Töëny. Il devint comte de Breteuil en Normandie, comte de Herefod en Angleterre et seigneur de l'île de Wight. Son fils aîné Guillaume fut comte de Breteuil, son second fils Roger comte de Hereford.

Duveline épousa Turulfe de Pont-Audemer, fils de Torf. Elle en eut Onfroy de Vieilles, marié à Aubrée de la Haie, père de Robert et de Roger de Beaumont-le-Roger. Ce dernier, allié à Adeline de Meulan fut la tige des comtes de Meulan et de Warwick.

Wévie fut mariée à Osbern de Bolbec dont elle eut deux enfants : Josceline et Geoffroy.

Josceline de Bolbec épousa Roger Ier de Montgomery, vicomte d'Exmes, probablement fils de Hugues, dont elle eut de nombreux enfants.

Geoffroy de Bolbec, son frère, devint vicomte d'Arques par son mariage avec la fille de Joscelin, vicomte d'Arques. Il fut le père de *Guillaume d'Arques* et de *Gilbert*, évêque d'Evreux, mort en 1112.

La famille d'Arlette,
mère de Guillaume le Conquérant.

HERLEVE ou ARLETTE, fille du bourgeois de Falaise Robert, fut mariée, par l'entremise du connétable Raoul de Gacé, à Herluin, seigneur de Conteville-sur-Mer, fils, dit-on, du fondateur de l'abbaye du Bec. Elle eut de cette union trois fils : *Raoul*, *Eudes* et *Robert*. Eudes fut

---

(1) Sur les institutions normandes à l'époque de Guillaume le Conquérant, voyez les remarquables études de Ch.-H. Haskins, doyen de la faculté des Arts de l'Université de Harvard (Etats-Unis) : *Normandy under William the Conqueror ; The Norman « Consuetudines et Justicie » of William the Conqueror ; Kniht service in the XI th century.*

évêque de Bayeux et comte de Kent en Angleterre. Robert fut comte de Mortain, en Normandie et de Cornouaille en Angleterre (1), et marié à Mathilde, fille de Roger II de Montgomery et de Mabile de Bellême.

Herlève fut inhumée dans l'abbaye de Grestain que son mari avait fondée vers 1050.

Tout cela est connu. Ce qui ne l'est pas, c'est qu'Herlève avait un frère, nommé *Gautier*, qui veilla sur l'enfance de Guillaume le Bâtard et sauva plus d'une fois le prince. Ce Gautier, appelé « Gautier de Falaise », fut marié noblement, doté, et eut au moins deux enfants : *Guillaume*, qui épousa Albarède ou Aubrée, dame de Moulins-la-Marche, fille de Guimond II Félix, sire de Moulins, et d'Emma, et *Mathilde*, mariée à Raoul II Taisson, seigneur du Cinglais et de la Roche-Tesson, et d'Aubrée de Moulins, fille de Guimond Ier.

Il suffit, pour se convaincre de ces faits, de consulter le *Monasticon Anglicanum*, t. II, pp. 973, 974, *le Gallia Christiana*, t. XI, col. 64 et 65, et Ordéric Vital, t. II, 49, t. III, 229.

Nous croyons que Gautier de Falaise eut d'autres enfants, notamment un fils qui fut la tige de la famille « de Falaise » qui s'est perpétuée dans la région jusqu'au xviie siècle, et une fille Adélaïde, la cousine de Guillaume le Bâtard qui épousa Robert Ier, seigneur de Saint-Cénery.

Si saint Osmond, d'abord comte de Dorcet, puis évêque de Salisbury, mort en 1099, qu'on a fait fils d'une sœur de Guillaume le Conquérant, se rattache à sa famille, c'est parmi les parents collatéraux d'Herlève qu'il faudrait chercher sa mère.

II. — ETAT DE LA PREMIÈRE MAISON DE BELLÊME
de son origine à son extinction

N... DE BELLÊME, issu d'un personnage qui donna au monastère du Mont-Saint-Michel huit villas, situées dans le Maine, avant les invasions des pirates normands, eut au moins trois fils :

1e *Fulcoin* ou *Foulques* qui suit.

2º *Sigefroy* de Bellême, évêque du Mans de 971 à l'an 1000 environ. Il se fit moine au monastère de la Couture du Mans, y mourut un 16 Février et y fut inhumé dans l'église abbatiale. Son tombeau se voyait encore au xviie siècle, dans le mur de la nef à gauche.

Malgré sa dignité épiscopale, Sigefroy avait épousé une femme nommée Hildeburge dont il laissa un fils nommé Aubry, qui reçut de lui les fiefs ecclésiastiques de Coulongé, de Sarcé et de la Maule.

Cet Aubry de la Milesse s'allia à Hildiarde. Il en eut un fils Herbert de la Milesse, marié à Adélise, qui, vers 1060, restitua à l'abbaye de Saint-Vincent du Mans les domaines ecclésiastiques que son père avait reçus. Aubry II de la Milesse, fils d'Herbert, vivait en 1091.

3º *Guillaume* de Bellême, mentionné en 997.

On doit considérer comme neveux ou petits neveux des personnages ci-dessus : Guillaume, clerc en 997, que nous croyons être Guillaume, doyen

---

(1) Robert, comte de Mortain, eut, dans le partage de l'Angleterre, 973 manoirs, répartis entre 18 comtés.

du Mans, en 1009-1015, sous l'épiscopat d'Avesgaud de Bellême, Robert Sutsard ou Suhard, peut-être le premier seigneur de Craon, et Guillaume le laïc, mentionnés en 997.

Nous pensons que *Sigefroy, évêque de Sées,* au commencement du onzième siècle, était un descendant de Guillaume, frère de l'évêque du Mans Sigefroy, comme Avesgaud, abbé de Saint-Vincent du Mans, un autre Avesgaud, abbé de la Couture, et un Guillaume de Bellême, chanoine du Mans, sous l'évêque Hoel.

****

FULCOIN ou FOULQUES, seigneur DE BELLÊME, du Saosnois, de Sées et du Passais, épousa Rhotaïs, et mourut jeune, avant 940. Les huit villas, données au Mont Saint-Michel par son ancêtre, étaient rentrées dans ses possessions. Fulcoin laissa trois enfants :

1º *Yves I*er de Bellême qui suit.
2º *Billehende* de Bellême non mariée, encore vivante en 997.
3º *Eremburge* de Bellême non mariée, encore vivante à la même date.

****

YVES Ier DE BELLÊME, seigneur de Bellême, du Saosnois, d'Alençon, de Sées et de Domfront, était grand maître des balistes de France en 945 quand il délivra le duc de Normandie Richard Ier. Il fut momentanément gouverneur de Creil, construisit ou reconstruisit la chapelle castrale de Bellême, donna, dans le Passais, le domaine de Magny-le-Désert à l'abbaye de Saint-Benoît-sur-Loire et restitua au monastère du Mont Saint-Michel les huit villas données par ses ancêtres. Il avait épousé Godehilde qui paraît être issue des comtes de Breteuil-en-Beauvoisis, seigneurs du Puiset en Beance, et vicomtes de Chartres. Il mourut peu après 1005, et fut inhumé dans sa collégiale Notre-Dame du château de Bellême. Sa femme, qui lui survécut quelques années, fut inhumée près de lui. Elle lui avait donné cinq enfants, trois fils et deux filles :

1º *Guillaume Ier Talvas*, prince de Bellême qui suit ;
2º *Avesgoud* de Bellême, évêque du Mans, après son grand oncle Sigefroy. Il mourut à Verdun le 27 octobre 1036 et fut inhumé dans la cathédrale Notre-Dame de cette ville. Par son ordre, Léthalde écrivit une vie de saint Julien.
3º *Yves* de Bellême, tige présumée des seigneurs de Château-Gontier. Il avait donné, avec son frère l'évêque Avesgaud, la terre d'Hildebert, le bois du Breil dans la villa de Coulaines, une terre à Courgains et une autre dans la villa de Courteilles à l'abbaye de Saint-Vincent du Mans.
4º *Godehilde* de Bellême, mariée à Albert de la Ferté-en-Beauce. Elle en eut un fils Albert de la Ferté-en-Beauce qui, après avoir été marié, se fit moine à Jumièges, devint abbé de Saint-Etienne et de Saint-Mesmin, près Orléans, et fonda, dans le Bellêmois, le prieuré de Damemarie. Le fils de ce dernier Arnoul fut archevêque de Tours.

On croit, c'est l'opinion émise par le savant abbé Angot, dans son *Histoire des vicomtes du Mans*, que Godeheut, seconde femme de Raoul II de Beaumont, vicomte du Mans, n'est autre que Godehilde, fille d'Yves Ier de Bellême, ce qui est corroboré par le nom d'*Yves* de Beaumont, archidiacre du Mans, en 1028, l'un des fils de Raoul.

Devenue veuve d'Albert de la Ferté en Beauce, Godehilde se serait donc remariée à Raoul II.

Il est certain, en tout cas, qu'une alliance, sinon plusieurs, existait entre les Bellême et les Beaumont, issus de Raoul II, vicomte du Maine, frère de l'évêque Mainard, prédécesseur de Sigefroy de Bellême, ce qui explique les possessions des Beaumont dans le Saosnois.

5° *Hildeburge* de Bellême, mariée à Haimon, seigneur de Château-du-Loir et de Cohémon, fils du seigneur de ces fiefs et de Rorans d'Argentré, près Mayenne. Elle en eut six enfants :

A. *Burcard* ou *Bouchard* de Château-du-Loir, mort sans enfants.

B. *Robert*, seigneur de Château-du-Loir et de Cohémon, après son frère. Il épousa Elisabeth dont il eut Gervais, seigneur de Château-du-Loir, père de Mathilde, mariée à Hélie de la Flèche, comte du Maine, tige des rois de Jérusalem et des Plantagenets.

C. *Gervais* de Château-du-Loir, né au Château de Cohémon le 2 Février 1007, élu évêque du Mans à la mort de son oncle Avesgaud de Bellême, sacré le 18 décembre 1035 par son cousin Arnoul, archevêque de Tours. Il devint archevêque de Reims le 15 octobre 1055 et chancelier de France, Il sacra le roi Philippe Ier le 23 Mai 1059, mourut à Reims le 4 Juillet 1067 et fut inhumé dans la cathédrale, entre le chœur et le jubé.

D. *Ursion* de Château-du-Loir, évêque de Senlis.

E. *Rotrude* de Château-du-Loir, mariée à Guy Ier de Laval, auteur de cette illustre maison, veuf de Berthe de Toëny.

F. *Hildeburge* de Château-du-Loir, femme de Gundin le Vieux, seigneur de Malicorne.

*
* *

GUILLAUME Ier TALVAS, prince DE BELLÊME, seigneur d'Alençon de Sées, de Domfront, du Saosnois, patron de l'évêché de Sées, haut dignitaire de la cour du roi Robert le Pieux, est présenté par l'érudit M. Licquet, en son *Histoire de Normandie*, t. II, p. 9, comme cousin germain de Robert le Magnifique, duc de Normandie. Cette parenté, erronée en ce qui concerne le degré, ne peut s'expliquer que par le mariage de Talvas avec Mathilde, peut-être fille de Richard Ier, en tout cas certainement issue de la maison ducale, ainsi que nous l'avons dit.

Le prince de Bellême fit, dans sa jeunesse, un pèlerinage à Rome, fonda la collégiale de Saint-Léonard de Bellême et l'abbaye de Lonlay, et reconstitua les menses épiscopale et canoniale de Sées. Il mourut, en 1031, peut-être à Domfront où il aurait été inhumé en l'église Notre-Dame-sur-l'Eau. De Mathilde, dame de Condé-sur-Noireau, sa femme, il laissa six fils :

1° *Foulques* de Bellême, tué au combat de Blavou en 1031.

2° *Guérin* de Bellême, mort tragiquement en 1026. De sa femme, dont le nom est ignoré, il laissa une fille Adèle de Bellême, mariée à Rotrou II, vicomte de Châteaudun, comte de Mortagne, seigneur de Nogent-le-Rotrou, fils de Geoffroy, vicomte de Châteaudun, seigneur de Nogent, et d'Elvise, dame du comté de Mortagne. Geoffroy, le fils aîné issu de cette union, fut comte du Perche.

Guérin laissa aussi un fils bâtard, nommé Raoul, vivant en 1050.

3° ROBERT, prince DE BELLÊME après son père, assassiné au château de Ballon où il était prisonnie,r en 1033. Il laissa deux bâtards : Guérin et Guillaume, seigneur de Contilly dans le Saosnois.

4° « Très noble et très vénéré » YVES, prince DE BELLÊME, seigneur du Saosnois, évêque de Sées en 1035. Il fut le bien faiteur du prieuré de Saint-Martin-du-Vieux-Bellême, de la collégiale Saint-Léonard, des abbayes de Saint-Martin de Sées et de Saint-Vincent du Mans, le second fondateur du monastère de Sainte-Gauburge de la Coudre. Il reconstruisit sa cathédrale incendiée, dans le chœur de laquelle il fut inhumé, en face du maître-autel, en 1070.

5° *Guillaume II Talvas* de Bellême, seigneur d'Alençon, de Sées et de Domfront, qui suit.

6° *Benoît* de Bellême, oblat de l'abbaye de Saint-Benoît-sur-Loire, mort probablement religieux dans ce monastère.

Guillaume Ier Talvas laissa de plus un fils bâtard nommé *Sigefroy*, vulgairement Seifrid, personnage fort important qui fut seigneur d'Escures, du Bouillon, de La Chapelle-près-Sées et de Congé. C'est la tige de la première maison d'Escures.

* * *

GUILLAUME II TALVAS DE BELLÊME, seigneur d'Alençon, de Sées et de Domfront, patron de l'évêché de Sées (1), eut, par la trahison de Guillaume Giroie, seigneur de Saint-Cénery, son vassal, une existence très mouvementée. Bienfaiteur du prieuré Saint-Symphorien du château de Domfront, il prit l'initiative de la fondation de l'abbaye de Saint-Martin de Sées qui ne put être réalisée de son temps.

Il épousa, en premières noces, Hildeburge, fille d'un « très noble seigneur nommé Arnoul », et, en secondes noces, une fille de Raoul IV de Beaumont, vicomte du Maine, et d'Emma de Montreveau, fille d'Etienne. De son premier mariage, il eut deux enfants :

1° *Arnoul* de Bellême, mort tragiquement avant son père.

2° *Mabile* de Bellême, qui suit.

Guillaume II Talvas eut aussi un fils bâtard, nommé *Olivier*, qui fut d'abord seigneur du Mesle-sur-Sarthe, puis de Courtomer. Brillant et très courageux chevalier, il se fit moine, après son veuvage, dans l'abbaye de Saint-Martin de Sées, et mourut, à un âge très avancé dans celle du Bec. Il avait donné à l'évêque Yves un terrain près de sa cathédrale alors en construction. Il laissa quatre enfants, tous bizarrement surnommés Oison : Robert ; Hugon, clerc, qui partit pour la Terre Sainte et était en Apulie en 1094 ; Guillaume et Arnoul. Robert Oison, seigneur de Courtomer, qui donna en 1089, le patronage de Courtomer à l'abbaye de Saint-Martin de Sées fut l'auteur de la première maison de Courtomer éteinte en ligne masculine au XIVe siècle.

(1) On peut supposer que l'exercice des droits de patronage, concédés par le duc Richard II à la maison de Bellême sur l'évêché de Sées, fut en partie paralysé par l'omnipotence de Guillaume le Bâtard qui nommait les évêques au lieu de les laisser élire. Ceci explique comment ces droits durent être plusieurs fois confirmés à Robert II de Bellême, fils de Roger II de Montgomery et de Mabile de Bellême, par le duc Robert Courte-Heuse.

Voy. sur la suprématie ecclésiastique de Guillaume le Conquérant, *Antiq. de Normandie*, t. XXXII, page 105, note,

* * *

MABILE DE BELLÊME, femme très remarquable qui remplit virilement sa fonction héréditaire de défenseur de la frontière normande, devint
dame d'Alençon, de Sées, et de Domfront par la mort de Guillaume II
Talvas, son père. Elle devint princesse de Bellême et dame du Saosnois
par la mort, en 1070, de son oncle Yves de Bellême, évêque de Sées.

Elle épousa, vers 1054, Roger II de Montgomery, vicomte d'Exmes,
seigneur de Montgomery, Trun, Saint-Sylvin, Le Thuit, Montaigu-la-
Brisette, plus tard, en Angleterre, comte d'Arundel, de Shrewsbury et
de Montgomery, fils de Roger Ier, vicomte d'Exmes, seigneur de Montgomery, etc., et de Josceline, nièce de Gonnor, duchesse de Normandie.

Mabile, par la fondation de l'abbaye de Saint-Martin de Sées, assura
l'exécution des volontés de son père, s'associa à toutes les œuvres religieuses
de son mari et, après avoir mérité le magnifique éloge que lui décerne le
vénérable Arnoul, abbé de Troarn, elle mourut lâchement assassinée,
au château de Bures-sur-Dives, le 2 décembre 1082. Elle fut inhumée dans
l'abbaye de Troarn. Nous ne redirons pas ici le nom de ses enfants qu'on
trouvera dans notre récit.

Dignitaires ecclésiastiques et laïques de l'évêché de Sées, sous l'évêque Yves de Bellême

Archidiacres : de Sées : Baudoin, fils d'Etwald.
  De Mortagne : Roger, précédemment doyen de ce lieu.
  De Bellême : Lambert.
  D'Hiémois et du Houlme : Hémery et Foulques.
Clerc de l'évêque : David, d'Argentan, plus tard curé d'Exmes.
Chevaliers de l'évêque : Berlay et Raoul son frère.
Chapitre de la cathédrale : Hugues, chanoine écolâtre ; Robert, Richard,
  Hugues, Renault, Robert, Roger et Geoffroy.
Clergé de la cathédrale : Guérin, custode de Saint-Gervais ; Guérin, fils
  de Guidbault et Gérard, prêtres.
Curé d'Alençon, Robert.

Monastères du diocèse

Abbé de Saint-Martin de Sées : Robert.
Abbé de Saint-Pierre-sur-Dives : Ainard, précédemment religieux de
  la Trinité de Rouen.
Abbesse d'Almenèches : Adélaisie.

Officiers de la maison de Bellême

Achard, prévôt de Bellême, puis capitaine de Domfront, sous Guillaume Ier Talvas.
Guy, sénéchal de Bellême ; Guillaume, fils de Bérault, voyer de Bellême,
  sous l'évêque Yves.

Baucent d'Iners, sénéchal du Saosnois ; Guillaume et Robert de Poiiley, sénéchaux de Lurson ; Picot, sénéchal d'Alençon ; Gilbert, connétable ; Engelbert, prévôt, sous Mabile de Bellême et Roger II de Montgomery. Leur veneur s'appelait Normand.

Bourgeois d'Alençon à l'époque de Mabile de Bellême

Girard, drapier ; Vincent Catusel ; Guérin de la Marre ; Etienne de Damigny ; Gilbert, fils de Serlon.

Bourgeois de Sées

Evan ou Ivan ; Robert le Roux ; Rainfroy ; Aincelin ; Foucher.

Seigneurs vassaux de la maison de Bellême, dans l'Alençonnais et le pays de Sées, Seconde moitié du XIe siècle (1).

Adam de Marcé ; Adélard de Belfonds ; Alain de Sainte-Scolasse ; Antoine d'O, époux d'Ade ; Arnoul Corbet de Boitron.

Baudoin Fortin ; Bernard de Roillé ; Bérenger de Saint-Nicolas.

Eudes de Cerisé ; Eudes de Clinchamp ; Eudes Cou-d'Ane.

Foucher d'Aunou ; Foulques de Belfonds ; Foulques du Bouillon.

Gallois d'Aché ; Gautier de Champ-Milon ; Gautier de Laleu ; Gervais Achard, fils d'Achard, de Domfront ; Girard de Saint-Hilaire ; Girard de Canaio ; Guérin ; Gosselin, fils de Gautier ; Guillaume de Cléray ; Guillaume de Ravigny ; Guillaume de Sévilly ; Guillaume Tosard de Saint-Nicolas-des-Bois ; Guillaume, fils de Rosceau.

Haimery, fils d'Hamelin ; Haimery de Lonray ; Haimery de Moire ; Haimery de Valframbert, époux de Masseline ; Hamelin de Condé ; Herbert de la Bretonnière ; Herbert de Gâprée ; Herbert de Ravigny ; Hervé de Neuville ; Hugues Béchet de la Ferrière ; Hugues de Cléray ; Hugues de Sainte-Scolasse, fils de Nicolas ; Hugues de Médavy.

Jean Burnet de Fontaines.

Lambert de Livaie.

Masselin d'Essai, époux de Berthe ; Masselin de Fontaines ; Mauger de la Roche ; Morin de Merley.

Normand Batvent de Montmerré ; Normand de Congé ; Normand de Neauphe.

Olivier de Larré, fils de Nicolas ; Olivier de Montmarcé ; Olivier du Mesle ; Olivier de Saint-Hilaire ; Osmond deMontigny ; Osmond du Perron.

Payen de Saint-Denis ; Picot de Say.

Raoul d'Aunay ; Raoul de Soligny ; Raoul de Talonnay ; Renault de Nonant ; Richard de Bures ; Roger Renard ; Robert d'Almenèches ; Robert

---

(1) Les éléments des listes que nous donnons ici sont puisés dans les *Cartulaires de Saint-Martin de Sées, de Saint-Vincent-du-Mans* et de *Marmoutier pour le Perche.*

de Cerisé, dit Bigot, époux d'Emma ; Robert Quarrel de Condé, époux de Rohès ; Robert des Moutis ; Robert Olson de Courtomer, fils d'Olivier du Mesle ; Robert de Semallé ; Robert fils d'Haimon ; Robert de Saint-Denis.

Sigefroy ou Seifrid d'Escures ; Sébert.

Thibault d'Avoise ; Thibault Tragin.

Varin de la Dormie.

Parmi les devoirs féodaux de quelques possesseurs de fiefs de la châtellenie d'Alençon, il faut noter celui de conduire le trésor de leur suzerain, soit d'Alençon vers un point déterminé de ses domaines normands, soit d'Alençon vers un point déterminé de ses domaines manceaux. Les seigneurs de Hesloup, de Hertré, de Forges notamment, y étaient obligés par leurs aveux.

Seigneurs vassaux du Bellêmois et du Saosnois, sous Yves II, prince de Bellême, évêque de Sées (1).

Haimery de Condeau ; Guy de la Jaille : Hugues de Rocé ; Gautier le Roux ; Giroie Fortin ; Gautier du Pin ; Gouffier de Villeray ; Eudes de Clinchamp ; Foulques de Crapon ; Ernault Gruel ; Hugues de Montloyer ; Hugues d'Eperrais ; Hervé de Montgaudry ; Lambert, fils de Lancelin ; Sigefroy de Biard ; Hubert de Courcerault ; Foulques Quarrel de Perv enchères, époux de Basile ; Gautier Vieille-Oreille.

Hervé de Doucelles ; Hervé de Braviel ; Herbert fils d'Hugues ; Robert, fils de Froger ; Bernier Forslignez ; le vicomte Geoffroy, fils de Roscelin, vicomte de Beaumont ; Sigefroy de Biard; Hamelin de Marcilly ; Guillaume de Mont-Régier ou Mont-Régnier ; Eudes Cou d'Ane ; Hugues, fils d'Ansgar ; Guillaume le Roux ; Geoffroy de Saint-Martin ; Hugues de Neufchâtel ; Hervé de Bréviard ; Ascelin Cotinel, époux d'Hersende ; Gouhier de Lurson ; Guillaume de l'Isle ; Feucoge, fils de Gosselin.

(1) Réparons ici une omission : Il est fort intéressant de noter un voyage fait en 1067, trois ans avant sa mort, par Yves de Bellême, évêque de Sées. Il se rendit auprès du roi de France Philippe Ier, son suzerain pour le Bellêmois. Ce souverain, alors âgé de quinze ans, qui venait de prendre personnellement le pouvoir, assiégeait alors le château de Chaumont, et pendant ce siège où il était accompagné de Baudoin, comte de Flandre et du comte d'Anjou, il confirma la fondation par Robert de Sablé du prieuré de Saint-Nicolas de Sablé. Les témoins de la charte, dont l'original est conservé aux *Archives d'Indre-et-Loire,* — Série II, abbaye de Marmoutiers — furent Barthélemy, archevêque de Tours, Geoffroy, évêque de Paris, Adhéric, évêque d'Orléans. Yves, évêque de Sées, Beaudry, grand écuyer, Raoul, grand sénéchal, Valeran, grand chambellan

TABLE ALPHABÉTIQUE

des Noms d'Hommes et de Lieux

TABLE ALPHABÉTIQUE

des Noms d'Hommes et de Lieux [1]

———

A

———

B

E

F

Forêt-Auvray (Orne), 106.
FOULQUES, archidiacre de Sées, 216.
FOULQUES D'AUNOU, 104.
FOULQUES Ier DE BELLÊME, voy. Bellême.
FOULQUES II DE BELLÊME, voy. Bellême.
FOULQUES LE BON, comte d'Anjou, 81, 115.
FOULQUES DE BONNEVAL, 104.
FOULQUES DE CRAPON, 217.
FOULQUES GIROIE, 175.
FOULQUES DE GERNAUVILLE, 252.
FOULQUES D'HAUTERIVE, 132.
FOULQUES DE LISORES, 241.
FOULQUES NERRA, comte d'Anjou. 118, 126, 152, 155, 180, 182.
FOULQUES LE RÉCHIN, comte d'Anjou, 228, 235, 259, 269.

France (duché de), 12.
FRANCON, archevêque. de Rouen, 28, 30.
Fresnay-le-Vicomte (Sarthe), 119, 264.
FRODOARD, chanoine de Reims, chroniqueur, 32, 34, 39.
FRODON, moine de Saint-Martin de Sées, 290.
FULBERT DE BEINE, premier seigneur de Laigle, 105.
FULBERT, évêque de Chartres, 126, 154, 155.
FULCHÉRÈDE, abbé de Shrewsbury, 290.
FULCOIN DE BELLÊME, voy. Foulques Ier de Bellême.
FULCOIS, comte de Mortagne, 109.

G

Gacé (Orne), 15, 16, 98, 107.
Gaète (Italie), 195.
GALERAN, comte de Meulan, 149.
GANELON, 117.
Galles (pays de), Angleterre, 244, 245, 246.
Gâprée (Orne), 9.
GASTON DE MONTFORT, 107.
Gaubertville, fief à Sées, 8.
GAUTIER DE FALAISE, oncle de Guillaume le Bâtard, 175, 176.
GAUTIER LE VENEUR, officier de Richard Ier, 83.
GAUTIER GIFFART, 212.
GAUTIER, comte d'Amiens et du Vexin, 103, 179, 235, 236.
GAUZLIN, abbé de Fleury-sur-Loire, 120, 122, 127, 131.
GELTH (Osmond) 93.
GEOFFROY LE BARBU, comte d'Anjou, 228.
GEOFFROY Ier, duc de Bretagne, 98.
GEOFFROY, comte de Brionne, fils de Richard Ier, 97.
GEOFFROY GRISEGONELLE, comte d'Anjou, 82, 84, 115.
GEOFFROY MARTEL, comte d'Anjou, 180 et suiv., 202, 203, 205 et suiv, 212, 225, 228.
GEOFFROY, comte de Mortagne, 109, 153.
GEOFFROY DE MAYENNE, 181, 182, 184, 185, 186, 206, 210, 234, 236, 237, 257 et suiv., 274.
GEOFFROY, comte du Perche, 241.
GEOFFROY DE MONBRAY, évêque de Coutances, 267.
GEOFFROY, vicomte, tige des sires de Braitel, 189, 216.
GERBERGE, femme de Louis d'Outre-mer, 71, 79, 82.
Gerberoy (Oise), 269.
GERLOCH, fille de Rollon, duchesse d'Aquitaine, 53.

GERSENDE DU MAINE, femme de Thibault de Blois, puis d'Azon, marquis de Ligurie, 179, 257.
GERVAIS (Saint), 8.
GERVAIS DE CHATEAU-DU-LOIR, évêque du Mans, archevêque de Reims, 118, 150, 179, 180, 181, 203, 204.
GERVIN, abbé de Saint-Riquier, 201.
Giberville, domaine à Sées, 145.
GILBERT, comte de Brionne, fils de Geoffroy, 104, 174, 175, 193.
GILBERT DE MONTGOMERY, frère de Roger II, 174, 250, 251.
GILBERT LE VENEUR, 233.
GILBERT, connétable de Roger de Montgomery, 287.
GILBERT, fils de l'évêque, 288.
GILDUIN DE BRETEUIL, 114.
GILDUIN, archevêque de Sens, 126.
GIRARD Ier, évêque de Sées, 275.
GIROIE DE COURVILLE, 234, 250, 252.
GIROIE Ier DE SAINT-CÉNERY, 138, 151, 152, 173, 182.
GISÈLE, prétendue femme de Rollon, 30.
GISLE DE BASTENBOURG, 152, 182.
GISLE, fille de Hugues Capet, comtesse de Ponthieu, 284.
Gisors (Eure), 85.
Gloucester (Angleterre), 281.
Glos-la-Ferrière (Orne), 241.
GODEGRAND (Saint), évêque de Sées, 16, 23, 124.
GODEHILDE, femme d'Yves Ier de Bellême, 114.
GODEHILDE DE BELLÊME, voy. Bellême.
Godisson (Orne), 171.
GONNOR, épouse du duc Richard Ier, 90, 91, 142, sa famille, 297.
GOSSELIN DE MONTGOMERY, 241.
Gouffern, forêt de l'Hiémois, 14, 15, 100, 154, 219.

H

M

Mabile de Bellême, femme de Roger de Montgomery, voy. Bellême.

Mabile de Montgomery, fille de Roger II, femme de Hugues de Châteauneuf-en-Thimerais, 281.

Macé (Orne), 9, 229.

Madeleine (la), de Quatford (Angleterre), monastère, 291.

Magny-le-Désert (Orne), 79, 120, 122.

Mainard, évêque de Mans, 77, 115, 120.

Mainard Ier, abbé du Mont-Saint-Michel, 88.

Mainard II, abbé du Mont-Saint-Michel, 119.

Maine, 3, 39, 114, 236, 257 et suiv., 263 et suiv.

Mainier, abbé de Saint-Evroult, 255, 265, 270.

Malcolm Kenmore, roi d'Ecosse, 244.

Male-Couronne (Raoul), voy. Raoul.

Malnoyer (Orne), 106.

Mamers (Sarthe), 128.

Mancicas, fief à Alençon, 134, 135.

Mans (le), (Sarthe), 3, 22, 39, 149, 204, 235, 236, 257 et suiv., 264.

Mantes (Seine-et-Oise), 212.

Marche (la) (Orne), 108, 211, 212.

Marche-Limousine (la), 282.

Marguerite du Maine, fiancée de Robert Courte-Heuse, futur duc de Normandie, 203, 228, 234.

Marmouillé (Orne), 171.

Marmoutier (Indre-et-Loire), abbaye, 75, 205, 266.

Marolette (Sarthe), 167.

Mathilde, femme de Guillaume Ier Talvas, prince de Bellême, 117, 131.

Mathilde de Flandre, femme de Guillaume le Bâtard, fille du comte Beaudoin V, 240, 270.

Mathilde de Montgomery, femme de Robert, comte de Mortain, fille de Roger II, 281.

Mathilde de Montgomery, abbesse d'Almenêches, 281.

Mathilde de Normandie, femme d'Eudes II, comte de Chartres, 98.

Matuédoi, comte de Poher, 46.

Mauger, comte de Corbeil, fils de Richard Ier, 97.

Mauger, archevêque de Rouen, 210.

Maugis, évêque d'Avranches, 144.

Maur (Saint), 23.

Mayenne (Mayenne), 236.

Merlerault (le) (Orne), 110, note.

Mesle-sur-Sarthe (Orne), 9, 22, 137, 160.

Mesnilgaut (Orne), 229.

Messei (Orne), 107.

Mici (abbaye), (Loiret), 79.

Milburge (La Bienheureuse), 291.

Montaigu, château en la paroisse de la Poôté-des-Nids (Mayenne), 185 et suiv, 236.

Montaigu-la-Brisette (Manche), 218.

Montgomery (Calvados), 100, 218.

Montgomery (Angleterre), 245.

Montmartre, 25.

Montmerrei (Orne), 9, 24.

Montpinçon (Calvados), 106.

Montreuil-l'Argilé (Eure), 108, 151.

Montreuil-sur-Mer (Pas-de-Calais), 55, 284.

Mont-Saint-Michel (Manche), 12, 54, 96, 119.

Montsor, faubourg d'Alençon (Orne), 4, 134, 137.

Mortagne (Orne), 10, 109, 237.

Mortain (Manche), 281.

Mortemer-sur-Andelle (Seine-Inférieure), 212, 284.

Mouliherme (Maine-et-Loire), 202, 207.

Moulins-la-Marche (Orne), 108, 211.

Moulins-sur-Orne (Orne), 107.

Moussy-le-Neuf (Seine-et-Marne), 24, 26.

Moyre (Seigneurs de), 138.

N

Nantes (Loire-Inférieure), 81.

Neauphe-sous-Essai (Orne), 9, 144, 229.

Néel Ier de Saint-Sauveur, vicomte du Cotentin, 99.

Néel II de Saint-Sauveur, vicomte du Cotentin, 144, 159, 198, 208.

Neuville-sur-Touques (Orne), 16, 105.

Neuvy (Orne), 16.

Nicolas (Saint), 252.

Nominoé, roi de Bretagne, 2.

Nonant (Orne), 15, 105.

Norbert (Saint), 69.

Normand de Neauphe, 167, 220.

Normand de Montrégnier, 265.

Normand de Montoire, 259.

Normand, archidiacre de Sées, 220, 261.

Normands (Invasions des), 2, 19 et suiv. 28.

Normands de Bayeux, 36, 37, 40, 48, 50, 98.

Normands de la Loire, 21, 22, 27, 38, 46.

Q

R

S

W

Walhalla (le), 19.
WAMBERT (Saint), 23.
WASSELIN DU PONT-ECHENFRÉ, 175, 184.
Wenloc (Angleterre), monastère, 291.
WÉVIE, sœur de la duchesse Gonnor, 90, 101, 218.

WIGER, guerrier de race germanique, 104.
WIGER de Bocquencé, 232.
WIDUKIND, chroniqueur germain, 73.
Winchester (Angleterre), 270, 282.
WULFRAN (Saint), 285.

Y

YVES Ier DE BELLÊME, voy. Bellême.
YVES DE BELLÊME, fils d'Yves Ier, auteur présumé de la maison de Château-Gontier, voy. Bellême.

YVES II, prince de Bellême, évêque de Sées, voy. Bellême.
YVES (Saint), évêque de Chartres, 154.
YVES DE GRENTEMESNIL, 268.
YVES DE TAILLEBOIS, 241.

TABLE DES CHAPITRES

APPENDICE

ALENÇON — IMPRIMERIE ALENÇONNAISE, 11, RUE DES MARCHERIES